Bruno Waldvogel-Frei
Falkenstein

Die Stauffermark

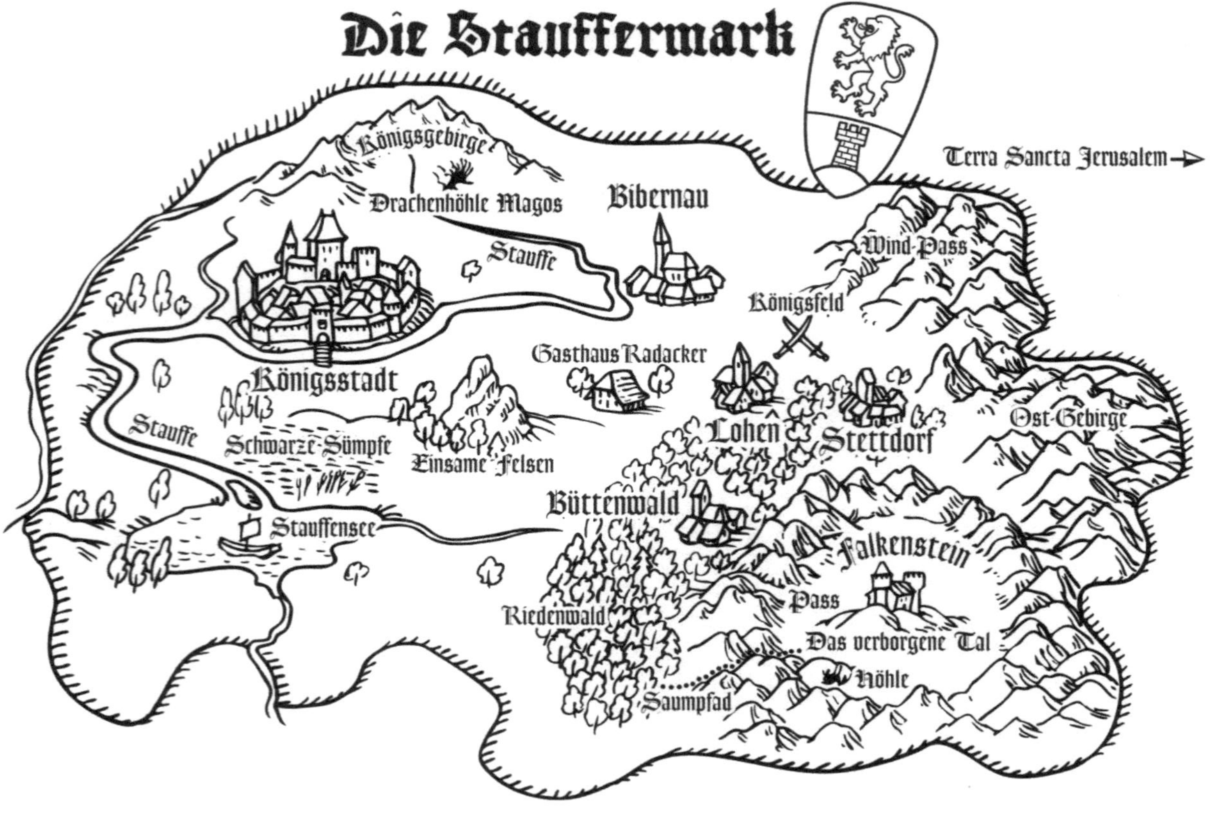

Bruno Waldvogel-Frei

Falkenstein

Kampf um die Stauffermark

SURE PUBLISHING

Erstauflage 2023

© 2023 by SURE Publishing, Hölstein

Umschlag: SURE Publishing, Hölstein
Fotos Umschlag: CANVA
Karte: Rolf Meier (Roloff), Basel
Satz: SURE Publishing, Hölstein
Druck: booksfactory
Printed in Austria

ISBN 978-3-9525418-3-8

INHALT

1. Raubritter 7
2. Heimatlos 11
3. In geheimer Mission 16
4. Die Geburt 22
5. Vegelmundt! 28
6. Dunkle Schatten 34
7. Spurensuche 42
8. Allein! 48
9. Die Weissagung 55
10. Die Geheimnisvolle 64
11. Auf der Flucht 71
12. Trugbilder 77
13. Tote Augen 85
14. Gefangen 96
15. Gerettet 107
16. Anastasia 116
17. Canofelis 129
18. Ost und West 139
19. Das Auge von Falkenstein 152
20. Gabriel 157
21. Labyrinth 161
22. Das Netz der Spinne 171
23. Das Opfer 180
24. Sarazenen 185
25. Kundschafter 190
26. Der Plan 201
27. In der Schlangengrube 210
28. Sandschar 224
29. Träume und Intrigen 235
30. Die Zuflucht 242
31. Durchschaut 255

32. Der Anschlag 267
33. Täuschungen 276
34. Kampf um die Burg 284
35. Brüder 292
36. Eingeschlossen 302
37. Die letzte Nacht 312
38. Die Schlacht beginnt 325
39. Assassinen 336
40. Die Schlacht 343
41. Die Stunde des Königs 364
Epilog 373
Widmung und Dank 375
Der Autor 378

1. Kapitel: Raubritter

Martin blinzelte verschlafen in die blasse Frühlingssonne. Noch etwas unschlüssig schrubbte er seinen Rücken an der rissigen Rinde der Eiche. Eine leise Erschütterung hatte den mächtigen Baum erzittern und den schlafenden Jungen aufwachen lassen. Erneut geriet der weiche Moosboden in Schwingung. Das schwarze Laub vom vergangenen Jahr raschelte leise.

Jetzt war der junge Schweinehirt hellwach und richtete sich kerzengerade auf. Instinktiv umklammerte er seinen kurzen, mit Kerben verzierten Stecken. Ein Erdbeben? Die lebhaften braunen Augen suchten hastig das Gelände ab. Die Schweine waren unruhig geworden und rotteten sich auf der Dorfweide zu einem großen Haufen zusammen.

Klaus, der alte zahnlose Knecht, saß dösend auf einem mit Flechten überwachsenen Stein neben der Dorflinde. Die knochigen, von Gicht geplagten Hände umklammerten den großen Hirtenstock, während der Kopf mit dem schütteren Haar mit dem Kinn auf die Brust gesunken war.

Der Alte schläft mal wieder!, fuhr es Martin durch den Kopf. «He, wach auf, Klaus! Da passiert was! Schau mal, die Schweine!»

Nun fuhr auch der Alte hoch und blickte verwirrt nach allen Seiten. Ein Erdbeben? Kein Erdbeben! Das regelmäßige dumpfe Geräusch brachte die beiden Hirten auf die Beine.

«Reiter!», rief der Alte mit zittriger Stimme herüber. «Das will nichts Gutes heißen! Schnell, lauf nach Büttenwald! Ich versuche die Sauen beisammenzuhalten!»

Martin starrte zum Horizont, wo die Dorfweide mit dem blassen Himmel zu verschmelzen schien. Bewegte sich dort etwas? Tatsächlich: Die Spitze einer Lanze tauchte auf. An ihr flatterte ein länglicher Wimpel im Wind. Das gefürchtete Zeichen: viergeteilt, mit Falke, Löwe, Kreuz und Schwert!

«Lauf um dein Leben!» Die Stimme des alten Knechtes überschlug sich. «Die Ritter von Falkenstein!»

Martins Herz begann wild zu schlagen, als er die Reiter auf sich zupreschen sah. Er würde jetzt nicht davonlaufen. Nicht schon wieder! Die Schweine waren der letzte Reichtum des Dorfes. Sollten sie verloren gehen, dann standen ihnen noch schlimmere Hungerjahre bevor als die vergangenen zwei. Mit aufgerissenen Augen starrte er auf den alten Klaus, der sich den Berittenen mit erhobenem Stock in den Weg stellte. Einen Greis würden diese Raubritter nicht umbringen. *Nicht einmal sie!*

Doch der Schwerthieb des vordersten Ritters kam so schnell und heftig, dass dem Jungen das Blut in den Adern gefror. Wie eine leblose Strohpuppe sackte Klaus in sich zusammen und wurde von den nachfolgenden Pferden niedergetrampelt.

Verfluchte Ritter von Falkenstein!

Martin wandte sich dem Dorf zu und rannte los. Er musste die Menschen warnen, ehe diese reitende Pest ihren giftigen Hauch von Mord und Plünderei in die Gassen tragen konnte. Hinter sich hörte er das Quieken der Schweine. Die dumpfen Schläge der Hufe kamen rasch näher. Noch diese letzte Kuppe, dann ein paar weitausgreifende Sprünge den Abhang hinunter, und er würde im Dorf sein.

Als Martin über die linke Schulter nach hinten schaute, türmte sich ein riesiger schwarzer Schatten über ihm auf. Eine eisige Kälte kroch ihm in die Knochen. Die Sonne spiegelte sich kurz auf der Schwertklinge des Ritters, dann durchzuckte den Jungen ein scharfer Schmerz. Sein Atem setzte aus, die Beine knickten unter ihm weg, als gehörten sie gar nicht zu ihm. Das Gesicht des Jungen knallte auf den Grasboden. Er spürte nichts mehr davon. Sein Geist war bereits in ein tiefes schwarzes Loch gestürzt.

Der Ritter brachte sein Ross zum Stehen. Er stocherte mit der Lanze am leblosen Körper herum. Zufrieden wendete er sein Pferd und ritt zu den anderen zurück. Sie hatten ganze Arbeit geleistet. Überall verstreut lagen die ausgestreckten Leiber der Schweine. Ein hölzerner Karren wurde herangefahren. Die abgestochenen Tiere wurden hinaufgeworfen.

«Und? Ist er tot?», knurrte eine heisere Stimme.

Der Ritter hielt sein Pferd an und nickte grimmig: «Der rennt nicht mehr davon!»

«Gut. Das wird ihnen eine Lehre sein.»

Hinter dem Hügel hörte man das Schlagen der blechernen Dorfglocke. Schon bald würden sich die Bewohner zusammenrotten. Ein armseliger, zerlumpter Haufen von ausgehungerten Bauern.

Der Ritter deutete mit dem Kinn zum Dorf. «Und? Brennen wir es nieder?»

«Nein. Das reicht für heute. Ihr Zorn soll hochkochen.»

Der andere Ritter blickte zu den Schweinen und grinste: «Das gefällt mir! Natürlich macht die Sache nun die Runde bis nach Bibernau.»

«Richtig. Und jetzt sehen wir zu, dass wir zurück nach Falkenstein kommen!»

Die heisere Stimme bellte ein paar Befehle über die Dorfweide, und etwas später war die Horde wie ein Spuk verschwunden.

Martin stöhnte leise, als ihn ein brennender Schmerz aus der Dunkelheit zurückriss. Sein Rücken glühte wie Feuer. Etwas Warmes, Feuchtes rann ihm den Hals hinunter. Es war Blut. *Sein Blut!* Wie lange hatte er hier gelegen? Augenblicke oder Stunden? War die Gefahr vorüber? *Schlafen! Einfach nur liegen und schlafen!* Doch der Schmerz war ein gnadenloser Treiber. Langsam drehte er den Kopf zur Seite, um etwas von der großen Weide erkennen zu können. Mühevoll versuchte er klar zu sehen, was ihm dann auch für einen Moment gelang. Die Weide war leer. Nur eine zusammengekrümmte, reglose Gestalt lag mit seltsam verdrehten Gliedern am Boden.

«Allmächtiger, lass mich jetzt nicht hier sterben!», hauchte der Junge und versuchte sich aufzurichten. Ein Stich durch den Rücken ließ ihn einen kurzen Schrei ausstoßen. Er stöhnte, wankte. Irgendwie gelang es ihm, auf die Knie zu kommen. Seine Rechte tastete zitternd nach dem Hirtenstock.

Als seine müden Augen den Boden absuchten, blieb sein Blick an den schwarzen Beinen eines großen Pferdes hängen. Der

Schweinehirt wagte nicht hochzusehen und senkte ergeben den Kopf zu Boden. *Falkensteiner kennen keine Gnade!* Das scharfe Zirpen der Heuschrecken und das warme Summen der Bienen wurden immer lauter.

«Keine Angst, ich tu dir nichts!» Eine warme Stimme mit fremdem Akzent durchschnitt die Luft und drängte alles andere in den Hintergrund. Zwei starke Hände griffen Martin unter die Arme. Er konnte einen Blick auf den Ritter erhaschen. *Was für ein seltsames Gewand!* Dem Jungen wurde wieder schwarz vor Augen.

Als es endlich wieder hell wurde, war von seinem Helfer nichts mehr zu sehen. Wer war dieser fremde Ritter? Warum hatte er ihn gerettet? Vergeblich hatte Martin nach ihm Ausschau gehalten. Stattdessen umringten ihn die aufgeregten Stimmen der Büttenwalder.

Es dauerte nicht lange, da war wieder Aufruhr in der ganzen Stauffermark. Hunger, Dürre, Kälte, Krankheit und Missernten waren zu ertragen. Auch die unheimlichen Erscheinungen am Himmel. Aber diese mörderischen Überfälle! Ganz unscheinbar hatte es im letzten Heumonat begonnen. Nur ein kleiner Zwischenfall. Ein Scharmützel. Vielleicht ja nur ein Irrtum oder ein Missverständnis. Aber es war kein Irrtum gewesen und breitete sich wie eine tödliche Seuche immer schneller und immer heftiger aus.

Verschlossen blieb ihnen die Burg. Die Menschen waren zuerst nur verwirrt. Aber die Verunsicherung wich immer mehr der Angst und der Wut. Vieles hatten sie versucht – vergeblich. So verschieden die Menschen in den Dörfern auch waren, eines verband sie alle: Sie hassten sie, die Ritter von Falkenstein!

2. Kapitel: Heimatlos

Die heftigen Winde schlugen dem einsamen Reiter hart ins Gesicht. Zum Schutz vor den scharfkantigen Schneekristallen hatte er den Kragen des schweren Mantels bis zur Nasenwurzel hochgezogen. So, dass er gerade noch über die Kanten des Tuches blicken konnte. Zwischen den zusammengekniffenen Lidern hindurch hielten tränenverschleierte Augen Ausschau nach dem rettenden Ziel.

Der schwarze Hengst bewegte sich unsicher durch die Schneewehen hindurch, die ihm fast bis an den Bauch hinaufreichten. Seine Flanken zitterten vor Anstrengung und Kälte. Die Hufe glitten immer wieder auf rutschigen Felsen unter dem Schnee ab. Endlich hatten sie sich auf die Anhöhe der Kuppe hochgekämpft. Für einen Moment hielten Ross und Reiter inne. Dort unten war es!

Konrad von Falkenstein, König der Stauffermark, ließ sich mit einem Ächzen aus dem Sattel gleiten und strich dem Pferd beruhigend über die halb vereisten Nüstern.

«Hooh, Sirus! Ruhig, alter Junge! *Lischkot!*»

Der Hengst legte die Ohren flach an den Kopf und schnaubte erschöpft.

«Wir sind auch nicht mehr die Jüngsten, nicht wahr!? Komm, das schaffen wir!»

Der mächtige Reiter warf einen Teil des Mantels erneut über die linke Schulter, zog sanft an den Zügeln und stapfte langsam den steilen Abhang in den kleinen Talkessel hinunter. Vorsichtig setzte er einen Fuß vor den anderen. Wieder seufzte er leise vor sich hin. Nie hätte er geglaubt, dass er sich einmal durch diese Schneewüste des Ostgebirges kämpfen müsste – unter solchen Bedingungen!

Weder Hirsch, Bär noch Wolf verirrten sich an diesen unwirtlichen Ort. Aber es ließ sich nicht ändern. Wütend hatte er sich den schlimmen Entwicklungen mit aller Kraft widersetzt. Die Dinge nahmen unerbittlich ihren Lauf. Die Zeiten würden sich wieder ändern. Nicht heute. Nicht morgen. Aber bald. Sie *mussten* sich einfach ändern!

Endlich hatten sie den Talgrund erreicht. Rundherum türmten sich schattenhaft die Spitzen des Königsgebirges auf. Fast wie graue Gespenster, die unerwartet und dunkel im dichten Schneegestöber auftauchten, um gleich danach wieder zu verschwinden. Es fühlte sich so an, als ob der wütende Sturm alles daransetzen wollte, Ross und Reiter nicht ans Ziel gelangen zu lassen. Vergeblich.

Mit einem letzten großen Schritt stand der hünenhafte Ritter vor einer überhängenden Felsenwand. Der König schob die hartgefrorene Kapuze vom Kopf. Die schwere Decke vor dem gut getarnten Höhleneingang wurde kurz etwas zur Seite geschoben. Das verwitterte Gesicht Wolfhart von Tannenbergs heiterte sich augenblicklich auf.

«Konrad! Wir dachten schon, wir müssten einen Suchtrupp losschicken!» Der alte General lehnte die Lanze an die Wand und gab den Weg frei.

Rasch führte Konrad den Hengst in die Höhle hinein. Ein Knappe eilte herbei und zog Sirus die Winterdecke vom Rücken herunter und begann ihn mit einem alten Stofflappen trockenzureiben.

Konrad und Wolfhart betraten den hinteren Teil der Höhle, die sich zu einem hohen, fast kuppelförmigen Dom erweiterte. In der Mitte brannte ein großes Feuer.

Der kleine Gabriel breitete die kurzen Arme aus und lief mit tapsigen Schritten auf den Hünen zu. Die katzenartigen Augen verformten sich zu zwei schrägen schmalen Schlitzen, während ein sonniges Lachen über das flache Gesicht mit der kurzen, breiten Nase flog.

«Allo Babba!»

Konrad konnte sich ein Lächeln nicht verkneifen und umarmte den Jungen.

«Gabiel Angst, Babba. Vielleicht Unglück! Babba spät!»

«Alles in Ordnung, Junge.»

«Und bös Schatten?»

Katharina von Falkenstein, Königin der Stauffermark, schob den geschwätzigen Burschen sanft beiseite. «Lass deinen Vater doch erst mal richtig ankommen, kleiner Junker! Kümmerst du dich ein bisschen um Salome? Sie könnte sicherlich etwas Gesellschaft brauchen!»

Das musste man Gabriel nicht zweimal sagen. Er mochte Salome, die bezaubernde Nichte des Königs mit dem langen blonden Haar und dem herzlichen Lachen. Kurz darauf war er im vorderen Teil der Höhle verschwunden.

Konrads Blick versank einen Moment lang in den dunklen braunen Augen seiner Gemahlin. Die vergangenen Jahre schienen auf geheimnisvolle Weise unbemerkt an ihr vorübergegangen zu sein. Das leicht rundliche Gesicht mit sanft geformten Wangenknochen war zwar etwas schmaler geworden. Da und dort hatten sich ein paar Falten eingeschlichen. Aber noch immer blitzen Abenteuerlust und ungebrochene Kraft aus ihm hervor.

«Meine Königin! Wie kommt es, dass du sogar hier in dieser Höhle alles verzauberst?»

Katharina zog verlegen die Mundwinkel in die Länge. «Schön, dass du wieder da bist, Konrad. Hast du Neuigkeiten?»

Der König ging ein paar Schritte näher ans Feuer, schlüpfte aus dem länglichen Wappenrock mit dem roten königlichen Löwen der Stauffermark. Die feinen Eiskristalle auf dem kostbaren Stoff aus doppeltem Zwirn begannen sich in klare Wassertropfen zu verwandeln.

Konrads Knappe eilte dienstfertig herbei und schüttelte das Kleidungsstück aus, nicht ohne dabei das Feuer mit Spritzern aufzischen zu lassen. Die Umarmung der beiden Gatten war kurz, aber herzlich. Der König wandte sich der Feuerstelle zu und streckte die Hände über die wärmende Glut.

«Es wird immer schlimmer. Unten im verborgenen Tal ist zwar der Frühling eingekehrt, aber die Dörfer kommen nicht zur Ruhe. Die Überfälle haben genauso zugenommen wie die Lilien auf dem Felde. Es ist schrecklich. Wären die Bauern nicht so sehr mit dem Ackermonat beschäftigt, hätten sie sich wohl schon längst zusammengerottet, um Falkenstein zu erstürmen. Und bei Gott, Recht täten sie daran!»

«Mach dir doch nicht immer dieselben Vorwürfe, Konrad. Was hätten wir denn tun sollen? Bleiben und dann zusehen, wie der Schrecken seinen Lauf nimmt?»

«Wir hätten es nicht zulassen dürfen!»

«Und zu welchem Preis?»

Konrad schwieg einen Moment und warf ein Holzscheit in die Flammen. «Sind die Dinge denn nun besser? Der König muss sich in seinem eigenen Reich wie ein armseliger Strauchdieb verstecken. Es ist eine Schande! Wie lange wollen wir denn noch warten?»

Katharina blickte sich in der Höhle um und rieb sich fröstelnd die Arme. «Vielleicht hast du recht. Aber das, was dort unten wartet, macht mir Angst.»

«Wir müssen zuschlagen!» Konrad schlug die geballte Faust in die offene Hand. «Bald! ... Aber denkst du wirklich, dass sie es sind?! Ich kann einfach nicht glauben, was ich höre! Es zerreißt mir das Herz.»

Katharina blickte dem Ritter fest in die Augen: «Anstatt dein Herz zu zerreißen, solltest du besser auf es hören.» Sie schwieg einen Moment. «Und, Liebster, was sagt es dir?»

Konrad schüttelte zweifelnd den Kopf. «Ich weiß nicht ... Doch, eigentlich weiß ich tief in mir drin, dass es nicht so ist! Aber ... wie dann?»

Jetzt warf Katharina ein Holzscheit in die Glut. Für einen Augenblick stoben Funken und blaue Flammen nach allen Seiten. Dann fraß sich das Feuer gierig in das Holz hinein und entfachte einen Funkensturm.

«Was ist nur aus uns geworden, Konrad? Wir haben so viel verloren. Aber es hätte noch schlimmer kommen können. Wo immer sie auch sind – der Allmächtige wird mit ihnen sein.»

Katharina war eine starke Frau. Aber bei den letzten Worten brach ihre Stimme, und die Augen füllten sich mit Tränen.

«Sie sind doch so hilflos! Wer weiß, vielleicht bräuchten sie uns gerade jetzt ganz besonders?!»

Konrad wandte sich dem Ausgang der Höhle zu.
Katharina blickte ihm besorgt nach. «Wohin gehst du?»
«Lass mich, Liebste. Ich muss alleine sein!» Der König streifte sich einen trockenen Mantel über, zog die Kapuze hoch und schritt in den Schneesturm hinaus. Eisige Böen schlugen ihm entgegen.

«Gott, warum?!» Sein wütender Schrei erfror im eisigen Schneegestöber und wurde unbarmherzig vom Winde verschlungen. Genauso waren die letzten Wochen gewesen. Ein dunkler, unheimlicher Sturm war über die Stauffermark hereingebrochen. Wie hatte es der kleine Gabriel gesagt? *Böse Schatten!* Wie recht er hatte. Hier waren andere Mächte am Werk. Größer, schlimmer und heimtückischer als alles, was der König in seinem bewegten Leben je gesehen hatte. Und diese unheimliche Finsternis schien Falkenstein, die Stauffermark und sein ganzes Erbe zu vernichten. Es sei denn ...

3. Kapitel: In geheimer Mission

Weit unten, fern der eisigen Höhen, bewegte sich ein winziger Punkt rasch vorwärts. Ein Reiter. Für einen Augenblick brachte er sein Pferd zum Stehen. Er ließ die Blicke über die schneebedeckten Bergketten nach unten gleiten. Endlich: Falkenstein! Mitten im riesigen Talkessel, erhob sich der uralte Felsen, auf dem die Burg thronte. Trutzige Mauern aus großen, glatthauenen Steinquadern wuchsen aus dem Boden heraus. Umgeben von einem Burggraben und zwei gewaltigen Mauerringen ragte der mächtige Bergfried in den Himmel. Das erste zarte Grün des Frühlings rundum hob die Anlage noch wuchtiger von der Landschaft ab.

Krak de Stauffermark nannte man diese Feste auch an den Adelshöfen Europas. Nicht zu Unrecht. Denn in ihrer einzigartigen Bauweise machte sie ihrem Vorbild im Heiligen Land alle Ehre. Doch während der *Krak des Chevaliers* im Heiligen Land auf einer steinigen Kuppe erbaut war, war die Lage Falkensteins von geradezu atemberaubender Kühnheit. Ein Wunderwerk menschlichen Willens: kraftvoll und doch voller Eleganz.

Der junge Prinz brachte seinen Araberhengst zum Stehen. Voller Bewunderung ruhten Nikos' Blicke auf dem Felsen mit der Burg. Natürlich konnten diese Mauern hier nicht mit seiner glorreichen Vaterstadt am goldenen Horn verglichen werden, mit ihren 192 Türmen, dem riesigen Wassergraben und den drei Mauerringen. Und doch: An diesem Ort war die Burg unübertrefflich.

Für einen Augenblick hatte der Konstantinopler die Schrecken der letzten Stunden vergessen. Wie lange war es her, seit er zuletzt hier gewesen war – drei Jahre? Es schien ihm schon eine Ewigkeit her zu sein. Bei der mächtigen Zugbrücke dort drüben hatte er ihr ein letztes Mal nachgewinkt und sich geschworen, dass er sie eines Tages wiedersehen würde: Salome, die Nichte Konrads von Falkenstein, Königs der Stauffermark. Ihre strahlend blauen Augen, das goldene Haar und den Duft ihres Rosenöls konnte er nicht mehr vergessen. Sehr zum Verdruss seines Vaters, Johannes des Zweiten, den man auch den Guten nannte, Kaiser von Byzanz.

Dann war diese denkwürdige Nachricht aus der Stauffermark am Hof von Konstantinopel eingetroffen. Lange hatten sie beraten am kaiserlichen Hof. Aber schließlich bestand kein Zweifel mehr daran, dass dieser Brief nichts weniger als den Beginn einer neuen Zeit ankündigte.

Johannes ließ in geheimer Mission satteln. Ein Kurier sollte die Ankunft des Kaisers von Byzanz vorbereiten. Verschwiegenheit war von größter Bedeutung. Nikos musste es sich nicht zweimal überlegen, wer dieser Bote sein würde. Wer kannte die Stauffermark besser als er? Dann hatte er sich auf die weite Reise gemacht.

Alles war so weit glücklich verlaufen. Aber je näher er der Stauffermark kam, umso mehr häuften sich die Gerüchte, dass sich dort unheilvolle Dinge abspielten. Kurz bevor er die Reise über den Pass ins verborgene Tal antreten wollte, war er in der Nähe eines Dorfes Zeuge eines feigen Überfalles auf einfache Schweinehirten geworden. Da er seine Mission nicht gefährden durfte, hatte er sich verborgen gehalten, bis alles vorüber war. Aber er war sich ganz sicher gewesen: Die Raubritter hatten das Wappen von Falkenstein getragen. Und ihr Anführer – war das nicht Justus von Falkenstein gewesen? Nikos war sich ziemlich sicher.

Es dauerte eine Weile, bis er sich von seiner Benommenheit erholt hatte. Sicherlich gab es eine Erklärung für all diese schrecklichen Dinge.

Nikos atmete tief durch und wandte den Blick von der Burg wieder zurück auf den Weg. Heute also würde er endlich Salome wiedersehen – war das nicht ein guter Tag!? Endlich hatte er den steilen Aufstieg zur Burg hinter sich gelassen. Vor ihm lag die Festung. Ruhig, majestätisch. Eine sanfte Brise ließ die Wimpel auf den Türmen gleichmäßig im blauen Himmel hin- und herschlängeln.

Die schwere Zugbrücke war hochgezogen. Nichts regte sich auf den Mauern. Nikos hätte schwören können, dass er die Umrisse von ein paar Wächtern gesehen hatte. Eine Ewigkeit schien verstrichen zu sein, als endlich das dumpfe Rasseln der Zugketten den

Einlass in die Burg ankündigte. Mit schwerem Ächzen rumpelte das riesige Tor herunter und kam schließlich mit einem dumpfen Schlag auf seiner Seite des Wassergrabens zu liegen. Die Erde erzitterte unter dem Gewicht der mächtigen Eichenbohlen. Nikos' Pferd wich für einen Moment zögernd zurück. Der Prinz schnalzte ermunternd mit der Zunge und lenkte das Tier mit sanftem Schenkeldruck vorwärts.

Am Ende der Zugbrücke stellte sich ihm eine Wachmannschaft in den Weg. Ihre vorgestreckten Lanzen versprachen nichts Gutes.

«Wohin des Weges, Ritter?», knurrte einer von ihnen unfreundlich.

Nikos blickte sich nach allen Seiten um, so als suchte er jemanden. Schließlich zeigte er mit dem Daumen auf seine Brust. «Ich? Meint Ihr mich?»

«Noch so ein dummer Spruch, Mann, und wir holen Euch vom Pferd!», bellte der Wachkommandant. «Weist Euch aus!»

Nikos verzog keine Miene. «Man hat mich – aber das war wohl vor Eurer Zeit – schon ganz anders an diesem Ort empfangen.» Dann griff er in sein Gewand und warf den Wächtern eine kostbar versiegelte Schriftrolle vor die Füße.

Die Wächter schauten sich einen Augenblick unsicher an. Ein kleiner Dicker las sie schließlich auf und übergab sie dem Kommandanten. Dieser brach nach einem kurzen Zögern das kostbare Siegel auf. Er warf einen kurzen Blick auf das Schreiben, erbleichte und eilte davon. Kurz darauf kam er in der Begleitung des Marschalks zurückgeeilt.

«Bitte verzeiht, Majestät!», keuchte er atemlos und stieß wütend die Wachtmannschaft beiseite. «Na los, ihr Strohköpfe, verbeugt euch vor dem Thronfolger von Byzanz!»

Die Soldaten verbeugten sich ungelenk und steif. Der Marschalk ergriff die Zügel des Hengstes und geleitete den Prinzen am zweiten Mauerring vorbei hinein in den Innenhof zum Bergfried.

Er wusste nicht, was es war. Aber Nikos hatte die Burg und ihre Menschen so anders in Erinnerung. Erfüllt mit Seele, Freude und Würde. Hier schlugen ihm nur Kälte und Misstrauen entgegen.

Was war geschehen? Als Nikos vom Pferd stieg, rempelte er unvermittelt mit einem Knappen zusammen.

«Oh verzeiht!», rief der Bursche aus und hielt den Prinzen am Arm, damit dieser nicht strauchelte. Dabei kam er ihm ganz nahe ans Ohr und flüsterte hastig: «Seid auf der Hut, Nikos. Ihr befindet Euch in höchster Gefahr!» Und schon war der Knappe mit dem Pferd unterwegs zu den Stallungen.

Das ging alles so schnell, dass sich der Prinz für einen Augenblick fragte, ob er sich das alles nur eingebildet hatte. Doch seine Aufmerksamkeit wurde sogleich auf das große Eingangstor zum Bergfried gelenkt. Schwungvoll öffnete es sich, und freudestrahlend kam der junge Herr der Burg auf ihn zugeeilt: Justus von Falkenstein!

«Der edle Prinz von Konstantinopel!», rief er schon von weitem. «Seid herzlich willkommen auf meiner Burg!»

Nikos entspannte sich und lächelte zurück. «Justus, endlich! Schön, dich zu sehen! Das Euch und Ihr kannst du dir ersparen!»

Justus grinste verlegen. «Stimmt, Nikos! Es ist eben schon lange her. Und ich war nicht sicher, ob sich etwas zwischen uns verändert hat. Die Politik – man weiß ja nie!»

Etwas steif ließ sich Justus vom begeisterten Nikos umarmen.

«Nein, es ist alles wie früher!», lachte der Konstantinopler.

Justus warf dem Marschalk einen heimlichen Blick zu und sagte dann laut: «Friedrich, lasst auftragen im Herrensaal! Unser Gast ist bestimmt hungrig!»

Nikos blickte sich um. Hier hatte es also begonnen! Konrad von Falkenstein und Elias, dessen Erstgeborener, hatten ihn im großen Wald des verborgenen Tales gefunden. Gefunden war eigentlich nicht das richtige Wort. Niedergehauen hatte ihn der hünenhafte Ritter, als er halbnackt und halbverhungert auf der Flucht vor seinen Entführern das Pferd des Ritters stehlen wollte.

Damals hatte die schwarze Bruderschaft von Jerusalem aus ihre tödlichen Fäden bis hierher gesponnen. Denn die Ritter von Falkenstein besaßen etwas, das Macht über alle Völker und Nationen verlieh. Hier auf dieser Burg hatte Nikos vergeblich gehofft, seinen Bruder wiederzusehen, der als Prior Bernardus auf Falkenstein gewirkt hatte. Und hier war er ihr auch zum ersten Mal begegnet: Salome!

Von hier aus hatten sie eine abenteuerliche Fahrt unternommen, um der schwarzen Bruderschaft, diesem Krebsgeschwür mit seinen abscheulichen Kreaturen, den Garaus zu machen. Nun ja, er und Elias waren zu Beginn wie Katz und Hund gewesen. Aber nach den gefährlichen Ereignissen in den Katakomben Jerusalems waren sie zu Freunden geworden. Wie Brüder. Wie hatte er sich auf diesen Augenblick gefreut!

«Setz dich, Nikos!» Justus deutete auf einen großen Scherenstuhl, dessen Armlehnen mit prächtigen geschnitzten Falkenköpfen verziert waren. Justus ließ sich mit einem leichten Ächzen auf einem zweiten Stuhl nieder. «Ich weiß schon, dass ihr in Konstantinopel bessere und raffiniertere Möbel besitzt. Aber ich hoffe, du fühlst dich dennoch wohl bei uns hier in der Provinz!» Justus lächelte entschuldigend und rief nach Wasser.

Im Hintergrund huschte eine Magd davon.

Nikos ließ seine Finger schmunzelnd über die kunstvollen Schnitzereien gleiten. «Nun, ich möchte dir ja nicht widersprechen. Aber eure Handwerker sind wirkliche Künstler!»

Justus fühlte sich ertappt und lachte: «Ja, wenn ich ehrlich sein will, hast du recht. Raimar, unser Zimmermann, macht wunderschöne Arbeiten.»

Nikos zog überrascht die dunklen Augenbrauen nach oben: «Meister Mathys ist nicht mehr auf der Burg?»

Justus' Stimme wurde leise. «Nein, leider nicht. Er ist bei der Reparatur eines Turmdaches zu Tode gestürzt.»

«Wie traurig!», murmelte Nikos. «Meister Mathys war ein großartiger Handwerker!»

Für einen Augenblick herrschte Schweigen.

Die Magd unterbrach mit leisem Klappern die Stille und stellte ein Tablett mit zwei prächtigen Zinnbechern und einer großen Kanne auf die Rittertafel. Mit gesenktem Haupt schenkte sie Wasser ein und verschwand rasch wieder aus dem Saal.

Justus ergriff einen Becher und reichte ihn Nikos. «So wollen wir denn auf unsere Freundschaft trinken!»

«Lang lebe Falkenstein!», prostete Nikos dem jungen Ritter zu. Schließlich erhob sich der Prinz und schaute sich um. «Wenn du nichts dagegen hast, würde ich mich gerne für einen Moment zurückziehen. Ich möchte frisch sein, wenn ... Na, du weißt schon!»

Justus grinste und blickte in die Richtung, in die die Magd verschwunden war. «Gefällt sie dir?»

«Doch, doch, ganz ordentlich.» Nikos grinste ebenso breit zurück: «Darf ich?»

«Komm, ich zeig dir deine Kammer!»

Höflich bedankte sich Nikos und machte sich an seinem Gepäck zu schaffen, das inzwischen von einem Knappen heraufgebracht worden war. Mit einem schweren Schnarren ging die Kammertür zu. Der junge Prinz atmete tief durch. Er saß in einer Falle! Die Warnung des Knappen war kein übler Scherz gewesen. Irgendetwas in seinem Innern hatte Nikos zu höchster Wachsamkeit gerufen. Die Augen von Justus ...

Und dann der Stuhl. Von wegen Raimar, der Zimmermann! Nikos selbst hatte den Sitz als Dankgeschenk von einem seiner besten Tischler in Konstantinopel herstellen und nach Falkenstein schicken lassen. Salome – das war seine Absicht gewesen – sollte ihn durch dieses Geschenk nicht vergessen. War es denkbar, dass der junge Ritter nicht wusste ...?

Und den Zimmermann namens Mathys hatte er soeben frei erfunden. Nikos schüttelte ungläubig den Kopf. Was geschah hier? Eines war auf jeden Fall klar: Der Kaiser durfte keinesfalls die Burg betreten. Hier roch es nach Verrat. Und wo war Salome?

4. Kapitel: Die Geburt

Weit entfernt im Westen, jenseits der mächtigen Bergkette, schwebte heftiges Stöhnen über das Ufer des Stauffensees. Es kam aus einer winzigen zerfallenen Fischerhütte. Eine junge Frau lag in ihren Wehen. Anna, Gattin des Elias von Falkenstein, biss die Zähne zusammen. Ihr schweißnasser Körper zitterte heftig. Da war er wieder, dieser schneidende Schmerz. So als ob jemand mit einem Messer zustechen würde. Für einen Moment wurde ihr schwindlig. Elias starrte sie hilflos mit angsterfülltem Blick an.

Warum, schoss es ihr durch den Kopf, *tut er denn nichts?* Warum starrte er sie immer nur wie dummes Schaf an?!

Plötzlich spürte sie einen Schwall abgehen. Die Schmerzen steigerten sich ins Unerträgliche. Sie schrie nur noch. Und dann war es vorbei. Sie schloss die Augen. Für einen Moment herrschte Stille. Und plötzlich hörte sie es: ein dünnes feines Stimmchen, das hilflos in die Welt hinausschrie. In eine Welt, die zum Fürchten war. Und auf wundersame Weise verzauberte dieses Weinen alles, als wenn ein Lichtstrahl in die Dunkelheit hereinbrechen würde.

Plötzlich setzten erneute heftige Wehen ein. Vor Schreck und Erschöpfung entfuhr Anna nur noch ein heiseres Stöhnen. Verstört wich Elias, der eben das Neugeborene in eine warme Decke gewickelt hatte, zurück. Der Schmerz war heftig, aber kurz.

Großer Gott! Zwillinge!

Es dauerte einen Augenblick, und ein zweites Stimmchen holte Luft zum großen Abenteuer des Lebens. Fassungslos starrten Anna und Elias sich für einen Moment an. Dann lachte Elias laut auf, bevor er in Tränen ausbrach.

«Vergiss nicht, die Kleinen abzunabeln!», hauchte Anna, bevor sie erschöpft zurücksank.

«Anna?! Es ist alles in Ordnung mit dir, ja?» Elias' Stimme klang ängstlich.

«Keine Sorge, Liebster, ich lasse dich nicht allein. Es wird nicht so sein wie damals im Winterwald!»

Elias schluckte. Wieder schossen ihm Tränen übers Gesicht. Zwillinge! Sie waren auf der Flucht, und Gott schenkte ihnen Zwillinge?! Was dachte er sich nur dabei?

Wie ein dunkler Schatten zogen die Erinnerungen aus Elias' Kindheit auf. Da war diese namenlose Angst. Das Empfinden, dass gleich etwas Fürchterliches geschehen würde. Verraten worden war sie, ihre Mutter. Überfallen und ausgesetzt mitten im eisigen Winter. Zitternd vor Furcht und von Wölfen gehetzt. Der kleine Justus: halbtot. Und Johannes, Justus' Zwillingbruder: in der Kälte erfroren. Die Mutter: vom Leitwolf getötet. Dann die Rettung durch Konrad, Ritter von Falkenstein. Umsorgt durch die freundliche Hand von Bernardus, dem unvergesslichen Prior der Burg.

So hatte es damals begonnen, auf Falkenstein. Und nun das! Hier geschah etwas Wunderbares! Der Schmerz über die schrecklichen Erinnerungen wich einer tiefen Freude. Gott war gut! Die leise innere Stimme schien zu singen. Ein Wiegenlied. Elias wiegte den Kopf dazu. Mutter?

«Elias, bitte!» Die geschwächte Stimme von Anna holte den Gottesmann in die Gegenwart zurück. «Du musst die beiden Kinder abnabeln und baden! Jetzt! Und dann gib sie mir. Sie haben sicherlich Hunger!»

Elias schreckte hoch. «Ja natürlich. Grundgütiger Gott, wie mache ich das nur?»

Jetzt musste Anna lächeln. «Wie oft soll ich es dir denn noch erklären? Nimm den Faden und binde den Nabel ab. Dort drüben liegt er. Du musst fest ziehen, hörst du? Und dann nimmst du den Leinenstreifen. Tauche ihn in das Olivenöl ... Allmächtiger! Kann man sich denn auf euch Männer nicht mal in so einem Moment verlassen?»

«Entschuldige Liebste, natürlich, sofort!», haspelte Elias vor sich hin.

Annas Stimme wurde leise: «Was ist es – ich meine, was sind es denn?»

Elias hielt inne, öffnete kurz die Decke und blickte hinunter zum zweiten Säugling: «Es sind ... zwei ...»

«Danke, das habe ich auch schon festgestellt!»

«... Jungen. Es sind zwei Jungen!» Endlich fing Elias mit seiner Aufgabe an. Seine Hände zitterten, als er den Faden um die bläulich verfärbte Nabelschnur schlang und kräftig zuzog. «Wie sollen sie heißen?»

Anna und Elias blickten sich einen Augenblick lang an.

«Konrad?»

«Bernardus!»

Elias lächelte. «Konrad und Bernardus. Eine gute Wahl!» Elias zeichnete mit zwei Fingern ein Kreuz auf die Stirn der Jungen. Als Laienbruder und Prior von Falkenstein hatte er viele Kinder gesegnet. Aber das hier war anders. Das hier war sein Fleisch und Blut. Elias' zitternde Hände legten sich segnend auf die kleinen, noch etwas unförmigen und feuchten Köpfchen:

«Der Segen unseres Erlösers und die Kraft des Gottes Israels sei auf euch, Bernardus und Konrad. Seid willkommen auf dieser Welt, meine Söhne!»

Endlich lagen die beiden Neugeborenen erschöpft in den Armen der Mutter. Ob sie wohl trinken würden? Anna setzte sie an. Und tatsächlich, sie tranken beide gierig. Für einen Augenblick hatte Anna alles um sich herum vergessen: die windige, halbzerfallene kleine Hütte. Der modrige Geruch von verfaultem Holz und das emsige Summen lästiger Sumpfmücken. Wie lange konnten sie vor ihren Verfolgern hier im Schilfgewirr des Stauffensees sicher sein?

Als ob Elias ihre Gedanken erraten hätte, wandte er sich der verlotterten Tür zu und öffnete sie vorsichtig einen Spalt weit. Das Feuer für das Wasser hatte er bereits wieder gelöscht, damit der Rauch sie nicht verraten konnte. Elias spähte nach draußen. Der Morgen dämmerte. Das laute Knarren der Frösche erfüllte die Landschaft. Blass spiegelten sich die ersten Streifen der Morgenröte im Stauffensee, dessen Wasseroberfläche feine Rippeln zeigte.

Sie hatten Glück gehabt. Nach den vergangenen Ereignissen war ihnen die Flucht über das Ostgebirge nach Westen gelungen:

ein großer und beschwerlicher Umweg. Aber sicher. Wer hätte sie schon auf dieser Route erwartet? Anna litt fürchterlich – er hatte es gesehen. Doch sie war eine tapfere Frau und klagte kaum. Nur ab und zu, wenn sie beim holprigen Ritt einen Schlag zu spüren bekam, stöhnte sie leise vor sich hin. Glücklicherweise hatten sie Antares, sein Pferd, retten können.

Elias musste leise schmunzeln. Wie Maria und Josef in der Weihnachtsgeschichte hatten sie sich über die steilen und gefährlichen Wege durchs Gebirge gekämpft. Dann waren sie auf abgelegenen Trampelpfaden den Weg zu den einsamen Felsen gegangen. Tagsüber hielten sie sich versteckt, denn die Gegend war unsicher. Bei Einbruch der Nacht ritten sie weiter. Sie brauchten eine Zuflucht. Da sie nicht wussten, wie sich die Lage im Land entwickelte, hatte Elias entschieden, dass sie sich am Ufer des Staufensees verstecken würden.

Der junge Prior wollte anschließend ausfindig machen, was in Königsstadt vor sich ging. Sollten Konrad und Katharina noch dort sein, würde alles gut werden. Waren sie aber nicht dort – dann stand es schlecht um ihn, Anna und die Kinder. Das war der Plan gewesen. Es kam anders: Die Wehen hatten heftig eingesetzt, und Elias durfte nun nicht mehr von Annas Seite weichen. Später würde man weitersehen. Die alte, zerfallene Hütte auf Pfählen beim See war ihre Rettung gewesen. Ob sie noch lebten, Vater und Mutter? Und da war noch Justus!

Der Prior blickte sich um. Seine Frau und die Zwillinge schliefen friedlich. Leise wandte er sich der Tür zu und versuchte sie geräuschlos zu öffnen. Unmöglich! Das Ächzen und Schnarren war unüberhörbar. Doch die drei rührten sich nicht und schliefen. Die anstrengende Geburt hatte ihren Tribut gefordert.

Vorsichtig spähte Elias umher. Das Pferd stand angebunden an einem Pflock neben der Hütte. Hier konnte es nicht länger bleiben. Im Tageslicht würde man es entdecken.

«Schhhh, Antares! Ruhig!» Der Prior löste den Knoten und konnte das Pferd nach einigem Widerstreben in die Hütte ziehen. Elias verstand etwas von Pferden. Hätte er sich nicht für den Weg eines Geistlichen entschieden, wäre er der Ritter und Herr von Falkenstein geworden.

Als Mann des Glaubens hatte er das Schwert zur Seite gelegt. Doch intuitiv hatte er es bei ihrer Flucht an der Seite des Sattels angeschnallt. Dieses blitzte ihm nun entgegen. Wertvoller Damaszenerstahl! Die Eleganz des Ostens, verschmolzen mit der Kraft des Westens. Elias streckte seine Hand nach dem kostbar verzierten Griff, dem Gehilz, aus. Doch er ließ die Hand wieder sinken. Das war wohl keine besonders gute Idee gewesen, diese Erinnerung an frühere Tage mitzunehmen. Nun ja, es war geschehen. Und Anna hatte nicht dagegen protestiert. Elias seufzte. Das Leben konnte kompliziert sein. Leise hängte er sein Schwert an die Wand. *Nie wieder!*

Wieder trat er vorsichtig nach draußen. Der Himmel hatte sein Grau in ein intensives Rot verwandelt und kündigte den neuen Tag an. Einen Tag, den Elias nie mehr vergessen würde. Das Königsgebirge im Norden glühte.

Dann verfinsterten sich seine Gedanken wieder. Justus! Es war kaum zu glauben; alles erschien Elias immer noch wie ein Albtraum. Nie hätte er gedacht, dass sein kleiner Bruder zu diesen ungeheuerlichen Dingen fähig sein würde. Seinetwegen waren sie auf der Flucht. Seinetwegen war die ganze Stauffermark in ein schreckliches Chaos gestürzt. Aufruhr und Gewalt. Hätte Elias nicht ein Gelübde abgelegt – bei Gott, er hätte Justus von der Burgmauer gestürzt! Aber die leise innere Stimme hatte ihn davon abgehalten. Etwas stimmte nicht in der ganzen Geschichte. Aber was?

Bei Nacht und Nebel waren sie aus der Burg geflüchtet – durch die Katakomben. Sie hatten Glück gehabt. Die Gänge und Pforten waren unbewacht gewesen. Doch schon nach wenigen Minuten war ihre Flucht offensichtlich entdeckt worden. Zu ihrer Verwunderung hatten zwei Pferde in der Nähe des versteckten Ausgangs gewartet. Niemand war zu sehen gewesen. Rasch waren sie aufgestiegen und durch den weitläufigen Wald geritten.

Hinter ihnen waren die großen Doggen freigelassen worden. Elias wusste, dass sie ein Pferd opfern mussten. Die Wahl war ihm nicht schwer gefallen. Sein treuer Antares würde ihn auch in dieser schweren Stunde nicht im Stich lassen. Er war abgestiegen und hatte das zweite Tier in eine andere Richtung davongejagt. Es würde hoffentlich eine Weile dauern, bis Jäger und Hunde die Finte durchschaut hatten. Dann waren sie in einen kleinen Bach gestiegen, der sich in nördliche Richtung schlängelte. Eine Meile weit stolperten sie mehr schlecht als recht durch die Dunkelheit, bis das Gebell hinter ihnen verstummt war. Zugegeben, es war Nacht gewesen. Aber Elias spürte in seinem Innern, dass da noch eine andere Dunkelheit im Wald war.

Der Prior seufzte leise und versuchte die schweren Gedanken zu verscheuchen. Gerührt blickte er auf die Schlafenden. Eine neue Generation! Ob sie wohl das Erbe von Falkenstein weitertragen würden?

5. Kapitel: Vegelmundt!

Nur durch einen Zufall hatten sie ihn entdeckt. Nachdem sich der Schneesturm endlich gelegt hatte, waren König Konrad und seine Leute aufgebrochen, um im tiefer gelegenen, schneefreien und bewaldeten Tal nach Jagdbeute Ausschau zu halten. Sie mussten sich dringend Nahrung beschaffen. Ihre Vorräte hatten sich nach den vielen Sturmtagen allmählich erschöpft. Das Unwetter kam ihnen insofern gelegen, als sie nicht befürchten mussten, hier oben entdeckt zu werden. Bei diesem furchtbaren Wetter jagte man nicht einmal einen Hund vor die Tür.

Aber jetzt mussten sie ihr Versteck verlassen. Nachdem sie ein paar Späher vorausgeschickt hatten, waren sie schließlich aufgebrochen. Der Ritt durch die in der Sonne flirrenden Schneefelder war anstrengend. Die Augen tränten vom gleißenden Licht.

«Zieht die Kapuzen über das Gesicht!», befahl Katharina. «Schon mancher Wanderer ist im Schnee erblindet!»

So hatten sie sich langsam abwärtsbewegt. Der Atem ging schwer, denn die Luft hier oben war dünn. Endlich öffnete sich nach einer letzten Kuppe das Blickfeld. Für einen Moment hatten sie innegehalten.

Die gewaltigen Bergketten gleißten und leuchteten unter dem endlos blauen Himmelszelt. Was für ein unglaublicher Anblick! Dort hinten, in weiter Ferne, Richtung Südwesten, zwischen dem Zackenhorn und dem Rossberg, waren die Ausläufer des kreisförmigen Gebirgsbogens rund um das verborgene Tal zu sehen. Südlich von ihnen, am Fuße des Königsgebirges, lag die alte königliche Stadt, die sie so ruhmlos hatten verlassen müssen. Noch weiter südlich, unterhalb der flimmernden schwarzen Sümpfe, schimmerte der Stauffensee. Es war eine gottverlassene Gegend hier oben!

Als Jüngling wurde Konrad einst von seinem Vater, König Albrecht, hierhergeführt. Die Menschen aus den Dörfern trauten sich nicht in diese Höhen und ließen ihre Kühe und Rinder auf den tiefergelegenen Bergwiesen grasen. Man munkelte von schrecklichen Berggeistern, Trollen und Wiedergängern. Albrecht hatte dafür stets nur ein Lächeln übrig gehabt. Aber Konrad erinnerte sich noch, als wäre es gestern gewesen, als sein Vater mit leiser Stimme geflüstert hatte:

«Hier hört die Macht des einen Königs auf. Ein anderer regiert in diesen Schluchten und Höhen!» Mehr ließ er sich zeit seines Lebens nicht entlocken. Dies war also ein sicherer Ort. Vorläufig jedenfalls.

Endlich, nachdem die Hufe der Pferde vom Schnee in moosiges Gras gewechselt hatten, leuchteten die ersten Arvenbäume vor ihnen auf. Kurz bevor sie die Waldgrenze erreichten, hatte Katharina eher zufällig zu einem unansehnlichen Erdhügel geblickt. Wohl von Murmeltieren ausgehoben, hatte sie gedacht. Rasch hatte sie ihren Irrtum erkannt. Er bewegte sich! Das war ein Mensch! Katharina ließ sich aus dem Sattel gleiten und eilte auf die zusammengekrümmte Gestalt zu. Der Mann sah übel zugerichtet aus. Die Königin kniete nieder und drehte ihn auf den Rücken. Sie erschrak.

«Linhart?! Was ist geschehen, in Gottes Namen?»

Rasch umringten nun auch die anderen den zu Tode erschöpften Stallburschen.

«Bringt Wasser! Er ist ja ganz ausgetrocknet. Und etwas Essig. Er blutet!»

Nachdem sie ihn aufs Nötigste versorgt hatten, fand der Bursche Kraft, um zu reden. Die Neuigkeiten, die er von Falkenstein mitbrachte, waren beunruhigend.

Konrad blickte dem erschöpften Stallburschen scharf in die Augen: «Und du bist dir ganz sicher, Linhart?»

«Ja, Eure Majestät! Die Nachricht ist an alle drei Orte ergangen: Rom, Worms und Konstantinopel!»

Wolfhart, Katharina und Konrad starrten sich sprachlos an. Das musste sich in ihren Köpfen erst einmal etwas setzen.

«Verflucht!», knurrte der alte General. «Wir verstecken uns an diesem verlassenen Ort, und unten im Land braut sich das hinterhältigste Komplott seit Menschengedenken zusammen.»

«Wenn es wirklich wahr ist!», wandte Katharina immer noch voller Zweifel ein.

Der Stallbursche sank erschöpft zurück. «Bei Gott im Himmel, es ist wahr! Warum sollte ich lügen? Ich habe mich, so schnell ich konnte, auf den Weg hierher gemacht!»

«Und du bist sicher, dass dir niemand gefolgt ist?» Die Stimme Wolfharts von Tannenberg klang scharf und unnachgiebig.

Linhart schüttelte erschöpft den Kopf. «Ich habe mich versteckt, bin verborgene Wege gegangen und war oft nur nachts unterwegs. Glaubt mir: Niemand hat mich gesehen!»

«Ihr irrt Euch!» Die fremde tiefe Stimme schnitt scharf durch Luft. Überrascht wandten sich die Männer des königlichen Hofes dorthin, woher die Worte gekommen waren. Von allen Seiten tauchten riesige, furchterregende Gestalten auf. Sonnengebräunte, raue Gesichter, flammende Augen, Bärte, wildes Haar wie Löwenmähnen und derbe Kutten.

Instinktiv zogen Wolfhart und Konrad blank. Aber die großen Speere, Äxte und Keulen ließen keinen Zweifel aufkommen, dass mit diesen Leuten nicht zu spaßen war.

Die Berggeister!, fuhr es Konrad durch den Kopf. *Kein Wunder, dass sich niemand hierhertraut!*

«Wer seid Ihr?», versuchte der König seine Unsicherheit mit lauter Stimme zu überspielen. «Was wollt Ihr? Kennt Ihr nicht das Wappen des Königs? Kniet nieder vor Eurem König! Hier steht Konrad von Falkenstein, Sohn des Albrecht und König der Stauffermark.»

Für einen Moment schauten sich die wilden Krieger an, dann lachte ihr Anführer laut heraus. «König der Stauffermark?! Wir beugen uns nur vor einem König! Wir waren schon hier, als dieses Land, diese Berge einen ganz anderen Namen hatten!»

Konrad biss sich auf die Unterlippe und steckte das Königsschwert zurück in die Scheide. Nein, diese Burschen würden wohl wirklich vor niemandem niederknien. Wer waren sie? Woher kamen sie?

Als hätte er die Gedanken Konrads erraten, baute sich der Anführer der Bergkrieger vor ihm auf. Er überragte den hünenhaften König um Kopfeslänge. «Wir sind das Volk der Vegelmundt! Uns gab es schon, da war die Stauffermark noch nicht geboren! Wer ist schon der König der Stauffermark?»

Wütend wollte Konrad aufbrausen, aber Katharina hielt ihn mit einem leisen Händedruck davon ab. Die Königin beugte respektvoll ihr Haupt.

«Da habt Ihr recht, edler König Viturin! Euer Volk ist unvergleichlich! Verzeiht die harten Worte meines Gatten! Sie geschahen in Unwissenheit. Die Menschen der Täler fürchten sich vor diesen alten Höhen und wissen wenig.»

Konrad ließ die Mundwinkel hängen, als er Katharinas Worte hörte. Aber die leise innere Stimme hieß ihn schweigen.

Das Gesicht des bärtigen Riesen hellte sich auf. Die dröhnende Stimme klang etwas freundlicher: «Ihr kennt meinen Namen? Ich sehe schon, Ihr habt das Wissen einer wahren Königin.» Der Riese blickte drohend zu Konrad hinunter. «Ihr könnt Euch glücklich schätzen! Die Worte Eurer Gemahlin haben Euch soeben den Hals gerettet.»

«Wie das?» Konrad versuchte seinen Ärger herunterzuschlucken.

Katharinas Augen leuchteten: «Das stolze Volk der Vegelmundt lebt seit Jahrhunderten im Verborgenen. Sein Gesetz lautet: Keiner, der es gesehen hat, kehrt jemals zurück in die Täler und Städte. Gäbe es nicht die alten Lieder – man würde sie für eine Fabel halten. Habe ich recht, edler König?»

Viturin nickte stumm.

«Kein fremder Streit!», fuhr Katharina fort. «So habt Ihr Euch geschworen. Aber reizt man die Vegelmundt zum Zorn, steigt dieses wilde Volk hinunter zum Kampf! Tod und Vernichtung bringt es mit sich. Kein Heer hat ihm je widerstanden.»

Viturin nickte anerkennend. «Ihr wisst viel, edle Königin. Und doch nicht alles. Wer hat Euch diese Dinge gelehrt?»

«Es gibt ein altes Lied in Aquitanien über Euch, den *Cantus Helveticus*. Er soll schon in der Zeit der römischen Legionen gesungen worden sein. Und jede Strophe endet mit den Worten: *Wenn Evla kreist, dann hüte dich und schließ das Tor!* Von da habe ich es gelernt. Und ich hatte einen besonderen Lehrmeister, der es mir beigebracht hat: Nikolaos, Sohn des Komnenos von Byzanz. Wir nannten ihn Bernardus. Er kannte Euren Namen. Und er sagte auch, dass dieses mächtige Volk nur einmal in hundert Jahren zu Tale zieht, wenn das Maß des Übels voll ist.»

Für einen Augenblick starrten sich die Bergkrieger überrascht an. «Woher kennt Ihr den Drachentöter?» Viturins raue Stimme klang nun beinahe freundlich.

Konrad trat einen Schritt näher an den Riesen und blickte ihm fest in die Augen. Seine Stimme war voll Stolz und Trauer: «Er war einer der Unsrigen. Ein wunderbarer Freund. Ihr kennt ihn?»

Der König der Vegelmundt ging nicht weiter auf diese Frage ein. «Warum seid Ihr hier? Gehört der König nicht ins Tal?»

Konrad zögerte mit der Antwort. «Wir mussten ... fliehen. Etwas Böses hat sich aufgemacht und droht, unsere Heimat zu vernichten. Zwei Kaiser und ein Papst sind in höchster Gefahr!»

«Also stimmt es, was man in den Tälern munkelt. Die Pforten der Hölle haben sich geöffnet», knurrte Viturin.

Konrads Stimme klang schwach: «Wir brauchen Hilfe. *Eure* Hilfe!»

Der König der Vegelmundt schüttelte den Kopf. «Ihr werdet diesen Ort jetzt verlassen. Und nicht wieder zurückkehren.»

Fast bittend hakte Konrad nach. «Der König der Stauffermark bittet den König der Berge um Hilfe!»

«Genug der Worte. Geht jetzt!»

Wolfhart begehrte auf: «Gilt bei Euch denn kein Gastrecht? Die Stauffermark ist in tiefer Not! Und glaubt nur nicht, dass dieser Schrecken nicht auch hier heraufkriechen wird! In Gottes Namen ...!»

«Gott lasst aus dem Spiel, Soldat! Wir haben unsere Gründe. Wenn Evla nicht kreist, wird mein Volk nicht in den Krieg ziehen. Und nun geht!»

Konrad und Katharina schauten sich entmutigt an. Die Königin nickte kaum merklich. Noch einmal beugte sie das Haupt. «Wir danken, edler König, und achten Eure Worte! Unsere Lippen bleiben verschlossen. Niemand wird von unserer Begegnung erfahren. Christus segne Euch und Euer Volk!»

Die Bergler nickten respektvoll und zeichneten sich mit dem Finger ein Kreuz auf die Stirn.

Konrads Männer hoben den verwundeten Linhart auf ein Pferd.

Viturin blickte kurz auf den verletzten Stallburschen und drückte der Königin ein kleines hornförmiges Gefäß in die Hände. «Nehmt von diesem Trank und mischt ein paar Tropfen in das Wasser. Es wird ihn stärken. Geht an der alten Föhre vorbei, die der Blitz gespalten hat. Folgt dem Lauf des Baches und reitet eine Meile. Dort werden ihr einen See finden. Er ist voll von Fischen.»

Viturin gab mit dem Kopf ein Zeichen. Der Kreis der Bergkrieger öffnete sich, die Leute der Stauffermark setzten sich in Bewegung hinunter ins Tal.

Die Zeit drängte. Schon bald würden drei der mächtigsten Männer aus Ost und West auf Falkenstein zusammentreffen: Kaiser Johannes Kalos Komenenos von Byzanz, Papst Calixtus aus Rom und Kaiser Heinrich von Worms. Geladen zu einem historischen Vetragsschluss, der den Lauf der Welt verändern sollte. Eingefädelt und einberufen von einem Mann, dem sie alle zutiefst vertrauten: Konrad, König der Stauffermark!

Wie diese teuflische Täuschung zustande kommen konnte, war ihm ein Rätsel. Aber konnte dieses Treffen nicht verhindert werden, würden alle sterben. Rache, Chaos und Krieg wären die Folge. Das sichere Ende der Stauffermark. Konnte es denn noch schlimmer werden, als jetzt schon alles war?!

Was Konrad und Katharina aber am meisten erschütterte, war der, der in diesen Komplott verstrickt war: Justus, Ritter von Falkenstein. Derselbe Justus, der auch sie zur Flucht gezwungen hatte.

6. Kapitel: Dunkle Schatten

Die Tage gingen nur langsam vorüber. Elias und Anna hatten es sich einigermaßen gemütlich eigerichtet in der windschiefen Hütte. Das Gebäude selbst hatte Elias zusätzlich mit Büschen und Sträuchern abgedeckt, so dass man aus der Ferne eher einen buschbewachsenen Felsen vermutete als eine bewohnte menschliche Behausung. Falls überhaupt jemand den dichten Schilfgürtel durchdringen sollte. Nach weiteren Räumarbeiten sah es – abgesehen vom bedenklichen Zustand der Wände und des Dachs – doch schon ganz gemütlich aus. War das ihre Zukunft?

Bis jetzt war es ruhig geblieben. Diese Ruhe war auch vonnöten gewesen, denn die Geburt der Zwillinge und das nachfolgende Stillen hatten Anna viel Kraft gekostet. Und Elias hatte alle Hände voll zu tun, um die junge Familie mit genügend Nahrung zu versorgen.

Der Stauffensee war zwar berühmt für seine Hechte, Aale, Forellen und Barben. Aber sie zu fangen war noch einmal eine ganz andere Sache! Elias war geübt im Jagen von Eber, Bär und Hirsch. Doch diese nasse Beute war flink, glitschig, unberechenbar – und verständlicherweise in keiner Weise gewillt, sich durch irgendwelche Listen fangen zu lassen. Mühsam versuchte Elias sich daran zu erinnern, was er von Bernardus gelernt und von den Leuten aus den Dörfern gehört hatte. Nach stundenlangem Warten, Lauern und Angeln hätte er beinahe klein beigegeben. Doch schließlich hatte der Himmel Erbarmen, und er fing eine große, prächtige Regenbogenforelle!

Immer wieder verdrängte die Freude über das neue Leben alte Ängste und Sorgen. Die beiden Jungen waren klein, aber sie tranken gut und kräftig. Wenn nur nicht die lästigen Schnaken und Mücken gewesen wären. Doch es konnte nicht immer so bleiben. Irgendwann mussten sich die Dinge wieder in Bewegung setzen. Die Ungewissheit, was im Königreich geschah, hatte Elias in den letzten Tagen unruhiger werden lassen. Sein Gesicht wurde immer ernster. Anna ahnte schon, was kommen würde. Sie wusste, dass sich dieser Moment, vor dem sie sich so fürchtete, nicht mehr ewig hinauszögern ließ.

Schließlich hatte Elias es nicht länger ausgehalten, verabschiedete sich von Anna und gab letzte Anweisungen, was im Falle unerwarteter Bedrohung zu tun war. Die jungen Eltern fielen sich in die Arme.

Anna lächelte tapfer: «Komm gesund wieder zurück, Elias! Du hast zwei Söhne, die ihren Vater brauchen!»

«Ja, Liebste, das werde ich. Der Herr sei mit dir, Anna! Die Vorräte sollten für die nächsten Tage reichen. Ich denke, bis in drei Tagen werde ich wieder zurück sein. Bin ich bis dahin nicht zurück, dann ...»

«... dann werden wir weitersehen.» Anna lächelte zuversichtlich. «Darüber wollen wir jetzt nicht nachdenken, Elias.» Bevor sie sich ihren beiden Säuglingen zuwandte, richtete sie einen flehenden Blick auf ihn: «Vergiss bitte nicht ...!»

Elias nickte entschlossen: «Ich komme wieder, ich verspreche es dir!» Sie hielten sich an den Händen und sprachen ein gemeinsames Gebet. Dann lösten sie sich voneinander.

Vorsichtig blickte sich Elias um. Außer dem beschaulichen Gequake der Frösche war alles ruhig. Der Prior horchte und hob die Nase in die Luft, als wollte er die Sicherheit erschnüffeln. Es regte sich nichts. Antares schnaubte leise, begierig nach Bewegung und frischem Gras. Sanft strich Elias über seine warmen weichen Nüstern und vertrieb die lästigen Stechmücken.

Er band den Braunen los und führte ihn vorsichtig am Zügel weg von der Hütte. Hier durfte er nicht aufsitzen. Noch nicht. Der schnellste Weg führte vorbei an den einsamen Felsen. Der sicherste Weg hingegen war durch die schwarzen Sümpfe. Dort würde ihn niemand sehen. Aber das Gelände war morastig, voller Blutegel, Schnaken und Wasserschlangen. Elias zögerte. Welchen Weg sollte er nehmen? Schließlich entschied er sich für den schnellen Weg. Die Dunkelheit würde bald hereinbrechen, und in ihrem Schutz konnte er ungesehen die Nähe der Stadt erreichen. Auch wollte er Anna mit den Kindern nicht zu lange warten lassen.

Plötzlich meldete sich die leise innere Stimme: *Gefahr!* Elias ließ sich nichts anmerken und ging mit seinem Pferd seelenruhig weiter, bis er sich hinter einer Biegung des Trampelpfades im Schutz eines großen, verwitterten Baumstrunkes in Deckung legen konnte. Mit offenem Mund lauschte er bewegungslos.

Eine Ewigkeit schien zu verstreichen. Nichts. Er ließ noch einmal dieselbe Zeit verstreichen. Immer noch nichts. Das sumpfige Schilfgelände lag ruhig und friedlich da. Er musste sich getäuscht haben! Antares zog ungeduldig am Zügel. Er witterte offensichtlich frisches Gras.

«Sch…, schon gut, Alter!», murmelte Elias. Die Sonne versank in der Ferne hinter den Spitzen des mächtigen Königsgebirges. Die Berge glühten ein letztes Mal auf, dann vermischte sich das dunkle Blau des Nachthimmels mit dem Zirpen der Grillen.

Vorsichtig führte er den Braunen hinter sich durch das hohe Schilf. Als es sich zu lichten begann, stieg er auf. Ein leichter Schenkeldruck ließ das Pferd antraben. Nun wurde alles immer offener und weiträumiger. Etwas weiter östlich konnte Elias den alten Pilgerpfad sehen. Ein guter frischer Ritt, und nach etwa vier Stunden tauchte die schwarze Silhouette von Königsstadt auf. Aus dieser Distanz erschien sie wie ein dunkles Monster mit verkrüppelten Linien und spitzen Kanten. Etwas Bedrohliches, Finsteres hing über der Stadt.

Elias erinnerte sich gut an die goldenen Tage von Königsstadt, als Albrecht, sein Großvater, noch König war. Dann waren die Horden der Krähenkrieger eingefallen und hatten eine Spur der Verwüstung hinterlassen. Diese schreckliche Invasion konnte zwar zuletzt aufgehalten und bezwungen werden. Aber die Stauffermark war ins Taumeln geraten und hatte sich seither nie mehr richtig erholt. Wohl hatte Kaiser Heinrich seine Getreuen nach besten Kräften unterstützt.

Doch die Tage waren böse gewesen: Die Sonne schien unheimlich blass vom Himmel – als ob sie ihre Kraft verloren hätte. Erst kam ein außergewöhnlich nasser Sommer, der die Felder nur kärglich gedeihen ließ. Dann zogen heftige Gewitter und Herbststürme über das Land. Groß wie Taubeneier waren sie gewesen, die

Hagelkörner. Was an Ernte übrig geblieben war, wurde erbarmungslos zusammengeschlagen. Zu allem Unglück zog danach ein Winter ins Land, wie er seit Generationen nicht erlebt worden war.

Das war der Augenblick gewesen, da auch ein Kaiser nicht mehr helfen konnte. Die Not in den eigenen Ländereien zwang Heinrich, die Stauffermark ihrem eigenen Geschick zu überlassen. Die Bauern hatten das wenige Heu schon bald verfüttert. Kühe und Schweine mussten geschlachtet werden. Und am Christfest waren nicht nur die Scheunen, sondern auch die Mägen leer.

Der Hunger führte ein gnadenloses Regiment.

Der Frühling kam, und mit ihm riesige Mengen von Schmelzwassern. Bäche, Flüsse und der See traten über die Ufer und rissen Brücken, Häuser, Mühlen, Boote und Stege mit. Wochenlang lagen Äcker und Wiesen unter Wasser und verwandelten sich zusehends in Sümpfe mit Myriaden von Mücken. Das Sumpffieber befiel Mensch und Tier. Fast schien es, als hätte Gott selbst die Stauffermark verlassen. Nachts verängstigten unheimliche Lichter am Sternenhimmel die Bewohner. Und immer öfter wurde hinter vorgehaltener Hand gemunkelt, dass wohl ein dunkler Fluch auf König und Stadt liegen musste.

Das darauffolgende Jahr war nicht besser. Die Lage wurde immer verzweifelter. Die Kasse des Königreichs leerte sich. Großzügig hatte Konrad Schatz- und Speisekammer geöffnet, um die Not der Untertanen zu lindern. Täglich sammelten sich Hunderte von hungernden Menschen im Innenhof der Königsburg. Katharina beaufsichtigte die Armenspeisung. In ihrer freundlichen und umsichtigen Art konnte sie so manches an Verzweiflung und Wut auffangen.

In dieser Not war natürlich nicht daran zu denken, die Mauern und Türme der Stadt wieder aufzubauen oder instand zu halten. Alle wussten: Die Stauffermark war sehr verwundbar geworden! Doch was gab es noch zu verteidigen?

Als wenn das alles nicht schon schlimm genug gewesen wäre, tauchten plötzlich aus dem Süden Mönche auf, die mit flammenden Worten das Ende der Welt heraufbeschworen. Gottes Zorn sei über der Stauffermark entbrannt, weil ein böses und verräterisches

Geschlecht an diesem Ort lebe. Diese Sünde könne dem Volk nicht vergeben werden, und der Untergang der Welt stehe kurz bevor. Die einzige Rettung bestehe darin, die Knaben und Jünglinge des Landes dem Orden der Reinen – wie sie sich nannten – zuzuführen, damit sie dort durch eine Pilgerreise nach Jerusalem die Tage des Zorns verzögern könnten. Der Allmächtige fordere die Stauffermark auf, im Glauben ihr Hab und Gut dem Orden zu vermachen.

«Hat unser Erlöser», so wurde an allen Ecken und Enden gepredigt, «nicht gesagt, dass die Freundschaft mit der Welt Feindschaft zu Gott bedeute? Und dass wer sein Leben mehr liebe als Gottes Werk, sein Leben verlieren werde? Darum hat der göttliche Richter die Zeichen seines Gerichtes bereits am Himmel aufleuchten lassen!»

Elias fröstelte, als er diese Erinnerungen an sich vorbeiziehen ließ. Niemand wusste, woher diese «Reinen» gekommen waren. Da sie die päpstlichen Insignien auf ihren Kutten trugen, wagte keiner, sich ihnen in den Weg zu stellen. Konrad hatte ihn, Elias, den Prior von Falkenstein, zu Hilfe gerufen, um diesem unseligen Spuk ein Ende zu bereiten. Doch die Wanderprediger in ihren weißen Kutten ließen sich ebensowenig verscheuchen wie die Schwärme von Insekten aus den umliegenden Sümpfen.

Der Herrscher der Stauffermark versuchte sie ins Schloss zu laden, um sie Auge in Auge zu prüfen. Doch sie wichen jedem Zugriff aus. Es war, wie wenn man eine Hand voll Sand daran hindern wollte, zwischen den Fingern hindurchzurinnen.

Konrad und Katharina begannen zu ahnen, dass diese unheimlichen Prediger vor allem eines beabsichtigten: den König und sein Haus in Bedrängnis zu bringen. Das Volk war hin- und hergerissen. Konrad hatte der Stauffermark treu gedient. Aber die Worte der Prediger ließen niemanden unberührt. Hatten die Zeichen im Wetter und am Himmel nicht eine deutliche Sprache gesprochen? War der Blutmond nicht ein sichtbares Zeichen des Gerichts, wie es schon in den heiligen Schriften zu lesen war? Es dünkte sie, die Dinge seien immer bedrohlicher geworden, seit Konrad und

Katharina den Thron bestiegen hatten. Vielleicht war der Allmächtige ja tatsächlich erzürnt über sie?

Elias hatte die Menschen mit Güte und Wahrheit zu überzeugen versucht: *Christus, der Herr, fordert keine neuen Opfer! Sein Werk genügt, um Frieden zwischen Gott und Mensch zu schaffen!* Doch seine Stimme verhallte genauso ungehört wie die des Königs, seines Vaters. Als das dritte Hungerjahr angebrochen war, begannen die verzweifelten Bauern und Handwerker ihre Söhne auf die Pilgerreise nach Jerusalem vorzubereiten. Dann sollten sie den «Reinen» zugeführt werden.

Der König erhielt Kenntnis von diesen Plänen, ging mit seinen Männern dazwischen und führte die Kinder ihren Eltern wieder zu. Was allerdings auf keine Gegenliebe stieß. Als Folge davon wurden die Knaben und Jünglinge heimlich an die «Reinen» übergeben. Jedenfalls – war es Zufall oder eine besondere Macht? – schienen Wetter und Umstände besser zu werden. Während Elias hinter allem dunkle Kräfte ahnte, erschien das dem abergläubischen Volk ein Zeichen des Himmels zu sein.

Doch statt sich mit dem Ergebnis zufrieden zu zeigen, predigten die «Reinen», dass es damit noch lange nicht genug sei und dies nur ein himmlisches Zugeständnis sei, dass man sich auf dem rechten Weg befinde.

War der Kinderhandel bisher im Verborgenen geschehen, wurde er immer frecher in der Öffentlichkeit durchgeführt. Und tauchten die Ritter von Falkenstein oder von Königsstadt auf, um ihn zu verhindern, stellten sich ihnen zunehmende Feindseligkeit und Widerstand entgegen. Was als Rettung gedacht war, schlug in Bedrohung um.

Es roch nach Aufruhr und Bürgerkrieg in der Stauffermark. Konrad hielt seine Männer zurück. Er wollte und durfte nicht mit Gewalt gegen das eigene Volk vorgehen. Die ganze Geschichte gipfelte zuletzt darin, dass der Anführer der «Reinen», ein gewisser Bruder Albertus, die Unverfrorenheit besessen hatte, in einer Brandrede den Rücktritt des Königs zu fordern, da Konrad ein Ungläubiger sei, der den Zorn Gottes über sein Volk heraufbeschwöre. Mit den Sarazenen – so nannten sie die Seldschuken –

hätte er im Heiligen Land unter einer Decke gesteckt. Und mit dem ketzerischen Kaiser von Konstantinopel hätte er gegen die wahre Kirche Roms gemeinsame Sache gemacht. Es war absurd. Aber das Feuer war gelegt.

Konrad ließ heimlich einen Boten nach Rom aufbrechen, um Papst Calixt II. über diese Ereignisse zu informieren. Allein – der Bote kam niemals an.

Als sich Elias für einen Disput gegen Albertus nach Königsstadt begeben hatte, gelangten beunruhigende Nachrichten an den Hof: Die Ritter von Falkenstein hätten begonnen, die umliegenden Dörfer gewaltsam niederzubrennen und die Bauern wie Vieh abzuschlachten. Dies sei – so hieß es – die Rache der königlichen Familie.

In Königsstadt traute man seinen Ohren nicht: Hatte denn Justus den Verstand verloren? Oder war alles ein bösartiges Gerücht? So rasch er konnte, war Elias zurück zur Burg geritten. Dort schien alles beim Alten zu sein. Aber irgendetwas Übles lag in der Luft. Aber was? Die Stimmung auf der Burg kühlte sich merklich ab. Auch Justus begann sich immer merkwürdiger zu benehmen. Unheimliche Gerüchte wurden hinter vorgehaltener Hand verbreitet. Elias fühlte sich zusehends beobachtet, isoliert.

Irgendwann riss der Kontakt zwischen Falkenstein und Königsstadt ab. Der Prior fühlte sich mit seiner schwangeren Frau wie in einem Gefängnis. Dann ging alles ganz schnell. Zur Flucht blieben Elias und Anna nur wenig Zeit.

Elias riss sich aus den Gedanken und richtete seinen Blick auf die dunklen Umrisse von Königsstadt. Außer dem einsamen Jaulen eines Hundes blieb es still. Der Königspalast auf dem Hügel oberhalb der Stadt lag dunkel und ruhig da. Unheimlich ruhig. Keines der Nachtfeuer auf den Türmen brannte. Das war kein gutes Zeichen. Ob der König noch am Hofe war?

Rasch glitt Elias von Antares herunter. Er holte einen alten Lappen aus der Satteltasche und zerriss ihn in vier Stücke. Dann kniete er nieder und umwickelte damit die Hufe seines Pferdes. Niemand sollte durch Geklapper auf den heimlichen Besucher aufmerksam gemacht werden. Plötzlich drückte sich die Spitze eines Schwertes in seinen Nacken.

«Das könnt Ihr Euch ersparen, edler Herr! Eine falsche Bewegung, und ich werde euch dieses Eisen in den Leib stoßen!»

Die Stimme über ihm klang kalt wie die Schwertklinge und heiser wie die eines Aussätzigen. Elias erstarrte.

7. Kapitel: Spurensuche

Weiter oben im Norden, warf Justus von Falkenstein einen letzten Blick hinunter auf die dunkle Königsstadt. Vergeblich hatte er dort unten Konrad und Katharina gesucht. Was hätte er dafür gegeben, um ein paar klärende Worte mit ihnen zu reden! Erfolglos hatte er die Stadt wieder verlassen und sich an die frische Spur geheftet, die direkt nach Norden führte. Hier oben in der Drachenhöhle, einst Stammsitz von Magos dem Zauberer, würde sich wohl so manches Geheimnis lüften. Justus trat einen Schritt von seinem felsigen Ausblick zurück und huschte durch den langen Tunnel ins Innere des Labyrinths. Endlich hatte er die große Grotte erreicht. Er duckte sich vorsichtig und glitt geräuschlos in den Schatten eines großen Felsbrockens. Die Drachenhöhle, einst der Stammsitz von Magos dem Zauberer, war mit dem Summen unzähliger Stimmen erfüllt. Sie redeten in geschäftigem, aber gedämpftem Ton miteinander. Er hatte ja gleich geahnt, dass an den «Reinen» etwas faul war. Allein schon die Tatsache, dass sie um die verrufene Höhlenburg des Magiers gewusst hatten, war Anlass genug gewesen, dieser Bande keinen Deut zu trauen. Er musste den Schleier über diesen zwielichtigen Gestalten lüften. Und er musste seine Familie finden – es gab viel zu reden.

Tagelang hatte Justus nach seiner abenteuerlichen Flucht von der Burg die Spur von Albertus und seinen «Predigern» verfolgt. Was er dabei entdeckt hatte, verwunderte ihn wenig. Und dass sie jetzt ausgerechnet hier im Drachensaal ihr Lager aufschlugen, war keine Überraschung mehr.

Mehr zu schaffen machte dem jungen Ritter, dass in dem größten aller Höhlensäle schon eine beeindruckende Zahl von Knaben und Jünglingen versammelt war. Sie waren alle in dieselben weißen Kutten gekleidet, aufgestellt in Reih und Glied. Wie die Reihen einer Armee! Oder vielleicht doch aufgereiht wie das Vieh vor der Schlachtbank?

Ein flackender Schatten huschte an der Felswand entlang. Justus duckte sich noch tiefer. Kalt ging ein Windhauch an ihm vorbei. Justus' Nackenhaare sträubten sich. Irgendwie kam ihm dieses Gefühl bekannt vor. Woher nur? Die Stimme von Albertus lenkte seine Aufmerksamkeit zurück zu den Jungen.

«Ihr seid die Erstlingsgabe der Stauffermark an den Allmächtigen!», rief jener mit warmer, fast väterlicher Stimme.

Hätte die leise innere Stimme ihn nicht gewarnt, Justus hätte fast Zutrauen zu Albertus gewonnen.

Der lange und knochige Prediger blickte mit glühenden Augen über die Reihen der vor ihm aufgestellten Jugendlichen. «Eure Eltern haben wohlgetan, euch uns anzuvertrauen! Nun wird es Zeit, dass ihr die Wege des Herrn kennen lernt. Zieht euch aus!»

Justus runzelte die Stirn. Was sollte das werden?

«Es ist wichtig, dass ihr eure Pilgerreise gesund und kräftig antreten könnt. Wir wollen nicht, dass jemand aus Schwäche oder Krankheit das Ziel nicht erreicht.»

Die jungen Dorfbewohner folgten zögerlich dem Befehl und standen zitternd vor Kälte nur noch mit einem Lendenschurz bekleidet da.

Albertus' Kumpane durchschritten die Reihen. Sie blieben bei jedem ihrer Schützlinge stehen und begutachteten denjenigen von Kopf bis Fuß, betasteten seine Arme, Schultern und Beine. Etliche von ihnen mussten sogar die Zähne zeigen. Wer nicht den Erwartungen entsprach, wurde aus der Reihe herausgeholt und in eine Ecke gestellt.

Justus biss sich wütend auf die Unterlippe. Blitzartig war ihm klar geworden, was hier geschah. Diese Jungen waren nicht für eine Pilgerreise bestimmt! Auf sie wartete keine fromme Andacht, sondern der Sklavenmarkt! Den Rest konnte er sich schnell zusammenreimen:

Die Reise mochte sehr wohl dem Pilgerweg entsprechen. Und womöglich ging es tatsächlich in Richtung Jerusalem. Aber sie würden ihr Ziel nie erreichen, sondern irgendwo vorher skrupellosen Sklavenhändlern übergeben werden, die auf neues, junges

Fleisch warteten. Womöglich verkaufte man sie gar an die Sarazenen.

Eines war sicher: Das hier waren keine geistlichen Brüder. Das war Räubergesindel mit schändlichen Absichten.

Noch immer standen die jungen Leute mit ergebenem Blick da. Sie schienen keinen Verdacht zu schöpfen. Wie sollten sie auch? Die Sklaverei und ihre Bräuche waren ihnen vollkommen fremd. Und waren das nicht heilige Gottesmänner, die nur das Beste für ihre Familien, Dörfer, ja für die ganze Stauffermark wollten? Mussten sie nicht stolz und dankbar sein, etwas Ehrenwertes für die Menschen im Land zu tun?

Nachdem die Prozedur zu Ende gegangen war, konnten sie sich wieder anziehen. Bruder Albertus schaute auf die ausgesonderten Kinder und Jugendlichen. Sie waren alle mager und kränklich, ausgezehrt von den langen Hungertagen.

«Ihr Lieben», sprach der Anführer der «Reinen» zu ihnen, «wir können euch leider nicht mitnehmen auf die Fahrt. Ihr würdet es nicht überleben. So leid es mir tut – wir müssen euch wieder zu euren Eltern bringen. Lebt wohl!»

Albertus gab einen leisen Wink, und drei seiner Gesellen führten sie zu einem seitlichen Höhlenausgang. Kaum hatten sie ihm den Rücken zugewandt, gab er ein erneutes Zeichen. Drei weitere «Brüder» schlossen sich dem Zug nach draußen an.

Justus kniff die Augen zusammen. Täuschte er sich, oder hatten zwischen den Kuttenfalten Schwerter aufgeblitzt? *Gütiger Himmel!*, schoss es ihm durch den Kopf, *sie werden sie töten!*

Leise erhob sich der junge Ritter und glitt geräuschlos wie ein junger Löwe der Felswand entlang nach draußen. Keinen Augenblick zu früh.

Angstrufe schlugen ihm entgegen. Albertus' Männer hatten ihre Schwerter gezogen und ihre überraschten Opfer an den Rand eines Abgrundes gedrängt. Eine gefährliche Lage.

Doch Justus zog blank. «Vielleicht sollten sich die frommen Brüder zur Abwechslung mit ebenbürtigen Gegnern abgeben?!», rief er wütend über den Platz. «Wenn ihr denn wirklich Manns genug seid!»

Die «Reinen» drehten sich zwar zu ihm um, rührten sich dann aber nicht und schienen durch ihn hindurchzustarren. Instinktiv duckte sich der junge Ritter.

Um Haaresbreite verfehlte ihn der heimtückische Hieb von hinten. Wie aus dem Nichts waren drei weitere Kapuzenträger hinter ihm aufgetaucht.

Jetzt ging alles blitzschnell. Der Knauf von Justus' Schwert streckte den ersten Kuttenträger zu Boden. Dabei drehte sich der junge Ritter blitzschnell um die eigene Achse und trat dem zweiten Angreifer zwischen die Beine. Während jener noch stöhnend einknickte, wurde auch schon dritte «Reine» mit einem gezielten Hieb des linken Ellbogens ins Reich der Träume geschickt.

Justus von Falkenstein!, fuhr es dem jungen Ritter durch den Kopf, *wann endlich hörst du auf, dich Hals über Kopf in solche Situationen hineinzumanövrieren?*

«Wenn Ihr Kopf und Kapuze aufbehalten wollt, rate ich Euch dringend, die Kinder in Ruhe zu lassen!», donnerte er nun die andern drei «Reinen» an. «Macht euch aus dem Staube!», rief er den Jungen zu. Kampflustig und breitbeinig stellte er sich den restlichen Kapuzenmännern in den Weg. Aber nicht für lange.

Der Schlag auf seinen Kopf war kurz und hart. Justus wurde es speiübel, dann versank seine Welt in Dunkelheit.

Wie lange er so dagelegen hatte, konnte er nicht sagen. Aber als er die Augen zögernd öffnete, umfing ihn immer noch Finsternis. Sein Schädel brummte – also musste er noch am Leben sein! Irgendwo tropfte Wasser von der Decke. Die Luft roch feucht und moderig. Ein unheimliches Keuchen kroch in seine Ohren.

Langsam gewöhnten sich seine Augen an das Dunkel. Eine Höhle. Oder ein Gefängnis? Aus der Ferne schimmerte schwach etwas Licht, das sich irgendwo durch eine Ritze in diese Finsternis hineinverirrt haben musste.

Ein leises Husten verschaffte dem jungen Ritter endgültige Gewissheit, dass er hier nicht alleine war. Schemenhaft konnte er zerlumpte und abgemagerte Gestalten erkennen. Die ausgesonderten Kinder. Also lebten sie noch!

Stöhnend setzte sich Justus auf. Als er mit seiner Hand den

Kopf betastete, spürte eine große, schmerzende Beule. Der Schlag der «frommen» Brüder hatte gesessen!

«Wo sind wir hier?» Seine Stimme hallte etwas gebrechlich durch das Dunkel.

«Justus von Falkenstein?», forschte die Stimme eines Knaben durch das Dunkel.

Dem jungen Ritter fiel ein Stein vom Herzen. «Ja, ich bin es!» Sogleich bereute er seine Antwort. Wie auf ein verabredetes Zeichen griffen Hände nach ihm, traten nackte Füße gegen seinen Körper. Vor Schreck und Schmerz stöhnte Justus auf.

«Jetzt kriegt Ihr Euren Lohn! Verfluchter Falkensteiner! Und das ist hier ist für den alten Klaus! Natürlich erinnerst du dich nicht mehr an den alten Mann! Schweine und Schwache abstechen – das ist alles, was ihr hohen Herren könnt!», bellte eine zornige Stimme, die offensichtlich dem Anführer gehörte.

Jetzt hagelte es wieder Schläge und Tritte, die Justus erneut zu Boden schmetterten.

«Es ist nicht so, wie ihr denkt!»

Die Schläge hörten nicht auf.

Justus begann allmählich das Bewusstsein davonzugleiten. «Martin!», hauchte er schwach. «Woher kennst du meinen Namen?»

«Was?» Die Stimme des Anführers klang verwundert.

Endlich! Die Schläge blieben für einen Augenblick aus. Justus holte gepeinigt Luft. «Andres, dein Vater, und mein Vater, haben Seite an Seite für die Freiheit der Stauffermark gekämpft. Andreas, dein Bruder, ist erster Knappe bei uns am Hof. Hast du das alles vergessen?»

Nur angestrengtes Keuchen war noch zu hören. Die Stimme des Schweinehirten klang etwas weicher und vermischte sich mit Trauer: «Wie sollte ich das je vergessen können? Mein Vater hat sein Leben für Falkenstein hingegeben. Und Andreas hat Euch Treue geschworen. Und Ihr habt es mit Morden und Brennen gedankt!»

«Glaubst du das wirklich, Martin? Ist das die Bruderschaft von

Falkenstein, wie die Menschen der Stauffermark sie all die Jahre kannten?»

Nach langem Schweigen kam die Antwort zögerlich zurück: «Aber ich habe es doch mit meinen eigenen Augen gesehen!? Das Banner von Falkenstein! Und Ihr an vorderster Front! Nein, Justus von Falkenstein! Ihr versucht nur Euren Hals mit einer Lüge zu retten!»

Wieder prasselten Schläge auf Justus nieder.

Herr im Himmel, hilf! Justus spuckte Blut und hustete die Worte mit letzter Kraft heraus: «Bitte glaubt mir! Ich wollte euch doch nur helfen! Man hat uns alle verraten und getäuscht!» Zu mehr reichte es nicht mehr. Erneut verlor Justus das Bewusstsein.

8. Kapitel: Allein!

Unruhig hatte Anna immer wieder Ausschau gehalten. Wo blieb Elias? In ihrem Vespergebet legte sie Sorgen und Ängste in die Hände des himmlischen Vaters. Doch je länger sie auf ihren Knien betete, umso mehr wurde sie das Gefühl nicht los, dass sich eine unheimliche Macht näherte. Eine kalte, eisige Faust, die jedes Leben zum Erstarren brachte. Von allen Seiten kroch es an die Hütte heran.

«Christus, Herr, lass uns nicht allein!», flüsterte sie. Die Zwillinge schliefen friedlich. Aber täuschte sie sich, oder war es draußen rund um die Hütte herum tatsächlich totenstill? Langsam richtete sie sich auf, hielt den Atem an und horchte. Schweigen! Kein Geräusch! Das endlose Quaken der Frösche musste schon eine ganze Weile aufgehört haben, ohne dass sie es bemerkt hatte. Nicht einmal das Summen der lästigen Schnaken war zu hören. Kein Rauschen im Schilf oder in den Blättern, nicht der leiseste Windhauch.

Gefahr! Gefahr!, hauchte die leise innere Stimme.

Anna begann zu zittern. Jetzt konnte sie es deutlich spüren. Es kam von allen Seiten! Schnell und leise eilte die junge Mutter zur Tür und verriegelte sie mit dem Querbalken.

Ein unheimliches Keuchen und Knurren drang von allen Seiten durch die Ritzen in die kleine Hütte herein. Anna hängte zitternd Elias' Schwert von der Wand ab und zog die blitzende Klinge aus der ledernen Scheide. Sollte da draußen allerdings die Macht lauern, die sie vermutete, würde ihr diese Waffe wenig helfen können.

Erst war es ganz leise, dann wurde das Zittern der Wände und des Daches immer spürbarer. Das war kein Erdbeben! Allzu lange würde dieses windschiefe morsche Gebäude dem da draußen nicht standhalten.

Flieh!, rief die leise innere Stimme. *Die Zeit ist noch nicht da!*

Anna blickte sich hastig um. Sie schob das Schwert zurück in die Scheide, stülpte sich das Gehänge über Kopf und Schulter. Dann schlang sie sich mit zitternden Händen die Decke um und verknotete die beiden Enden über der anderen Schulter. Hastig nahm sie die Zwillinge auf, wickelte die beiden so in die Decke ein, dass der eine vorne auf der Brust, der andere hinten auf ihrem Rücken seinen Platz fand.

Die Wände ächzten. Holzstaub wirbelte aus den Ritzen nach innen. Der Weg nach draußen war versperrt. Zum Glück hatte Elias gleich nach ihrer Ankunft die alte Falltür im Boden entdeckt. Da sich die ganze Hütte erhöht auf Pfählen etwas abgesetzt vom Ufer befand, bot diese Schlupftür einen Fluchtweg durch das hüfttiefe Wasser unter der Hütte hindurch ins nahe Schilf.

Elias hatte sich alles ganz genau angesehen und sogar ausprobiert. Ging man weit genug, konnte man vom dichten Schilfgürtel des Seeufers aus einen alten Trampelpfad erreichen, der durch mannshohe Farnbüsche führte, unsichtbar für jeden Beobachter.

Anna hatte keine Zeit mehr, um die Gedanken abzuwägen. Die Wände begannen zu bersten. Sie hob den Holzdeckel an und spähte einen Moment lang hinunter auf die tiefergelegene Wasseroberfläche. Der Fluchtweg war unerkannt geblieben!

Draußen vor der Tür wurde das unheimliche Keuchen immer lauter und vermischte sich mit dem Klang berstenden Holzes. Rasch glitt Anna hinunter ins Wasser. Glücklicherweise erreichten ihre Füße den Boden, bevor die Kleinen in ihrem Tuch ins Wasser zu tauchen drohten. Blitzschnell schloss sie die Luke wieder.

Über ihr schien die Hölle entfesselt. Als die Wände der Hütte nach innen stürzten und alles in einer staubigen Wolke unter sich begruben, befand sich Anna bereits ein ganzes Stück vom Geschehen entfernt im Schilf. Im Lärm und Getöse hatte sie ungehört durchs Wasser in den Schutz des Schilfgürtels waten können.

Als es ruhig wurde bei der Hütte, musste sie innehalten und warten. Ein leises Grollen, fernem Donner nicht unähnlich, schwebte übers Wasser und ließ ihr das Blut in den Adern gefrieren. Schon einmal hatte sie diesen Klang gehört. Damals, in den Tagen größter Not vor den Toren Falkensteins. War das möglich? Konnte *er* sie sehen, riechen oder spüren?

Plötzlich begann sich der kleine Bernardus an ihrer Brust unruhig hin- und herzuwinden. Entweder war es ihm zu eng, oder er hatte einfach nur Hunger.

«Schhhht!», wisperte sie fast unhörbar. Im Wissen, dass das wohl kaum helfen würde. Fing der Kleine an zu weinen, waren sie verloren! Da war sie wieder, die sanfte Stimme:

Fürchte dich nicht!

Zitternd legte sie ihre Finger auf Bernardus' Lippen. Nun begann es sich auch auf ihrem Rücken zu regen. Doch das dünne Stimmchen von Konrad ging im zornigen Gebrüll des Leviathans unter. Ein gewaltiges Rauschen ließ die Luft vibrieren, drückte das Schilf nach unten und sandte zitternde Schockwellen über die Wasseroberfläche. Dann schoss der riesige Schatten über sie hinweg und verdunkelte für einen Augenblick die Sonne.

Anna wagte es nicht, nach oben zu blicken. Die Augen des Ungetüms waren besser als die eines Adlers und würden jede Bewegung sofort entdecken. Aber warum hatte er ihren Geruch nicht wahrgenommen?

Schließlich wagte sie doch mit einer unendlich langsamen Bewegung einen Blick nach oben. Ein seltsames Flimmern umgab sie, weißlich, fast nebelhaft. Die Sicht rundherum wurde dadurch getrübt und gebrochen. Die Umrisse des Leviathans waren nur schemenhaft zu erkennen, während er seine Kreise immer höher nach oben schraubte. Schließlich war er verschwunden.

Anna atmete tief ein. Ein Gefühl unendlicher Dankbarkeit erfüllte sie. *Du lagerst deinen Engel um die, die dich lieben!* Als sie die Luft aus dem Mund strömen ließ, schob diese das Flimmern wie einen flüchtigen Hauch beiseite. Ein gewaltiges Etwas war noch für den Bruchteil eines Augenblickes zu erahnen. Dann war es weg.

Ehrfürchtig schloss Anna für einen Moment die Augen. Das Zirpen der Grillen und das Quaken der Frösche setzten wieder ein. Die Schilfrohre wiegten sich sanft im Wind. Die Sonne schien freundlich. Sagten die auf dem Wasser treibenden Holztrümmer nicht etwas anderes, hätte man alles für einen bösen Traum halten können. Anna musste ans Ufer. Hier konnte sie nicht länger bleiben. Wo blieb nur Elias?! War er ihren Verfolgern womöglich in die Falle gelaufen?

Als sie es aus dem Wasser heraus geschafft hatte, lehnte sich die junge Mutter erschöpft an einen moosbewachsenen Stein und setzte die hungrigen Säuglinge an. Sofort begannen sie gierig zu trinken. So einfach konnte das Leben sein! Für einen Moment versank ihr Blick in den kleinen, feinen Gesichtchen. Sie wussten nichts von den Gefahren dieser Welt. Alles, was sie brauchten, waren Nähe und Schutz. Alles, was sie fürchteten, waren Hunger und Einsamkeit. Anna lächelte leise. Waren sie, die großen Menschen, denn so anders? Die Frage war müßig.

«Habt ihr etwas gefunden?»

Der Wind wehte eine heisere Stimme über das Wasser und ließ die junge Mutter hochschrecken.

«Nein. Wir haben jedes Brett und jeden Balken dreimal umgewendet. Da ist niemand!», antwortete eine andere raue Stimme.

«Und im Wasser? Vielleicht wurde sie ja von einem Holz getroffen!»

«Kann schon sein. Ich lasse die Hunde los!»

Anna glitt hinter den Felsen und wickelte die beiden Säuglinge rasch wieder ein. Aus der Ferne hörte sie Hundegebell und Geräusche im Wasser. Ein Glück, dass der kräftige Wind ihren Geruch von den Tieren wegtrug! Sie wusste, dass ihr nicht viel Zeit blieb. Geduckt huschte sie zurück in den Schilfgürtel und watete vorsichtig durch das knöcheltiefe Wasser. So würde sie keine Spuren hinterlassen. Und wenn der Wind nicht drehte, würden ihre Geräusche kaum zu hören sein.

Tausend Gedanken schossen ihr gleichzeitig durch den Kopf. Sie hatte immer gewusst, dass die Lage der Stauffermark bedrohlich war. Heute war ihr mit einem Schlag klar geworden, wie schlimm es wirklich um sie stand!

Unschlüssig blieb sie stehen. Wohin sollte sich wenden? Sicherlich würden die Verfolger – wer immer sie auch waren – bald nach allen Seiten ausschwärmen. Sehr schnell konnte sich Anna so nicht fortbewegen. Die Gefahr, dass sie irgendwann entdeckt wurde, blieb groß.

Wieder verdunkelte sich die Sonne für einen Augenblick. Doch diesmal war es eine Wolke. Als Anna zum Himmel hinaufschaute, hatten sich die ersten Gewitterwolken am Horizont bereits zu beeindruckenden Türmen aufgebaut. Während sich ihre Ränder schneeweiß wie Schafswolle kräuselten, leuchtete aus der Mitte ein tiefes Schwarz, das ab und zu von einem Blitz durchschnitten wurde. Der Wind wurde stärker und trug das Rollen des Donners heran. Wenn die Verfolger dasselbe dachten wie Anna, dann waren eine Menge von drängenden Fragen beantwortet. Für den Rest würde sich – so Gott wollte – auch noch eine Antwort finden.

Der Himmel verdunkelte sich weiter. Die Gewitterwolken hatten sich inzwischen über den ganzen Himmel verteilt. Der eben noch als willkommen wahrgenommene Wind schlug um zum bedrohlichen Sturm. Der See begann zu brodeln und türmte immer höhere Wellen auf. Sintflutartiger Regen stürzte vom Himmel herab. Anna fand kaum mehr Halt auf dem schlüpfrigen Grund. Durch Wind und Wellen drohte sie hinweggespült zu werden.

Vom Ufer her näherte sich – schon ganz durchnässt – ein Bluthund schnüffelnd ihrem Versteck. Gleich würde er sie entdecken. Aber der scharfe Knall eines Blitzes, der nicht weit entfernt in einen Baum einschlug, ließ das Tier erschrocken den Schwanz einziehen und jaulend davonlaufen.

Die beiden Säuglinge weinten jetzt ununterbrochen. Konnte Anna es wagen, ganz ans Ufer zu gehen? Unvermittelt stieß sie an etwas Hartes an. Ein kleiner alter Holzkahn! So klein, als wäre er für ein Kind gebaut worden.

Annas Augen durchbohrten angestrengt den Regenvorhang und überflogen prüfend das Boot. Es schien wassertüchtig zu sein. Und vor allem war ein Teil des Hecks – dort, wo sein Besitzer üblicherweise den Fang vor den Sonnenstrahlen schützte – mit ein paar schmalen Holzplanken überdacht. Ein geschützter ... wenn auch winziger Ort!

Anna brauchte nicht weiter zu überlegen. Rasch schob sie die Zwillinge in das Heckteil des Nachens. Der Hohlraum bot den Kleinen genügend Schutz. Zitternd umklammerte sie das Boot, um Wind und Wasser etwas von der Öffnung fernzuhalten. Wieder hörte sie Hundegebell und Stimmen. Sie schienen sich aber allmählich – soweit sie das im Sturmwetter überhaupt noch erkennen konnte – von ihrem Zufluchtsort zu entfernen.

Plötzlich gab es einen leisen Ruck. Anna schreckte zusammen. Der Nachen war von einer Windböe ergriffen worden und hatte sich vom Ufer gelöst. Noch bevor Anna die Situation richtig begriffen hatte, trieb der Kahn durch den Schilfgürtel auf den offenen See hinaus und riss sie mit. Die Wellen schlugen heftig an die Planken des Bootes und schüttelten es durch. Verzweifelt spähten Annas Augen nach einem rettenden Punkt, und sie versuchte mit dem Nachen zurückzuschwimmen. Aber es gab nichts zu entdecken: nur Sturm, Regen und aufgewühltes Wasser.

Die Strömung riss Mutter und Boot immer weiter hinaus auf den See. Immer öfters schwappte das Wasser in den kleinen Kahn. Die Last ihres Körpers war zu schwer für den Nachen! Es würde nicht lange dauern, und er würde in die Tiefe gerissen werden. Diese Erkenntnis ließ Anna vor Wut und Schmerz aufschreien. Der Sturm verschluckte alles ohne Erbarmen.

Herr des Himmels, verschone die Kinder! Hast du nicht jenen Sturm zum Schweigen gebracht? Hilf uns!

Die Kraft in den Armen ließ allmählich nach. Auch wurden ihre Glieder durch das kalte Wasser steif. Mit aller Kraft versuchte Anna mit einem Arm ans Ufer zu paddeln. Oder zumindest in die Richtung, von der sie glaubte, die richtige zu sein. Doch das Wetter wurde nur noch grimmiger. Der schreckliche Gedanke wurde immer mehr zur Gewissheit: Zu dritt würden sie diesen Sturm niemals überleben! Alleine hatten die Kleinen ebensowenig eine Aussicht auf Rettung. Das Wasser im kleinen Boot begann zu steigen. Schon bald würde es sinken.

Ich nehme sie mit!, schoss es durch ihre Gedanken. *So bleiben wir wenigstens in dieser letzten Stunde zusammen! Besser so, als wenn sie mutterseelenallein irgendwann in dieser Flut versinken!* Der Gedanke wurde übermächtig, und schon griff sie nach dem kleinen Bernardus.

Aber da rief die leise Stimme in ihr: *Hoffnung! Es gibt immer eine Hoffnung!*

Anna entschied sich für die Hoffnung. Sie warf einen letzten

Blick auf die kleinen Bündel im Heck, warf das Schwert ins Boot und stopfte die Öffnung mit der Decke zu. Dann ließ sie den Nachen los.

Augenblicklich schlugen die Wellen über ihr zusammen, und sie wurde nach unten gerissen. Für einen Moment hatte sie jede Orientierung verloren und wusste nicht, wo oben und wo unten war. Aber dann kam sie mit kräftigen Zügen an die Wasseroberfläche. Sie schnappte nach Luft und versuchte, sich so ruhig wie möglich zu verhalten, um im kalten Wasser nicht zu viel Kraft zu verlieren. Wo war das Boot? Keine Spur davon, so weit sie sehen konnte. War es bereits gesunken?

Anna kämpfte gegen die Wellen und – was noch viel schlimmer war – gegen ihre lähmende Mutlosigkeit. Die nassen Kleider hingen schwer wie Blei an ihr und zogen sie immer wieder unter Wasser. Sie kämpfte mit allem, was sie hatte. Doch die Kälte, die anstrengende Geburt, die Angst um die Kinder und eine immer größere Hoffnungslosigkeit begannen ihre Kraft zu brechen. Irgendwann spürte sie ihre Arme und Beine nicht mehr.

Elias!

Die Wellen schlugen über ihr zusammen.

9. Kapitel: Die Weissagung

Nachdem sie von den wilden Bergkriegern entlassen worden waren, hatten Konrad, Katharina und ihre Getreuen die angekündigten Gewässer erreicht. Doch es war wie verhext. Die verheißenen Fische hielten sich zwischen offenbar steinigen Klüften verborgen. So zogen sie schließlich weiter hinunter zu den bewaldeten Anhöhen der Stauffermark. Die größeren Wege, die nach Königsstadt führten, mieden sie. Niemand konnte wissen, ob hier nicht Spione der «Reinen» lauerten. Wem konnte man in diesem Land überhaupt noch trauen? So hielten sie sich nach Osten und blieben im Schutz des Waldes.

Aber auch hier suchten sie vergeblich Jagdbeute. Überall kam ihnen eine beängstigende Stille entgegen. Kein Vogelgesang, nicht einmal das aufgeregte Rätschen eines Eichelhähers. Selbst die Blätter der Bäume schienen aus irgendeinem Grund erstarrt vor Angst. Im Süden konnten sie eine riesige Wolkenwand erkennen, die sich rasch über den ganzen Himmel auszubreiten begann.

Konrad hatte unzählige Gewitter in der Stauffermark und auf den gefährlichen Wegen ins Heilige Land erlebt. Aber das hier war irgendwie anders. Sie konnten sehen, wie sich das Unwetter über dem Stauffensee entlud.

Und dann sahen sie ihn herangleiten: ein gewaltiger schwarzer Schatten, der sich zuerst mit fledermausähnlichen Flügelschlägen nach oben geschraubt hatte und ihnen nun mit schlangenähnlichen Bewegungen durch die Luft entgegenglitt. Für einen Moment verdunkelte er alles um sie herum, als er über sie hinwegsauste. Die scharfkantigen Flügel durchtrennten die Luft mit einem lauten, schrillen Geräusch.

Nur mit größter Mühe konnten Konrad und seine Getreuen die Pferde davon abhalten, in Panik aus dem Schutz der Bäume nach draußen auszubrechen. Wolfhart konnte einen letzten Blick erhaschen, bevor das Ungetüm zielgerichtet hinter einer weiteren

Waldkuppe verschwunden war. Dort, hinter ihnen, im nördlichen Westen, befand sich die alte Höhle, wo einst Magos, der mächtige Zauberer, gehaust hatte. Was das Ungetüm dort wohl suchte?

Die Gefährten starrten sich bleich an.

«Leviathan!», murmelte der alte General mit bebender Stimme. «Wie kommt es, dass er wieder hier ist? Hat Bernardus nicht den letzten seiner Art vor den Toren Falkensteins tödlich verwundet? Und ist er nicht mit ihm in den Tod geritten?»

Niemand wollte eine Antwort geben.

Konrad und Katharina sahen sich einen Augenblick lang in die Augen. Schließlich beendete Katharinas zitternde Stimme die Stille.

«Also erfüllt sich die alte Prophezeiung.»

«Welche Prophezeiung?», wollte Wolfhart wissen.

«Nicht jetzt!», fiel ihm Konrad ins Wort. «Wir müssen schleunigst einen sicheren Unterstand finden! Dort unten, die Windmühle!»

Er hatte recht. Von Süden her brauste der Sturm heran. Sie konnten es mit bloßem Auge sehen, wie er die uralten Eichen der Stauffermark zu schütteln begann und ganze Schneisen in den Wald hineinriss. Noch ein paar wenige Minuten, und er würde über ihnen sein.

Etwas weiter unten stand die große, alte, behäbige Windmühle. Alle in der Stauffermark kannten sie. Unzählige Säcke von Korn waren hier zu kostbarem Mehl verarbeitet worden. Es gab keine größere und bessere im ganzen Land. Die Feinheit ihres Mehles war berühmt. Doch dann waren die Hungerjahre gekommen. Der Weizen wuchs immer spärlicher. Auch Dinkel und Roggen fanden ihren Weg nicht mehr zu den Mahlsteinen. Schließlich musste die Müllersfamilie die Mühle aufgeben. Seither stand sie leer.

Konrad brauchte Sirus gar nicht erst einen Befehl zu geben. Der Hengst wusste sofort, was sein Herr wollte, und galoppierte hinunter zur Mühle. Diese schweren dicken Mauern verhießen einen sicheren Ort. Jedenfalls sicher genug, um dem Sturm standzuhalten. Die ersten Vorboten des Orkans setzten das mächtige Windrad langsam in Bewegung.

Sie hatten Glück: Die Tür war offen. Rasch drängten Mensch und Tier in das mächtige Gebäude hinein. Sie banden die Pferde an und verrammelten alles. Keinen Augenblick zu früh. Mit lautem Ächzen und Knarren begann sich das Mahlwerk zu drehen, während der Wind immer heftiger am Rad zu rütteln begann.. Konrad zuckte zusammen. Offenbar hatte der Müller vergessen, das Mahlwerk stillzulegen. Er musste Hals über Kopf geflüchtet sein. Anders ließ sich diese Fahrlässigkeit nicht erklären. Würde der Sturm zu stark, konnte ihnen die ganze Mühle um die Ohren fliegen. Anhalten ließ sich das hölzerne Ungetüm nun nicht mehr.

«Böse Wind! Böse Wind!», schrie der kleine Gabriel ganz erschrocken.

Der Sturm hatte jetzt seine volle Stärke erreicht. Ein erster Flügel des Windrades wurde unter lautem Getöse weggerissen. Die hölzernen Achsen und das Räderwerk zerbrachen und wurden in Stücke gerissen. Die Flüchtlinge warfen sich zu Boden, um von den herumfliegenden Holzstücken nicht getroffen zu werden. Die Mahlsteine unterbrachen ihr schwindelerregendes Kreisen abrupt. Über ihren Köpfen begann das Dachgebälk zu erzittern. Wie ein wildes Tier riss der Sturm Steinplatten und Holzschindeln weg.

Nun dröhnte der Sturm ins Innere der Mühle. Mensch und Tier drückten sich verängstigt in die Wandnischen und suchten hinter irgendwelchen Balken und Vorsprüngen Schutz. Dann war es plötzlich vorbei. Totenstille. So überraschend, wie der Sturm gekommen war, so plötzlich war er wieder verschwunden. Fast so, als wäre er durch die Flügelschläge des Leviathans ausgelöst worden.

Für einen Augenblick starrten sich alle wie versteinert an. Dann kam Bewegung in die kleine Schar. Konrad schob ein paar Holztrümmer beiseite und öffnete den Riegel der Tür. Helles Sonnenlicht brach sich einen Weg durch den Holzstaub, so dass alle unmittelbar einen Moment lang die Luft anhielten, jetzt, da sie die dicke Luft so deutlich sehen konnten. Rasch banden sie die Pferde los und traten nach draußen. Einen Moment lang schlossen sie geblendet die Augen. Zwischen den Wolken brachen immer größere Fetzen blauen Himmels hervor. Die Luft war frisch und feucht.

Wolfhart pfiff leise und bewundernd zwischen den Zähnen

hindurch. «Hätte ich es nicht mit eigenen Augen gesehen – ich würde es nicht glauben!» Dabei musterte er fragend die Gesichter von König und Königin. «Wie ist das nun mit der Prophetie?»

Konrad seufzte. «Das ist eine düstere Geschichte.»

«Es hätte mich verwundert, wäre es anders gewesen!», erwiderte der alte General mit schalkhaftem Blitzen in den Augen.

«Habt Ihr das auch gesehen?», unterbrach Katharina das Gespräch. «Der Leviathan ist zu der Drachenhöhle von Magos geflogen. *Nomen est omen*, würde der gelehrte Schreiberling sagen!»

«Ihr lenkt vom Thema ab!», beharrte Wolfhart hartnäckig auf seiner Frage.

Konrad seufzte. «Ich weiß nicht, ob Euch meine Antwort besonders glücklich machen wird, lieber Wolfhart. Aber hört: Matthias von Gosen, mein Halbbruder, den man auch Magos nannte, vertraute mir in der Stunde seines Todes ein dunkles Geheimnis an.»

«Spannt mich nicht auf die Folter, Konrad. Heraus damit!», knurrte der alte General etwas verunsichert.

Während Konrad leise und bedeutungsvoll die Worte aussprach, schloss er die Augen. Schmerz und Furcht durchfluteten sein Herz. Für einen Augenblick sah er alles wieder vor sich: die mächtigen Gewölbe der Ställe Salomos im Innern des Tempelberges. Sabas, der finstere Patriarch von Jerusalem. Bargûr, der gewaltige Fürst der Dunkelheit. Und dann dieses unwiderstehliche letzte Lächeln seines Halbbruders, den er nach Jahren der Trennung und Feindschaft endlich gefunden hatte.

Jetzt hörte er sie wieder, jene unheilvollen Worte. Er hatte sie nicht vergessen. Denn auch Robert DeNeuville, Katharinas Bruder, hatte sie vor seinem Tod auf dem Kampfplatz vor Falkenstein wiederholt. Aber irgendwie hatte er sie in eine dunkle Kammer seines Gedächtnisses eingesperrt. Dort waren sie die vergangenen Jahre geblieben. Nicht vergessen, aber verdrängt. In der letzten Zeit musste er immer öfters an sie denken. Was, wenn sie wahr waren?

Konrad sagte mit tonloser Stimme: «‹Wenn drei Könige

kommen, wird Leviathan erstehen, muss die Welt vergehen. Vom Berg der Dunkelheit entscheidet sich, was bleibt.»»

Der König öffnete seine Augen und schaute in die Runde, um die Wirkung seiner Worte zu beobachten.

Wolfhart ging nervös auf und ab. «Gerade erheiternd oder befreiend wirken die Verse nicht.»

Linhart sperrte die Augen weit auf: «Genau diese Worte habe ich auf Falkenstein gehört! Gesprochen von dem Mann, der sich als Justus ausgibt und aussieht wie dieser!»

Katharina verschlug es beinahe den Atem. «Ein Mann, der *aussieht* wie Justus?! Schnell, sprich weiter!»

Der Stallbursche setzte sich hin – seine Beine waren immer noch etwas schwach. «Wir hatten uns schon längere Zeit Sorgen gemacht. Justus hatte sich nach einem Ausritt irgendwie seltsam verändert. Er kam auch nicht allein, sondern brachte fünfzig Mönche vom Orden der ‹Reinen› mit. Nachdem uns Justus erklärt hatte, dass ihn die Gedanken und Predigten der ‹Reinen› sehr nachdenklich gemacht hätten, ordnete er an, dass alle Bewohner der Burg im großen Hof es selbst hören sollten.

Ein gewisser Albertus hat dann eine furchteinflößende Predigt gehalten vom Ende der Welt. Um den Zorn Gottes zurückzuhalten, sei eine Abkehr vom bisherigen Leben notwendig. Schuld sei der König mit seinen heimlichen Freundschaften zum ketzerischen Kaiser von Konstantinopel und den Sarazenen im Heiligen Land. Gott habe diese Gräuel nicht länger dulden können und das Königreich mit Hunger, Dürre und Pestilenz bestraft.»

Linhart hielt einen Moment inne. Man sah ihm an, wie er jene bangen Stunden noch einmal durchlebte.

«Und», sagte Katharina ruhig, «haben die Menschen von Falkenstein dem Prediger geglaubt?»

«Nicht gleich», fuhr Linhart fort. «Die Meinungen waren sehr gespalten. Etliche hatten keinen Zweifel an der Rechtschaffenheit ihres Königs. Aber etliche waren verunsichert. Elias stellte sich Albertus in den Weg und klagte ihn an, ein Volksverführer und Aufwiegler zu sein. Woraufhin Albertus wissen wollte, wie er, Elias, denn die schrecklichen drei Jahre erklären könne? Nun, die

Antwort des Priors war nicht sehr überzeugend gewesen. Die Meinungen blieben gespalten.»

«Und dann?», Konrads Stimme klang so, als wüsste er bereits, was kommen würde.

«Justus hat daraufhin drei Tage des Fastens und Betens auf der Burg ausgerufen, um diese schweren Vorwürfe ernstlich vor Gott zu prüfen. Da war mir schon seltsam zumute. Dieses Verhalten Eures Sohnes passte irgendwie nicht zu ihm.»

«Weiter?»

«Nach drei Tagen Fasten und Beten trat Justus in Sack und Asche vor die Leute und verkündete laut, dass Gott, der Herr, zu ihm gesprochen habe. Die Anschuldigungen von Bruder Albertus seien leider wahr.»

«Und dann?»

«Justus ließ den Bewohnern von Falkenstein die Wahl. Wer Falkenstein verlassen wolle, dürfe gehen. Wer dableibe, habe auf Bruder Albertus zu hören. Dieser ungeheuerliche Vorschlag verursachte natürlich bei Elias und etlichen Getreuen große Empörung. Dies kam einem Treuebruch gleich. Albertus gelang es auf geschickte Weise, die Stimmung so zu drehen, dass Elias ‹in Schutz› genommen werden musste vor der wütenden Menge. Niemand wagte sich ernstlich gegen diesen Prediger zu wenden. Am nächsten Tag waren Elias und die hochschwangere Anna verschwunden. Geflohen – wie es hieß. Daraufhin haben etliche Getreue die Burg verlassen.»

«Und warum du nicht, Linhart?», forschte Konrad weiter.

«Ich war mir nicht sicher, aber ich traute diesem ‹Justus› nicht. Da war etwas an ihm ... Es stimmte einfach etwas nicht. Seine Augen! Ich wollte die Wahrheit herausfinden und tat so, als würde ich mich der Meinung von Albertus anschließen. Da ich ja einer von Justus' Stallburschen bin, sollte es nicht allzu schwerfallen, hinter diese Maske zu sehen. Und so war es auch. Schnell war mir klar, dass dieser Mann nicht Justus sein konnte. Ich ließ mir aber nichts anmerken, sondern tat so, als sei alles in bester Ordnung und als sei ich sehr von Albertus beeindruckt. Ich wusste von einigen, dass sie meine Zweifel teilten und die Treue zu Euch nicht aufgegeben hatten.

Nach ein paar Tagen gab es diese eigenartigen Versammlungen um Mitternacht im Rittersaal. Wer dabei sein wollte, durfte es. Dabei beteten die ‹Reinen› immer wieder diese rätselhaften Worte: ‹Wenn drei Könige kommen, wird Leviathan erstehen, muss die Welt vergehen. Vom Berg der Dunkelheit entscheidet sich, was bleibt.› In den engsten Kreis wurde ich allerdings nicht eingelassen. Wir fingen an, Pläne zu schmieden, wie wir diesem Spuk ein Ende setzen wollten. Man munkelte auch von Briefen, die an Kaiser und Papst in irgendeiner wichtigen Sache geschrieben wurden.»

Erst jetzt, als Linhart einen Moment lang schwieg, bemerkte er, welch atemlose Stille bei seinen Zuhörern herrschte. Er genoss es fast ein wenig.

«Weiter, Linhart, weiter!»

«Es war alles bereit. Und dann kam dieser verrückte Konstantinopler auf die Burg!»

Salomes Augenbrauen fuhren in die Höhe: «Welcher Konstaninopler?»

Der Stallbursche schmunzelte verlegen. «Na, Ihr wisst schon!»

«Nikos?» Obwohl sie gelassen klingen wollte, überschlug sich Salomes Stimme beinahe. «Nikos Komnenos, Sohn des Johannes, Kaiser von Byzanz?»

«So ist es.»

«Weiter, Linhart, weiter!»

«Andreas, der erste unter den Knappen und Sohn des Andres, Eures früheren Generals ...»

«Ihr müsst mir nicht erklären», knurrte Konrad, «wessen Sohn er ist! Keiner hier hat Andres von Büttenwald, Held in der Schlacht der Schattenarmee, je vergessen!»

«Verzeiht, Konrad. Ich konnte Nikos gerade noch warnen, bevor er mit dem falschen Justus zusammentraf. Aber retten konnte ihn das auch nicht. Schon am Abend war seine Kammer verschlossen. Ich habe vergeblich versucht, mich hineinzuschleichen. Als der Wächter kam, war dies der Augenblick, von weiteren Plänen abzusehen und zu flüchten!»

Der Stallbursche blickte in die Runde.

Nach einer Weile durchbrach Katharina die Stille. «Wie viele Männer haben wir noch, auf die wir zählen können?»

«Vielleicht die Hälfte? Ich bin mir nicht sicher. Die Verblendung hat viele vergiftet. Sie halten sich aus Furcht bedeckt.»

«Immerhin die Hälfte!», knurrte Konrad. «In unserem eigenen Haus gibt es vielleicht noch eine Handvoll, auf die wir zählen können!»

Katharina kniete mit sorgenvollem Blick neben den Stallburschen und stellte die Frage, die alle schon so lange bewegte, aber niemand zu stellen wagte: «Und was ist mit Elias und Anna? Hast du Neuigkeiten? Sind sie am Leben? Was ist mit dem Kind? Und wo ist Justus?»

Linhart schüttelte ratlos den Kopf.

Gabriel überraschte alle mit seiner Frage: «Wenn Dache kommt, alles Ende?!»

Katharina versuchte ihn zu beruhigen, was ihr allerdings nicht sonderlich überzeugend gelang. «Das ist nur ein alter Spruch. Wir wissen ja nicht, wann und für wen er geschrieben wurde. Und wenn schon: Christus, unser Herr, hat die alte Schlange doch längst besiegt! Du brauchst dich nicht zu fürchten!»

«Und waum nicht?»

«Weil dieser Spruch jemand anderen ...» Weiter kam sie nicht. Ein unheimlicher Schrei aus der Ferne hallte zu ihnen herüber. Er kam direkt von der Drachenhöhle des Magos im Königsgebirge. Dieses Kreischen hatte etwas in sich, das Mark und Bein erschüttern ließ. Die kleine Menschengruppe schwieg fröstelnd.

Schließlich versuchte Wolfhart die Stimmung etwas aufzuhellen: «Wir leben jedenfalls noch, und die Welt ist auch nicht untergegangen. Was soll man da noch mehr wollen?»

Gabriel baute sich vor dem alten General auf, stemmte die kleinen Fäuste in die Hüften, schürzte die Unterlippe und sagte schließlich laut: «Hunge!»

Das sorgte nun tatsächlich für Heiterkeit. Die Spannung ließ etwas nach, und rasch war ein Plan gefasst, wie und wo man nun endlich Nahrung finden oder erjagen konnte.

Einige begannen von den stacheligen Sträuchern Brombeeren zu pflücken. Ein paar andere brachen auf zur Jagd. Katharina, Salome, zwei Mägde und Gabriel blieben zurück, um ein Feuer mit Kochgelegenheit vorzubereiten. Gedankenvoll blickte die Königin den Reitern nach. Der Sturm über dem Stauffensee ging ihr nicht aus dem Kopf: Dort unten musste irgendetwas geschehen sein, das mit dem Drachen und dem Sturm zu tun hatte. Nur was? Und was war mit Elias und Anna? Waren sie noch am Leben? Hatte Elias' Frau schon geboren? Oder waren sogar sie …? Katharina durchfuhr die Gewissheit wie ein Blitz. Natürlich, so war es gewesen! Hastig schickte sie eine Magd los, um Konrad und die Männer zurückzuholen. Sie mussten hinunter zum Stauffensee!

10. Kapitel: Die Geheimnisvolle

Nach den letzten Schrecken legte sich eine unheimliche Stille auf den Staufensee. Eine verhüllte Gestalt hatte regungslos auf das kleine Boot geblickt, das ganz in der Nähe des Ufers vor sich hintrieb. Nicht viel fehlte, und es sank. Ein leises Wimmern hatte ihre Aufmerksamkeit erregt.

Schließlich gelang es ihr, mit einem langen Ast an dem Nachen einzuhaken und das Gefährt an Land zu ziehen. Sie blickte sich nach allen Seiten um. Dann holte sie die beiden durchnässten und zitternden Bündel aus dem Hohlraum hervor und legte sie nebeneinander ins Gras. Die Kleinen waren vor Kälte schon blau angelaufen. Aber sie lebten. Der Sturm war kurz und heftig gewesen. Genau wie geplant.

Noch einmal griff sie ins Boot und zog das Damaszener-Schwert heraus. Als sie blankzog, erfüllte ein feines Singen die Luft, so als ob die messerscharfe Klinge die Luft zerschnitten hätte. Sie schob die Klinge zurück in die Scheide. Dann schälte sie die Säuglinge aus den nassen Stofffetzen heraus, trocknete ihre winzigen Körper ab und wickelte sie aneinandergepresst in eine warme Decke.

Für einen Augenblick starrten sie die beiden mit großen Augen an. Sie zögerte. Doch dann griff sie nach einem schweren Stein und warf ihn ins Boot. Die nassen Windeln warf sie ebenfalls zurück in den kleinen Kahn und gab ihm einen Stoß. Rasch trieb er vom Ufer weg und begann zu sinken. *Ein Unglück!*, würde es später heißen. Und die Mutter? Erfolglos hatte sie Ausschau nach der Mutter gehalten. Sie hatte sie im Sturm untergehen sehen. Danach war sie nicht mehr aus dem Wasser aufgetaucht. *Auch gut! Ein Unglück, das Mutter und Kinder zu Tode gebracht hat!*

Die Zeit drängte. Ihr Pfiff war kurz und scharf. Ein mächtiger Schimmel baute sich wie aus dem Nichts vor ihr auf. Sie hängte sich das Schwert um, drückte das Bündel mit den Säuglingen fest an sich. Mit der freien Linken zog sie sich geschmeidig am Sattelknauf hoch. Ein letzter Blick auf das kleine Boot, und nur einen Wimpernschlag später war es mit leisem Gurgeln im Wasser versunken.

Ein heftiger Windstoß riss ihr die Kapuze vom Kopf. Ihr verblasstes langes Goldhaar blitzte in der Sonne auf. Die blauen Augen, klar wie ein See und kalt wie Eis, überflogen hastig das Gelände. Dann verschwand das stolze und immer noch elegante Haupt wieder unter der Kapuze. Sie schnalzte mit der Zunge, und der Schimmel trabte an. Es musste schnell gehen! Auf diese Stunde hatte sie schon lange gewartet. Ihre Rache würde lange und grausam sein! Ein diabolisches Grinsen durchschnitt das ebenmäßige Gesicht, das immer noch die frühere Schönheit erahnen ließ.

Der Ritt ging nach Norden zum Königsgebirge. Dort wartete *er* auf sie. Der Schimmel schien ihre Gedanken zu erraten und flog in zitternder Erregung über die Straße dahin. Wäre die Fremde nicht so von ihrer Erwartung besessen gewesen, hätte sie vielleicht die zusammengekrümmte Gestalt etwas weiter unten am Seeufer gesehen. Sie wäre ihr eine leichte Beute gewesen.

Langsam gewann Anna ihr Bewusstsein wieder. Es begann sie zu würgen. Unter heftigem Husten spuckte sie Wasser, Schlamm und kleine Steinchen aus dem Mund. Es dauerte nicht lange, bis die feuchte Kälte sie zum Schlottern brachte. Ihre Hände waren klamm und schienen einem anderen zu gehören. Doch dann stieg auch in ihnen ein schmerzhaftes Stechen auf. So als ob tausend Nadeln in den Fingern stecken würden.

Instinktiv zog sie die Beine an den Körper. Als auch das dem Schütteln kein Ende setzen wollte, versuchte sie sich aufzurichten, knickte aber gleich wieder ein und fiel wie ein nasser Sack zurück auf den Boden. Nach mehreren Versuchen gelang es ihr endlich. Sie rieb sich mit ungelenken Bewegungen die Arme. Allmählich kehrte das Gefühl zurück. Dann tauchten die letzten Bilder wieder in ihr auf.

Das Boot? Wo war das Boot mit ihren Kindern?! Ihr fiebriger Blick glitt über die sanft gekräuselte Seeoberfläche. Das Wasser war schmutzig, grau. Überall trieb Holz: abgerissene Äste, vom Wetter abgeschliffenes Treibholz und eine Menge zertrümmerte Planken. Die Überreste des Bootes! Ihr wurde schlecht. Sie musste sich übergeben.

Endlich begann sie wieder Herrin über sich selbst zu werden. Langsam richtete sie sich auf und schaute durch das Schilflabyrinth. Ein paar hundert Fuß entfernt lichtete es sich und gab den Blick frei auf ein großes sumpfiges Grün. Ein schmaler Pfad durchschnitt es schnurgerade Richtung Norden durch die schwarzen Sümpfe.

Täuschte sie sich, oder war dieser immer kleiner werdende Punkt darauf ein Reiter? Sie streckte sich hoch auf, begann mit den Armen zu fuchteln und rief mit zitternder Stimme um Hilfe. Aber vergeblich. Ihre Stimme war zu schwach. Der Punkt war endgültig verschwunden. Kraftlos sank sie wieder zu Boden und schluchzte leise. Sie wäre am liebsten gestorben!

Doch der Lebenstrieb war stärker. Anna erhob sich. Sie musste Elias finden! Und sie brauchte jetzt vor allem warme, trockene Kleider. Sie folgte dem Seeufer nach Westen. Es konnte nicht mehr allzu weit sein, bis sie die Mündung der Stauffe erreicht hatte. Dort gab es ein kleines Fischerdorf. Und Nahrung und Kleidung.

Der Himmel meinte es gut mit ihr. Die Sonne wärmte. Aber in Annas Seele herrschte Kälte. Wohl bewegte sie sich, atmete, spürte die Schnitte und Stiche von Steinen und Stoppeln an den blanken Fußsohlen. Aber sie fühlte sich wie in einem fremden Körper, in einem fremden Leben. Ihre beiden Kinder waren tot. Ertrunken. Hinabgerissen in ein grauenvolles Dunkel. Hilflos zappelnd mit den winzigen Ärmchen und Beinchen. Erstickt am Wasser. Es war ihre Schuld! Sie hatte sie zu diesem unseligen Kahn gebracht! Und zuletzt hatte sie sie im Stich gelassen. Warum hatte Gott nicht *sie* ertrinken lassen? Nur um ein Leben lang an dieser Schuld zu leiden? *Gott, wo warst du?!*

Die auftauchende Silhouette des kleinen Fischerdorfes brachten die inneren Stimmen für einen Augenblick zum Schweigen. Ihre Schritte wurden schneller. Der strenge Geruch von Fisch und faulendem Seegras stach ihr in die Nase. Ein junger Hund lief ihr kläffend entgegen und sprang verspielt an ihr hoch. Anna zuckte zusammen. Normalerweise liebte sie dieses Spiel. Aber nicht jetzt. Die letzten Tiere, denen sie begegnet war, hatten sie töten wollen. Sie stieß den kleinen Hund unsanft beiseite. Dieser jaulte erschrocken auf und suchte das Weite. Jetzt erst fiel es ihr auf. Wo waren die Kinder, die doch sonst immer neugierig jeden Ankömmling bestaunten? Die Dorfstraße schien wie ausgestorben. Keine Hühner, Schweine oder Kühe. Und wo waren die Menschen?

«Was willst du?», fragte eine Stimme scharf hinter ihrem Rücken.

Erschrocken wandte sich Anna der Person zu.

Ein älterer Fischer hatte sich vor ihr aufgebaut, in der Hand einen dicken Knüppel. Als er ihren Zustand erkannte, sank der erhobene Stock nach unten. «Mein Gott, wie siehst du denn aus? Elisabeth, komm schnell!»

In der am nächsten gelegenen Hütte begann es sich zu regen. Eine Frau mittleren Alters kam auf die Straße. Ihre Augen blitzten erschrocken und mitleidig aus einem runden, freundlichen Gesicht. «Der Sturm! Du warst im Sturm, nicht wahr!?»

Anna nickte stumm und schluckte die Tränen hinunter.

«Du solltest schnell weitergehen!», raunte die Frau.

Anna schüttelte heftig den Kopf. «Bitte nicht! Helft mir!»

«Komm schnell von der Straße ins Haus! Hier ist es nicht sicher!» Der Fischer schob Anna ins Innere der Hütte. Es brauchte einen Moment, bis ihre Augen sich an das Halbdunkel gewöhnt hatten. In einer Ecke kauerten ein paar verängstigte Kinder. Ein Herdfeuer loderte warm unter einem großen eisernen Suppentopf. Der Raum roch nach Fisch und Rauch.

«Setz dich hierhin, armes Kind!», sagte die Frau zögernd.

«Käthe, hol meinen alten Rock!»

Eines der Kinder erhob sich und eilte zu einer grobschlächtigen Holztruhe, die gleichzeitig als Sitzbank diente. Mit schwerem Knarren hob sich der Deckel, während das Mädchen flink ein Stück Tuch herausfischte.

«Du armes Ding! Du bist ja ganz durchfroren. Komm her zum Feuer!», murmelte die Fischerin, während sie Anna sorgfältig die nassen und zerfetzten Kleider vom Leibe zog. Dabei fiel ihr Blick zufällig auf den kostbaren Ring an der linken Hand der Falkensteinerin. Sie zuckte zusammen.

Anna schloss die Augen. Wie wohltuend die Wärme des Feuers und die Worte der einfachen Frau waren! Vor ihrem inneren Auge sah sie, wie sie als junges Mädchen halbnackt und schlotternd in der Herberge beim Radacker am Feuer gestanden hatte. Aber dort gab es keine freundlichen Worte. Nur Hiebe des teuflischen Gastwirts. Damals. Doch dann war Elias gekommen, hatte sie aus den Klauen der Wolfsreiter befreit und hinauf zur Burg gebracht.

«Wie ich sehe, habt Ihr vor nicht allzu langer Zeit geboren?!», die Stimme der Fischerin zitterte ein wenig.

«So ist es», gab Anna zur Antwort. Sie hatte nichts bemerkt. «Zwei Buben.» Ihre Stimme stockte.

Das raue leinene Gewand glitt über ihre Haut und bedeckte sie schützend. Die Hände der Fischerin machten sich an den Schnüren auf der Rückseite des Kleides zu schaffen. Fast etwas grob.

«Bitte Vorsicht, liebe Frau. Ich bin noch etwas zerbrechlich!», mahnte Anna sanft. Erneut gab es einen Ruck an den Schnüren, aber diesmal heftig und schmerzhaft, als sie sich zuzogen.

«Ihr seid eine der Hexen von Falkenstein, nicht wahr?!», zischte die Stimme des Fischers in Annas Ohr. Erschrocken zuckte Anna zusammen und blickte in das kalte, hasserfüllte Gesicht des Mannes.

«Was sagt Ihr da, guter Mann?»

«Kommt wie eine verstörte Magd in unser Dorf, die Hilfe braucht. Aber ich habe sofort an Euren Kleidern erkannt, dass Ihr keine aus dem einfachen Volk seid! Ihr gehört zu der Ketzerbrut der Burg!» Das Gesicht des Mannes war dem ihren nun bedrohlich nahe gekommen. Sein Mund öffnete sich zu einem bösen Grinsen.

Der Geruch von altem Fisch schlug ihr ins Gesicht. Sie wandte den Kopf einen Moment lang ab. Noch immer verstand Anna nicht.

«Es ist wahr. Ich bin Anna von Falkenstein, Gemahlin des Elias von Falkenstein, Sohn von König Konrad. Und ich bin in schrecklicher Not. Vor ein paar Tagen habe ich zwei Kindern das Leben geschenkt. Wir wurden von einem fürchterlichen Ungeheuer überfallen. Seine menschlichen Helfer haben uns nach dem Leben getrachtet. Dann brach das Unwetter über uns herein. Meine beiden Söhne ... Gütiger Gott, wann hat das denn alles nur ein Ende?!» Weiter kam Anna nicht mehr. Ihre Stimme wurde von heftigem Schluchzen erstickt.

«So ergeht es allen Ketzern, Hexe!», höhnte die Stimme des Fischers. Plötzlich blitzte ein Messer in seiner Hand auf. Anna zuckte zusammen, als der Arm des Mannes ausholte. Doch weiter kam er nicht. Ein dumpfer Schlag auf seinen Kopf ließ ihn wie einen Mehlsack zu Boden gehen.

Hinter ihm stand Elisabeth mit dem Knüppel in der Hand. Ihre Augen blitzten zu allem entschlossen. «Hol schnell eine Schnur, Käthe!», befahl sie leise. Im Flüsterton redete sie hastig weiter:

«Verzeiht, Herrin! Dieser Wüstling ist nicht mein Mann. Er gehört zu den Schergen von Albertus. Sie haben unser Dorf überfallen und ein paar Männer hiergelassen, um Euch abzufangen. Ihr seid in Gefahr! Sie sind überall. Aber glaubt mir: Wir mögen einfache Leute sein, aber wir wissen sehr wohl zwischen Gut und Böse zu unterscheiden. Wir haben nie an die schlimmen Geschichten über die Ritter von Falkenstein geglaubt. Zu lange und zu gut haben wir den alten König Albrecht und seinesgleichen gekannt. Als diese finstere Bruderschaft aufgetaucht und König Konrad plötzlich verschwunden war, da haben wir gleich gewusst, dass es hier nicht mit rechten Dingen zugeht. Diese dummen Geschichten über Justus von Falkenstein! Ha, wer wollte sie glauben?! Keiner, der bei Verstand ist!»

Anna schluckte trocken. Sie und Elias hatten es geglaubt! Aber sie spürte sofort die Wahrheit in den Worten dieser Frau und schaute beschämt zu Boden. «Und weiter, gute Frau?»

Elisabeth starrte wütend auf den Bewusstlosen. «Diese Gesellen haben auch bei uns gepredigt. Aber ihre Worte waren verlogen und nicht die des Gekreuzigten.»

Anna starrte dankbar in die gütigen Augen der Fischerin. «Verzeiht, aber ich weiß nicht, ob ich dankbar oder erschrocken sein soll. Ich schulde Euch mein Leben!»

«Genug der Worte, Herrin! Ihr habt Schlimmes durchgemacht!

Helft mir jetzt, dieses Scheusal zu knebeln! Ekkehard, geh zur Tür und melde uns, wenn jemand kommt!»

Während die beiden Frauen den bewusstlosen Mann fesselten und knebelten, hielt der ältere der beiden Jungen Wache an der Tür.

11. Kapitel: Auf der Flucht

Justus spähte vorsichtig hinter der Felskante hervor. Die Luft war rein. Er nickte Martin stumm zu und gab das Zeichen, vorzurücken. Dieser hob den Arm. Die Jungen huschten in einer langgezogenen Linie an ihnen vorbei und verschwanden in der vor ihnen liegenden Felsnische. Justus grinste zufrieden. Die Sache hatte sich doch noch zum Guten gewendet! Nachdem der Schweinehirt über ihn hergefallen war, waren zwei Schergen der Reinen hereingestürmt, um die beiden Streithähne zu trennen.

Justus war aus seiner Bewusstlosigkeit wieder aufgetaucht und brauchte nicht lange, um zu verstehen, welche Chance sich hier bot. Ein Schlag mit der Kette ließ den einen Kuttenmann zu Boden gehen. Noch bevor der zweite realisierte, wie ihm geschah, hatte Martin ihn mit der Kette um den Hals niedergerungen.

«Jetzt oder nie, Martin!» Justus nestelte am Gurt des Wächters. «Hier sind die Schlüssel! Vertrau mir! Und halt still!» Der junge Ritter suchte hastig nach dem richtigen Schlüssel. Mit einem lauten Klicken öffnete sich die Fessel.

Der Hirte war frei. Für einen Augenblick starrte er Justus unentschlossen an. Dann huschte ein flüchtiges Lächeln über sein Gesicht.

«Zeig schon her!» Justus hielt die Fessel hin. Ein weiteres Klicken, und er war ebenfalls frei. Ein dritter Schlüssel öffnete das Schloss der langen Kette, an die die Beine der übrigen Gefangenen gebunden waren.

Schließlich standen sie alle frei und aufrecht in der Höhle. «Los!», befahl Justus. «Folgt mir! Ich bringe euch in die Freiheit!»

Martins Augen blitzten durch das Dunkel. «Warum sollten wir dir folgen wollen, Justus von Falkenstein?»

Dieser zog das Schwert aus der Scheide des einen Wächters. «Weil ich ein Ritter bin und weiß, wie man mit dem hier umgeht!» Das Schwert sauste durch die Luft und streckte den zweiten

Wächter nieder, der sich eben mit gezogenem Dolch hinter Martin aufgebaut hatte.

«Einverstanden!», willigte der Hirte mit zitternder Stimme ein. «Wir vertrauen Euch»

«Das genügt mir nicht, Martin!»

Der Bursche knirschte mit den Zähnen. «*Ich* vertraue Euch, Justus, Ritter von Falkenstein!»

So hatten sie sich auf die Flucht begeben. Äußerlich strahlte Justus Kraft und Zuversicht aus. Aber innerlich zitterte er. Wie, um Himmels willen, sollte er mit diesem armseligen Haufen aus diesem Wespennest herauskommen? Und was noch mehr Sorgen in ihm weckte, waren die unheimlichen Geräusche, die immer wieder durch die endlosen Höhlengänge hallten. Das gelegentliche leise Zittern und Beben des Felsens bestärkte seinen Verdacht. Doch der junge Ritter ließ sich nichts anmerken. Bis hierher waren sie gut vorwärts gekommen. Nur drei weitere Wächter hatten sie überwältigen müssen. Blieb zu hoffen, dass die Ablösung nicht so schnell kam.

In Justus' Kopf hatte sich ein verwegener Plan entwickelt. Sie mussten die übrigen Jungen, die gesunden und starken, ebenfalls befreien. Ihnen drohte die Sklaverei! So einfach würde es aber nicht werden. Diese hier, die er befreit hatte, waren in den Augen der Häscher unbrauchbare, fehlerhafte Ware. Sie würden im Falle eines Verlustes kein allzu großes Aufheben um sie machen. Aber die anderen – die würden sie um jeden Preis verteidigen.

Die Sache hatte noch einen Haken: Wie sollte Justus die «Reinen» mit seinen schmalbrüstigen und schwächelnden Jungen bezwingen können? Nun ja, es würde zur rechten Zeit eine Lösung geben. Sie mussten ja nicht unbedingt jetzt schon wissen, in welche Sache er sie einspannen wollte.

Justus wandte sich wieder ihrem Fluchtweg zu. Wo in aller Welt waren sie nur? Mit schaudernder Bewunderung dachte er an Matthias von Gosen, der einst als Magier Magos dieses unheimliche, riesige Labyrinth geschaffen hatte. Und das hatte es in sich. Hier schien es mehr Gänge als Steine zu geben! Wehe dem, der sich hier verirrte! Justus hatte vorgebeugt und zwei der Jungen beauftragt, mit Steinen eine Markierung in die Wand zu ritzen. Nur für den Fall, dass sie sich verlaufen sollten.

Plötzlich öffnete sich eine riesige Höhle vor ihnen. Hier waren sie schon einmal gewesen! Hierher hatte man anfänglich alle Jungen gebracht. Ein paar wenige Fackeln, fast schon heruntergebrannt, tauchten alles in ein unheimliches Zwielicht. Der junge Ritter ließ anhalten und scheuchte alle zurück in den Schatten des Tunnels.

Reglos blieb er stehen. Sein scharfer Blick tastete jeden Felsen, jede Nische sorgsam ab. Nichts regte sich. Nur ein paar wenige Überbleibsel zeugten noch davon, dass hier vor einiger Zeit hohe Betriebsamkeit geherrscht hatte. Verkohlte Haufen von alten, getragenen Lumpen lagen noch in den Feuerstellen – die Kleider der Jungen. Offensichtlich trugen sie nun alle die weißen Mäntel der Reinen. Nur das leise Tropfen von den Wänden war zu hören.

Geräuschlos schritt Justus in die Mitte der Höhle. Er blickte sich noch einmal um und kniete dann nieder. Mit der Rechten berührte er die Asche. Sie war erkaltet und feucht. Hier war niemand mehr! Langsam erhob er sich wieder und musterte den Boden. Unzählige Fußabdrücke waren in dem feuchten Lehmboden sichtbar. Ein paar wenige verschwanden in die Richtung, aus der er gekommen war – die Wächter! Der ganze Rest hingegen hatte sich in die entgegengesetzte Richtung bewegt. Zu spät! Die Sklavenkarawane hatte das Labyrinth bereits verlassen.

Justus kaute auf der Oberlippe. Er wusste nicht, ob er sich ärgern oder dankbar sein sollte. Womöglich hatten sie die anderen nun verloren. Was wiederum bedeutete, dass sie vermutlich gefahrlos diesen unheimlichen Ort verlassen konnten.

Schließlich gab er ein Zeichen der Entwarnung.

Martin und die Knaben eilten herbei.

«Sie haben die Höhle verlassen! Vermutlich werden sie jetzt mit diesen scheinheiligen Lumpen nach Süden marschieren. Angeblich nach Jerusalem. Also in Richtung Venedig. Aber wahrscheinlich warten die Sklavenhändler schon früher auf sie. Ich kann mir nicht vorstellen, dass sie sich die Mühe machen werden, mit ihnen die Alpen zu überqueren. Sie werden Königsstadt meiden.»

«Wir werden sie einholen und befreien!», stieß Martin zornig hervor.

«Ja, daran hatte ich auch gedacht», erwiderte Justus. «Aber ich denke, wir sind zu schwach. Das ist nicht zu schaffen! Wer gerne zurück nach Hause möchte, darf gehen. Die Eltern müssen ihre Kinder zurückhaben. Alle sollen wissen, was hier geschehen ist.»

Martin musterte die Schar der Jungen. «Ihr habt es gehört. Wir sind frei. Den Weg nach Hause kennt ihr. Ihr dürft gehen!»

Keiner von den Knaben rührte sich.

«Es ist schon in Ordnung», munterte Justus sie auf.

Ein besonders dünner Junge löste sich aus den Reihen. «Ich weiß, ich bin ein mageres Knochengerüst. Und mein Vater hat immer gesagt, dass ich nicht mal was für die Raben abgeben würde. Aber ich will nicht ohne meine Freunde nach Hause kommen!»

Ein untersetzter Rotschopf kam ebenfalls nach vorne. «Ich auch nicht! Ich lass meinen Bruder nicht im Stich!»

Justus rang ohnmächtig die Hände. «Und wie bitte soll uns das gelingen?»

Martin legte seine Hand auf Justus' Schulter: «Ihr führt uns an!»

Der junge Ritter schüttelte die Hand ab. «Nein! So geht das nicht! Wir sollten sofort die Eltern alarmieren und die Männer bewaffnen!»

Ein heftiger Wortwechsel brach los. Schließlich gebot der Hirte Ruhe. «Hört auf damit! Justus hat recht. Wir sind zu schwach. Keiner von uns weiß, wie man ein Schwert führt. Viele von uns sind erschöpft. Wir tun, was der Ritter sagt!»

Ein lautes Murren machte die Runde. Aber schließlich trotteten die Jungen mit hängenden Köpfen hinter Justus und Martin aus der Höhle ins Freie.

Es war Nacht. Der volle Mond tauchte die Ebene der Stauffermark in silbrigblaues Licht. Justus streckte und dehnte seine Arme, bis sie leise knackten. Endlich wieder frische Luft! Der Blick von hier oben war atemberaubend. In nächster Nähe glitzerten die Dächer von Königsstadt. Weiter südlich glänzte der Stauffensee wie ein riesiger Spiegel.

Der junge Ritter nahm den Hirten etwas beiseite. «Martin, du kennst den Weg nach Hause. Pass gut auf sie auf. Ich habe hier noch etwas zu erledigen.»

«Die Geräusche im Berg, nicht wahr?»

«Leviathan.»

«Ein Drache?! Jetzt, wo Ihr es sagt ... Aber hatte nicht Bernardus den Letzten seiner Art bezwungen?»

«Gott weiß, was in diesem Berg noch alles zurückgeblieben ist.»

«Ein Nest vielleicht?»

«Vielleicht.»

«Und was macht Ihr mit Eurem Doppelgänger?»

Justus rieb sich das Kinn. «Eines nach dem anderen. So wird es gehen. Pass auf dich auf, Martin!»

Martin streckte Justus die Hand entgegen. «Tut mir leid wegen vorhin. Ihr seid ein feiner Kerl! Lang lebe Falkenstein!»

«Lang lebe Falkenstein, Martin! Gott mit dir!

«Wisst Ihr, wir sollten viel öfters ...» Der Hirte brach mitten im Satz ab.

Justus war bereits lautlos wie eine Katze verschwunden.

Schaudernd blickte der Junge zurück zum Eingang der Höhle. Dort war inzwischen das letzte Licht erloschen. Schwarz wie ein riesiges Maul gähnte sie ihn an.

«Martin! Sieh nur!» Die aufgeregte Stimme eines der Jungen holte ihn zurück zu den übrigen. «Dort unten!»

Der Hirte kniff die Augen zusammen und folgte mit seinen Blicken in die angezeigte Richtung. Tatsächlich! Vielleicht eine Meile entfernt von ihnen bewegte sich eine lange Reihe von Lichtern gen Süden. Das waren sie! Martin sprang auf und eilte zurück zum Eingang der Höhle.

«Justus, kommt zurück! Wir können sie sehen! Sie sind direkt vor uns!» Gespenstisch hallte seine Stimme von den Höhlenwänden wider. «Justus! Hört Ihr mich? Wir brauchen Euch! Kommt schnell!»

Angestrengt horchte der Hirte in das Dunkel.

Nichts.

Alles blieb totenstill.

Dann hörte er es: ein fernes Grollen, tief aus dem Innern des

Berges. Martins Nackenhaare sträubten sich leise. Schließlich kehrte er zu den anderen zurück. «Wir müssen unbedingt etwas tun!», drängte der Rotschopf.

«Justus ist nicht mehr da!», warf Martin ein.

«Dann schaffen wir es eben auch ohne ihn», konterte der Rotschopf. «Wer sagt denn, dass wir den Kampf mit dem Schwert führen müssen? Dort unten ist unser Zuhause. Wir kennen die Gegend wie niemand sonst. Die Nacht ist auf unserer Seite!»

Beifall kam von den Übrigen.

Martin überlegte einen Moment. «So, wie es aussieht, marschieren sie zu den einsamen Felsen.»

«Richtig!», ereiferte sich der Rotschopf. «Und dort unten liegt die Windschlucht! Wenn wir uns etwas beeilen, können wir ihnen den Weg abschneiden und die beiden Zugänge besetzen!»

Der Hirte rang nach Worten. Etwas in ihm sagte, dass das zu gefährlich war. Doch nach längerem Hin und Her hellte sich sein Gesicht schließlich auf. «Vorwärts, beeilen wir uns!»

12. Kapitel: Trugbilder

Falkenstein schien wie ausgestorben. Nikos wartete. Noch immer blieb alles ruhig auf dem Wehrgang der Mauer. Die vergangenen Stunden hingegen waren unruhig gewesen. Zu unruhig, wie es selbst dem jungen Konstantinopler schien. Egal – bis hierher hatte er es geschafft! Der Rest würde auch noch gelingen.

Nikos hatte Ahnungslosigkeit vorgespielt. «Justus» – oder wer auch immer hinter dieser teuflisch echten Maske steckte – hatte nichts bemerkt. Dem Prinzen war sofort klar geworden, welcher Plan hinter der Sache steckte: Er sollte keinen Verdacht schöpfen und alles auf bestem Wege vorfinden. Beruhigt sollte er die Burg wieder verlassen und den Herrscher von Konstantinopel hierherbringen. Waren alle da – die beiden Kaiser und der Papst – würde die Falle zuschnappen.

Nikos wusste, dass ihm im Augenblick nichts geschehen konnte. Denn würde er nicht zurückkehren zur geheimen kaiserlichen Mission, würde diese sofort abgebrochen. Er war also sicher. So zumindest hatte er es sich ausgemalt. Dass es anders kommen würde, konnte er ja nicht ahnen.

Nachdem er sich in seine Kammer zurückgezogen hatte, durchdachte er in fieberhafter Eile alle Möglichkeiten, die ihm offenstanden. Nach außen hin musste er gute Miene zum bösen Spiel machen. Heimlich aber musste er so viele Informationen wie möglich beschaffen, um seinem Vater berichten zu können, was es mit den unheimlichen Vorgängen in der Stauffermark auf sich hatte. Und er musste rasch handeln. Man konnte ja nicht wissen, ob diese finsteren Mächte hier nicht schon längst ihre Fäden zu spinnen begonnen hatten.

Überhaupt: Wer waren sie? Überreste der schwarzen Bruderschaft? Und wo steckten die anderen? Elias und Anna? Warum waren Katharina und Konrad noch nicht hier? Und – diese Frage bewegte ihn am meisten – wo befand sich Salome?

Noch in derselben Nacht hatte Nikos seine Kammer verlassen mit dem Vorwand, draußen im Hof etwas frische Luft schnappen zu wollen. Niemand hatte ihn daran gehindert. Aber wohin er seine Schritte auch gelenkt hatte: Überall waren Wachtposten aufgestellt. Die Augen dieser Leute waren allgegenwärtig.

Der junge Konstantinopler hatte sich nichts anmerken lassen und plauderte ungezwungen mit einigen der Soldaten. So nebenbei hatte er nach den übrigen Herrschaften von Falkenstein gefragt. Die Antworten klangen einleuchtend. Diese seien nach Königsstadt gereist, um zusammen mit Konrad und Katharina die letzten Vorbereitungen zu treffen. In einem oder spätestens zwei Tagen würden sie mit Verstärkung anrücken, um die Burg gegen etwaige Angriffe zu sichern.

Schließlich hatte er vorgegeben, sich zur Nachtruhe zurückzuziehen. Vorsicht war geboten. Ein dunkler Schatten war ihm gefolgt. Von innen hatte er geräuschlos die Kammer verriegelt. Draußen näherten sich leise Schritte. Irgendjemand machte sich am Riegel zu schaffen. Nikos zog seinen Dolch und wartete lautlos. Ein leises Flüstern war zu hören. Dann näherten sich schwere Schritte – offensichtlich ein Wächter. Die Geräusche am Riegel verstummten. Der Wächter draußen ging vorbei. Das war knapp gewesen! Nikos konnte nur hoffen, dass niemand Verdacht geschöpft hatte.

Nachdem er lange an der Tür gehorcht und sich überzeugt hatte, dass sich davor nichts regte, war er zum Fenster geschlichen und hatte vorsichtig nach draußen gespäht. Er hatte Glück! Sein Gemach lag in dem Teil des mächtigen Bergfrieds, der gleich oberhalb der Dachschräge war, die den darunter befindlichen Rittersaal bedeckte. Von dort aus konnte man mit etwas Geschick entweder in eines der Fenster einsteigen oder aber das Dach der angebauten Stallungen erreichen.

Nikos hatte sich für den Rittersaal entschieden. Nachdem er Bettlaken und Vorhänge zu einer Art Seil zusammengeknüpft und dieses am Tischbein befestigt hatte, schob er den Tisch vorsichtig bis zur Wand unterhalb des Fensters. Er drehte ihn so, dass die Platte an die Wand stieß. Würde er sich abseilen, verkeilte sich der Tisch und bot festen Halt.

Dann war er vorsichtig durchs Fenster hinaus über das Dach hinuntergeglitten. Doch bevor er sich aber durch eines der Saalfenster hineinziehen konnte, hatte er von drinnen Stimmen gehört, die ihn sofort von seinem Vorhalten abhielten. Zugegeben, die Lage war unbequem. Aber sie wäre noch unbequemer geworden, hätte er den Rittersaal durch das Fenster betreten. Das war die Stimme des falschen Justus. Nikos horchte.

«Und ihr seid sicher, dass er nichts bemerkt hat?»

«Ja, Herr», ertönte jetzt die Stimme eines Wächters, «er war guten Mutes und hat mit uns ein paar Scherze gemacht.»

«Wollte er von euch etwas wissen?»

Ein anderer Wächter – es musste der kleine Dicke sein – lachte boshaft: «Er erkundigte sich nach Elias, Anna und Salome.»

«Und was ist daran so komisch?»

«Ich glaube», kicherte der Dicke, «der Konstantinopler hegt mehr als nur sachliches Interesse an Salome! So, wie der gefragt und geguckt hat – wie ein verliebtes Schaf!» Raues Gelächter hallte durch den Saal.

Nikos presste wütend die Lippen aufeinander. Die Stimme von «Justus» brachte das Lachen mit scharfem Klang zum Schweigen.

«Und was habt ihr ihm zur Antwort gegeben?»

«Nun», der Dicke klang etwas eingeschüchtert, «genau das, was Ihr uns befohlen habt.»

«Und, hat er es gefressen?»

«Ich denke schon! Auf jeden Fall gab er sich damit zufrieden und meinte, er freue sich auf das Wiedersehen.»

«Wo ist er jetzt?»

«In seiner Kammer, Herr!»

«Gut so. Behaltet ihn im Auge. Erfüllt ihm jeden Wunsch, aber überwacht jeden seiner Schritte. Reist er morgen ab, ohne Verdacht geschöpft zu haben, schnappt die Falle zu. Und jetzt hinaus mit euch!»

«Ja, Herr!»

Der Prinz hatte genug gehört. Eben wollte er sich weiter nach unten hangeln, als er ein heiseres Husten aus dem Innern des Saales vernahm. Die Stimme des falschen Justus erbebte in

Ehrerbietung, als sie sich an eine weitere Person richtete, die offenbar ebenfalls die ganze Zeit im Saal gewesen sein musste.

«Was denkt Ihr, Herr? Kann man sich auf diese Dummköpfe verlassen?»

«Nein, auf keinen Fall!», antwortete die andere Stimme zischend.

Nikos gefror das Blut in den Adern. Er kannte diese Stimme! Wo nur war er ihr begegnet? Ja, natürlich! In den Stallungen Salomos! Sabas, der entthronte Patriarch von Jerusalem und Anführer der schwarzen Bruderschaft! Die Gedanken schwirrten Nikos nur so durch den Kopf. Dieser Finsterling steckte also hinter allem. Nun wunderte den Prinzen nichts mehr.

«Geht und erkundet Euch nach dem Befinden des Konstantinoplers. Sucht einen Vorwand, um in sein Gemach zu kommen. Und seht zu, ob alles nach dem Rechten geht. Habt Ihr auch nur die geringsten Zweifel, legt ihn sofort in Ketten! Dieser Kerl ist schlau und tückisch!», keuchte Sabas.

«Wie Ihr befehlt, Herr.»

«Und noch etwas: Schickt Boten zu Albertus und mahnt ihn zur Eile! Sandschars Schiffe werden bald anlegen und auf die Kindersklaven warten. Und jetzt geht! Verliert den Konstantinopler nicht aus den Augen. Ich habe so ein seltsames Gefühl …»

Nikos schluckte. Verflixt, jetzt befand er sich in der Klemme! Das, was er hörte, war übel. Aber viel übler war der Gedanke, dass in wenigen Augenblicken dieser Betrüger seine Kammer aufsuchen würde. Hochklettern und so tun als ob? Oder sich so schnell wie möglich aus dem Staub machen und zu warnen versuchen, was zu warnen möglich war? War Salome noch hier auf der Burg – oder schon weggeschafft worden? *Mach schon, Nikos!*, schoss es dem Prinzen durch den Kopf. *Du kannst hier nicht ewig am Laken hängen!*

Zu allem Übel hinzu kam plötzlich ein leises, ruckartiges Zittern am Bettlaken. Nikos wusste sofort, was hier geschah. In wenigen Augenblicken würde das Laken reißen. Er hätte sich ohrfeigen können. Nicht gerade die Qualität, die er aus Konstantinopel gewohnt war! Aber ehe er es sich's versah, landete er mit einem kurzen Schwung auf dem Gesims des Saalfensters. Einen

Wimpernschlag später segelte das zerrissene Bettlaken an ihm vorbei nach unten.

Die Not war groß, der Plan, der sich in diesen Sekunden in seinem Kopf zu entwickeln begann, verwegen. *Sabas!* Wenn es ihm gelang, diesen Schuft in seine Hand zu bekommen ... Er landete auf allen vieren mit einem schnellen Satz auf dem Boden des Rittersaales. Doch dort, wo er vor kurzem noch den Patriarchen vermutet hatte, war nichts. Langsam richtete er sich auf. Seine Augen begannen sich an das Halbdunkel des Raumes zu gewöhnen. Ein leises Rascheln ließ ihn instinktiv nach dem Dolch greifen.

Doch ehe er ihn ziehen konnte, drückte sich eine kalte Klinge an seinen Hals.

«Lasst das!», zischte eine Frauenstimme.

Nikos erstarrte für einen Augenblick. Dann hellte ein Lächeln sein Gesicht auf: «Woher wusstest du, dass ich hier bin?»

«So wie Ihr Euch angestellt habt mit Eurer Kletterei, war das nicht allzu schwierig! Ihr könnt froh sein, dass nicht die ganze Burgbesatzung hier steht! Noch nicht, aber sehr bald, wenn Ihr Euch nicht beeilt, Prinz!»

Nikos' Stimme zitterte vor Freude, als er die Dolchklinge sanft beiseiteschob und sich umdrehte.

«Salome!»

Diese lächelte hastig: «Nikos! Ich wusste, dass du kommen würdest! Die letzten Tage waren schrecklich!»

Vor der Tür wurden Stimmen laut. Salome eilte zum großen Feuerherd am Ende des Saales.

«Schnell, mein Prinz!» Sie drückte auf einen Stein direkt neben dem Kamin. Wie von unsichtbarer Hand bewegt, verschwand das Mauerstück und öffnete den Blick auf einen dunklen Gang. Das ließ sich Nikos nicht zweimal sagen. Er trat auf die Öffnung zu und schlüpfte an Salome vorbei in den schmalen Geheimgang. Hinter ihm wurde die Öffnung rasch wieder verschlossen. Höchste Zeit auch, denn jenseits der Mauer hörte man dumpf laute Rufe.

«Da entlang!», flüsterte die junge Frau durch die Dunkelheit und schubste ihn sanft vorwärts.

«Wohin gehen wir?»

«Hinunter in die Katakomben. Seid vorsichtig bei den Stufen!»
Die Warnung kam etwas zu spät. Nikos' Stiefel war überraschend ins Leere getreten. Der Prinz verlor das Gleichgewicht und wäre die Treppe hinuntergestürzt, wenn Salome ihn nicht im letzten Augenblick mit einem kraftvollen Griff zurückgezogen hätte. Wie gut, dass man in der Dunkelheit nicht sehen konnte.

«Du hättest dich nicht sorgen müssen, Salome. Ich bin nur auf einem kleinen Stein ausgerutscht! Alles unter Kontrolle!»

Das leise Kichern der jungen Frau ließ sein Gesicht erglühen. Aber nicht aus Verlegenheit.

Eine Unendlichkeit schien zu verstreichen, bis sie schließlich am Ende der Treppe angelangt waren. Das also waren die berühmten verborgenen Gänge von Falkenstein. Nikos hatte sie bei seinem letzten Besuch nie zu sehen bekommen. Aber was er jetzt sah, ließ ihn einen überraschten Ruf ausstoßen. Die Katakomben!

Eine kuppelartige Höhle öffnete sich vor ihnen. Rundum an den Wänden flackerten große Fackeln, die von mächtigen eisernen Ringen gehalten wurden. Trotz der unübersehbaren Spuren eines gewaltigen Feuers konnte man immer noch erkennen, was für ein gewaltiges Bauwerk es einmal gewesen sein musste. Das Herzstück von Falkenstein, einst angefüllt mit den geheimnisvollsten Schätzen aus der heiligen Stadt Jerusalem! Schätze, für die wahrscheinlich jedes gekrönte Haupt der Erde Himmel und Hölle in Bewegung gesetzt hätte.

Irgendwie erinnerte ihn die Halle an die Cisterna Basilica, den riesigen Wasserspeicher unterhalb alten Basilika in seiner Heimatstadt Konstantinopel. Doch hier gähnten ihnen nur noch Leere und Zerstörung entgegen.

Die schwarze Bruderschaft hatte ganze Arbeit geleistet. Sie hatte die Schätze geraubt und in den Ställen Salomos versteckt. Eigentlich am richtigen Ort. Nur waren die Besitzer skrupellos und machtgierig, zu jedem Missbrauch der Heiligtümer bereit, sollte es ihren Zwecken dienen. Hier in den Katakomben hatte man sie mit Ehrfurcht, Behutsamkeit und Uneigennützigkeit gehütet.

Eine leise Trauer überkam Nikos bei dem Gedanken. Und doch

schien hier wieder etwas in Bewegung gekommen zu sein. Anders konnte er sich die brennenden Fackeln nicht erklären.

«Beeil dich, mein Prinz! Wir haben nicht viel Zeit! Sie kennen den Gang und werden uns folgen!»

Sie eilten hastig die letzten Holzstufen hinunter. Dann standen sie in der Mitte der großen Felsenhalle.

Nikos suchte nach Salomes Gesicht unter der schweren Kapuze ihres Mantels. Seine Hände griffen nach dem schweren Saum. Ein Duft von kostbarem Nardenöl schlug ihm entgegen.

«Nicht jetzt, Nikos! Später!» Sie wandte sich von ihm ab und eilte zu einer schweren Tür.

Gemeinsam schoben sie den eisernen Riegel hoch. Die Tür gab mit einem lauten Ächzen ihrem Druck nach. Sie drängten sich hindurch und stießen sie mit der Schulter wieder zu. Für einen Augenblick war alles totenstill, und Dunkelheit umgab sie.

Nikos versuchte seine Gedanken zu sammeln. Sie waren genauso gehetzt wie sein Atem. Er zuckte leicht zusammen, als plötzlich Salomes Hand tastend nach der seinen griff. Sie fühlte sich kühl an. Langsam löste er sich von ihr.

«Salome, erzähl mir alles, was hier geschehen ist.»

«Es war schrecklich! Aber sag mir: Ist dein Vater in Sicherheit? Wo ist er jetzt? Wir müssen ihn warnen!»

Nikos schluckte leer. «Nicht hier, Salome! Ich darf darüber nicht reden.»

«Traust du mir nicht?»

Der Prinz schwieg verwirrt.

Plötzlich packte ihn Salomes Hand am Hals und würgte ihn mit eisernem Griff.

Nikos versuchte sich erschrocken loszureißen, aber dieser unmenschlichen Kraft hatte er nichts entgegenzusetzen. Funken stoben vor seinen Augen herum.

«Du sagst mir, wo der Kaiser ist, oder ich bringe dich um!»

Salomes Stimme klang hohl und schneidend. Ein unheimliches Keuchen drang an sein Ohr.

«Ich ... wusste ... es!», presste Nikos hervor. «Rosenöl! Salome trägt Rosen...öl!»

Plötzlich hallte ein harter, dumpfer Schlag durch das Gemäuer. Die würgenden Hände zuckten zusammen, erschlafften und ließen los. Eine leblose Gestalt rutschte an Nikos' Schulter entlang zu Boden. Der Geruch des Nardenöls wich einem beißenden Gestank.

«Das war knapp, mein Herr! Junge Damen und Herren sollten sich nicht alleine in dunklen Räumen treffen!»

Nikos rang noch immer nach Luft: «Wer seid Ihr? Wer ist sie?»

«Andreas, der erste Knappe. Ein Dämon.»

«Machst du dich lustig über mich, Kerl?!»

«Hoheit, nein! Salome war genauso falsch wie Justus. Ein Geist, ein Trugbild.»

«Und wer sagt mir, dass du nicht ein Trugbild bist?!»

«Na dann prüft es doch nach!»

Nikos bückte sich vorsichtig und tastete nach Salome. Erschrocken zuckte er zurück. Außer dem Mantel war da nichts.

«Ihr habt doch gerochen», fuhr die jugendliche Stimme fort, «dass etwas faul ist hier. Schnell, folgt mir!»

«Jedes Mal, wenn jemand will, dass ich ihm folge, bringe ich mich in Schwierigkeiten. Ist Salome denn überhaupt hier?! Oder war das nur eine Finte? Und wer sagt mir, dass ...»

«Haltet endlich Euren Mund!», bauzte Andreas ihn an.

Nikos schwieg.

Stimmen in der Halle hinter ihnen wurden laut.

«Ich bin der Knappe, der Euch zuvor im Hof gewarnt hatte. Ihr könnt meinetwegen hier weiter vor Euch hin philosophieren, aber ich möchte gerne meinen Hals retten!»

Andreas eilte davon.

«Warte! Autsch!» Stöhnend griff sich Nikos an die Stirn, mit welcher er gerade einen steinernen Vorsprung gerammt hatte.

Die Schritte kamen zurück. «Ich sehe schon, es ist wohl doch besser, wenn Ihr mir folgt, Herr!»

Hinter ihnen wurde jetzt die schwere Tür aufgestoßen.

Der Knappe packte Nikos am Arm.

Sie rannten los.

13. Kapitel: Tote Augen

Der verödete Thronsaal von Königsstadt beelendete Elias. Er ließ sich seufzend auf einen verlotterten Schemel sinken. Ruprecht kratzte sich in seinem zerzausten roten Haar. Die kleinen listigen Augen schweiften ruhelos umher, während sein kräftiger untersetzter Leib vom nervösen Atem durchgerüttelt wurde.

«Herr!», jammerte er mit seiner heiseren Stimme, «wir sollten diesen Ort verlassen! Er ist nicht sicher! Die Dunkelheit hat tausend Augen!» Und wieder schaute sich der Bursche ängstlich nach allen Seiten um.

«Vielleicht solltest du einfach einmal für einen Moment den Mund halten, teurer Gerber! So hört uns ja auch der taubste Greis.»

«Ich kann einfach nicht ruhig sein, Herr! Der Lärm beruhigt mich.»

Elias baute sich direkt vor dem Gerber auf und drückte seinen Zeigefinger in den runden Bauch: «Wenn du jetzt nicht freiwillig den Mund zumachst, dann tue ich es mit Gewalt! Du wärst nicht der Erste ...» Elias' Augen funkelten gefährlich.

Ruprecht schloss augenblicklich den Mund.

Der junge Prior blickte sich um und musste dem Rotschopf im Stillen recht geben. Der Kleine benahm sich zwar wie ein Waschweib, aber er hatte, wie er erzählte, auch eine harte Zeit hinter sich. Seine kleine Gerberei habe kaum mehr etwas zum Leben abgegeben. Die Familie hätte zu viel zum Sterben und zu wenig zum Leben gehabt. Seinen einzigen Sohn habe er den «Reinen» übergeben müssen. Die Frau hätte ihn danach verlassen und die drei Töchter mitgenommen. In seiner Verzweiflung hätte Ruprecht einen Raub versucht. Aber bei Elias war ihm das gründlich misslungen, und zuletzt richtete sich das Schwert nicht mehr gegen Elias, sondern gegen Ruprecht.

Der Prior hatte rasch erkannt, dass er es hier nicht mit einem ausgekochten Dieb zu tun hatte, sondern einfach nur mit einer verzweifelten und einsamen Seele.

«Woher hast du dieses kostbare Schwert, Mann?», zischte Elias ihn an. «Das ist hervorragender italienischer Stahl! Ich nehme nicht an, dass es deines ist. Wem hast du es gestohlen?»

«Gefunden», jammerte Ruprecht. «Ich hab's im verlassenen Versteck einer Diebesbande gefunden!»

Elias grinste: «Ein Dieb bestiehlt Diebe! So herrscht wenigstens wieder ausgleichende Gerechtigkeit in dieser Stadt. Am besten überlässt du mir das Ding. Sonst verletzt du dich noch damit!»

Ruprecht seufzte leise und nickte widerwillig.

Der Prior ließ den Rothaarigen unbehelligt.

Was der Gerber zu berichten hatte, wurde von den zerfallenen Mauern und Häusern der Stadt eindrücklich unterstrichen.

Gemeinsam hatten sie im Schutz der Dunkelheit den Weg zum Königsschloss unter die Füße genommen. Elias' Herz blutete, als er das einst so prächtige Gebäude vor sich sah. Die meisten Nebengebäude, Stallungen, Vorratshäuser und die Schmiede sahen heruntergekommen und zerfallen aus. Die meisten Dächer waren beschädigt, hatten Brüche und Löcher. Die einstmals prächtigen Tore waren aus ihren mächtigen Angeln herausgebrochen worden. Ob zum Gebrauch als Ersatzbauholz oder einfach nur als Brennholz – was spielte es für eine Rolle?

Die Not hatte auch vor den Mauern nicht Halt gemacht. Überall waren Steine herausgebrochen worden. Vermutlich von verarmten und marodierenden Bürgern. Vielleicht sogar vom König selbst, um die nötigsten Reparaturen zu ermöglichen?

Zum ersten Mal wurde ihm bewusst, wie schlimm die Not in Königsstadt gewesen sein musste. Natürlich hatten sie immer wieder Meldungen und Bitten um Unterstützung erhalten. Diesen Anliegen waren sie auch stets nachgekommen. Aber weder Konrad noch Katharina hatten jemals geklagt. Elias hatte oft den Eindruck gehabt, dass Burg Falkenstein und er, ihr Beichtvater, durch harte und schwere Jahre gehen müssen. Aber im Vergleich zu dem hier ...!

Elias starrte durchs Dunkel der geisterhaft wirkenden

Königshalle. Ihre Wände waren leer und kahl. Dort, wo einst prächtige Wandteppiche, Wappen und kostbare Flaggen gehangen hatten, war nur noch löchriger Mörtel zu sehen. Der glatte Kalkputz war heruntergeschlagen worden. Die Nischen, in denen Statuen, Schilde und Waffen angebracht worden waren, gähnten ihm wie tote Münder entgegen.

Elias schloss für einen Augenblick die Augen. Hier war ein lichtdurchfluteter Raum gewesen. Kühl, majestätisch, ehrfurchtgebietend. Er hörte die Musik aus vergangenen Tagen, die eleganten Tänze, die singenden Gaukler, die andächtigen Gebete, die prächtigen Empfänge und Zeremonien. Dort, wo der goldene Löwenthron gestanden hatte, war nur noch ein nackter, kahler Stein. Der Glanz der Stauffermark war nicht mehr.

Ein leises Rascheln ließ den jungen Prior hochfahren. Hatte sich dort hinten etwas bewegt? Blitzschnell war er aufgesprungen und hatte nach dem Schatten gegriffen. Der Schatten setzte sich zur Wehr. Elias stürzte sich mit voller Wucht auf ihn, warf ihn zu Boden und begrub ihn unter sich. Reglos blieb die Gestalt liegen.

Jetzt erst bemerkte der Prior die schmalen, dünnen Glieder unter der grobstoffigen Kutte. Elias richtete sich auf und schüttelte die Gestalt leicht an den Schultern. Die Arme schlenkerten leblos über den Boden.

«Los, suchen wir einen sicheren Ort!», flüsterte Elias. «Und dann sehen wir uns an, wen wir da haben!»

Kaum hatte er ausgeredet, stürzten sich zwei andere vermummte Gestalten lautlos auf ihn. Sie waren nicht sonderlich groß und federleicht. Dennoch reichte der Aufprall, um den Prior zurück zu Boden zu werfen. Ein kräftiger Faustschlag setzte den einen Angreifer außer Gefecht. Der zweite umklammerte Elias' Hals und drückte seine Kehle zu.

Ein dumpfer Schlag von oben, und der Vermummte sackte leblos in sich zusammen. Hinter ihm tauchte das ängstliche Gesicht von Ruprecht auf.

«Alle Achtung, Ruprecht! Du hast aber einen guten Schlag!», keuchte Elias.

«Schnell, Herr, die scheinen sich wie die Ratten zu vermehren!»

Für einen Augenblick lauschten sie in die Dunkelheit hinein. Nichts regte sich mehr.

«Los, Ruprecht», befahl der Prior im Flüsterton, «du nimmst den hier. Ich die zwei da! Wir gehen hinüber zur geheimen Waffenkammer. Ich will wissen, was hier geschieht.»

Vorsichtig richteten sich die beiden Männer auf, lauschten noch einmal. Dann packte Elias zwei der Gestalten an der Kapuze und schleifte sie hinter sich her. Hoffentlich war die Waffenkammer sicher! Seit seinem letzten Besuch dort waren Jahre verstrichen. Er sah sich um und tastete an der Wand. Hier musste es sein.

Er ließ seine Beute zu Boden gleiten und griff im Dunkeln nach dem Fackelhalter. Da war er! Der Prior drückte sachte dagegen. Ein kühler Lufthauch schlug ihm ins Gesicht.

«Rasch! Hier hinein!», flüsterte er Ruprecht zu. Die beiden Männer schleiften die leblosen Körper hinter sich her und schlossen anschließend leise die getarnte Tür. Tiefste Dunkelheit umfing sie.

«Dass sich hier so etwas verbirgt – wer hätte das geglaubt? Mir ist unheimlich, Herr!», murmelte Ruprecht.

«Wie wäre es mit etwas Licht?» Elias tastete nach seinem Reisebeutel. Endlich fühlte er Zunder, Stein und Eisen in der Hand. «Lass du bloß deine Beute nicht los! Ich mache Feuer.»

Vorsichtig legte Elias den Zunder auf den Boden, ergriff den Feuerstein mit der Rechten und schlug mit der Linken so lange das Eisen an den Stein, bis die Funken flogen. Ein paar davon landeten auf dem Zunder. Sachte blies der Prior in die kleinen glühenden Punkte, die sich gierig in den Zunder hineinfraßen und immer mehr an Leuchtkraft gewannen. Rasch griff Elias nach einer der Fackeln an der Wand. Sie hatten Glück: Die Fackel war neu und ungebraucht. Endlich erfüllte ihr flackerndes Licht den Raum.

«Jetzt wollen wir mal sehen, was wir da gefangen haben», knurrte Elias. Er schob die Kapuze der ersten Gestalt beiseite und wich einen Moment erschrocken zurück. Ein Junge! Vielleicht zwölf oder dreizehn. Außer der Kutte und einem armseligen Lendenschurz trug er nichts auf dem Leibe. Das Gesicht sah schmal und ausgezehrt aus.

«Aber ... das ist ja ein Kind!», murmelte Ruprecht nebenan, als er die Kapuze seines Opfers gelüftet hatte. «Ist es schon so weit?»

Auch unter der dritten Kutte verbarg sich ein Knabe.

«Gott sei Dank habe ich nicht mit voller Kraft zugeschlagen», seufzte Elias. «Abgesehen von einer kräftigen Beule werden sie es überstehen. Kennst du sie, Ruprecht?»

«Nein, noch nie gesehen!» Er ergriff die Hand des einen Jungen und betrachtete sie im flackernden Licht. «Die Hände sind rau und aufgeschürft. Vermutlich ein Bauernkind.»

Der Prior drehte einen der anderen Knaben um und zog dessen Kutte nach unten, so dass der bloße Rücken zu sehen war.

«Siehst du diese Striemen? Man hat sie geschlagen. Sollte wohl der geistlichen Reinigung dienen. Oder wohl eher noch zum Gehorsam. Diese Schufte!»

«Meiner hat auch Striemen. Und der da auch! Gehören die zu den Jungen, die an die Reinen ausgeliefert worden sind?»

Elias versuchte den Rothaarigen aufzumuntern und klopfte ihm freundschaftlich auf den Rücken.

«Keine Sorge! Diese Mönchspack kommt nicht ungeschoren davon. Abgesehen davon, dass das wohl alles andere als Mönche sind.»

«Ob die hier alleine waren? Sind sie zufällig auf uns gestoßen, oder hat man sie auf uns gehetzt?», wollte Ruprecht wissen.

«Wir werden es gleich erfahren! Aber zuvor binde sie zusammen. Man kann ja nie wissen.»

Der Gerber löste die Stricke, die als Gürtel gedient hatten, von den Kutten und band die drei Jungen zu einem Bündel zusammen. Elias holte ein kleines Fläschchen mit scharfem Kräuterwasser aus seinem Reisebeutel hervor und hielt es der Reihe nach unter die Nasen der Gefangenen. Es wirkte. Und wie!

Mit einem heftigen Niesen wurden die drei wachgeschüttelt. Als sie allmählich ihre ungemütliche Lage erkannten, starrten sie wütend zu den beiden Männern hoch.

Elias zuckte zusammen. War es nur das flackernde Licht? Die Augen der Jungen begannen sich zu verändern. Das Leben wich aus ihnen, und plötzlich starrten sie tot und leer zu ihnen hoch.

Eine kalte Finsternis schlug den beiden Männern ins Gesicht. Gerade so, als starrten sie ins Angesicht des Totenreiches. Etwas Hässliches, Grausames legte sich wie eine Maske auf die Gesichter der Jungen.

Der junge Prior atmete kurz durch und versuchte ruhig zu bleiben. Aber ein leises Zittern konnte er in seiner Stimme nicht verhindern.

«Wer, in Gottes Namen, seid ihr? Was sucht ihr in diesem Schloss?»

Eine dunkle, kehlige Stimme sprach gleichzeitig aus allen drei Mündern: «Ich bin hier, um eine alte Rechnung zu begleichen, Pfaffe!»

Elias spürte, wie Kälte in seine Knochen kroch. Er kannte diesen Klang. Die leise innere Stimme warnte laut.

«Zur Seite, Ruprecht! Die sind gefährlich!»

Tatsächlich zerrissen in diesem Augenblick die Stricke, und die drei Jungen schnellten wie hungrige Raubtiere in die Höhe. Schaum trat vor ihren Mund.

Der Prior rührte sich nicht. Fest blickte er den drei Dämonen in die Augen. «*Exitus! In nomine Domini!*», befahl er mit lauter und klarer Stimme.

Die drei Jungen begannen sich vor Schmerz zu krümmen.

«Ich gehe nicht!», knurrte die dunkle Stimme.

Elias machte einen Schritt nach vorne. «Doch, du gehst!»

Die Knaben verrenkten sich noch stärker und versuchten die Augen zu verdecken.

Doch das Feuer in Elias' Augen war unwiderstehlich und schien ihre Hände förmlich zu durchbohren.

«Du gehst. Jetzt!»

Wie von einer unsichtbaren Faust getroffen, stürzten die drei zu Boden. Mit einem Male war die Kälte weg.

Ruprecht stand zitternd vor Furcht in einer Ecke.

Der Prior kniete sich nieder und ergriff die leblosen Hände von einem der Jungen. Dieser japste nach Luft. Schließlich richtete er sich langsam auf und starrte benommen vor sich hin. Die Finsternis war aus seinen Augen gewichen.

«Ruprecht, gib den armen Kerlen einen Schluck Wasser! Sie haben furchtbar gelitten!»

Etwa eine Stunde später schlichen fünf Gestalten durch die dunklen und öden Hallen des Königsschlosses. Elias allen voran. Er hatte Schlimmes befürchtet. Aber was er schließlich erfahren hatte, übertraf die ärgsten Befürchtungen. Hier ging es um mehr als das Schicksal der Stauffermark. Er ahnte, dass er gerade erst den Zipfel des Vorhanges gelüftet hatte. Die Zeit lief. Aber nicht zu ihren Gunsten. Und noch etwas anderes spürte der junge Prior: Seine Familie war in höchster Gefahr! Könnte er doch nur zurück zur Hütte am See! Aber er konnte nicht. Er hatte zu viel gehört.

Bei der großen Säule neben dem Eingangsportal zur Königshalle hielten sie inne. Ein leises Geräusch hatte sie gewarnt. Sie duckten sich und verbargen sich im Schatten. Dann horchten sie.

Plötzlich, mit einem lauten Ächzen, wurden die Torflügel aufgestoßen. Flackerndes Licht von Fackeln drang in das Innere und tanzte geisterhaft den Wänden entlang.

Elias und seine Gefährten pressten sich noch enger an die Wand und verbargen ihre Gesichter im Dunkeln. Riesenhafte Schatten glitten an ihnen vorbei und betraten die Halle. Ein kühler Hauch strich an ihnen vorüber. Für einen Moment verharrten sie.

Dem jungen Prior schien es, als hörte er ein leises Knurren und Schnüffeln. Ein unerhörter Gedanke durchzuckte ihn. Er kannte diese Geräusche! Aber er verwarf ihn sogleich wieder. *Unmöglich!* Gleich würden sie entdeckt werden.

Doch nichts geschah. Die Schatten schritten an ihnen vorbei ins Innere der Halle. Niemand bemerkte die fünf Gestalten hinter der Säule.

Elias gab ein leises Zeichen.

Geräuschlos schlüpften sie durch das offene Portal nach draußen. Der Prior versuchte einen Blick auf die Schatten zu erhaschen. Aber vergeblich. Für einen Moment atmeten sie die kühle Luft der Nacht ein. Wieder verharrten die fünf in einer dunklen Ecke und horchten. Elias entspannte sich etwas. Die leise innere Stimme gab Entwarnung. Schnell huschten sie die Treppe hinunter und schlichen der Mauer entlang, bis sie schließlich am Haupttor angelangt waren.

Endlich hatten sie die Königsburg hinter sich gelassen. Flüsternd unterhielten sie sich, während sie durch die menschenleeren Gassen von Königsstadt huschten. Vor einem zerfallenen Gasthaus blieben sie stehen. Die Mauer der Vorderseite war zur Hälfte eingestürzt und gähnte ihnen wie ein riesiges schwarzes Maul entgegen.

Der Prior stieß einen leisen Pfiff aus.

Nichts regte sich.

«Antares!», hauchte Elias.

Ein freudiges Schnauben ertönte.

«Komm her, Alter!»

Langsam lösten sich die Umrisse von Antares aus dem dunklen Inneren der Spelunke.

Sanft streichelte Elias die weichen Nüstern des verängstigten Tieres. «Es ist alles gut. Komm, wir gehen. Ihr drei steigt auf!»

Die drei Jungen blickten sich etwas ratlos an. Entweder waren sie zu schwach oder hatten noch nie ein Pferd bestiegen.

Elias hob den Ersten auf den Rücken des Pferdes direkt in den Sattel. Den zweiten vorne, den dritten hinten. Aber sie schienen so geschwächt, dass sie gleich wieder in sich zusammensackten und hinabzustürzen drohten.

Ruprecht und Elias konnten zwei von ihnen noch im letzten Moment auffangen. Der dritte Junge glitt an ihnen vorbei und schlug dumpf auf dem Boden auf. Erst jetzt sahen sie es: Der kurze Schaft eines Armbrustbolzen ragte aus seiner Brust.

«Runter!», bellte Elias. Gleichzeitig versuchte er Antares mit einem heftigen Ruck am Zügel zu Boden zu reißen.

Mörtel spritzte von den Mauern, als weitere Bolzen an ihnen vorbeizischten und sich in die Wände bohrten. Das Pferd bäumte sich auf und schrie schmerzerfüllt. Ein Pfeil hatte sich in seine Flanke gebohrt. Schließlich konnten sie sich im Innern der Ruine in Sicherheit bringen.

Noch eine Weile flogen vereinzelt Pfeile über sie hinweg. Dann wurde es ruhig. In Elias' Innern kochte die Wut. Zweien von den

Jungen war nicht mehr zu helfen. Einer war glücklicherweise nur am Arm getroffen worden. Feige Mörder!

«Du meldest mir, wenn sich irgendetwas regt da draußen, Ruprecht!», kommandierte der Prior. Dann robbte er auf allen vieren hinüber zu Antares, den er zuletzt doch noch zu Boden gebracht hatte.

Das Pferd schwitzte und zitterte.

«Ruhig, alter Junge. Lass mich mal sehen!», flüsterte der Prior. Vorsichtig tastete sich seine Hand über das blutnasse Fell zur Flanke vor. Antares wollte hochspringen. Aber Elias' linke Hand hielt ihn mit einem sanften, aber bestimmten Druck auf die Nüstern davon ab. Jetzt hatte seine Rechte den Pfeil erreicht. Gott sei Dank, er saß nicht allzu tief. Eine Fleischwunde, mehr nicht.

Elias legte sich vorsichtig auf Antares und flüsterte beruhigend auf ihn ein. Dann, ganz plötzlich, mit einem scharfen Ruck, riss er den Bolzen heraus.

Antares zuckte zusammen und stöhnte laut auf. Das Gewicht von Elias hielt ihn davon ab, hochzuspringen.

«Tapfer, Antares! Gutes Pferd!»

Nebenan jammerte der Junge leise, als der Gerber ihm den Pfeil aus der Schulter zog. Der Knabe schluchzte kurz auf und vergrub sein Gesicht in Ruprechts Arm.

Draußen war es immer noch still. Zu still für Elias' Empfinden. Seine Gedanken kreisten immer wieder um dieselbe Frage: Was war es, das da in der Stauffermark aufgetaucht war? Die Tage von Magos und seinen Geschöpfen waren doch längst vorbei?! Und dieser hatte doch kurz vor seinem Ende die Wege der Finsternis verlassen? Mit dem Ende ihres Meisters hatten auch seine Schattenwesen keine Möglichkeit mehr, Gestalt anzunehmen. Es sei denn ... Es sei denn, der Meister hatte einen Schüler, der den Zauber kannte! Elias verwarf den Gedanken. Matthias von Gosen hatte keinen Schüler hinterlassen!

«Herr, wir sollten gehen!» Die flüsternde Stimme Ruprechts holte den Prior in die Nacht zurück.

Elias schüttelte ungläubig den Kopf. «Wie denn? Wir marschieren gerade mal schnell hinaus auf die Straße und lassen uns mit

Pfeilen dekorieren? Hast du vielleicht noch mehr solche wunderbaren Ideen?!»

Ruprechts Stimme klang ärgerlich: «Ich mag zwar kein so gebildeter Mann wie Ihr sein. Aber ein Dummkopf bin ich deswegen nicht! Das hier ist die Herberge zum Weinkeller.»

«Und?»

«Wie der Name schon sagt: Es gibt einen großen Weinkeller!»

«Und?»

«Und, und, und! Habt Ihr zur Abwechslung auch mal eine andere Frage?! Die Herberge gehört meinem Schwager. Ich war oft hier zu Gast. Genauer gesagt: Sie gehörte meinem Schwager. Bis er zu viel Pech im Glücksspiel hatte.»

«Komm zur Sache, Ruprecht!»

«Der Weinkeller ist mit einem Gang zum Weinberg außerhalb der Stadtmauer verbunden.»

«Na, das sind doch mal zur Abwechslung interessante Neuigkeiten! Ist der Gang groß genug für ein Pferd?»

«Für zwei, wenn es sein muss!»

«Worauf warten wir dann noch?»

Eine halbe Stunde später stiegen sie den Hügel hinauf zur großen alten Eiche. Antares lahmte etwas. Aber er schien doch kräftig genug, um den Weg zu meistern. Elias hoffte es wenigstens. Auf der Anhöhe hatte man einen guten Überblick. Die mächtigen Gipfel des Königsgebirges ragten dunkel in den Himmel. Der Königspalast war innen von flackerndem Licht erhellt. Auch rund um die Herberge konnte man nun Fackeln erkennen. Ein paar davon wurden in die Ruine hineingeworfen. Es dauerte nicht lange, und das morsche Holz ging in hellen Flammen auf.

Die drei Flüchtlinge schauderten. Aber offensichtlich war ihre Flucht unbemerkt geblieben. Während die Flammen immer höher in den nächtlichen Himmel schlugen, entdeckte Elias am Fuße des Königsgebirges ein seltsames bläuliches Licht. Dort irgendwo musste der Eingang zur verlassenen Drachenhöhle von Magos liegen.

Eben wollte Elias seinen Blick abwenden, als ihn der Junge mit dem Ellbogen schubste und mit dem Zeigefinger ins Dunkel deutete. Der Prior spähte angestrengt, bis er noch weiter unten eine dünne rote Linie entdeckte. Beim genaueren Hinsehen entpuppte sie sich als langgezogene Kette von winzigen Lichtern. Sie bewegten sich hinunter ins Tal.

«Wer oder was zum Donner ist dort unterwegs?», flüsterte Ruprecht.

«Ich weiß es nicht!», erwiderte Elias.

«Weißt du etwas, Junge?»

Der Bursche schüttelte den Kopf.

Der Prior schnalzte leise mit der Zunge. «Da ist ja eine Menge los heute Nacht! Wir haben keine Zeit zu verlieren.»

Etwas weiter nördlich, auf einem anderen Hügel außerhalb der Stadt, wandte eine verhüllte Gestalt den Blick ab vom brennenden Haus hin zu ihrem Schimmel. Die große Kapuze verhüllte das eisige Lächeln, das über das verblühte Gesicht huschte. Ihre Diener hatten ganze Arbeit geleistet! Dieser Gegner war keine Bedrohung mehr! Die Flammen taten den Rest. Nun galt es, das Werk zu Ende zu bringen. Sie gab dem Pferd die Sporen und ritt gen Norden. Dorthin, wo das Königsgebirge lag. Magos' Drachenhöhle.

14. Kapitel: Gefangen

Der Trupp des Königs hatte sich um die Überreste der Fischerhütte am Stauffensee versammelt. Konrad legte ein zerbissenes Holzbrett beiseite. Die gewaltigen Kiefer des Leviathans hatten es messerscharf durchtrennt. Wolfhart stocherte mit seiner Lanze in den nassen Trümmerstücken herum.

Salome hielt plötzlich inne, kniff die Augen zusammen und deutete schließlich aufs Wasser.

Katharina hielt für einen Augenblick den Atem an. Ein grob genähtes kleines Kissen. Gerade groß genug für einen Säugling.

Der alte General holte das zerfetzte Ding heran und zog es von der Lanzenspitze. Stumm drückte er es Katharina in die Hand.

«Sucht weiter!», murmelte die Königin mit zitternder Stimme.

Nach und nach tauchten weitere Stücke aus den Trümmern auf. Ein paar tönerne Becher. Einfache, aus alten Tüchern gefertigte Windeln. Und zuletzt ein kleines hölzernes Kreuz. Der Drache hatte furchtbar gewütet. Wehe dem Unglücklichen, der seinen Weg gekreuzt hatte! Schweigend suchten sie nun das Ufer ab. Ein gutes Stück weiter oben fanden sie Hunde- und Pferdespuren. Sie stocherten mit Stecken und Speeren im trüben Wasser herum.

«Hierher, Herr!» Linharts Stimme klang erregt und besorgt.

Sie wateten ins Wasser und zogen schließlich ein kleines, halb zertrümmertes Boot heraus. Schnell hatten sie den Hohlraum entdeckt. Und die Windeln.

«Vielleicht waren das ja Fischer? Oder einfach nur ein abgetriebener herrenloser Kahn.» Konrads Versuch, den schrecklichen Verdacht zu zerstreuen, überzeugte nicht einmal ihn selbst.

Gabriel knirschte laut mit den Zähnen und ergriff Katharinas Hand: «Kindlein tot?»

Die Königin presste die nassen Stoffstücke an die Brust. Für einen Augenblick schloss sie die Augen. Dann sagte sie leise: «Mutter und Kind leben! Ich glaube es ganz fest!»

Sie suchten noch eine ganze Weile das Ufer ab. Aber irgendwann gaben sie auf. Hier gab es wohl nichts mehr zu finden. Die Antwort auf ihre Fragen war entweder an einen hoffentlich sicheren Ort entschwunden oder aber lag stumm auf dem Grunde des Sees.

Sie hielten Rat. Was sollten sie nun tun? Falkenstein erkunden? Elias, Anna und das Kind suchen? Die Drachenhöhle suchen? Den Papst und die Kaiser warnen, um noch Schlimmeres zu verhindern?

Dringlichkeiten gab es viele, die Hilflosigkeit war groß, und das Gespräch wurde hitzig. Aber zuletzt siegte die Einsicht, dass es wohl das Beste wäre, den Papst und die Kaiser vor der Falle zu retten. Wie aber konnten sie sie finden? Linhart, der Stallbursche, wusste auch nicht viel Nützliches zu berichten.

Da es sich zudem um eine geheime Mission handelte, war nicht mit großen Truppenaufmärschen zu rechnen. Kaiser Heinrich würde von Norden her anreisen. Vermutlich östlich des Königsgebirges. Nahm seine Eskorte den üblichen Weg, würde er über Bibernau, Lohen und Büttenwald kommen, um anschließend den Pass zu überqueren. War Heinrich besonders vorsichtig, könnte er auch den Wind-Pass im Ostgebirge benutzen, das altehrwürdige Königsfeld überqueren und dann südlich im Riedenwald den schmalen Saumpfad passieren.

Noch komplizierter konnte die Sache mit Johannes Komnenos, dem Kaiser von Byzanz, werden. Von Osten kommend, gab es eine Menge von Möglichkeiten, nach Falkenstein zu gelangen.

Einzig bei Papst Calixt war die Sache etwas einfacher. Er würde aus dem Süden anreisen. Die Überquerung der Alpen ließ sich nicht umgehen. Er würde mit größter Wahrscheinlichkeit den Sankt-Gotthard-Pass benutzen, dann vermutlich ganz im Süden den Riedenwald durchqueren und den nahegelegenen Saumpfad benutzen.

Vorausgesetzt, er reiste nicht in einem Wagen. Ansonsten müsste er den nördlicheren Pass ins verborgene Tal nehmen. Diesen Gedanken verwarfen sie aber rasch wieder. Ein Wagen erweckte in dieser geheimen Mission zu viel Aufmerksamkeit.

Zudem wäre der Aufwand an Pferden und Knechten nicht unerheblich für so ein Gefährt. Neugierige Pilger und Kaufleute würden schnell Fragen nach dem noblen Herrn im Fahrzeug stellen.

Ihr Plan war gereift: Konrad, Katharina und ihre Leute entschieden sich für die Route über den Saumpfad.

Sie würden erst südlich der schwarzen Sümpfe im Schutz der einsamen Felsen ihr Nachtlager aufschlagen. Dann, am nächsten Morgen, würden sie in einem schnellen Ritt zum großen Riedenwald reiten und in diesem dann nach Süden halten. Vielleicht hatten sie Glück und erfuhren von Reisenden unterwegs Neuigkeiten. Nötigenfalls würden sie sich auch in zwei Gruppen aufteilen, in der Hoffnung, dass wenigstens eine Delegation auf einem der möglichen Wege abgefangen werden könnte. Sie mussten es wagen und auf Gottes Gnade hoffen. Rasch stiegen sie auf machten sie sich auf den Weg nach Osten.

Kurz vor Einbruch der Dunkelheit hatten sie die einsamen Felsen erreicht. Diese trugen ihren Namen zu Recht. Aus der Ferne sahen ihre hohen, vom Winde verwitterten Steinkuppen wie einsame Pilger aus, die verloren in der weiten Ebene standen. In der Nähe der Windschlucht errichteten sie ihr Nachtlager. Dazu wählten sie eine kleine, etwas erhöhte Höhle am Fuße einer mächtigen Felswand.

Bevor sie im Innern ein Feuer entfachten, hieben sie zahlreiche Äste und Büsche ab und schichteten sie als tarnenden Wall vor dem Eingang auf. Jetzt, bei Einbruch der Dunkelheit, war die Täuschung vollkommen. Niemand würde hier ein Nachtlager vermuten. Vom Feuer in der Kaverne war nichts zu sehen, nichts zu riechen und nichts zu hören. Die feine Rauchsäule suchte sich an der Höhlendecke einen Weg nach draußen und stieg dann beinahe unsichtbar senkrecht die Felswand empor und löste sich vollständig im grauen Dunkel des Abendhimmels auf.

Das warme, flackernde Licht des Feuers verlieh der Höhle beinahe etwas Gemütliches, Wohliges. Wenn da nicht die vielen offenen Fragen gewesen wären.

Wie es Brauch in der Bruderschaft von Falkenstein war, knieten sie zum Komplet, dem Nachtgebet, nieder. Aus Vorsicht beteten sie die Worte nur halblaut: «Herr, wir danken dir für die Stunden des Tages, die Bewahrung vor Not und Tod. Gepriesen seist du, Erlöser der Welt, für dein Erbarmen, der du alles Leben gibst. Vergib uns Wort und Tat, die unrecht waren, reinige uns von Schuld. Stelle deine Engel um unser Lager. Bewahre uns vor dem Bösen und schenke uns, der Bruderschaft und allen Menschen Frieden. Amen.»

Bald schon waren sie unter ihre Mäntel gekrochen und eingeschlafen. Nur der König blieb noch für die erste Wache beim Feuer sitzen. Mit einem Stock verteilte er die Glut regelmäßig und legte etwas frisches Holz nach. Konrad liebte diese Stunden vor dem Feuer. Das leise Knacken und Sirren, die blauen, gelben und roten Feuerzungen – sie waren wie eine lebendige Straße, auf der sich die Seele immer weiter in andere Welten fortbewegen konnte. Hier war sie frei. Frei von Verantwortung, Lasten und Sorgen. Wenigstens in dieser Nacht.

Doch rasch holten ihn andere Gedanken ein. Zu dunkel war diese Zeit. Zu viele Schatten geisterten durch die Stauffermark. Konrad versuchte sich an die glücklicheren Tage zu erinnern. Doch es wollte ihm nicht recht gelingen. Schließlich erhob er sich mit einem leisen Ächzen und verließ das Innere der Höhle.

Draußen war es kühl geworden. Die Dunkelheit hatte sich wie ein Tuch auf Felsen und Bäume gelegt. Zaghaft blinkten die ersten Sterne hinter zerzausten Wolken hervor, die wie eine aufgescheuchte Herde über den Himmel eilten. Die Grillen schienen mit ihrem lauten Zirpen dem unsichtbaren Himmelstreiber Beifall zu spenden.

Der König atmete tief ein und genoss den würzigen Duft des Bärlauchs. Erinnerungen an Italien stiegen in ihm auf. Als junger Abenteurer war er losgezogen, um im Schiff von Venedig aus ins Heilige Land zu gelangen. Italien war voller Kräuterdüfte gewesen: Basilikum, Salbei, Rosmarin, Thymian, Knoblauch. Die Luft dort schien würziger, das Licht heller und die Farben kräftiger. Alles war neu und abenteuerlich gewesen. Hätte er damals geahnt, was ihn in Jerusalem erwartete – er wäre wohl nie aufgebrochen.

Konrad musste bei dem Gedanken leise schmunzeln. Wie blind

und unwissend er doch gewesen war! So wie die meisten anderen jungen Ritter auch. Schnellen Ruhm und ewige Ehre hatten sie sich durch die Befreiung von Jerusalem erhofft. Vollmundig hatten sie mit ihren zukünftigen Heldentaten geprahlt. Mit einem verwegenen Lachen die Tränen der Eltern weggewischt.

Aber dann entpuppten sich die muslimischen Heiden als ebenbürtige Gegner mit Wissen und einer Kultur, die der eigenen weit überlegen war. Wissen, das sie von ihren Dhimmis, den Unterworfenen, eingesammelt hatten und nun mit großer Wirksamkeit für ihre Zwecke anwenden konnten. Krankheiten, Unwetter und Wegelagerer trugen das ihrige dazu, um aus dem vermeintlich schnellen Sieg der jugendlichen Kreuzritter einen nicht enden wollenden Albtraum zu schaffen. Wäre da nicht Bernardus gewesen ...

Konrads Erinnerungen rissen plötzlich ab. Irgendetwas hatte ihn irritiert. Die leise innere Stimme warnte. Der König war schlagartig hellwach. Seine Augen versuchten das Dunkel zu durchdringen. Aber alles schien unverändert ruhig. Oder? Jetzt erst fiel es ihm auf. Das Zirpen der Grillen war verstummt. Etwas lag in der Luft. Er musste die anderen warnen. Noch ehe er sich zur Höhle wenden konnte, legte sich eine Hand schwer auf seine Schulter.

«Seltsam ruhig, nicht wahr?», knurrte Wolfhart.

Einmal mehr bewunderte Konrad den alten General.

«Ich dachte, Ihr schlaft bis zur Ablösung?»

«Das wollte ich auch. Aber wie das halt bei uns alten Männern so ist. Der Schlaf ist leicht und kurz.»

«Ihr setzt mich immer wieder neu in Erstaunen, lieber General. Selbst eine Katze könnte nicht empfindlicher sein als Ihr.»

Wolfhart grinste leise. «Eine Katze hat im Volksmund sieben Leben. Ich habe nur eins. Da muss ich als alter Soldat wohl siebenmal wachsamer sein. Und? Habt Ihr etwas gesehen, mein König?»

«Nein. Aber ich spüre es. Geht und weckt die anderen. Sie sollen sich bewaffnen. Aber leise!»

Wenige Augenblicke später standen alle bereit. Müde und verschlafen zwar – aber sie waren da.

Jetzt regte sich etwas direkt vor ihnen. Dunkle Gestalten huschten am Fuße des Abhangs vor ihrer Höhle hin und her, suchten nach Verstecken. Es war nur eine Frage der Zeit, bis eine von ihnen auch zu ihnen hochschleichen würde. Und dann war alles möglich! Wer aber waren diese? Und was führten sie im Schilde? Raubritter? Strauchdiebe? Eine feindliche Armee? Noch bevor Konrad weiter nachdenken konnte, schrie ein Käuzchen. Sofort duckten sich die Gestalten und erstarrten. Katharina stupste Konrad leise an und deutete zur Windschlucht.

Alle konnten die Lichterkette sehen, die sich langsam und schier endlos durch die felsige Enge vorwärtsquälte. Plötzlich verschwanden die Lichter. Aber nicht weil man sie ausgelöscht hätte, sondern weil sie verdeckt wurden. Alle hielten den Atem an.

Ein scharrendes Geräusch von schnellen Schritten war zu hören. Die Vorhut der Kolonne! Sie war es offenbar auch gewesen, die der nachfolgenden Hauptkolonne das Signal zur Verdeckung der Lichter gegeben hatte. Raffiniert! Während ein möglicher Beobachter das Augenmerk auf die Lichter richtete, war ein Teil der Streitmacht bereits unbemerkt herangerückt und konnte so frühzeitig eine Gefahr entdecken. Deutlich hörten sie gepresstes keuchendes Atmen und hastiges Flüstern. Die Vorhut hatte den Hinterhalt offensichtlich nicht entdeckt. Was nun?

Katharina schien die Gedanken Konrads zu erraten. Leise flüsterte sie: «Ich weiß, wie dir zumute ist! Aber wir sollten nicht voreilig handeln. Wissen wir denn, wer hier Freund oder Feind ist? Und was, wenn es Heinrich ist? Oder Calixt? Oder Johannes?»

«Mitten in der Nacht durch dieses Nadelöhr?»

«Und wer sagt uns, dass es nicht der Feind ist, der die Schlucht durchquert? Stark und selbstsicher genug, um diesen Weg zu wählen? Und vor uns eine kleine Truppe, die versucht, ihn aufzuhalten?»

Konrad schwieg. Natürlich hatte Katharina recht. Eine verzwickte Lage.

«Und, was befehlt Ihr?», hauchte nun Wolfhart von Tannenberg, die Hand am Griff des Schwertes. «Warnen wir sie?»

«Nein, wir warten. Es ist zu dunkel! Warten wir, bis man mehr erkennen oder hören kann. Dann werden wir handeln!»

«Mir gefällt die Sache gar nicht!», knurrte der General. «Aber wie Ihr meint.»

Noch eine ganze Weile lang hörte man leises Rascheln und Tuscheln. Dann flammte plötzlich eine Fackel auf, die sogleich drei Mal in Richtung Windschlucht hin- und hergeschwenkt wurde.

Konrad erstarrte. Der Fackelträger trug eine weiße Mönchskutte. Die «Reinen»! Wer aber waren die anderen, die im Hinterhalt lagen? Wer auch immer sie waren: Konrad mochte sie jetzt schon! Wie auch immer: Sie würden es sehr bald erfahren.

Die «Reinen» redeten laut und unbekümmert. Die Lichterkette kam nun rasch näher. Ein monotoner Gesang wurde angestimmt. «Kyrie Eleison! Christe Eleison!»

Konrad zuckte zusammen. Das waren junge Stimmen! Erschrocken starrten sich Konrad, Katharina und die übrigen Getreuen an. Was nun? Bedeutete dieser Hinterhalt Gefahr oder Rettung für die Kinder? Mussten sie nicht doch eingreifen?

Nun ging alles ganz schnell. Die Fackelträger waren inzwischen an den Ausgang der Schlucht gelangt.

Plötzlich rief eine helle jugendliche Stimme laut durch die Nacht: «Freiheit für die Freunde!»

«Freiheit für die Freunde!», hallte es nun von allen Seiten.

Konrad zuckte zusammen. Kinder! Das waren Kinder und Jugendliche! Die Gestalten sprangen aus ihren Verstecken und griffen die weißen Mönchskutten mit Messern, Knüppeln, Stöcken und Steinen an.

Einer der Mönche, ein besonders großer und hagerer, stieß plötzlich einen lauten Pfiff aus. Nun wurden die Hänge ringsum lebendig. Mit Schwertern bewaffnete Mönche sprangen aus der Deckung hervor und fielen über die Jugendlichen her. Erbarmungslos.

Das würde ein Blutbad, wenn sie jetzt nicht eingriffen! Katharina und Wolfhart nickten Konrad grimmig zu. Der König und seine Getreuen zogen blank und stürzten sich mit lautem Kriegsgeschrei auf die bewaffneten Kuttenträger. Konrad überragte seine Gegner fast um Haupteslänge. Mit Faust und Schwertknauf streckte er gleich zwei von ihnen nieder. Auch Wolfhart fegte eine

Schneise durch die Reihe der Gegner. Die «Reinen» erstarrten für einen Augenblick, suchten dann aber augenblicklich das Weite.

Lauter Jubel hallte durch die Nacht. Ein rundlicher Rotschopf und ein hagerer braunhaariger Junge traten freudestrahlend auf Konrad und die Getreuen zu.

«Habt Dank, edler Ritter! Ihr habt uns und unseren gefangenen Freunden das Leben gerettet!» Der blonde Junge schüttelte dankbar die Hände von Konrad, Katharina und Wolfhart. «Ich bin Martin und komme von Büttenwald. Der Rote hier heißt Jakob und stammt aus Stettdorf. Wir waren Gefangene und konnten uns befreien. Das heißt, eigentlich hat uns der Falkensteiner befreit, und ...»

«Der Falkensteiner?!», schnitt Konrad ihm ins Wort.

«Ja, Justus, Ritter von Falkenstein! Er hat uns aus der Drachenhöhle befreit!»

Konrads Augen begannen zu leuchten. «Und, weiter?»

«Er hat uns verlassen, und wir entschieden uns, unsere Freunde zu befreien. Dank Eurer Hilfe ist es uns auch gelungen.»

«Die Freude bei den Geretteten scheint sich eher in Grenzen zu halten», murmelte der alte General.

Die Übrigen wandten sich den befreiten Jungen zu. War es nur das flackernde Licht, oder blickten sie tatsächlich finster und feindselig zu ihnen herüber?

Der Rothaarige eilte auf sie zu und rief freudenstrahlend: «Eberhard! Ich bin's, Jakob, dein Bruder!»

Ein ebenfalls rothaariger Junge löste sich mit einem verhaltenen Lächeln aus der Gruppe und winkte scheu mit der Hand: «Hallo Jakob, schön dich zu sehen!»

Ein anderer Junge schubste ihn gleich wieder in die Reihe zurück und stellte sich schützend vor ihn hin. «Verschwindet! Wir wollen nichts mit euch zu tun haben! Was fällt euch ein, uns mitten in der Nacht zu überfallen!? Ungläubiges Heidengesindel! Zum Teufel mit euch!»

Jakob zuckte leicht zusammen und erstarrte. «Aber wir haben euch aus den Fängen der Sklavenhändler befreit!» Seine protestierende Stimme ließ eine große Unsicherheit hören.

«Befreit?!» Ein großer, kräftiger Bursche mit energischem Kinn baute sich vor ihnen auf. «Ihr habt unsere Brüder und Beschützer ermordet! Sie haben uns aus den Klauen der Finsternis befreit. Und ihr wollt uns wieder zurück in das alte sündige und lästerliche Leben zurückführen!»

Konrad trat gegen den Widerstand von Katharina aus der Reihe und stemmte die Fäuste in die Hüften. «Diese Schurken haben nichts anderes verdient. Albertus ist ein Lügner und Seelenverkäufer!»

Der große Bursche warf trotzig den Kopf in die Höhe: «Und wer ist es, der diese angeblichen Einsichten behauptet? Albertus, unsern gütigen Herrn und Bruder kenne ich. Wer aber seid Ihr?!»

Katharina griff hastig nach Konrads Ellbogen und versuchte ihn zu bremsen. Aber der König schüttelte ihren Arm ab und knurrte wütend: «Ich sage das: Konrad von Falkenstein! Dein König steht vor dir, Junge! Also hüte deine Zunge!»

Der Bursche lachte laut und hässlich auf. «Konrad?! Der Konrad, der durch seine Gottlosigkeit den Zorn unseres Allmächtigen auf unser Land gezogen hat? Der Konrad, der mit den Ketzern von Konstantinopel gemeinsame Sache macht?!»

Der König schluckte einen Augenblick leer. Das klang nicht gut.

«Konrad, wir sollten wohl besser von hier verschwinden!» Katharinas Stimme klang nun ziemlich scharf. «Wir wollen hier doch keinen Kinderkrieg!»

Konrad ließ es auf einen letzten Versuch ankommen. «Gott ist mein Zeuge! Das sind alles Lügen! Albertus ist kein Gesandter des Papstes! Er ist ein Verschwörer und Mörder! Er hat eure Seelen bereits an die seldschukischen Sklavenhändler verkauft! Und er wird noch ...

Weiter kam er nicht. Mit lautem Geschrei stürzten sich die Jungen auf sie und verwickelten sie in ein Handgemenge. Zu allem Übel tauchten nun auch noch die übriggebliebenen geflüchteten Weißkutten auf und warfen sich mit gezücktem Schwert in den Kampf.

«Ich glaube, wir dienen der Sache mehr, wenn wir unsere

Waffen strecken!», keuchte der General und beförderte zwei jugendliche Angreifer mit dem Schwertknauf ins Reich der Träume. «Es sind ja noch fast Kinder!»

«Wolfhart hat recht!», stimmte Katharina atemlos zu. «So gewinnen wir die Herzen der verführten Jungen nicht zurück!»

Die Königin ließ ihre beiden Ellbogen nach hinten schnellen und schickte zwei Kuttenträger zu Boden.

Einer von ihnen versuchte sich benommen wieder aufzurichten. Aber der kleine Gabriel schickte ihn mit seiner Trinkflasche gleich wieder zu Boden. «Böse Bube!», schimpfte er laut und setzte sich wütend auf den Mann.

«Lassen wir ihnen die Freude eines Sieges, bis wir mehr wissen», knurrte der König. «Dann setzen wir dem Spuk ein Ende.»

«Wir geben auf!», dröhnte Konrads Stimme durch das Getümmel. Dabei ergriff er sein Schwert an der Klinge und streckte es weit von sich weg.

Der Lärm klang rasch ab, die Kampfhandlungen kamen zum Stillstand.

«Ich hoffe, wir wissen, was wir da tun!», murmelte der König, und ließ sich widerstandslos zu Boden werfen, während ihm einer der Burschen das Schwert aus der Hand riss.

Die Jungen brachen in lauten Jubel aus: «Halleluja!» und «Gott ist groß!» schallte es durch die Nacht.

Konrad seufzte. Diese Wendung hatte er nicht erwartet! Doch trotz aller Schwierigkeiten durchzuckte ihn ein heller Blitz der Hoffnung. Justus war am Leben, und er kämpfte auf der richtigen Seite!

Es dauerte nicht lange, und alle standen gefesselt in einer Reihe. Der König warf einen zweifelnden Blick auf seine Getreuen. Plötzlich stockte er. Wo war Salome?! Noch einmal ließ er seine Augen hin- und herschweifen. Tatsächlich: Salome war verschwunden!

Etwas weiter oben duckten sich zwei Gestalten in den Schatten eines kleinen Felsvorsprungs. «Was machen die da unten?!», flüsterte Ruprecht verwirrt. «Der König und seine Getreuen ergeben sich wehrlos diesem Haufen von Knaben? Und warum in aller Welt rennen die Kinder nicht einfach weg in die Freiheit?!»

Elias war nicht weniger durcheinander. «Vater hatte schon alles in der Hand! Und jetzt gibt er den Sieg einfach weg!? Nun denn – er muss triftige Gründe haben. Wir hängen uns an ihre Fersen und nehmen heimlich Kontakt auf.»

«Habt Ihr Albertus gesehen?»

«Seit Beginn des Überfalls nicht mehr. Er ist genauso verschwunden wie Salome.» Ihre Blicke trafen sich, soweit man sich eben in diesem Dunkel erkennen konnte.

«Nicht gut», brummte Ruprecht.

15. Kapitel: Gerettet

Verloren und ratlos stand Anna auf einer kleinen Erhöhung und blickte in die Ferne. Sie war noch einmal mit heiler Haut davongekommen! Unbemerkt hatte sie sich dank Elisabeths Hilfe aus dem kleinen Fischerdorf davonschleichen können.

Aber wohin sollte sie nun gehen? Nach Falkenstein zurück konnte sie nicht. Die Gegend hier musste sie so schnell wie möglich verlassen. Eigentlich hatte sie den Entschluss gefasst, nach Königsstadt zu gehen. Elias war dorthin geritten. Aber die Fischerin hatte ihr sehr davon abgeraten. Die «Reinen» seien überall. Auch in der Stadt des Königs. Außerdem habe man von unheimlichen Vorgängen und Wesen gehört. Der Ort sei nicht sicher.

Was sollte sie nur tun? Wieder rollten Wellen der Hoffnungslosigkeit und Verzweiflung über sie hinweg. Ihre Augen füllten sich mit Tränen. «Gott im Himmel, steh uns bei!» Sie wischte sich mit dem groben Stoff ihres Ärmels das Wasser aus den Augen.

Nicht aufgeben!, flüsterte die leise Stimme. *Es gibt immer eine Lösung!*

Anna atmete tief durch und richtete ihren Blick wieder auf die vor ihr liegende Landschaft. In der Ferne wirbelte eine kleine Staubwolke über den Boden. Das war keine Windhose. Ein Reiter! Freund oder Feind? Vorsichtshalber suchte Anna Schutz hinter einem alten verdorrten Busch. Die Staubwolke kam rasch näher. Langsam schälte sich ein dunkler Schatten aus ihr heraus. Anna kniff die Augen zusammen, um besser sehen zu können. Der Reiter trug fremdländische Kleidung. So, wie man sie aus dem Orient kannte. Anna stockte einen Moment lang der Atem. Sarazenen? Hier in der Stauffermark?! Sie duckte sich noch tiefer hinter dem Busch zu Boden.

Der Reiter kam die Anhöhe hoch und hielt an. In nächster Nähe blieb er stehen.

Anna duckte sich noch tiefer und presste ihr Gesicht ganz auf den Boden. Schließlich galoppierte das Pferd weiter. Anna wagte sich nicht zu rühren. Tausend Fragen schossen ihr durch den Kopf. War die Stauffermark an die Sarazenen verraten worden? Gab es geheime Bünde im Land? War das nur ein Bote? Oder der Vorbote eines großen Heeres? Endlich hob sie den Kopf etwas an, um dem Reiter nachzusehen.

«Da nächste Mal würde ich mich an Eurer Stelle besser verbergen! Jeder junge Hase macht das besser. Manchmal kommt ein Reiter nicht allein. Euer Pech. Rührt Euch nicht vom Fleck!»

Die Stimme hinter Annas Rücken ließ keinen Zweifel aufkommen, dass das ernst gemeint war. Ein lauter Pfiff ertönte, und der Sarazene hielt in der Ferne an. Er wendete das Pferd und trabte langsam auf Anna zu.

«Und nun streckt beide Arme seitwärts aus und dreht Euch langsam um! Gebt meinem Schwert keinen Anlass, zuzustoßen!», befahl die Männerstimme hinter ihr weiter.

Zitternd wandte sich Anna dem Fremden zu.

«Ihr seid es, Herrin?!» Andreas, der Knappe, ließ vor Überraschung beinahe sein Schwert fallen. Zugleich kam der schwarze Hengst des Sarazenen neben ihr zum Stehen.

«Anna? Anna von Falkenstein?» Die Stimme des jungen Prinzen überschlug sich vor Verwunderung, als er eilig von seinem Ross sprang. «Ihr seid es! Wie seht Ihr denn aus?!»

«Andreas! Nikos! Und ich dachte schon, die Sarazenen ...» Anna wurde von ihren Gefühlen übermannt und klammerte sich an Nikos fest. «Wo, in Gottes Namen, kommt Ihr denn her? Endlich ein Lichtblick! Die Dinge hier in der Stauffermark sind schrecklich!» Weiter kam sie nicht. Sie vergrub ihr Gesicht in seinem Mantel und versuchte ihre Tränen darin zu ersticken.

Der Prinz ließ sie gewähren. Schließlich fasste er sie sanft an den Schultern und blickte ihr fest in die Augen. «Ich kann es mir ungefähr denken. Aber erzählt mir alles unterwegs. Wir sind in größter Eile. Es geht um Leben und Tod!» Nikos gab dem Knappen ein Zeichen und schwang sich auf sein Pferd.

Andreas kniete nieder und formte seine Hände zu einem Tritt.

«Schnell, steigt auf!» Mit einem kräftigen Ruck hob er seine Herrin hoch zu Nikos.

Nikos lachte etwas verlegen: «Bitte haltet Euch gut an mir fest. Habt keine Scheu!»

Andreas pfiff erneut, und ein Gefleckter trottete hinter einem Felsen hervor. Der Knappe schwang sich in den Sattel. Nikos gab seinem Pferd die Sporen. Es machte einen Sprung nach vorne und galoppierte los. Anna wäre vom Pferd gefallen, hätte sie nicht blitzartig ihre Arme um ihn geschlungen.

«Verzeiht, wenn ich so haste, aber ich muss meinen Vater warnen!»

«Ich weiß!», keuchte Anna. «Auf Falkenstein herrscht Verrat! Justus – oder wer auch immer er ist – soll sich mit einer geheimen Bruderschaft verbündet haben. Die ‹Reinen› wollen alle gekrönten und geistlichen Häupter ermorden. Es ist furchtbar!»

«Nicht auszudenken, was geschieht, wenn der Plan gelingt! Wir sind aus der Burg geflüchtet. Und was ich dort gesehen und gehört habe, gibt mir die Gewissheit, dass hier Betrug und Täuschung im Spiel sind! Eines kann ich Euch auf jeden Fall versichern: Dieser Mann ist nicht Justus von Falkenstein!»

Ein Schimmer von Hoffnung blitzte in Annas Gesicht auf. «Das hat mir schon eine alte Fischersfrau gesagt. Ich bin so froh, Euch hier zu sehen, Nikos! Es ist gut zu wissen, dass es noch Freunde ...»

Mitten im Satz schrie Anna laut auf und krümmte sich zusammen.

Nikos riss den Kopf des Pferdes mit den Zügeln zurück und brachte es zum Stehen. «Was habt Ihr? Habt Ihr Euch verletzt?»

«Nicht so, wie Ihr denkt, Nikos!», keuchte Anna mit schmerzverzerrter Stimme. «Ich habe vor einigen Tagen geboren. Und reiten in diesem Tempo ist vielleicht noch nicht gerade das Beste.»

«Verzeiht mir!», meinte der Konstantinopler betreten.

«Dafür könnt Ihr nichts, edler Prinz.»

«Und wozu darf man Euch gratulieren?»

Anna lächelte schwach. «Zwillinge. Zwei Jungen.»

«Gütiger Himmel! Zwillinge! Zwei Söhne!», rief Nikos laut.

Andreas lachte auf: « Gepriesen sei Gott! Lang lebe Falkenstein!»

«Und wo habt Ihr sie versteckt?», hakte Nikos nach.

Annas Stimme wurde leise: «Verstecken mussten wir sie in der Tat. Elias und ich mussten fliehen. Schließlich haben wir in einer kleinen Hütte Zuflucht gefunden.»

«Ihr musstet Eure Kinder mitten in den Bergen zur Welt bringen?»

«Nein. Es ist uns gelungen, das verborgene Tal zu verlassen. Wir haben alte und geheime Wege benutzt.»

«Da habt Ihr viel durchmachen müssen, Anna. Wo sind Elias und die Kinder nun?»

«Wenn ich das wüsste! Elias ist nach Königsstadt geritten. Und meine beiden Jungen ...» Anna flüsterte beinahe: «Sie sind tot. Ertrunken.»

«Allmächtiger, nein!» Nikos' Stimme zitterte nun ebenfalls. «Wie ist das möglich? Verzeiht, aber wäre es in Ordnung, wenn ich langsam weiterreiten würde? Oder möchtet Ihr lieber absteigen?»

Anna biss tapfer die Zähne zusammen und sagte dann: «Reitet weiter. Es geht schon! Ich bin einiges gewohnt.»

Nikos schnalzte leise, und das Pferd setzte sich wieder in Bewegung.

«Wohin reiten wir?»

Der Konstantinopler schwieg einen Augenblick und blickte unsicher auf seine beiden Begleiter. Nach einer Weile hakte Anna nach: «Ist es noch weit? Oder traut Ihr mir nicht?»

Nikos' Stimme klang unsicher: «Euer tapferer Knappe hat mir das Leben gerettet. Ich traue ihm und Euch. Doch nach allem, was geschehen ist, weiß ich nicht mehr so recht, wo mir der Kopf steht. Verzeiht mir! Aber Ihr werdet es schon bald sehen.»

Wie lange sie danach unterwegs gewesen waren, vermochte Anna nicht zu sagen. Die regelmäßigen Bewegungen des Pferdes, das Schweigen des Prinzen und die verwirrende Fülle an Ereignissen ließen ihren Kopf immer schwerer werden. Der erschöpfte Körper forderte seinen Tribut. Sie sank tiefer und tiefer, direkt auf etwas Finsteres, Bedrohliches zu. Kleine zappelnde Arme und

Beine glitten an ihr vorbei. Etwas Großes, Glühendes kam immer näher. Zwei riesige, kalte Augen! Ein gewaltiges Maul voller Zähne, schnappende schuppige Kiefer, die ihren Arm zermalmten und daran rissen ...

Mit einem leisen Schrei fuhr Anna hoch und schlug gegen die kräftigen Hände, die sie vorsichtig vom Pferd herunterheben wollten.

«Beruhigt Euch, Anna! Ihr seid eingeschlafen. Ihr seid in Sicherheit!» Nikos' Worte verfehlten ihre Wirkung nicht.

Widerstandslos ließ sie sich von Andreas vom Pferd herunterholen und wurde sanft auf die Füße gestellt.

Noch etwas benommen blickte sie sich um. Sie hatte keine Ahnung, wo sie waren. Der Wald, in dem sie sich befanden, konnte irgendwo sein. Aber wo auch immer: Die drei Rundzelte mit dem kaiserlichen Wappen Konstantinopels waren in dieser Umgebung zweifellos vor unerwünschten Beobachtern bestens geschützt. Darum herum lagerte sich eine kleine Abteilung der Kataphraktoi – der gefürchteten, schwerbewaffneten Reitersoldaten von Byzanz.

Inzwischen war Nikos vom Pferd geglitten und auf einen fürstlich gekleideten hageren und hochgewachsenen Mann zugeeilt. Aus dem schmalen bärtigen Gesicht blitzten lebhaft, fast schalkhaft, braune Augen. Die beiden umarmten sich und wechselten in einer fremden, fast singenden Sprache eilige Worte.

Das musste Kaiser Johannes von Konstantinopel sein, den man auch Kalos – den Guten – nannte!

Ehrerbietig verbeugte sich Anna.

Der Kaiser nickte ernst, aber freundlich: «*Chairetismùs* – seid gegrüßt, Anna von Falkenstein!» Er ergriff ihre Hand und gab ihr zu verstehen, dass sie sich wieder aufrichten solle.

«Kommt schnell in das Zelt meines Vaters!», drängte Nikos. «Er will genauen Bericht von allem haben.»

Andreas war wieder aufgestiegen. «Herrin, wenn Ihr gestattet, reite ich zurück. Es gibt noch eine ansehnliche Schar von Getreuen auf Falkenstein. Ich werde sie im Geheimen sammeln. Wir halten die Stellung und schlagen los, wann immer Ihr uns braucht! Noch ist nichts verloren!»

Anna und Nikos schauten sich einen Augenblick lang an. Dann wandte sich der Prinz wieder dem Knappen zu und nickte: «Ich muss dich loben für diese Idee! Reite, guter Freund! Reite schnell!»

Die Beratung im Zelt begann. Nach den Berichten von Nikos und Anna herrschte für einen Moment lang ungläubiges und empörtes Schweigen im kaiserlichen Zelt.

Johannes dachte angestrengt nach. Es war klar, dass das Treffen auf Falkenstein mit aller Macht verhindert werden musste. Konstantinopel war jetzt gewarnt. Nun musste die Nachricht so schnell wie möglich zu Heinrich und zu Calixt gelangen. Neben dieser Sache brannte aber vor allem eine Frage unter den Nägeln: Was war mit den Verbündeten der Stauffermark geschehen? Lebten sie noch? Und wenn ja: Waren sie in der Lage, der ungeheuerlichen Verschwörung Herr zu werden?

Schließlich meldete sich Costas Pistos, der zweite Berater des Kaisers, zu Wort. «Eure Exzellenz! Es liegt mir fern, diesen Berichten alle Wahrheit abzusprechen. Wer wäre ich, mir solches anzumaßen? Und doch: Nach längerem Hören und Nachdenken erscheint mir alles doch ein wenig ... überspannt – wage ich zu sagen.»

Pistos erhob sich von seinem Sitz und blickte eindringlich in die Runde und holte zu einer längeren Rede aus: «Es gibt gewisslich viele Dinge zwischen Himmel und Erde, die unseren Sinnen und Gedanken fremd sind. Aber wir müssen ...»

Während Nikos noch leise die Übersetzung in Annas Ohr flüsterte, wurde seine Stimme immer erregter. Schließlich brach er ganz ab, erhob sich wütend und wechselte in seine Muttersprache: «Was wollt Ihr damit sagen, Costas?», fiel er dem Berater ins Wort. «Dass wir etwas überspannt sind und die Fantasie uns überwältigt hat? Dass wir schlecht gegessen und dann böse geträumt haben?!»

Pistos wiegte seinen Kopf von einer Seite zur anderen: «So würde ich das nicht sagen. Aber bei allem Willen, Euren Berichten Glauben zu schenken, dünkt mich das Ganze doch etwas ... nun ja ... unglaubwürdig. Dämonische Doppelgänger, die sich in Luft auflösen. Verschwörungen von Mönchen, die den Papst umbringen wollen. Mordende Drachen, die Kinder auffressen wollen. Ich habe noch nie derartige Dinge gesehen. Und solange ich die Beweise nicht vor mir habe, wäre ich mehr als nur vorsichtig, politische Entscheidungen von so großer Bedeutung darauf abzustützen.»

Eben wollte Nikos wütend zu einer Antwort ausholen, als ihn ein kurzer Wink des Kaisers davon abhielt. Der junge Prinz verkniff sich die Worte und schwieg.

«Ich weiß, was du jetzt denkst, mein Sohn!», durchbrach Johannes das Schweigen. «Es ist das Recht des Alters, die Dinge zu hinterfragen, um folgenreiche Fehler zu vermeiden. Ich achte den Rat meiner Weisen. Auch wenn ich ihre Sicht nicht immer teile. Was ratet Ihr mir also, Costas?»

Pistos verbeugte sich tief: «Ich danke Eurer Majestät, dass Ihr die Geduld habt, mir zuzuhören.» Dann fuhr er nach einem kurzen Zögern fort: «Unsere diplomatischen Beziehungen zum römischen Papst stehen – vorsichtig ausgedrückt – auf tönernen Füßen. Zum ersten Mal seit Menschengedenken und dem großen Schisma treffen sich Ost und West, um über diesen unglaublichen Plan zu reden.»

«Einverstanden, Costas. Worauf wollt Ihr hinaus?» «Keinesfalls ...» Pistos erschrak wohl selbst über seine energische Stimme und dämpfte sie sofort. «Keinesfalls darf diese heikle Mission gefährdet werden! Und sie kommt mit solchen Geschichten – sollten sie sich als unwahr oder übertrieben erweisen – sofort in Gefahr. Wir würden unser Gesicht verlieren, unsere Glaubwürdigkeit. Und würden zum Gespött von Rom. Das würde man uns zu Hause nie verzeihen.»

«Was schlagt Ihr also vor, mein Berater?»

«Wir sollten noch abwarten und ein paar Späher losschicken. Es bleibt uns ja noch etwas Zeit bis zum Treffen. Sollten sich die Berichte bestätigen, können wir Heinrich und Calixt immer noch rechtzeitig warnen.»

Der Kaiser und sein Sohn sahen sich kurz in die Augen. Schamvoll glitt Nikos' Blick zu Boden.

Johannes nickte: «Einverstanden, Costas.»

Ein erleichtertes Lächeln huschte über das Gesicht des Beraters.

«Ich habe mir die Freiheit genommen – ich hoffe, Ihr werdet mir das verzeihen –, bereits einen Späher loszuschicken nach Königsstadt.»

«Wie weitsichtig Ihr doch immer alles plant! Was würde ich nur ohne Euch tun?», murmelte der Kaiser. Ganz unerwartet veränderte sich der Blick des Herrschers. Seine Stimme schallte kalt und hart durchs Zelt. «Wachen, nehmt den Verräter fest!»

Pistos, der Berater, erbleichte. «Wie meint Ihr das, Hoheit?»

«Hier stelle ich die Fragen, Costas!»

Doch bevor die herbeieilende Wache den Berater ergreifen konnte, griff dieser mit seiner Linken in die Manteltasche, holte ein unscheinbares Kügelchen hervor, schob es in den Mund und schluckte es hinunter.

Erschrocken waren alle von ihren Sitzen hochgefahren und starrten fassungslos auf die Szene.

Pistos zuckte zusammen, krümmte sich, verdrehte die Augen und stürzte wie ein Stein zu Boden. Sein Körper begann sich zu winden und zu zucken. Ein unheimliches Kreischen drang aus seinem Mund. Gestank erfüllte das Zelt, und mit einem Male zerfiel der Körper von Pistos zu Staub. Ein kalter Windhauch strich durchs Zelt und wirbelte alles davon.

Blass und zitternd blickten sich die Übriggebliebenen an.

«Wer weiß etwas von einem Boten?», durchschnitt Johannes' Stimme gebieterisch die Stille.

«Keiner von uns, Herr!», antwortete einer der Wächter. «Vielleicht der angeheuerte Kundschafter?»

«Geht und seht nach! Die Beratung ist beendet. Nikos und Anna, ihr bleibt hier!» Eine flüchtige Handbewegung des Kaisers scheuchte die Menschen hinaus.

Nikos sah seinen Vater fragend an: «Woher wusstet Ihr …?»

Der Kaiser lächelte müde. «Ich habe es schon seit längerer Zeit geahnt. Etwas stimmte nicht in seinem Verhalten. Wann und wie es geschehen ist, vermag ich nicht zu sagen.» Johannes legte seine Hände auf Nikos' Schultern und zog die buschigen Augenbrauen hoch: «Junge, verzeih mir das von gerade eben. Ich weiß, es hat deinen Stolz verletzt. Du hast immer mein volles Vertrauen gehabt.

Ich musste so reden, um mir der Sache sicher zu sein.» Die Augen des Kaisers blitzten für einen Moment schalkhaft und warm.

«Danke, Vater!»

Johannes verbeugte sich höflich vor Anna, küsste ihre Hand und redete sie in ihrer Sprache an: «Verzeiht mir, dass ich Euch keinen besseren Empfang bereiten konnte! Ich bin beeindruckt von so viel Tapferkeit und Willen. Ihr seid die würdige Gattin eines geachteten Freundes!»

Anna errötete leicht und macht einen Knicks.

Der Herrscher schaute sich um und dämpfte seine Stimme: «Wir müssen sehr vorsichtig sein. Hier ist nichts und niemand mehr sicher. Die dunkle Macht hat bereits an meinem Hofe Einzug gehalten. Jeder könnte ein Verräter sein!»

«Majestät!» Hastig hatte einer der Kataphraktoi den Zelteingang betreten. «Der Kundschafter ist verschwunden. Er muss ziemlich eilig aufgebrochen sein. Das hier haben wir im Gras neben seinem Lager gefunden!» Der Wächter öffnete seine Rechte. Ein seltsam geformtes Schmuckstück blitzte auf. «Was mich aber mindestens so besorgt macht, ist das da draußen!», fuhr der Soldat fort. Seine Augen zeigten Spuren von Furcht. «Kommt und seht Euch das an!»

Rasch folgten ihm die drei. Draußen vor dem Zelt blieben sie wie angewurzelt stehen. Ein dicker Nebel hatte sich auf das Lager gelegt. So dicht, dass man kaum die ausgestreckte Hand erkennen konnte. Süßlich-saurer Geruch lag in der Luft. Und in der Ferne hörte man unheimliche Laute im Wald.

«Noch vor wenigen Augenblicken hat hier die Sonne geschienen!», flüsterte der Kataphrakt und sah sich ängstlich nach allen Seiten um.

«Heute scheint mir kein besonders guter Tag zu sein!», knurrte der Kaiser. «Ruft alle zu den Waffen! Sichert rundum ab und holt die Pferde in die Mitte! Niemand verlässt das Lager!»

16. Kapitel: Anastasia

Justus wusste schon lange nicht mehr, wo er sich befand. Seit mehreren Stunden hatte er sich durch die schier endlosen Gänge bewegt. Dem unheimlichen Grollen des Leviathans war er gefolgt. Doch jedes Mal, wenn er sich ihm besonders nahe glaubte, schlug der Gang eine überraschende Richtung ein, und mit einem Male schienen die Geräusche wieder in endloser Ferne zu verhallen. Nur das leichte Zittern des Gesteins blieb.

Zur Sicherheit ritzte er mit einem spitzen Stein immer wieder ein Kreuz in die Felswände. So würde er wenigstens den Rückweg aus diesem Labyrinth finden. Die Fackel war schon zur Hälfte heruntergebrannt. Entweder er wurde bald fündig, oder er musste umkehren. Ging es immer weiter so, endete er womöglich in einer Sackgasse. Erlosch dann die Fackel – er wäre verloren! Justus fröstelte bei diesem Gedanken.

Ein leises Wimmern brachte den jungen Ritter sofort zum Stillstand. Vorsichtig schaute er sich nach allen Richtungen um. Schließlich atmete er tief durch und machte einen Schritt um die Ecke. Überrascht blieb er stehen. «Salome?!» Für einen Augenblick hatte er geglaubt, die Frau mit den zwei Säuglingen sei Salome. Dieselbe Statur, dasselbe blonde Haar, die gleichen blauen Augen. Doch als sie sich ihm zuwandte, erkannte er seinen Irrtum. Diese Frau war viel älter, auch wenn sie Salome verblüffend ähnlich sah.

«Tut mir bitte nichts!», wisperte sie mit zitternder Stimme. «Nehmt mich, aber lasst die Kleinen bitte am Leben!»

Justus blickte auf die zwei kleinen in Lumpen eingewickelten Säuglinge am Boden. Sie wimmerten leise vor sich hin.

Alle möglichen Gedanken schwirrten Justus durch den Kopf. «Wer seid Ihr? Wie kommt Ihr hierher? Vor mir braucht Ihr Euch nicht zu fürchten!», stotterte er.

«Anastasia! Ich heiße Anastasia. Wir wurden von einem unheimlichen Mönchsorden entführt, gefangen genommen und in dieses Labyrinth verschleppt. Diese beiden Kleinen sollten dem Leviathan geopfert werden. Einigen von uns ist die Flucht geglückt. Ich dachte, Ihr gehört zu den Häschern!»

Ein flüchtiges Grinsen huschte über Justus' Gesicht. «Sehe ich so aus?»

Die Frau musterte ihn von oben bis unten. «Nein, eher wie jemand, der selbst ziemlich in der Patsche steckt!»

«Na, dann haben wir ja schon mal zwei Dinge gemeinsam!», schmunzelte Justus. «Die Reinen sind nicht gerade meine Freunde. Und der Leviathan auch nicht. Ehrlich gesagt, bin ich auf der Suche nach diesem Ungetüm.»

Anastasia riss entsetzt die Augen auf. «Dann haben wir mindestens eine Sache nicht gemeinsam! Ihr habt ja keine Ahnung, was für ein fürchterliches Untier das ist! Nicht einmal die Reinen wagen sich ganz heran. Dabei hatte ich geglaubt, dass sie mit der Bestie unter einer Decke stecken.»

Justus war überrascht: «Diese Nachricht erstaunt mich allerdings!»

Die Frau hob sachte die beiden Säuglinge hoch und drückte sie sanft an ihre Brust. «Ich habe noch mehr überraschende Neuigkeiten. Kommt mit in unser Versteck. Es wird höchste Zeit, dass die Kleinen von einer Amme gestillt werden!»

Für einen Augenblick fühlte sich Justus hin- und hergerissen. Etwas in ihm fühlte sich unwohl. Aber schließlich siegte die Neugier. Er folgte der Frau durch einen weiteren Seitengang.

Sie waren ein paar hundert Schritte gegangen, als plötzlich ein heftiges Beben den ganzen Berg erschütterte. Die Wucht warf sie zu Boden. Überall bröckelten kleine Steine und Staub aus den Wänden. Nur mit Müh und Not konnten sie die Fackeln vor dem Erlöschen retten. Die Säuglinge weinten jetzt laut.

«Was war das?», japste Justus erschrocken. «Haut der Drache den ganzen Berg zusammen?»

Anastasia wischte sich den Staub aus dem Gesicht. «Der Gedanke liegt auf der Hand. Doch es ist umgekehrt.»

Der junge Ritter starrte sie für einen Moment mit offenem Mund an, dann schluckte er und fragte: «Wie meint Ihr das?»

So als ob sie ein Geheimnis hüten wollte, blickte sich Anastasia um und flüsterte schließlich: «Der Leviathan speit Feuer. Aber es wird nichts im Vergleich zu dem sein, was dieser Berg tun wird!»

«Ich verstehe nicht recht ...»

«Doch, tut Ihr sehr wohl, Justus von Falkenstein!»

«Ihr wollt doch nicht etwa sagen, dass dieser Berg ...»

«... ein Feuerberg, ein Vulkan ist?», fiel Anastasia ihm ins Wort. «Ihr denkt richtig. Wie ich schon sagte: Ich habe noch mehr überraschende Neuigkeiten für Euch!»

Nachdem ein paar kleinere Erschütterungen abgeklungen waren, eilten sie weiter. Einen Moment später blieb Justus stehen. «Woher kennt Ihr meinen Namen?!»

Anastasia verlangsamte ihre Schritte und warf einen freundlichen Blick zurück über die Schulter: «Aber das habt Ihr mir doch vorhin selbst gesagt?!»

Justus schüttelte den Kopf: «Entschuldigt, ich vergaß ...»

Wortlos gingen sie weiter. Schließlich schlug ihnen der flackernde Schein von weiteren Fackeln entgegen. Vor ihnen öffnete sich ein größeres Höhlengewölbe.

In der Mitte brannte ein Feuer. Eine kleine Gruppe von Menschen drängte sich um die Flammen, um sich zu wärmen. Sie sahen freudig hoch und sprangen auf die Beine, als sie die Ankömmlinge sahen. Schnell waren diese umringt.

«Anastasia! Du hast es geschafft! Wunderbar, sie sind am Leben!» – so tönte es von allen Seiten.

«Ich habe noch jemanden mitgebracht!», lachte Anastasia. «Dieser tapfere junge Ritter hat mich sicher hierhergebracht. Er hat uns das Leben gerettet. Und er hat vor, den schrecklichen Leviathan zu erlegen!» Mit diesen Worten übergab sie die beiden Säuglinge einer älteren dicken Frau – das musste die Amme sein, von der sie geredet hatte.

Justus wollte erst widersprechen. Denn so war es ja gar nicht gewesen. Aber nach wenigen Augenblicken war Justus umringt von den Flüchtlingen. Zu seinem Erstaunen waren die meisten von ihnen junge Frauen und Mädchen.

Von allen Seiten wurde ihm anerkennend auf die Schulter geklopft. «Willkommen, tapferer Ritter! Starker Held!»

Justus wurde richtiggehend überrumpelt. Da und dort berührten ihn zarte Hände. Der schwache Versuch, die Dinge richtigzustellen, blieb bereits in seinem Innern stecken. Er konnte ja nichts dafür, dass Anastasia so etwas über ihn erzählte! Und – wenn man etwas darüber nachdachte – ein Körnchen Wahrheit lag ja in der Geschichte. Etwas Bewunderung tat nach so vielen falschen Anschuldigungen und Intrigen gut.

Zwei tiefgründige grüne Augen blitzten Justus entgegen. «Justus von Falkenstein! Wir verdanken Euch viel! Kommt, setzt Euch ans Feuer und wärmt Euch etwas. Ihr seid sicherlich hungrig und müde. Und ein paar frische Kleider könntet Ihr sicherlich auch gebrauchen. Diese alten Lumpen stehen Euch nicht gut!» Keck umschlang das Mädchen seinen linken Arm und schleppte ihn in eine dunkle Ecke.

Er warf einen verstohlenen Blick zur Seite und hielt einen Moment die Luft an. Sie war umwerfend schön! Justus schluckte. «Wie heißt Ihr?», druckste er mit brüchiger Stimme hervor.

«Mereth. Ihr habt das Leben unserer Mutter gerettet. Dafür sind wir Euch zu tiefstem Dank verpflichtet.»

Justus hielt inne. «Wie nennt Ihr Anastasia? Mutter? Ist sie Eure Mutter?»

Mereth kicherte: «Nicht wirklich. Aber sie hat uns aufgenommen und ein Zuhause gegeben. Sie hat wie eine Mutter für uns gesorgt. Dort, wo wir herkommen, sind Mädchen nichts anderes als ein Zahlungsmittel, wenn der erwünschte Sohn ausbleibt und die Familie ihren Besitz halten will. Wir sind allen, die unseren Eltern Gutes tun, mit Leib und Leben zu Dank verpflichtet.»

Das musste sich in Justus' Gedanken erst einmal setzen. «Und was soll das jetzt heißen?»

Mereth lächelte und zog ihn beiseite: «Das heißt, dass ich Euch gehöre.»

Jetzt schoss dem jungen Ritter das Blut in den Kopf. «Aber ... wir ... kennen uns doch gar nicht! Und bei uns ist es nicht Sitte, dass ... Ihr dürft gerne in diesem Fall Eure Pflicht ...

beiseitelegen ...» Justus wehrte sich nur schwach. Was war sie schön!

«Bitte entehrt mich hier nicht vor allen!», hauchte Mereth. «Oder seid Ihr schon einer anderen versprochen?»

Justus schüttelte stumm den Kopf. Er wollte sie berühren!

Als er ihrem Gesicht immer näher kam, quietschte sie plötzlich auf: «Autsch! Ihr habt mich gestochen!»

Verdattert starrte Justus sie an. «Habe ich das?»

«Das Ding da um Euren Hals!»

Der junge Ritter grinste verlegen. «Entschuldigt, das ist meine Kreuzkette!»

Mereth blinzelte schalkhaft: «Würde es Euch etwas ausmachen, sie auszuziehen?»

«Nein, natürlich nicht!», lächelte Justus galant. «Keine Sorge, ich steche Euch kein zweites Mal!» Mit einem leisen metallischen Scheppern fiel Justus' Kette zu Boden. Er streckte seine Hand aus und berührte ihre Wange.

«Nicht so schüchtern, Justus von Falkenstein! Mutter wäre enttäuscht, wenn Ihr mich ausschlagt! Darf ich Euch küssen?»

Dem jungen Ritter schoss das Blut in den Kopf. Verdattert sah er in ihre tiefgründigen grünen Augen, die ihn jetzt leidenschaftlich anblickten.

Gefahr!

Ihre Lippen berührten sich. Ein kalter Strom durchzuckte Justus. Es war, als würde er in einen riesigen leeren Raum entrückt. Mereths Lippen waren süß und hatten etwas Berauschendes. Ihm wurde schwindlig. Zugleich fühlte er ein feines Stechen in seinem Herzen. Eine lähmende Kraftlosigkeit überfiel ihn. Er ging in die Knie. Mereth folgte ihm. Sie umschlang ihn. Eine Welle von Begehren überrollte Justus. Er musste sie haben!

Doch plötzlich überkam ihn eine große Müdigkeit. Ein Verdacht kroch in ihm hoch. Aber sein Kopf war zu schwer, um ihn durchzudenken. Er spürte Mereths streichelnden Hände, ihre zarte Haut, das seidige Haar, den warmen, sanften Atem an seinem Ohr, ihren Körper. Er hörte ihre schmeichelnde Stimme. Immer ferner ... und ferner ... und ferner ...

Irgendetwas riss ihn hoch. Wie im Halbschlaf kam er wankend auf die Knie. Träumte er? Die jungen Frauen saßen oder standen um das Feuer herum. Fröhlich, lachend oder schwatzend. Aber zu seinem Erstaunen waren sie starr wie Salzsäulen, eingefroren in ihren Bewegungen. Nicht einmal das brennende Feuer flackerte. Als ob er in ein Bild eintreten würde, lebendig und doch tot. So als wenn die Zeit stehen geblieben wäre.

Verdattert erhob er sich und ging auf eines der Mädchen zu und blickte ihm in die Augen, berührte es. Alles an ihm schien hart wie Stein. Selbst die Haarsträhne, die es sich eben aus dem Gesicht streichen wollte. Was geschah hier? Er musste weg! Wo war Anastasia? Er suchte vergeblich. Sie war nicht da. Etwas Goldenes blitzte ihm vom Boden entgegen. Seine Kreuzkette! Als er nach ihr greifen wollte, berührte ihn eine Hand an der Wange.

Erschrocken fuhr Justus herum und sah in große, sanfte, dunkle Augen. Das Gesicht, das ihm entgegenlächelte, war überirdisch schön. Justus' Herz begann zu rasen: «Wer seid Ihr?»

«Ich bin Lilith. Und ich habe auf diesen Augenblick gewartet, Justus von Falkenstein. Kommt, legt Euch zu mir. Ich gehöre Euch!»

Justus schloss die Augen, versuchte klar zu denken. Das hier war doch alles nur ein Traum! Ein fauler Traum! Unwiderstehlich drang der Geruch von Lilien in seine Nase, schoss ihm in den Kopf, machte ihn ganz schwindlig und benommen. Sie berührte sein Gesicht. Ein kaltes Feuer schoss durch seinen Körper. Er wollte sich lösen, aber die Kraft verließ ihn. Sie sanken zu Boden.

«Hat Euch noch nie jemand gesagt, wie begehrenswert Ihr seid, Justus?»

«N-nein!», stotterte er mit schwerer Zunge. «Man hat mir … immer nur gesagt, ich sei vor-witzig … und … laut.» Nur mühsam brachte er die Worte hervor und lallte wie ein Betrunkener. «Und … man hat mich … mich … immer wieder gemahnt, mir ein Vorbild an E-E-Elias, meinem … großen … großen … Bruder, zu … nehmen!»

Das war zwar nicht ganz richtig, aber Justus fühlte in sich einen ungestillten Hunger nach Liebe und Bewunderung aufkommen.

Liliths Worte trafen wie Pfeile in sein Herz. Hier war jemand, der endlich sah, was in ihm steckte. Ein Engel, der ihn begehrte. Nur ihn! Ein Stich ging ihm durchs Herz. Pah! Die von Falkenstein hatten doch keine Ahnung von seinen Qualitäten!

«Wie geht es Eurer Familie? Ist sie wohlauf?», hauchte Lilith. «Wissen Eure Lieben, wo Ihr seid? Sie müssen doch bestimmt etwas unternommen haben?»

Justus kicherte leise und albern vor sich hin. Sein Körper wurde immer schwerer, schwächer. Sein Blick versank in Liliths Augen. Die waren so groß, so tief, so schön, so ... Justus schien zu fliegen. Fliegen ...

Lilith?! Wie viel Zeit verstrichen war, vermochte Justus nicht festzustellen. Als er die Augen öffnete, lag er eng umschlungen mit Mereth und Lilith unter einer warmen Decke. Das Feuer glühte nur noch. Auch die Übrigen lagen unter ihren Decken und schliefen.

Justus' Kopf dröhnte und schmerzte. Mühsam versuchte er seine Gedanken zu sammeln. Was war geschehen? Wieso lag er hier bei diesen Mädchen? Wer waren sie? Wo befand er sich überhaupt? Quälend langsam stiegen in ihm die Erinnerungen auf. Die Begegnung mit Anastasia. Das Beben. Die zwei Säuglinge. Das Lager. Die jungen Frauen. Mereth. Die Kreuzkette. Der Kuss. Der Schmerz in der Brust. Die erstarrten Gestalten. Das unbewegte Feuer. Lilith.

Mit einem leisen Stöhnen setzte sich Justus auf. Da war noch etwas. Aber was? Ein feines Seufzen drang von unten herauf. Mereth drehte sich zu ihm um. Ihr engelhaftes Gesicht lächelte im Schlaf.

«Justus, Liebster!» Wie im Traum streckte sie ihre Arme nach ihm aus, ergriff sanft seine Hände.

Wieder durchschoss Justus ein kalter Strom. Noch nie hatte ihn jemand so berührt oder so nach ihm verlangt. Alles hier begehrte auf gegen seine Ideale, seine Scham, seine Tugenden, seinen Glauben, seine Gelübde. Aber wie ein feines Gift schlichen Gedanken in ihm hoch: *Warum nicht? Nimm dir, was du willst! Wirf das Alte weg und ergreife das Neue! Du hast es verdient! Du bist ein freier Mensch, kein schamerfüllter Sklave alter Sitten! Wohin das Alte führt, hast du ja gesehen! Verlass die Bruderschaft!*

Justus' Hände tasteten im Dunkeln. Er spürte die beiden Mädchen. Sie umschlangen ihn von beiden Seiten. Umschlangen ... schlangen ... Schlingen ... Und wieder ging ihm ein Stich durchs Herz. Die Kraft verließ ihn, floss durch die Arme und Beine der beiden Mädchen ab. Ausgesaugt ...! Sein Kopf wurde schwer, die Gedanken lösten sich auf. *Mereth! Lilith!* Er grinste blöde und schlief wieder ein.

Es war wie ein feiner silberner Klang. Täuschte er sich, oder war das Gabriel? Wachte oder träumte er? Nein, das war Gabriel! Er hörte ihn ganz deutlich!

«Beschütz Just, mach stark! Nimm weg bös!»

Justus sah den kleinen Gabriel, wie er am Boden kniete und betete.

«Gabriel? Gabriel!», lallte Justus mit schwerer Zunge. «Es geht mir ... Ich fühle mich ... Hilf ... mir!»

Plötzlich schoss ein schwarzer Schatten von unter seiner Decke hervor und stürzte sich direkt auf Justus. Wieder drohte der junge Ritter im Schlaf zu versinken. Aber diesmal wehrte er sich wie ein Ertrinkender. Hier war etwas Bösartiges am Werk! Anastasia hatte gelogen. Er hatte sie nicht gerettet! Und sie konnte seinen Namen gar nicht wissen. Er hatte ihn ihr nie gesagt! Mereth und Lilith hatten ihn ebenfalls beim Namen genannt.

Und warum schliefen sie eigentlich alle seelenruhig, wo sie doch auf der Flucht waren? Warum waren sie hier, wenn dieser Berg ein Vulkan sein sollte, der ja offensichtlich bald ausbrechen würde? Und hatte Anastasia nicht gesagt, er sei ein tapferer Ritter, der den Drachen besiegen wolle? Wie konnte es sein, dass Anastasia ganz alleine mit den zwei Säuglingen irgendwo in den Gängen unterwegs war, während ihre Mädchen, Töchter – oder was immer sie auch waren – hier warteten? Waren sie nicht gemeinsam geflohen?

Und warum ähnelte Anastasia so erschreckend Salome? Warum wollte sie ihn davon abhalten, den Drachen zu suchen?

War es Sorge oder etwas anderes? Alle seine Sinne sagten dasselbe: eine Falle!

Diese Gedanken zu denken kostete ihn eine ungeheure Anstrengung. Es war wie ein Wettlauf gegen jemanden, der ihm die Lebenskraft aussagen wollte. Mereth? Lilith? Waren sie Geister? War das alles hier nur ein Trugbild?

Wieder hörte er Gabriels Stimme wie einen feinen Silberklang: «Beschütz, Herr, Justus. Mach stark!»

Jetzt fiel die Schwere ganz von ihm ab. Mit einem Male konnte er glasklar denken. *Vergib mir, oh Herr!*, betete er still in seinem Herzen. *Ich habe gesündigt! Ich habe mich von meiner Lust und meinem Leichtsinn leiten lassen! Schenke mir Weisheit und Klarheit!*

Die Kraft kehrte zurück in seine Glieder. *Danke, Herr, danke, Gabriel!*

«Hmmmhhh, Liebster!», murmelte Mereth schlaftrunken. «Komm zu mir!» Die leise Stimme redete zu Justus. Er hatte verstanden und nickte still.

«Ja, Liebste, ich komme! Ich bin sehr müde!» Dann legte er sich wieder zu ihr hin.

Sie ergriff seinen Arm, zog ihn an sich und umschlang ihn. Lilith schmiegte sich von hinten eng an ihn.

Justus schauderte, aber tat so, als würde er einschlafen. Es war ihm, als berührte er zwei Tote. Er zwang sich mit aller Macht, ein zufriedenes Seufzen von sich zu geben. «Gute Nacht, meine Schönen! Lasst uns schlafen!»

«Gute Nacht, mein tapferer Ritter!» Liliths Stimme klang kalt und leer wie die Höhle, die sie umgab.

Justus versuchte ruhig und tief zu atmen. Er schloss die Augen, als würde er schlafen. Aber innerlich blieb er hellwach. Und das war gut so.

Ganz still war es geworden. Irgendwann begann sich Mereth sachte zu bewegen. Vorsichtig legte sie seinen Arm beiseite und schlüpfte lautlos wie eine Katze unter der Decke hervor.

Justus öffnete seine Augen einen winzigen Spaltbreit und versuchte etwas zu erkennen. Er erschauderte.

Mereths grüne Augen glühten kalt und hell im Dunkeln wie

zwei Irrlichter. Auch schien sie plötzlich viel dünner und knochiger. Zwei andere glühende Augen kamen auf sie zu. Anastasia! Die beiden Frauen murmelten mit seltsamen, tiefen kehligen Stimmen, die direkt aus der Hölle zu kommen schienen.

«Soll ich ihn töten?», hörte er Mereth flüstern.

«Nein. Wir brauchen ihn noch. Er ist der Schlüssel für unseren Plan. Und solange der Zauber wirkt, bleibt er liebestrunken wie eine Turteltaube und wird dir wie ein junger Hund aus der Hand fressen.»

«Mich schaudert jedes Mal, wenn ich ihn berühre! Und dann war da dieses schreckliche Kreuz! Da ist immer noch ein Rest von der Kraft in ihm!»

«Sei gehorsam und erfülle deine Aufgabe, Mereth! Ich brauche dir ja nicht zu sagen, was sonst mit dir geschieht! Je mehr ihr ihn in Lust entbrennen lasst, umso schwächer wird er. Er ist besessen von euch. Also nehmt ihm auch den Rest der Kraft. Und dann wird er vollends euch gehören!»

«Ich will ihn ganz allein für mich! Ein gefallener Krieger des Lichts!», kicherte Mereth hämisch. «Jeden Augenblick seiner Lust soll er mit einer Ewigkeit an Qualen bezahlen! Und dann soll er für immer mein Sklave sein!»

«Schhhht! Du weckst ihn noch auf! Geh zurück an deinen Platz!»

«Ja, Meister!»

Meister?! Am liebsten wäre Justus aufgesprungen. Aber was hätte er dann tun sollen? Die leise Stimme hatte gesprochen: *Bleib, wo du bist!* Diesmal würde er ganz genau das tun, was sie sagte, selbst wenn er ins Angesicht der Hölle treten müsste.

Der junge Ritter stieß einen müden Seufzer aus, als der Dämon sich wieder zu ihm hinlegte. Dann gab er ein leises und zufriedenes Schnarchen von sich. Er betete still. Er begann zu ahnen, dass es um mehr als nur den Drachen ging. Hier in diesem Berg würde er wohl bis in die tiefsten Winkel seines Herzens versucht werden würden. Und diese Dämonen hier würden wohl alle seine dunkelsten Geheimnisse und Wünsche ins Feuer der Versuchung werfen.

Justus erschauerte. Wie um alles in der Welt sollte er

widerstehen können? Unmöglich! Schon jetzt war er viel zu weit gegangen!

Plötzlich schoss ihm eine Erinnerung durch den Kopf. Sie war so lebendig und kraftvoll, dass er für einen Augenblick alles um sich herum vergaß. Justus war wieder ein kleiner Junge. Wütend stand er neben Konrad und schaute von der äußeren Ringmauer Falkensteins hinüber zu mächtigen Bergketten, die das verborgene Tal umringten. «Warum liebt Ihr Elias mehr als mich?! Immer ist er der Große, der Starke, Weise. Und ich bin immer nur der kleine Bruder!»

Der mächtige Ritter kniete vor ihm nieder und legte ihm freundlich die Hände auf die schmalen Schultern. Dabei blickte er ihm lange in die Augen. «Justus, du bist mir genauso lieb wie Elias. Für dich gebe ich mein Leben. Für dich ist diese ganze Burg mit ihrer Bruderschaft bereit, bis zum letzten Mann zu kämpfen. Glaubst du mir das?»

Justus schaute zu Boden. In seinem Innern kämpfte es. «Ja, schon. Und doch wieder nicht! Ich habe immer das Gefühl, dass etwas fehlt.»

Konrads Blick wirkte nun ganz ernst und eindringlich. «Ich glaube, tief in dir drin ist ein Hunger, den keiner von uns wirklich stillen kann. Vielleicht hat das mit deiner Geschichte zu tun.»

«Wie meinst du das, Papa?»

«Du bist ein Zwilling.»

Erstaunt sah Justus dem Vater ins Gesicht. «Was heißt das?»

«Wir konnten damals im eiskalten Winterwald deinen Zwillingsbruder Johannes nicht mehr retten. Er war bereits erfroren, bevor die Wölfe über deine Mutter hergefallen waren.»

«Warum sagst du mir das erst jetzt?»

Konrad schwieg einen Augenblick. «Wir dachten, es wäre noch zu früh, und du würdest es nicht verstehen. Vielleicht war es ein Fehler.»

«Ich hatte einen Bruder? Johannes? Und er sah genauso aus wie ich?»

«Genau wie du, lieber Justus. Und ich denke, hier liegt deine Not begraben. Ein Zwilling fühlt sich seinem Bruder sehr verbunden. Und wenn diese Verbindung zertrennt wird durch den Tod, dann ist es, als wenn die Hälfte des Herzens abgeschnitten worden wäre. Es fehlt immer etwas.»

Justus schwieg eine ganze Weile. «So ist das also!», murmelte er schließlich altklug, obwohl er es nicht ganz verstanden hatte.

«Weißt du, mein lieber Sohn, dieses Gefühl kann dir nur Gott selbst wegnehmen. Er kann dir alles sein, auch die zerrissene Hälfte deines Herzens. Wenn du ihn nur machen lässt. Du hast eine große Stärke in dir. Du wirst vieles bewegen und ein mutiger Ritter von Falkenstein werden. Vielleicht tapferer und verwegener als alle vor dir. Darauf freue ich mich heute schon. Aber ein wirklicher Ritter unseres Ordens wird diese Kraft nur dann zum Segen anderer entfalten, wenn sein Herz frei von falschem Hunger ist. Es werden Tage kommen, da wird dein ganzes Leben davon abhängen, wer deinen Hunger stillt. Ein Ritter, der von seiner eigenen Kraft lebt, kann leicht verführt werden. Denn so manche Kraft nährt sich aus Schmerz oder Stolz. Und beides kann für einen Ritter tödlich enden.»

Diese Worte hatte Justus seit jenen Tagen nie wirklich verstanden. Auch wenn er gespürt hatte, wie wichtig sie waren, wie eindringlich und doch ohne Vorwurf sie ausgesprochen worden waren. Jetzt traf ihn diese Erinnerung wie ein Blitz.

Dieser Berg war sein Schicksalsberg! Er würde ihn nur unversehrt wieder verlassen, wenn Gott ihn da rausholte. In seinem Herzen begann er zu beten, so wie Katharina es ihn gelehrt hatte:

HERR, du erforschest mich und kennest mich. Ich sitze oder stehe auf, so weißt du es; du verstehst meine Gedanken von Ferne. Ich gehe oder liege, so bist du um mich und siehst alle meine Wege. Denn siehe, es ist kein Wort auf meiner Zunge, das du, HERR, nicht schon wüsstest. Von allen Seiten umgibst du mich und hältst deine Hand über mir. Diese Erkenntnis ist mir zu wunderbar und zu hoch, ich kann sie nicht begreifen.

Wohin soll ich gehen vor deinem Geist, und wohin soll ich fliehen vor deinem Angesicht? Führe ich gen Himmel, so bist du da; bettete ich mich bei den Toten, siehe, so bist du auch da. Nähme ich Flügel der Morgenröte und bliebe am äußersten Meer, so würde auch dort deine Hand mich führen und deine Rechte mich halten.

Spräche ich: Finsternis möge mich decken und Nacht statt Licht um mich sein – so wäre auch Finsternis nicht finster bei dir, und die Nacht leuchtete wie der Tag. Finsternis ist wie das Licht.

Denn du hast meine Nieren bereitet und hast mich gebildet im Mutterleibe. Ich danke dir dafür, dass ich wunderbar gemacht bin; wunderbar sind deine Werke; das erkennt meine Seele.

Es war dir mein Gebein nicht verborgen, als ich im Verborgenen gemacht wurde, als ich gebildet wurde unten in der Erde. Deine Augen sahen mich, als ich noch nicht bereitet war, und alle Tage waren in dein Buch geschrieben, die noch werden sollten und von denen keiner da war.

Aber wie schwer sind für mich, Gott, deine Gedanken! Wie ist ihre Summe so groß! Wollte ich sie zählen, so wären sie mehr als der Sand: Am Ende bin ich noch immer bei dir. Erforsche mich, Gott, und erkenne mein Herz; prüfe mich und erkenne, wie ich's meine. Und sieh, ob ich auf bösem Wege bin, und leite mich auf ewigem Wege.

Noch während Justus die Worte des großen Königs David betete, spürte er, wie Schmerz, Angst und Wut wichen. Ein tiefer Frieden hielt Einzug in seinem Herzen. Das Stechen verschwand. Täuschte er sich, oder hörte er das Kichern von Gabriel? Inmitten der Finsternis schlief Justus getröstet ein.

17. Kapitel: Canofelis

Verfluchter Nebel! Elias und Ruprecht hatten dem Kindersklavenzug nur mit allergrößter Mühe folgen können. Wie aus dem Nichts waren diese Schwaden gekommen und hatten sich in wenigen Augenblicken wie ein dickes Leichentuch auf alles gelegt.

Sie wussten sofort, dass das kein gewöhnlicher Nebel war. Er fühlte sich staubig und giftig an und machte das Atmen schwer. Redete man miteinander, wurde der Klang der Stimme regelrecht verschluckt. Was noch viel unheimlicher gewesen war, waren die zahlreichen Erschütterungen, die Bäume, Steine und Wiesen erzittern ließen. Hatten sie etwas mit dem Nebel zu tun? Oder braute sich da noch etwas ganz anderes zusammen?

Etwas Böses lag in der Luft. Es hatte aber auch sein Gutes. Einerseits kam die Karawane der «Reinen» so nur langsam vorwärts. Andererseits konnte der dichte Nebel auch neue Möglichkeiten schaffen. Eine Flucht zum Beispiel.

Sie kamen nur langsam vorwärts. Antares bereitete Elias Sorgen. Der Hengst war verletzt, und die schwere Luft war für seinen Zustand nicht besonders hilfreich.

«Wir brauchen eine Pause, Herr!», japste Ruprecht. «Seht Ihr nicht, wie erschöpft das Tier ist?»

«Meint Ihr den Hengst oder den Esel, lieber Gerber?», witzelte der Prior sarkastisch und setzte sich müde auf einen Felsbrocken.

«Beide, Herr. Beide! Den Hengst, weil er verletzt ist, und den Esel, der sich entschieden hat, Euch zu begleiten!»

Sie grinsten einander an.

«Zwei Esel, lieber Gerber. Zwei!» Sorgfältig überprüfte Elias die Wunde von Antares. Sie war glücklicherweise nicht entzündet und blutete auch nicht mehr. Wenn sich der Hengst nicht größeren Anstrengungen ausgesetzt sah, würde sie ganz ordentlich verheilen. Bis dahin musste das Tier aber unbedingt geschont werden.

Freundschaftlich streichelte der Prior die Nüstern seines treuen

Begleiters. Antares schnaubte leise und rieb den Kopf an Elias' Schulter. Er holte einen Apfel aus der Reisetasche und hielt ihn in der offenen Hand hin. Gierig ergriffen ihn die Lippen des Hengstes und bissen ein großes Stück heraus, das schnell hinter die großen Zähne befördert wurde, wo es genüsslich zerkaut wurde.

«Ach, so ein Pferd sollte man sein. Ein Apfel, und schon ist die Welt wieder in Ordnung. Habt Ihr auch einen für mich?»

Elias schüttelte bedauernd den Kopf.

«Wusst ich's doch!», seufzte Ruprecht. «Einmal ein Esel, immer ein Esel! Was gedenkt Ihr denn jetzt zu tun? Hier jemanden zu befreien ist genauso, als wollte man einen Fisch aus dem Wasser jagen!»

«Ihr habt recht, Ruprecht! Es ist schwierig. Wir könnten versuchen, in dieser Nacht so nahe wie möglich an das Lager heranzukommen. Ich nehme an, sie werden ein Feuer machen. Und das wird man hoffentlich auch im Nebel sehen.»

«Wir könnten?», warf Ruprecht ein. «Was anderes sollten wir sonst tun?»

Elias rieb sich nachdenklich das Kinn. «Etwas in mir sagt, dass das ein Fehler sein könnte.»

«Wie meint Ihr? Mit wären, würden, täten oder könnten ist jetzt nun wirklich gar niemandem geholfen!»

«Wir wissen nicht, was die Bande im Schilde führt. Wo liegt ihr Ziel? Wenn wir Glück haben, führen sie uns direkt zum Nest der Verschwörung. Wenn wir weniger Glück haben, begrüßen uns die Sklavenhändler. Und wenn wir gar kein Glück haben, landen wir in einer Sackgasse.»

«Also ich bevorzuge die Befreiung bei Nacht und … na ja, was immer das hier sein mag!»

«Ich schlage vor, wir schleichen uns an. Nein, ich schleiche mich an, und Ihr haltet Wache bei Antares. Oder noch besser: Anatares bewacht Euch!»

Der Gerber verkniff sich eine Antwort. In seinem Gesicht blitzte plötzlich etwas auf, das den Prior überraschte.

Das leise Klicken eines Steins weckte Elias' Aufmerksamkeit. Er legte einen Finger auf den Mund und gab Ruprecht zu verstehen, dass er schweigen sollte. Sie horchten. Wieder klickte ein Stein.

Der junge Prior hängte das Schwert von Antares' Sattel ab und zog leise blank. Dann schlich er vorsichtig in die entgegengesetzte Richtung des Geräusches. Bei diesem Nebel eine verflixt schwierige Sache. Geduckt wie eine Katze arbeitete er sich lautlos vorwärts. Dann bewegte er sich langsam in einem Bogen auf die Stelle zu, wo das Geräusch vermutlich entstanden war. Aber da war nichts. Elias hielt den Atem an und horchte mit offenem Mund. Etwas weiter entfernt hörte er wieder ein feines Scharren. Alle Sinne in höchster Konzentration angespannt, näherte er sich dem Ort. Eine Ewigkeit schien zu vergehen. Nichts.

Irgendwann gab Elias es auf, atmete tief durch und richtete sich auf. Noch einmal blickte er sich um und rief dann halblaut zu Ruprecht: «Es ist alles in ...»

Weiter kam er nicht. Der Aufprall riss ihn von den Beinen und warf ihn hart zu Boden. Sein Kopf schlug an einem Stein auf. Für einen Augenblick wurde ihm schwarz vor Augen. Aber der schreckliche Gestank riss ihn sofort aus der Betäubung heraus.

Als er die Augen öffnete, sah er ganz in der Nähe ein hässliches Wesen, halb Hund halb Katze mit weitaufgerissenem Rachen. Geifer tropfte aus seinem Maul, als es die Zähne fletschte und erneut zum Sprung auf ihn ansetzte. Ein Canofelis?! Wie war das möglich? Der Letzte seiner Art war doch schon vor über hundert Jahren in der Stauffermark erlegt worden? Gewiss: In den Erzählungen der Schweinehirten und alten Frauen trieb er noch bei Vollmond sein Unwesen. Aber das waren doch nur Ammenmärchen. Oder? Nun wusste er es besser!

Reflexartig verpasste er dem Ungetüm einen Tritt an den Kopf, als es auf ihn zusprang. Es wurde laut jaulend zurückgeschleudert.

Zugleich kamen Elias und das Vieh auf die Beine. Jetzt brach rundum die Hölle los. Von allen Seiten näherte sich weitere ähnliche Kreaturen, geduckt, mit gesträubtem Fell, angelegten Ohren und hochgezogenen Lefzen. Sie umkreisten ihn und starrten ihn mit rotglühenden Augen an.

Herr im Himmel, hilf! Langsam ließ er das Schwert kreisen. Was hätte er dafür gegeben, hätte er sein eigenes gehabt. Geschmiedet aus härtestem Damaszenerstahl und so scharf, dass man damit eine kleine schwebende Feder im Flug halbieren konnte. Doch solche Gedanken nutzten jetzt nichts.

Langsam löste sich ein riesiges Tier aus der Meute. Das musste der Leithund sein. Mit einem tiefen, giftigen Grollen kam er Stück um Stück näher. Das Vieh hatte die Größe eines jungen Kalbes. Zahlreiche Narben und fellfreie Flecken zeugten von wilden und erbarmungslosen Kämpfen. Dieser Canofelis musste uralt sein.

Aus den Augenwinkeln versuchte Elias zu erfassen, wie das Rudel angreifen würde. Wartete es auf ein Zeichen des Leittiers und griff dann gleichzeitig an? Oder überließ es die Sache ganz dem Anführer?

Die Antwort war rasch gegeben. Wie auf ein geheimes verabredetes Zeichen stürzte das ganze Rudel los. Die leise innere Stimme hatte ihn gerade noch rechtzeitig gewarnt. Blitzschnell drehte er sich um die eigene Achse und schwang das Schwert mit der Linken durch die Luft.

Drei der Biester wurden vom Streich getroffen und knickten jaulend zusammen.

Kaum zum Stehen gekommen, kickte er mit dem rechten Bein ein weiteres Vieh beiseite, warf sich zu Boden und rollte, das Schwert eng an den Körper gepresst, wie eine Walze in zwei weitere anrennende Tiere. Sie stolperten über ihn hinweg. Er kam in Windeseile wieder auf die Beine. Sein Schwert fraß sich durch fünf weitere Tiere hindurch.

Wie viele von den Dingern waren denn noch da? Wenn nur dieser verfluchte Nebel nicht gewesen wäre! Ein brennender Schmerz stach ihn ganz plötzlich in sein linkes Bein. Einer der verletzten Höllenhunde hatte sich aufgerappelt und zugebissen.

Laut stöhnend stolperte Elias rückwärts und fiel zu Boden. Mit Müh und Not beugte er sich vor und zertrümmerte mit einem harten Schlag des Schwertknaufes den Schädel des Tieres. Als der Prior den Kopf schmerzverzerrt auf den Boden legte, kreuzte sich sein Blick geradewegs mit dem des Leithundes, der über ihn gesprungen war.

Wie gelähmt starrte er auf das Monster mit den feurigen Augen. Er wusste, dass die Zeit nicht reichen würde, um sein Schwert hochzuheben. Täuschte er sich, oder sah er einen Anflug von Triumph in der Fratze des Monsters? Elias schloss die Augen. Er hörte ein grauslich knackendes Geräusch, und dann drückte ihn der riesige Tierkörper zu Boden.

Als er die Augen wieder öffnete, sah er, wie eine Gestalt mit unheimlicher Schnelligkeit die Schwertklinge über die struppigen Katzenhunde hinwegfegen ließ. Alber, Hau, Hut und Stich – die einzelnen Schwertfiguren waren so geschmeidig und fließend ineinander übergehend, wie Elias es nur bei Kämpfern höchster Vollendung gesehen hatte.

Das Ergebnis war für das Rudel verheerend. Innerhalb weniger Augenblicke war es rundum totenstill.

Elias stockte der Atem: «Ruprecht?!»

Während der Prior noch mit offenem Mund dalag, riss der Gerber den Kadaver von ihm herunter.

«Was in Gottes Namen …?» Noch bevor Elias seinen Satz beendet hatte, war er von Ruprechts kräftigen Händen hochgezogen worden.

Der Rotschopf schmunzelte, während seine Augen abenteuerlustig funkelten: «Ab und zu findet auch ein blinder Esel seine Krippe!»

Elias legte seinen Kopf schief und musterte den Rotschopf eindringlich: «Ruprecht? Ihr seid doch Ruprecht?»

Der angebliche Gerber nickte rasch, während er sich vorsichtig umblickte.

«Aber nicht der Ruprecht, als der Ihr Euch bei mir vorgestellt habt!», bohrte Elias nach. «Richtig!?»

Der Rotschopf legte hastig den Zeigefinger an den Mund und zog den Prior hinter einen großen Felsbrocken. «Ich musste vorsichtig sein! Die Dinge und Menschen hier in der Stauffermark sind schon seit längerer Zeit nicht mehr das, was sie scheinen. Ich war mir nicht sicher, ob ich Euch wirklich vertrauen kann und wollte abwarten. Erst musste ich mir ein eigenes Bild der Lage machen.»

«Wer seid Ihr?»

Ruprechts Stimme wurde leise: «Ruprecht von Hohentwiel, Fürst von Kaiser Heinrichs Gnaden.»

«Der ‹rote Jerusalemer›, das ‹Schwert Gottes›!», entfuhr es Elias überrascht.

Der Fürst verzog keine Miene: «Ich musste unerkannt bleiben, um den Kaiser nicht zu gefährden. Jetzt erklärt mir: Was ist hier los? Euer Vater ordert Ihre Majestät mitten in den schlimmsten Hexenkessel von Verschwörung, Verrat und Tod!»

Hastig erklärte Elias, was er wusste.

«Dann wird es Zeit, dass wir den Dingen einen anderen Lauf geben!», knurrte der Hohentwieler entschlossen.

«Helft mir, diese ahnungslosen Kinder zu befreien», flehte der Prior. «Ich fürchte, sie werden direkt in die Ketten der Sklavenhändler getrieben. Dieser Albertus ist ein Teufel! Mein Vater hatte ihn schon am Wickel, aber die Kinder sind so verblendet, dass sie diesen Verräter mit Händen und Füßen verteidigt haben. Um Schlimmeres zu verhindern, haben sich die Falkensteiner widerstandslos gefangennehmen lassen.»

Kaum hatte Elias den Satz beendet, hörte man durch den Nebel hindurch lautes Geschrei und Gefechtslärm. Ruprecht nickte mit blitzenden Augen. «Ich denke, das hat ein anderer bereits erledigt!»

Fragend zog Elias die Augenbrauen in die Höhe.

«Der Kaiser, lieber Prior! Der Kaiser ist hier!» Ein sanfter Stupser in Elias' Rücken holte ihn aus seiner Überraschung zurück.

Antares' Nüstern stießen in seine rechte Achsel.

Jetzt erst bemerkten die beiden Männer, dass sich der unheimliche Nebel zu lichten begann. Die Höllentiere hatten sich in Nichts aufgelöst. Nur die niedergedrückten Grasbüschel und geknickten Sträucher erinnerten daran, dass dies nicht einfach ein Spuk gewesen war.

Aus den restlichen Schwaden löste sich eine Gruppe von Menschen und kam ihnen rasch entgegen.

Was für ein Wiedersehen! Nach der ersten Freude und vielen

Umarmungen gingen die Fragen hin und her. Manche Antworten lösten Erleichterung und Erstaunen, viele aber auch Besorgnis aus.

Schließlich begannen auch die Kindersklaven zu begreifen, was Albertus tatsächlich mit ihnen vorgehabt hatte.

Nun waren sie eine stattliche Schar: Konrad und Katharina, Elias und Gabriel, Wolfhart, die Getreuen von Falkenstein, Kaiser Heinrich, Ruprecht und die vielen Kinder. Die Reinen, sofern sie nicht gefallen waren, hatten sich aus dem Staube gemacht – zumal ihr Anführer Albertus nicht mehr da war, um sie anzutreiben.

Eine ganze Gruppe von Kindern wurde angeführt von Eberhard, dem Bruder von Jakob dem Rotschopf – allerdings weigerte dieser sich, die Kutte abzulegen. Sein Gesicht blieb finster und hart.

«Ketzern und Verrätern folge ich nicht nach!», knurrte er mit seiner jugendlichen Stimme.

Katharina legte sanft ihren Arm um seine Schultern.

Doch der Junge schob sie sofort beiseite.

«Eberhard», sagte Katharina freundlich, «wir werden niemanden von euch zwingen, uns anzuschließen!»

«Das werdet Ihr auch nicht können!», bellte Eberhard. «Albertus ist unser geistlicher Vater! Er ist der Gesandte des Lichts! Ihm dienen wir! Wehe allen, die der Wahrheit widerstehen und den Gesalbten Gottes verraten! Wer kommt mit?»

Ein leises Raunen ging durch die Reihen. Schließlich lösten sich fünfzehn, zwanzig Jungen aus der Menge heraus und scharten sich um Eberhard.

«Der Herr segne euch!», sagte Katharina.

Eberhard spuckte verächtlich zu Boden, dann gab er das Zeichen zum Aufbruch.

Als sich die Nacht herabsenkte, rief Elias zum Nachtstundengebet. Ein warmes Feuer erleuchtete die vielen Gesichter, als er den Segen über ihnen aussprach. Mit bebender Stimme schloss er: «Herr, wir bitten dich um deinen Segen für unsere Lieben. Unsere Brüder und Schwestern, Väter und Mütter. Segne unser zerrissenes Land. Heile, die gebrochenen Herzens sind. Tröste die Einsamen und sättige die Hungernden. Bringe die Verführten zurück. Und führe uns nicht in Versuchung.»

«Sondern erlöse uns von dem Bösen», stimmten alle ein. «Denn dein ist das Reich, und die Kraft und die Herrlichkeit, in Ewigkeit. *In nomine patris, filii et spiritus sancti.* Amen!»

Aus der Ferne erschallten schauerliche Laute.

«Und schütze Anna, Justus und die Kinder!», murmelte Elias leise vor sich hin.

Gabriel zupfte ihn an seinem Mantel und sah ihn ernst an: «Justus in Berg. Goße Gefahr! Aber Gabiel bei ihm!» Seine Katzenaugen blitzten entschlossen.

Elias legte ihm die Hände auf die Schultern. «Ja, lieber Bruder! Ich weiß. Du bist unser Wächter der verborgenen Tore. Keiner sieht wie du. Du magst in den Augen der Welt ein kleiner Mann sein. Aber in unserer Welt bist du einer der Größten. Ich weiß, wie viele Nächte du wach bist. Ich bin stolz, an deiner Seite zu stehen!»

Für einen Moment blickten sie einander ernst und still in die Augen. Etwas Gewaltiges, Großes ruhte auf ihnen.

Dann huschte ein verschmitztes Grinsen über Gabriels Gesicht. «Gut Nacht, Bruder Elias. Ich dich gerne!»

Die beiden fielen sich in die Arme und drückten sich fest.

Konrad hatte aus der Ferne gerührt die Szene beobachtet. Verstohlen wischte er sich eine Träne aus dem Auge und blickte hinauf zum Sternenzelt. Wie eine riesige Kathedrale spannte sich der Himmel mit unzähligen Lichtern über ihn. Es war, als würden die Sterne singen. Konrad hielt für einen Moment überwältigt den Atem an. Was war das alles hier unten für eine lächerliche Winzigkeit, wenn man da hinaufsah? Wie verloren und unwichtig waren sie doch alle! Ein alter Psalm stieg in ihm auf:

Wenn ich sehe die Himmel, deiner Finger Werk, den Mond und die Sterne, die du bereitet hast: Was ist der Mensch, dass du seiner gedenkst, und des Menschen Kind, dass du dich seiner annimmst?

Konrads Atem stieg wie weißer Nebel in die Höhe und zerstob in der Kälte.

Was ist euer Leben? Ein Rauch seid ihr, der eine kleine Zeit bleibt und dann verschwindet.

Es waren schlimme Zeiten! Und doch weckten sie so viel an Liebe, Mut und Hoffnung in den Herzen der Menschen. Würde die Stauffermark je wieder erstehen und erblühen? Sie hatte schon viele Gefahren überstanden! Heere und Horden waren über sie hergefallen. Und doch hatte es immer wieder einen neuen Beginn gegeben.

Ein Riss ging bei dem Gedanken durch Konrads Herz. Ja, er glaubte, dass auch dieser Untergang ein neuer Anfang sein konnte! Aber würde er noch einmal die Kraft dazu haben? Würde es überhaupt ein Falkenstein, eine Stauffermark mit Konrad und Katharina sein? Sie waren alt geworden.

Der König schloss die Augen und atmete tief ein. Beklemmung ergriff sein Herz. Stand er nicht schon mit einem Fuß im Grab? Und dann? Würde es einen neuen Morgen geben? Würde sein erlöschendes Licht Barmherzigkeit finden und im Licht des Himmels aufleuchten? Oder endete es in Leere und Finsternis?

Eine kurze Erinnerung schoss wie eine Sternschnuppe in ihm hoch. Er saß als kleiner Junge auf dem Schoß des Vaters, König Albrecht.

«Papa, ist es nicht wunderbar, König zu sein?!»

Albrecht hatte gelächelt und ihm tief in die Augen geschaut: «Junge, falls du je König werden wirst, wird es Tage geben, da hilft dir nur der verzweifelte Blick auf den König aller Könige! Du wirst mit Furcht und Zittern hinaufsehen ans Holz und dich an ihn klammern. Und auf Erbarmen hoffen. Eine andere Wahl hast du gar nicht!»

Konrad war damals fürchterlich erschrocken. Wie konnte ein mächtiger König wie Albrecht nur so reden? Heute verstand er ihn. Angst ergriff ihn. Wie würde er sein, dieser letzte Wimpernschlag, dieser letzte Atemzug? Würde er wie ein Dieb in der Nacht kommen? Oder würde er ihm sehenden Auges gegenüberstehen? Würde es sehr weh tun? Würde er vergeblich nach Luft ringen? Würde ihn Todesnot ergreifen?

Der mächtige Körper zitterte. Was halfen ihm Würde und Titel, Frau, Kinder und treu ergebene Gefährten? Alleine würde er vor diesem letzten großen Tor stehen. *Allein!*

Diese Furcht hatte er in unzähligen Gesichtern auf den Schlachtfeldern gesehen. Gesichter von Tapferen und Feiglingen,

Feinden und Freunden, Jungen und Alten. Aber es waren die Gesichter der anderen geblieben. Viele von ihnen hatte er schnell wieder vergessen. Doch dieses Mal würde es *sein* Gesicht sein! *Seine Augen würden brechen.*

Konrad schnappte nach Luft und erhob sich. Er versuchte, sich nichts anmerken zu lassen, und tat, als ob er sich etwas recken und strecken wollte. Aber sein Herz raste. Waren sich die Menschen nicht alle unendlich viel näher, als sie bei hellem Tageslicht und in der Geschäftigkeit des Alltags ahnten? Armselige und zerbrechliche Gebilde in der Unendlichkeit dieses Sternenhimmels? Warum machten sie einander das Leben nur so schwer? War das Reden von Ruhm und Ehre, Volk, Vaterland und Freiheit nicht einfach nur hohler Lärm? So wie kleine Kinder lärmten, weil sie im dunklen Wald Angst hatten? Alles war nur ein Hauch, ein kurzer Augenblick. Und wofür?!

Konrads Hand umklammerte den Griff des Schwertes. *Jetzt noch nicht!* Die Menschen brauchten ihn! Zwei Kaiser und ein Papst waren von dunklen Mächten hierhergelockt worden. Ausgerechnet hierher! Hier ging es um viel mehr als seine kleine Welt. Der Kampf hatte eben erst begonnen. Er würde sie viel kosten – wenn nicht alles.

Aber er würde nicht ruhen, bevor er Volk und Herrscher in Sicherheit wusste. Die leise innere Stimme flüsterte. Konrad hörte ihr lange zu. Endlich nickte er, und Frieden kehrte in ihm ein. Dann betete mit den Worten des großen Königs: *In der Welt habt ihr Angst; aber seid getrost, ich habe die Welt überwunden.*

Unten im Lager war es ruhig geworden. Das Feuer glühte ruhig vor sich hin. Der König schlug sich den Mantel über die Schulter und begann seine einsame Nachtwache.

18. Kapitel: Ost und West

Es war vorbei! Nur langsam begannen sich der widerliche Gestank und der Nebel aufzulösen. Nikos betrachtete erschöpft das Bild der Verwüstung. Das Gras war übersät mit Toten und Verwundeten. Die Zelte des Lagers hingen in Fetzen. Die Kadaver der katzenähnlichen Hunde lagen rundum verstreut zwischen den Bäumen.

Die kleine Schar der Kataphraktoi hatte mit dem Mut der Verzweiflung gegen diese Bestien gekämpft und ihren Ring um den Kaiser dicht geschlossen gehalten. Die fürchterlichen Kiefer mit den riesigen Zähnen hatten überall nach ihnen geschnappt. Doch die Garde war keinen Fußbreit zurückgewichen und hatte jede Lücke sofort wieder geschlossen. Der Schutzring um den Kaiser und Anna war immer enger und kleiner geworden. Lange hatte dieser kleine tapfere Haufe nicht mehr widerstehen können.

Noch schlimmer als die Zähne der Bestien war die finstere Macht, die ihre Herzen zu lähmen begann. Doch dann war etwas Unerwartetes geschehen. Mitten im Getümmel ertönte ein Lied! Anna hatte plötzlich mit heller Stimme zu singen begonnen. Ein altes Lied der Bruderschaft von Falkenstein. Ein Lied über den König der Könige, die Macht der Liebe, der Kraft der Vergebung und die Freude der Erlösung.

Alle spürten einen heißen Strom, der wie Feuer durch ihren Körper floss. Dieses Feuer richtete sie auf, machte sie stark und gab ihnen neuen Mut. Es traf sie mitten ins Herz. Und seltsam: Je kräftiger es in ihrer Seele zu wirken begann, umso schwächer schienen die unheimlichen Kreaturen zu werden. Eine unsichtbare Macht schien die Schwerter der Griechen zu führen. Zielgerichtet, blitzschnell und absolut tödlich.

Nikos erinnerte sich: So musste es gewesen sein auf jenem heiligen Berg, als Aaron und Hur die Arme des betenden Moses gehalten und die verloren geglaubte Schlacht gewendet hatten.

Und dann war es vorbei. Eine große Stille hatte sich auf alles gelegt.

Zerknirscht starrte der junge Konstantinopler zu Boden. Ein Lied hatte den Kampf beendet! Ein Lied! Es schien so einfach, aber keiner war darauf gekommen. Was war hier los? Wieso verstand er das alles nicht?! Hatte ihm der Pneumatikos, sein Beichtvater, ein paar wichtige geistliche Dinge verschwiegen? Das hier war etwas ganz anderes als die schönen melancholischen Liturgiegesänge in der Hagia Sophia. Endlich riss sich Nikos aus den Gedanken heraus und sah zu, wo seine Hilfe benötigt wurde.

Johannes hatte sich inzwischen bei einem der Sterbenden niedergekniet und hielt dessen zitternde Hand fest. Die Stimme des Kaisers war sanft, ermutigend und voller Trost. Gebannt hörte Nikos die Worte seines Vaters: «Der Herr ist mein Hirte. Mir wird nichts mangeln. Und ob ich schon wanderte im finstern Tale, fürchte ich kein Unglück, denn du bist bei mir. Dein Stecken und Stab trösten mich.»

Die Hand des Soldaten erschlaffte und sank leblos zu Boden. Johannes schwieg. Dann stieg ein leises Weinen aus seinem Innern hervor.

Nikos blickte wie vom Blitz getroffen zu seinem Vater. *Der Kaiser von Konstantinopel trauert um einen Soldaten!* So hatte er ihn in all den Jahren nie gesehen. Das Protokoll am Hofe der Kaiserstadt erlaubte keine Gefühle, keine Herzensregungen. Jede Güte konnte als Schwäche angesehen werden, jede Menschlichkeit als Unsicherheit oder Zögerlichkeit. Liebe oder Freundschaft konnte lebensgefährlich für einen Herrscher sein.

Früh schon musste Nikos das am eigenen Leibe spüren. Gestreng hatte der Kaiser seine Kinder an Distanz und Kühle gewöhnt. Die Momente von Zutraulichkeit und Nähe waren selten. Und sie waren noch seltener geworden, seit sein älterer Bruder unter dem Namen Bernardus das väterliche Reich verlassen und mit dem Orden derer von Falkenstein in den Westen gezogen war. In den Westen, zu den verhassten katholischen Römern! Und jetzt kniete dieser Vater weinend vor einem seiner gefallenen Männer.

Es war, als hätte Annas Lied nicht nur die unheimlichen Mächte gebannt, sondern auch den Schleier um die Herzen der Menschen. Mit einem Schlag war Nikos klar geworden, warum man seinen Vater nicht einfach Komnenos, nach ihrer Dynastie, sondern Kalos, den Guten, nannte. Natürlich! Dieser Mann, eingezwängt zwischen Macht und Intrigen, hatte nicht aufgehört, in den unbeobachteten Augenblicken das Herz einer empfindsamen Seele zu zeigen. Und vor diesem Herzen waren alle gleich – ob Groß oder Klein.

Johannes schien die Gedanken seines Sohnes zu spüren. Ganz unerwartet wandte er den Kopf in dessen Richtung. Ihre Blicke trafen sich. Wortlos gingen sie aufeinander zu und schlossen sich in die Arme.

Hufgetrappel löste die Umarmung der beiden rasch wieder. Ein Reiter näherte sich dem Lager. Als er sich langsam nach vorne gebeugt durch das Wäldchen den Zelten näherte, hielt er inne und blickte erschauernd auf das verheerende Bild.

Anna musterte den Ankömmling. Er war zwar einfach gekleidet, aber die Art, wie er zu Pferde saß, verriet ihn als Ritter.

Schließlich stieg er ab und verneigte sich vor ihnen: «Eure Majestät?»

Der Kaiser blickte unsicher umher. «Woher wisst Ihr ...? Sollte ich Euch kennen?»

«Der Papst erwartet Euch! Seine Augen sind überall. Seine Heiligkeit geht davon aus, dass auch Ihr Schwierigkeiten mit dieser Einladung nach Falkenstein haben könntet. Und so wie es hier aussieht, dürftet auch Ihr denselben unfreundlichen Besuch erhalten haben wie wir.»

«Ich dachte, der Stellvertreter Christi ist vor derartigen Dingen gefeit?», antwortete der Byzantiner gereizt, biss sich aber sogleich verärgert über diese Unbedachtsamkeit auf die Zunge. «Verzeiht, Ritter, meinen Ton! Ich fürchte, wir sind alle noch etwas durcheinander.»

«Ja, das sind wir wohl alle, an diesem ungewöhnlichen Tag!», antwortete der Bote diplomatisch. «Mein Lippen sind versiegelt. Würde es Euch etwas ausmachen, das Lager seiner Heiligkeit aufzusuchen?»

Eine gewisse Spannung lag bei dieser Frage in der Luft. Anna war sofort klar, dass diese Bitte vom Kaiser als Affront empfunden werden konnte. Eine Aufwartung des Kaisers beim Papst war an sich schon eine heikle Sache. Wer beherrscht wen: der Papst, der den Kaiser krönt? Oder der Kaiser, der den Papst einsetzt?

Darüber war schon seit Jahrzehnten heftig gestritten worden. Denn letztlich ging es immer nur um Macht und Reichtümer. Heinrich hatte diesem Streit 1122 im Jahre des Herrn in Worms mit einem Federstrich endlich ein Ende gesetzt. Aber Papst Calixt war ein Fuchs. Er konnte es nicht lassen! Anders war diese Bitte an Johannes Komnenos nicht zu verstehen. Denn sie richtete sich ja nicht an irgendwen, sondern an den Kaiser von Byzanz!

Byzanz, das sich als großes christliches Reich nicht der Macht Roms unterwerfen ließ. Die Kirche des Apostels Johannes, die sich von der Kirche des Apostels Petrus trennte. Rom oder Konstantinopel – das war die Frage. Der Westen oder der Osten als Zentrum der Christenheit?

Die Folgen dieser Trennung waren für die Menschen in Ost und West traumatisch. Das große Schisma, die Trennung, führte erstmals in der Geschichte der Christenheit zu einer geteilten Kirche. Und jetzt, nicht einmal hundert Jahre später, drohte dieser Streit hier in der Stauffermark erneut auszubrechen. Anna wurde mit einem Schlag bewusst, was für gewaltiges Ereignis ein Friedensbund bedeutet hätte.

Der ritterliche Bote wiederholte seine Frage: «Werdet Ihr kommen, Majestät?»

Johannes sah kurz in die Runde. Er wusste um die Bedeutung dieser Frage. Schließlich nickte er. «Ich bin den Weg bis hierher gegangen, warum also nicht noch weiter? Der Kaiser von Byzanz kommt mit der ausgestreckten Hand. Es liegt ihm viel an dieser Begegnung. Also lasst uns die tapferen Gefallenen zuvor ehrenvoll bestatten. Dann reiten wir!»

Der Ritter neigte ehrerbietend den Kopf. Eine gewisse Erleichterung konnte er nicht verbergen. «Euer Wunsch ist mir Befehl, Majestät!»

Ein paar Stunden später begegneten sich zwei der mächtigsten

Männer ihrer Zeit an einem Ort und in einer Weise, von der wohl keiner von beiden zu träumen gewagt hätte. Auch Calixt war erschüttert. Ein paar Tage zuvor wäre er wohl hocherfreut gewesen über den vermeintlichen Kniefall des Byzantiners.

Doch auch ihn hatten die Ereignisse mitgenommen. Sein Tross mit schwerem Reisewagen – trotz der Gefahr hatte der gichtgeplagte Papst nicht darauf verzichten wollen – war mitten auf dem Weg von einem unheimlichen Nebel eingehüllt worden. An ein Fortkommen war nicht mehr zu denken gewesen. Und dann waren diese schrecklichen Kreaturen wie aus dem Nichts aufgetaucht und hatten den Zug überfallen.

Irgendwie hatten sie die Attacke überstanden. Aber erschüttert und verängstigt hatte sich Calixt danach nicht mehr weitergetraut. Seine Bitte an Johannes war mehr ein Hoffen auf Beistand als ein Machtspiel gewesen. Natürlich hatte sein Gesandter dies aus diplomatischer Gepflogenheit nicht so ausgesprochen. Doch Calixt war einfach nur erleichtert, als die kleine kaiserliche Truppe bei ihm eintraf.

Nun standen sie sich also gegenüber: Rom und Konstantinopel. Empört über den Betrug, der sie hierhergelockt hatte, und erleichtert zugleich, sich trotzdem so nahe zu sein. Vielleicht hatte diese Falle ja auch ihr Gutes. Blieb nur noch zu hoffen, dass auch Kaiser Heinrich rechtzeitig Wind von der Sache bekam. Jedenfalls waren Calixt und Johannes fest entschlossen, Heinrich zur Beratung heranzuziehen.

Es war klar, dass die Fäden dieser ungeheuerlichen Verschwörung bis tief in den innersten Kern jeder ihrer Herrschaften gesponnen waren. Nur wenn sie die Spinne fangen konnten, waren Land, Volk und Reich wieder sicher. Dazu musste jedes Mittel in Betracht gezogen werden. Und mit Gottes Gnade konnte es auch der Anfang von neu geknüpften Beziehungen werden.

Ein seltsames Glühen am Himmel erinnerte sie daran, dass es ratsam war, bald einen sicheren Unterschlupf zu finden. Welche Mächte hier auch am Werk waren – sie würden sich wohl bald wieder melden.

Rasch brachen sie das Lager – oder was davon noch übrig

geblieben war – ab und machten sich auf den Weg. Es wurde schnell dunkel. Viel zu schnell! Das verhieß nichts Gutes. Lange konnten sie so nicht weiterreiten.

Calixt schickte Flores, den Kundschafter, voraus. Im Schutz des Waldes warteten sie.

Es dauerte nicht lange, und der Späher kehrte aufgeregt zurück. «Ein Gasthaus! Nicht allzufern von hier! Einfach, aber zweckmäßig. Folgt mir!»

Erleichtert brach der Trupp auf. In weiter Ferne tauchten ein paar Lichter auf. Zur Sicherheit ritten sie einen Bogen und näherten sich der Herberge von hinten. Aus dem Dunkel heraus beobachteten sie das Gebäude. Alles blieb ruhig. Die erleuchteten Fenster versprachen Schutz und eine warme Mahlzeit. Beides konnten sie jetzt gut gebrauchen. Dumpfes Donnergrollen und erste schwere Regentropfen mahnten zur Eile.

Je näher sie der Herberge kamen, umso dichter fiel der Regen und ging immer mehr in Hagel über. Zwar waren Calixt, Johannes, Nikos und Anna im Innern des Reisewagens geschützt, aber die eisige Kälte drang immer mehr nach innen.

Als Anna für einen Augenblick angestrengt durch den Sturm zum herannahenden Gasthaus starrte, überfiel sie ein lähmender Schrecken. Ein kurzer Blitz ließ das verwitterte Schild aus Eisen aufleuchten. Zum Radacker!

«Um Gottes willen, haltet an!», entfuhr es ihr. «Dort können wir nicht rasten! Das ist kein guter Ort!»

Der Papst seufzte. «Ich weiß, man hat es mir schon gesagt. Der Galgenhügel und die Folterräder stehen gleich dahinter. Aber hat jemand eine bessere Idee?»

Anna hörte die Worte von Calixt nicht mehr. Wie wilde Tiere überfielen sie die Erinnerungen an diesen schrecklichen Ort. Schmutz, Hunger, Erniedrigung, Sklavenarbeit. Hier hatte sie als rechtsloses Mündel jahrelang einem brutalen Wirt gedient. Und hier war sie von König Albrecht, Salome, Elias und Justus befreit worden.

An genau so einem Tag wie heute waren sie in diesem räuberdurchseuchten Wespennest angekommen und hatten sie aus den

Fängen der Wolfsreiter befreit. *Elias!* Für einen Moment sah sie seine tiefen blauen Augen vor sich, wie er sich von Sirus, dem schwarzen Hengst, zu ihr herunterbeugte und ihr die Hand entgegenstreckte. Mit einem kräftigen Ruck wurde sie nach oben gezogen, und dann flogen sie durch das Schneegestöber. Sie spürte wieder seine Arme, die sie eng umschlungen hielten. *Elias, Liebster!* Sie schloss die Augen, spürte das geheimnisvolle Mondlicht jener schicksalhaften Nacht.

«Ihr könnt meinen Arm ruhig wieder loslassen!» Nikos' Stimme holte sie wieder in die Gegenwart zurück.

Die Erinnerungen zerstoben. Sie stand mitten im Gasthaus. Nun gab es kein Zurück mehr! An den Tischen saßen Männer, den Kopf mit großen Kapuzen verhüllt. Ihre Kleider waren ebenfalls durchnässt. Auch sie mussten gerade erst angekommen sein.

Erschöpft zogen die Ankömmlinge die durchnässten Mäntel aus und ließen sich auf die grobschlächtigen Holzstühle sinken.

«Ich denke, es wäre besser, wenn wir weiterziehen!», sagte Anna mit zitternder Stimme.

Eine große Gestalt stellte sich ihr direkt in den Weg. «Das hättet Ihr Euch früher überlegen müssen! So viele hohe Herrschaften werden wir keinesfalls einfach so aus diesem Haus entlassen!»

Anna riss überrascht die Augen auf: «Konrad!» Mit einem lauten Jubelschrei warf sich Anna an den Hals des Königs und drückte ihn mit aller Kraft an sich.

«Ho, liebe Schwiegertocher! Ihr erdrückt ja den armen alten Mann noch! Das dürft Ihr gerne mit Eurem kostbaren Ehegatten Elias dort drüben machen.» Konrad ließ seinen Blick über die Ankömmlinge schweifen und stutzte: «Nikos?! Wie um alles in der Welt …?»

Jetzt schlugen auch übrigen Gäste ihre Kapuzen zurück.

Calixt fuhr mit einem leisen Schrei hoch: «Heinrich! Ihr? Was für ein glückliches Geschick! Nun haben wir uns doch noch gefunden!»

Elias! Anna wollte loslaufen, ihn an sich drücken. Doch dann blieb sie wie angewurzelt stehen. Wie sollte sie es ihm sagen? Es würde ihm das Herz brechen.

Der junge Prior blickte sie an. Sein Lächeln erstarrte, als er Annas bleiches Gesicht sah. Seine Augen suchten nach den Kleinen. Anna schossen die Tränen in die Augen. Stumm schüttelte sie den Kopf. Nun wurde auch Elias bleich.

Die grimmige Stimme von Konrad riss sie aus ihrer Lähmung.

«Edle Herren, es gibt viel zu klären. Aber ich habe den Eindruck, Anna hat recht. Wir sollten diesen Ort unverzüglich verlassen!»

«Wie kommt Ihr darauf, Konrad?», wollte Johannes wissen. «Ihr solltet doch eigentlich als König dafür sorgen, dass derartige Orte verschwinden?»

«So ist es!», murmelte der König. «Ich habe dieses Gasthaus vor Jahren niederbrennen lassen. Jeder Stein wurde geschleift und einzeln im Stauffensee versenkt. Diese Herberge gibt es gar nicht mehr!»

Die Männer erbleichten.

Konrad musterte ihre Reihen: «So nebenbei: Wer hat Euch eigentlich hierhergeführt?»

Papst Calixt schaute sich um: «Flores, unser Kundschafter! Wo ist er denn eigentlich?»

«Ich vermute, Ihr werdet ihn vergeblich suchen, Eure Heiligkeit!», stellte Heinrich nüchtern fest. «Unser Quartiermeister, der uns den Weg gezeigt hat, ist seit der Ankunft hier ebenfalls spurlos verschwunden.»

Das leise Flüstern meldete sich in Konrad. Seine Stimme zitterte: «Herrschaften, wir sollten gehen!»

Der König zog sein großes Schwert und schmetterte mit einem gewaltigen Tritt die Tür aus den Angeln und sprang schnell zur Seite. Mit dem Rücken an der Wand, das Schwert fest mit beiden Händen umgriffen, schob er sich zum Türrahmen. Nikos tat es ihm auf der anderen Seite gleich. Beide pressten sich einen Augenblick an die Wand, links und rechts von der schwarz gähnenden Öffnung. Sie blickten einander an, holten Luft.

Konrad gab das Zeichen. Sie verschwanden mit einem Satz durch die offene Tür.

Jetzt erst fiel es allen auf: Draußen war es totenstill. Kein Regen, kein Wind. Nichts. Etwas Bedrohliches lag in der Luft.

Plötzlich tauchte Konrads Gesicht in der Tür auf: «Hinaus!! Lauft so schnell und so weit Ihr könnt, wenn Euch Euer Leben lieb ist!»

Ein dumpfes Ächzen und Knirschen ging durch die Wände der Herberge. Der Boden begann zu zittern.

Das reichte. Zu Tode erschrocken rannten alle aus dem Gebäude ins Dunkel. Annas Beine begannen immer schwerer zu werden. Sie kam nur noch langsam vom Fleck. Täuschte sie sich, oder wurde der Weg stetig steiler? Das Atmen fiel ihr immer schwerer, sie drohte rückwärts hinunterzustürzen. Hinter ihr gähnte ein riesiges Loch, das alles zu verschlucken drohte.

Das Gasthaus begann sich immer bedrohlicher zum Schlund hin zu neigen.

Plötzlich ergriff eine Hand sie. «Halte dich fest, Liebste!» Elias' kraftvolle Arme zogen sie nach oben über einen Rand. Dann schleppte er sie immer weiter vorwärts, bis sie schließlich erschöpft zu Boden sanken. Hinter ihnen bebte die Erde laut und heftig.

Katharina hielt mitten in ihrem Lauf inne. Wo um alles in der Welt war eigentlich Gabriel geblieben? *Er ist noch im Haus!*, schoss es ihr durch den Kopf. Erschrocken stolperte sie den Abhang zurück. Und tatsächlich: Unter dem immer schiefer werdenden Türrahmen sah sie die kleine Gestalt des Jungen stehen.

«Hierher, Gabriel!»

Der Bursche tapste mit wackeligen Schritten auf sie zu. Seine beiden Hände umklammerten zwei große Würste. «Mama!!»

Rasch entschlossen riss die Königin den Kleinen hinter sich her und kroch den immer steiler werdenden Abhang hoch.

«Donnerwetter, lass die Würste los!» Das brauchte sie nicht zweimal zu sagen. Mit letzter Kraft riss sie ihn über die Abbruchkante nach oben. Dort stürzten sie zu Boden. Hinter ihnen ertönte ein Krachen und Bersten. Als sie schließlich wagten, den Kopf zu heben, klaffte ein riesiges schwarzes Etwas zu ihren Füßen. Das Gasthaus war verschwunden, versunken, verschluckt.

Elias' und Annas Hände tasteten und suchten durch das

Dunkel, bis sie sich schließlich gefunden hatten. Fest umschlungen verharrten sie so, als wollten sie sich nie wieder loslassen.

«Liebste, du bist da! Das ist alles, was jetzt zählt!», flüsterte Elias leise und mit zitternder Stimme. «Du kannst mir später berichten!»

Anna stammelte ein paar Worte und versank dann in einem lauten Schluchzen. «Unsere Kleinen sind tot! Ertrunken!» Wieder wurde Anna von heftigem Weinen geschüttelt. «Ich konnte sie nicht retten! Wir waren in einem Boot. Der Leviathan hatte uns angegriffen. Als der Sturm kam … ich musste sie loslassen … ich wollte sie doch …»

«Schhhh!», versuchte Elias sie zu beruhigen. Aber er konnte nicht reden. Ihre Worte hatten ihn wie Hammerschläge getroffen und sein Herz zerschmettert. Wie gelähmt starrte er in die Nacht, blickte gleichgültig in das riesige klaffende Loch, wo zuvor die Herberge gestanden hatte. Wäre er doch gleich mit hineingerissen worden! Die Dunkelheit schien überall die Oberhand zu gewinnen.

Der Schlund ließ in Elias ein Gefühl hochkommen, das er fast gar nicht kannte: Zweifel. Wo war er, der Herr des Himmels und der Erde, dem er die letzten Jahre treu gedient hatte? Warum ließ er all dies zu? So viel Leid, Schmerz und Tod! Ein dumpfes Grollen riss ihn wieder in die Gegenwart zurück.

«Edle Herren, Freunde: Seid Ihr unverletzt?» Konrads Stimme klang fast angstvoll von der Seite.

«Wir sind hier!», bellte Nikos' Stimme durch die Nacht.

«Wir auch!», ließ sich Calixt vernehmen.

«Alles in Ordnung!» Heinrichs Klang der Stimme sagte zwar etwas anderes als seine Worte – aber immerhin ließ er sich hören.

«Anna? Elias? Katharina? Gabriel?!»

«Wir sind da!»

«Ein Glück, dass die Sklavenkinder nicht mehr hier waren!», ließ sich der alte General vernehmen. «Gut, dass Ihr sie im Wald gelassen habt, Konrad! Wer weiß, was da noch alles geschehen wäre!»

«Ja, Gott sei Dank!», erwiderte der König. «Es hatte so schon viel Überzeugungskunst gebraucht.»

«Immerhin …», Wolfhart klang fast etwas erheitert, «immerhin seid Ihr jetzt Euer Problem mit der abgerissenen Herberge los! Zum letzten Mal, wollen wir doch hoffen!»

«Gabiel tut leid!», murmelte der kleine Bursche noch halb benommen neben Katharina.

«Bist du unverletzt?», erkundigte sich die Königin und tastete ihn ab. Sie hielt erschrocken inne: «Meine Güte, was ist mit deinen Rippen? Junge, halt ganz still!» Zitternd tastete sie über die gewölbte Brust von Gabriel. «Hast du Schmerzen?»

Gabriel griff unter sein Wams. «Schmezen nich, Mama!»

«Aber was dann?!»

Mit einem Ruck zog der Bursche eine große Speckseite hervor: «Hunge!»

Halblautes Wiehern hinter ihnen weckte die Aufmerksamkeit aller. Eine lange Kolonne von Reitern mit Fackeln tauchte aus dem Dunkel auf.

Wolfhart kniff die Augen zusammen. Das Wappen von Falkenstein? Konnte das sein? «Denkt Ihr, was ich denke, Konrad?», murmelte er zum König, der sich nach der Flucht neben ihm zu Boden geworfen hatte. «Was Nikos über den sogenannten ‹Justus› berichtet hat, genügt eigentlich!»

Der König legte die Hand an sein Schwert. «Was macht der Dummkopf dort?!», knurrte der alte General ärgerlich. «Das muss Nikos sein! Jetzt winkt er ihnen auch noch!»

«Haltet ein!», rief der Prinz mit lauter Stimme. «Das ist Andreas! Es ist gut! Er gehört zu uns!»

«Nikos!», rief eine junge Stimme zwischen den Reitern hervor. «Wir befürchteten schon, wir kämen zu spät!» Der Knappe eilte auf den Byzantiner zu und reichte ihm die Hand.

«Klingt wie der Sohn von Andres!», murmelte Wolfhart. «Ihr wisst schon, der ...»

«Wie könnte ich den tapferen Hauptmann aus Büttenwald vergessen, General!», fiel ihm Konrad ins Wort. «Ich habe seinen Jungen zu mir auf die Burg bringen lassen und ihn in alle Künste eines Ritters einweihen lassen. Das war ich seinem Vater schuldig!»

Der König erhob sich rasch und schritt auf die Ankömmlinge zu. Auch die übrigen der Geflüchteten rappelten sich nun auf und näherten sich dem Trupp. Die Reiter stiegen ab und umringten sie mit den Fackeln.

Anna ließ den Blick über die vom Feuerschein flackernden Gesichter wandern. Nikos, Anna, Elias, Johannes, Calixt, Konrad, Gabriel, Wolfhart, Heinrich, Ruprecht, die Knappen – alle waren sie da, Gott sei Dank! Nun fehlten nur noch Justus und Salome.

Ein leises Raunen ging durch die Reihen, als die Reiter die Gesichter der edlen Herren erkannten. Sie knieten auf ein Zeichen von Andreas ehrerbietig nieder und senkten den Blick zu Boden.

«Ihr tut recht, die kaiserlichen Hoheiten Heinrich und Johannes und Calixtus, unseren Papst, zu ehren. Aber vor mir kniet ihr nicht, Brüder vom einfachen Leben! Erhebt Euch!»

Der Knappe war als Erster auf den Beinen, zog das Schwert und reckte es in die Luft: «Lang lebe der Kaiser, lang lebe der Papst! Und lang lebe Falkenstein!»

«Lang lebe Falkenstein!», hallte es wie aus einem Munde durch die Nacht.

Konrad wollte aufbrausen, aber Heinrich hielt ihn am Arm: «Lasst nur, lieber Freund! Wir verstehen das schon richtig. Diese Treue und Hingabe könnten wir auch an unseren Höfen gut gebrauchen! Heute Nacht sollt Ihr sie mit Stolz genießen!»

Für einen Moment trafen sich Katharinas und Konrads Blicke. Wie gut es tat, etwas vom alten Geist der Bruderschaft von Falkenstein zu spüren! Vielleicht war doch noch nicht alles verloren?

«Brüder und Schwestern! Wir wollen unserem Herrn und Gott für die Rettung danken!», meldete sich nun Papst Calixt. «Ich bin mir sicher, dass dies auch in Eurem Sinne ist, ihr ehrwürdigen Kaiser? Und da wir alle in geheimer Mission als einfache Pilger unterwegs sind, schlage ich vor, dass unser junger Prior die Messe lesen wird und den Abend mit dem Nachtgebet schließt.»

Die Majestäten nickten stumm.

«Prior Elias, tretet vor und leitet uns im Gebet!»

Die Gesellschaft öffnete sich zu einem feierlichen Kreis.

Anna stürzte mit schreckverzerrtem Gesicht in die Mitte. «Elias ist verschwunden!»

Von einem Hügel aus blickte Elias noch einmal hinunter zu der

Versammlung. Ein leiser Ruck am Zügel, und Antares folgte ihm. Die einfache Mönchskutte war verschwunden. Golden schimmerte das Ritterwappen derer von Falkenstein auf Elias' Brust. Seine Augen suchten grimmig entschlossen den Horizont ab. Alles, was er jetzt noch brauchte, war sein Schwert. Es musste ein Ende haben! Er musste diesem Albtraum ein Ende bereiten. Alles sollte wie früher werden. Die Ehre der Bruderschaft und von Falkenstein musste wiederhergestellt werden. Der Tod seiner Kinder durfte nicht ungesühnt bleiben. Tod dem Leviathan! Tod den Reinen! Tod allen Feinden von Falkenstein! Und wenn es wahr war: Tod dem Justus von Falkenstein! Niemand würde ihn von diesem Kreuzzug abhalten. *Niemand!*

19. Kapitel: Das Auge von Falkenstein

Salome duckte sich blitzschnell hinter einen verwitterten Stein.

Albertus und seine zwei Männer hatten nichts bemerkt und setzten sich müde zur Rast. Seit zwei Tagen bewegten sie sich nach Nordwesten. Noch in der Nacht, gleich nach der erfolgreichen Gefangennahme von Konrad und den Seinen, hatte er sich von der Gruppe getrennt. Hier wurde er nicht mehr gebraucht. Eine andere Stimme rief ihn zu einer weitaus größeren Aufgabe.

Was Albertus allerdings im nächtlichen Gewirr nicht bemerkt hatte, war ein dunkler Schatten, der sich still und unsichtbar an seine Fersen geheftet hatte. Salome! Sie hatte Albertus im Getümmel mit den Kindersklaven nicht aus den Augen gelassen und sich von ihren eigenen Leuten abgesetzt. Eine innere Stimme drängte sie dazu, Albertus zu folgen, egal, was sich hinter sonst noch abspielte. Und als dieser sich mit ein paar Getreuen von den übrigen Reinen trennte, schlich sie hinter ihm her. Gerüstet mit einem scharfen Geist und einem noch schärferen Schwert, war sie das Auge Falkensteins, das nun Tag und Nacht auf den Wegen der «Reinen» ruhte.

Nach einer Stunde brachen sie wieder auf. Königsstadt hatten sie links von sich liegen gelassen. Ihr Ziel war ganz offensichtlich das Königsgebirge.

Salome war klar, dass sie nur ein Ziel haben konnten: die Drachenhöhle ihres eigenen Vaters, Matthias von Gosen – Magos. Ihr Vater, der geniale und gefürchtete Zauberer, der nach leidvollen Wegen erst Frieden mit Gott und dann den Tod gefunden hatte. Doch sein Erbe zog sich noch immer wie eine todbringende Schlange durch das Innere des Königsgebirges. Ein finsteres Labyrinth, das nichts von seinem Schrecken verloren hatte. Dort, irgendwo in diesen kalten Grüften, musste der Schlüssel zum ganzen Übel der «Reinen» liegen.

Auch war Salome klar, dass Albertus nur das Sprachrohr einer noch größeren Macht sein musste. Seit sie unterwegs war, hatte Salome immer wieder mit sich zu kämpfen. Wenn sie sich niedersetzte, kam sie plötzlich, diese Stimme. Es war nicht die Stimme des HERRN. Und doch klang sie so vertraut, als hätte sie sie ihr Leben lang gekannt. Sie klang lockend und verheißungsvoll. Aber irgendetwas in ihr ließ sie frösteln und erschaudern. Sie begann meistens dann zu flüstern, wenn sie sich betend sammeln wollte. Sie weckte unangenehme Gefühle in ihr.

Was, wenn Albertus gar nicht so wäre, wie ich es mir in den Kopf gesetzt habe? Was wäre, wenn er recht hätte mit seinen Aussagen über den Zustand der Welt und ihr kommendes Ende? Und ist er in seiner kompromisslosen Art, die jede Gefahr ignoriert, nicht auch wirklich und wahrhaftig ein Mann des Glaubens?

Immer wieder schüttelte sie diese Gedanken ab, die sich wie süßer, klebriger Honig an ihr anhaften wollten. Sobald sie sich in die Gegenwart ihres himmlischen Meisters flüchtete, fielen sie wieder ab. Aber diese inneren Kämpfe waren weitaus zermürbender als die ständige Gefahr, entdeckt zu werden. Sie ahnte, dass dies ein harter Waffengang werden würde – mit allem, was sie hatte.

Sie schreckte aus ihren Gedanken hoch. Wo waren Albertus und seine Gefährten geblieben? Zu dumm! Sie hatte sich in ihrem Geist ablenken lassen.

«Zu dumm, wenn man sich im Geiste ablenken lässt, nicht wahr?»

Salome zuckte zusammen und starrte verblüfft auf Albertus, der wie aus dem Boden gewachsen an ihrer Seite stand. Noch mehr aber als über sein plötzliches Erscheinen oder die Tatsache, dass er ihre Gedanken exakt wiederholte, erschrak sie über die Wärme und Kraft seiner Stimme. Sie hatte etwas unbezwingbar Gewinnendes.

«Ich weiß!», schmunzelte Albertus. «Es geht allen so. Wenn das vermeintliche Monstrum vor ihnen steht, sind sie überrascht über die Wahrheit. Und die Wahrheit ist, dass hier kein Schurke steht, sondern ein einfacher Mann, der von Herzen Gottes Worte liebt und seinen Willen tun möchte.»

Salome verkniff das Gesicht. Da war es wieder, dieses süße Gift! «Die Wahrheit ist, dass Ihr ein falscher Prophet seid, voller Gift und Verrat. Ein Lügner, der die Menschen verführt und verkauft!»

Albertus' Gesicht wirkte traurig, seine Stimme wurde leise: «Ach, Salome! Als Tochter eines Magiers und Verräters des Evangeliums solltet Ihr es doch besser wissen!»

Salome schluckte. «Woher wisst Ihr ...?»

Albertus lächelte ernst: «Woher ich Euren Vater Matthias von Gosen kenne? Woher ich von seinem Weg nach Jerusalem, seinen Verstrickungen mit dem schrecklichen Fürsten der Finsternis weiß?»

Salome starrte Albertus mit offenem Mund an, dann fasste sie sich wieder: «Ihr wollt mich benebeln und in Euer Spinnennetz einwickeln!»

«Kind!», seufzte der «Reine». «Euer Vater und ich waren Weggefährten. Beide auf dem Weg zum heiligen Kreuz. Und, bei Gott, wir sahen es vor uns!» Albertus schwieg und starrte ins Leere.

«Und?!», durchschnitt Salome die Stille.

«Konrad von Falkenstein hat Euren Vater elendiglich verraten! Er hat ihn auf den Weg des Bösen gebracht. Mit der Hilfe des verräterischen Konstantinoplers Bernardus. Er hatte seinen Lauf so gut begonnen!»

«Ihr lügt! Konrad hat Vater auf den rechten Weg zurückgebracht. Magos hat den dunklen Künsten entsagt und ist geläutert in die Ewigkeit eingegangen.»

Albertus sah Salome mit bohrendem Blick an: «Wart Ihr dabei?»

Die junge Frau schüttelte unwirsch das lange blonde Haar. «Warum sollte ich am Bericht von Konrad, meinem Onkel, zweifeln? Er hat mich wie ein väterlicher Freund aufgenommen auf Falkenstein!»

Albertus nickte stumm, wandte sich ab und schaute versonnen in die Ferne: «Lassen wir es gut sein, Salome. Was wollt Ihr nun tun?»

«Hört auf, Katz und Maus mit mir zu spielen! Bringt Euer Lügengespinst zu Ende!»
«Wenn Ihr die Wahrheit ertragen könnt, edle Dame?»
«Ich fürchte sie nicht.»
«Habt Ihr Euch nie gefragt, warum die Rede nie auf Eure Mutter gekommen ist?»
«Sie hat mich als Findelkind bei meinem Vater zurückgelassen!»
«Und?»
Salomes Stimme zitterte: «Und nichts!»
«Und Albrecht, Euer Großvater, der alte Fuchs? Hat auch er Euch nichts gesagt?»
«Nichts, was ich von Vater nicht schon gewusst hätte!»
Albertus wandte sich Salome wieder direkt zu: «Also hat man es Euch nie gesagt!» Sein Blick schien sie geradewegs zu durchbohren.
«Die Wahrheit ist, dass Magos Eurer Mutter das Herz gebrochen hat. Die Wahrheit ist, dass Ihr heimlich in einer dunklen Nacht Eurer Mutter entrissen worden seid. Die Wahrheit ist, dass Albrecht und Konrad die Schande von Matthias von Gosen aus der Welt schaffen wollten und Anastasia, Eure Mutter, in die Sklaverei verkauft haben.»
Salome bäumte sich auf: «Schweigt! Jedes Wort aus Eurem Mund ist Lügengift!»
Albertus fuhr unbeirrt fort: «Die Wahrheit ist, dass ich diese Eure Mutter kenne und um ihren schrecklichen Schmerz weiß! Die Wahrheit ist, dass Ihr Euer ganzes Leben lang einem Lügengebäude geglaubt habt. Die ganze Frömmigkeit der Bruderschaft von Falkenstein ist auf Lügen und der Lust nach Macht aufgebaut! Sie erträgt es nicht, wenn die Wahrheit aufsteht im Land. Aber das Gericht Gottes kommt irgendwann immer! Jetzt ist die Zeit dafür angebrochen. Doch ich bringe Euch auch eine gute Nachricht. Eure Mutter lebt! Sie hat nie aufgehört, Euch zu suchen und zu lieben. Und, beim Allmächtigen, sie ist hier!»
Salome taumelte einen Schritt zurück. «Das ... ist ... nicht ... wahr!», stammelte sie schwach. Ihre Gedanken begannen sich im

Kreise zu drehen. Albertus' Worte hatten sie mitten ins Herz getroffen. «Und was soll ich jetzt tun?», flüsterte sie leise.

«Vertraut mir! Manchmal sind die Dinge nicht so, wie sie scheinen! Folgt mir, und ich zeige Euch alles! Und dann überlasse ich es Euch, selbst das Urteil zu sprechen.»

«Gebt mir einen Augenblick Zeit, Albertus!» Salome sank kraftlos zu Boden und starrte wie betäubt vor sich hin. Sie hatte es immer irgendwie geahnt! Mutter! Mit letzter Kraft flüsterte sie ein leises Gebet vor sich hin. Als sie ihren Blick nach oben richtete, war Albertus verschwunden.

Verwirrt erhob sie sich. «Albertus?!»

Salomes Knie begannen zu zittern. Der «Reine» war spurlos verschwunden. Es war ihr, als ließ eine unsichtbare Gewalt ihre Kehle frei. «Allmächtiger!», murmelte sie leise, «ich weiß nicht, ob ich diesen Kräften gewachsen bin! Ich fürchte mich!» Unschlüssig schaute sie nach allen Seiten. Schließlich wandte sie dem Königsgebirge den Rücken zu. Das hier war zu schwer. Hier konnte sie nicht bestehen! Gesenkten Hauptes machte sie sich auf den Rückweg.

Nach einer halben Meile hielt sie inne.

Und wenn Albertus doch die Wahrheit gesagt hat? Was, wenn …?

Abrupt änderte Salome die Richtung und verdoppelte ihr Tempo. Sie musste es wissen!

20. Kapitel: Gabriel

Endlich war es ruhig geworden im Lager. Nach dem überraschenden Verschwinden von Elias hatte am Ende Konrad die Dankes-Messe für die hohen Herren gelesen. Todmüde hatten sich alle nach den furchtbaren Ereignissen bei Einbruch der Dunkelheit niedergelegt. Die Wachen von Andreas, dem Knappen, und seinen Getreuen sicherten die Zelte im Wald.

Mitten in der Nacht weckte Katharina ihren Gatten. «Komm, Liebster! Ich muss dir etwas zeigen!», flüsterte sie leise. Dabei zeigte sie auf das leere Lager von Gabriel.

Sachte verließen sie das Zelt. Sie flüsterten ein paar Worte mit der Wache, und einer der Männer deutete zu einem kleinen Hügel in der Nähe des Lagers. Leise schlichen sie dort hinauf. Als sie ein lallendes Reden hörten, verbargen sie sich hinter einem Felsbrocken und versuchten das Dunkel mit ihren Blicken zu durchdringen.

Schließlich konnten sie den gedrungenen kleinen Körper von Gabriel erkennen.

Der Bursche war auf die Knie gesunken. Seine kurzen Beine zitterten, und ängstlich hatte er mit den Armen den Kopf bedeckt. Konrad wollte besorgt hochspringen und den armen Kerl aus seiner Angst befreien. Doch Katharina hielt ihn zurück.

«Wie oft geschieht das?», flüsterte Konrad fast unhörbar.

«Sehr oft! Aber du brauchst dir keine Sorgen zu machen! Achte genau auf das, was geschehen wird», hauchte Katharina zurück.

Konrad starrte angestrengt zu Gabriel hinüber, konnte aber nichts Besonderes erkennen. Ratlos blickte er zu Katharina. Diese legte ihre rechte Hand schweigend erst auf seine Augen, dann auf sein Herz.

Jetzt hatte Konrad verstanden und nickte leise.

Sie ergriffen einander an der Hand und stimmten in das stammelnde Gebet von Gabriel ein.

Konrad erstarrte vor Schrecken und Ehrfurcht, als er mit seinen inneren Augen zu sehen begann.

Gabriel betete mit Leib und Seele. Mitten aus dem Schlaf hatte der Allmächtige ihn gerufen. Sie waren Freunde! Und wenn der Freund rief, dann gab es kein Halten. Sofort hatte Gabriel den Grund dafür erkannt. Eine dunkle Wolke hatte sich schwer auf das Land gelegt, Mond und Sterne in einem unheimlichen Schwarz verschluckt. Nicht einmal die Grillen zirpten mehr. *Gefahr!* Alle, die er liebte, waren in höchster Gefahr.

«Glistus, Abba Vate!», rief er zitternd und bedeckte den Kopf mit seinen Armen. Ein heißer Strom durchströmte den kleinen, kräftigen Körper. Gabriels Geist verließ den tapsig kindlichen Körper und erhob sich riesenhaft in herrlicher Größe. Ein Krieger des Lichts!

Konrad wusste nicht genau, was es war. Aber es war gewaltig, machtvoll. Er spürte, wie von Gabriel eine Kraft ausging, die nach Norden floss. Und dort, in weiter Ferne, erkannte er etwas, mehr mit einem inneren Blick als mit seinem äußeren, das an ein mächtiges Tor erinnerte. Etwas Dunkles versuchte es gewaltsam zu sprengen.

Gabriel stöhnte laut auf, flüsterte betend vor sich hin.

Wellen von Angst, Schrecken, Wut und Hass überfluteten Konrads Seele. Erschrocken drückte er Katharinas Hand fest zusammen. Doch sie reagierte nicht. Auch sie sah es. Für einen Augenblick verschwand alles vor Konrads innerem Auge.

«Glistus, Abba Vate!! Im Nam von König! Lass los! Justus! Bin bei dir!» Die Stimme von Gabriel klang jetzt klar, fest und hell wie eine Glocke. Und je länger er betete, umso fließender wurden seine Worte und Sätze. Da war nichts mehr von Stammeln oder Stottern. Klare, vollkommene Worte! Es war, als wenn ein Hammer einen Felsen zerschlug.

Konrad spürte, wie die Gefühle von Angst, Wut und Hass immer schwächer wurden und zuletzt zerstoben. Dann löste sich alles in der Dunkelheit auf. Ein tiefer Frieden durchströmte ihn, der inzwischen auch schweißüberströmt war. Mit einem Male war die

Erscheinung verschwunden, und nur noch der zusammengekauerte murmelnde Körper von Gabriel blieb zurück.

Der König konnte die Tränen nicht länger zurückhalten. Gott hatte ihm die Augen für Gabriel geöffnet. Wie schämte er sich! So oft hatte er mutlos und frustriert die kleinen und fast unscheinbaren Fortschritte des Jungen beobachtet. Ihm hatte der Blick des früheren Priors Bernardus für das Kind gefehlt.

Anfänglich hatte er wie jener noch große Hoffnungen und Glauben gehabt. Doch während rundum andere Kinder wuchsen, altklug plauderten, spielten und wagemutig balancierten, schien beim kleinen Gabriel die Zeit stehen geblieben zu sein, schien er keinen Fingerbreit zu wachsen, schien er das ewig brabbelnde und stammelnde Kind zu bleiben. Wacklig auf den Beinen, ängstlich bei allem Ungewohnten, stur und dickköpfig, wenn es ihm nicht passte. Ein hilfloses kleines Bündel, das – auf sich allein gestellt – nicht einen Tag überleben würde und keiner Fliege etwas zuleide tun konnte. Und nun dies!

Konrad presste für einen Augenblick die Hand vor den Mund, um nicht laut aufzuschluchzen.

Katharina streichelte sanft über seinen Handrücken. Sie war eine kluge Frau und hatte ihm eine neue Welt gezeigt. Nun konnte er auch verstehen, warum sie und Elias den Jungen immer so ganz anders gesehen hatten als er. Er hatte das nie wirklich ernst genommen und für den verzweifelten Versuch gehalten, mehr in dem Kleinen zu sehen, als das, was wirklich da war.

Diesmal war es der König, der leise betete: «Herr! Vergib mir mein Hadern! Schenke mir deine Augen für deine Menschen! Danke für diese wunderbare Seele, diesen herrlichen, kraftvollen Geist! Wie manche Schlacht mag er wohl schon für uns geschlagen haben? Herr, behüte unsere Kinder! Danke für Gabriel, diesen unerschrockenen Wächter!»

«Amen!», hörte man jetzt Gabriel sagen.

Katharina gab mit dem Kopf ein Zeichen, schnell aufzubrechen. Geräuschlos erhoben sich der König und die Königin und huschten den Hügel hinunter. Ihre Herzen klopften so laut, dass sie fürchteten, Gabriel könnte es hören. Aber wer konnte schon wissen, ob er ihre Anwesenheit ohnehin nicht schon lange bemerkt hatte ...

Aufgeregt schlüpften sie zurück ins Zelt und legten sich rasch unter ihre Decke. Sie versuchten so ruhig wie möglich zu atmen, als ob sie schon lange und tief schliefen. Gespannt horchten sie ins Dunkel hinaus und warteten. Und warteten. Aber da war nichts. Es blieb still. Verdächtig still. Sie lagen noch eine ganze Weile unbeweglich unter ihren Decken und lauschten. Irgendwann gaben sie es auf und schlüpften aus dem Zelt nach draußen.

Es war kalt geworden. Sie fröstelten etwas und erkundigten sich bei der Wache nach Gabriel. Niemand hatte etwas gesehen. Schließlich gingen sie zurück zum Hügel: Von Gabriel weit und breit keine Spur! Andere Spuren hingegen sehr wohl und sehr zahlreich. Merkwürdige Spuren, fremd und unheimlich. Ein fauliger Geruch lag in der Luft.

«Wir sind nicht alleine!», raunte Katharina. «Es ist wohl besser, wir gehen zurück ins Lager und wecken die anderen.»

21. Kapitel: Labyrinth

Die Tür jenseits von Raum und Zeit war offen. Justus hatte es in der Drachenhöhle sofort wahrgenommen. Das musste Gabriel gewesen sein! Kostbarer Bruder! Rasch schälte er sich aus Ruhelager heraus. Er würde nicht viel Zeit haben, bis die unsichtbare Pforte wieder geschlossen wurde. Einen Moment lang warf er einen prüfenden Blick auf Lilith und Mereth. Grotesk umschlangen ihre erstarrten Arme das Stück leeren Raum, den er zuvor ausgefüllt hatte. Rasch huschte er weiter.

Die Frauen und Mädchen lagen oder saßen bewegungslos um das Feuer, das wie aus erstarrtem Gold gemeißelt schien. Justus blickte sich um. Wo war Anastasia mit den beiden Zwillingen? Schon seit einer Weile war in ihm ein Verdacht hochgekrochen. Diese Säuglinge: Konnte es sein …? Sie sahen so sehr nach Elias und Anna aus! Er schloss die Augen und versuchte zu beten. Aber irgendwie ging ihm das alles viel zu langsam!

Katharina hatte ihn immer wieder ermutigt, nicht so schnell vom Ersten zum Zweiten zu springen. Sie hatte natürlich recht. Wäre da nur nicht immer wieder diese stürmische Ungeduld! Justus war oft nicht zu bremsen, und vergeblich versuchte er, mit sich selbst, seinen Gedanken, Ideen und Zielen Schritt zu halten. Er war einfach zu schnell!

Konrad hatte ihn während seiner Prüfungszeit zur Ritterschaft immer wieder streng dazu angehalten, die Stille der Kapelle und des Gebetes zu suchen. *Ein Ritter der Bruderschaft rennt nicht wie ein Verrückter los!*, hatte er ihn gelehrt.

Halte deine Seele ruhig und geduldig. Versuche die Dinge mit deinem Geist zu erfassen, bevor sie dich ergreifen! Hast du viel zu tun? Dann hast du noch mehr zu beten! Lerne von unserem Herrn! In drei Jahren hat er die Welt mehr verändert als viele Kaiser und Könige ihr ganzes Leben lang. Wenn er gebetet und die Stille gesucht hat, wer sind wir, dass wir es nicht auf nötig hätten?

Justus zuckte bedauernd die Schultern. Er hörte die leise innere Stimme nicht. Noch nicht!

Rasch huschte er an den erstarrten Wesen vorbei, dorthin, wo sich ein langer, schmaler Gang im Dunklen verlor. Es dauerte eine Weile, bis sich seine Augen an das immer schwächer werdende Licht gewöhnten. Ein unangenehm schwefeliger Geruch stach ihm in die Nase, als er den langen Wänden des Tunnels entlangeilte.

Irgendwann umfing ihn vollkommene Finsternis. Er atmete tief durch und streckte seine Hände tastend aus. Erst wagte er nur die Berührung mit der Felswand. Mit der Zeit wurde er etwas mutiger und streckte die Arme immer weiter gerade vor sich hinaus ins Dunkle. Vorsichtig und tastend setzte er einen Fuß vor den anderen. Ein mattes Schimmern glomm ihm entgegen. Mit jedem Schritt wurde es heller.

Als er um eine Ecke schlich, blieb ihm vor Erstaunen der Mund offen. Das, was er vor sich sah, musste der sagenhafte Thron von Magos, dem Zauberer, sein. Die Wände schimmerten in einem türkisfarbenen Licht. Eine Quelle dieses Lichts war nicht zu erkennen. Sie waren mit schwarzen Drachen bemalt. Der gewaltige Thron selbst: ein vollendetes Kunstwerk der Finsternis. Schwarzer Marmor, Eisen, Alabaster, Elfenbein, Silber und riesige Krallen. Geschmiedet, gehauen und ineinander verschmolzen zu einem sitzenden Drachen. Seine ausgebreiteten Schwingen bildeten zugleich die Armlehnen des Thrones.

Justus stockte der Atem. Noch nie hatte er so etwas Dunkles und zugleich Ehrfurchtgebietendes gesehen. War es möglich, dass menschliche Hände so etwas erschaffen konnten?

Während seine Augen noch immer staunend das Rätsel der vermischten Elemente zu ergründen suchten, begann die Luft in der Mitte des Raumes seltsam zu flimmern. Die Drachenornamente an den Wänden schienen plötzlich lebendig zu werden. Das Licht vor dem Thron wurde gleißend hell. Mitten darin tauchten die schwarzen Umrisse einer menschlichen Gestalt auf: Elias! Justus stieß nach dem ersten Schrecken einen Freudenschrei aus, entging aber nur haarscharf dem wuchtigen Hieb von Elias' Damaszener-Schwert: «Ich bin es, Elias! Justus!»

«Verräter! Mörder! Dieb!»

Hätte Justus sich nicht geduckt, seines Bruders Schwert hätte ihn erschlagen. Er verspürte ein heißes Brennen am linken Arm und stöhnte entsetzt auf. Die Klinge fuhr funkensprühend über den Drachenthron hinweg und landete mit einem hellen silbernen Klang auf dem Boden. Justus stürzte sich auf den jungen Prior. Kratzend und schlagend wie zwei tollwütige Katzen wälzten sie sich über den Boden.

Elias' Augen glühten. Wie Schraubstöcke drückten seine Hände Justus' Hals zu.

Alles begann vor den Augen des Jüngeren zu verschwimmen. Er röchelte, seine Hand tastete verzweifelt über den Boden. «Ich bin es, Justus! Bruder! Hör auf!»

Doch Elias' Gesicht verzog sich nur zu einem bösartigen Grinsen: «Natürlich bist du es! Sonst würde ich dich jetzt auch nicht töten!»

Die Sinne begannen ihm zu schwinden. Plötzlich hielt seine Rechte etwas in der Hand: der Griff des Schwertes! Instinktiv griff der junge Ritter danach und stach zu. Die Klinge bohrte sich bis zum Steg in die Brust seines Bruders.

Elias riss die Augen weit auf. Sein Blick brach, der Griff um Justus' Hals lockerte sich. «Mörder! Nicht einmal deinen eigenen Bruder ...!» Elias brach zusammen.

Entsetzt schrie der Jüngere auf und wollte seinen Bruder auffangen. Aber seine Hände griffen ins Nichts. Etwas Krallenhaftes griff nach ihm. Sein Herz stand für einen Augenblick still. Innerhalb weniger Sekunden wurde er durch den Tunnel gesogen, raste auf die große Höhle zu, vorbei an den erstarrten Gestalten und dem gefrorenen Feuerschein und zurück an den Liegeplatz zwischen Mereth und Lilith. Sein Herzschlag raste, und er japste zu Tode erschrocken nach Luft. Er wusste nicht mehr, ob er träumte oder wachte. Es war doch alles so real gewesen! *Gott, Herr im Himmel! Steh mir bei! Ich fürchte mich!*

In diesem Augenblick kam Bewegung in das ganze Bild. Das Feuer begann zu flackern, die Gestalten wurden lebendig, die Arme von Mereth und Lilith griffen nach ihm und umschlangen ihn. Für einen kurzen Augenblick sah er etwas Blitzendes an der Höhlenwand. Er erkannte es sofort. *Das Damaszener-Schwert von Elias!* Justus riss sich mit Gewalt los, fuhr hoch. Ein hässliches lautes Geschrei erhob sich in der Runde.

«Das Schwert!», schrie Anastasia. «Haltet ihn zurück! Tötet ihn!»

Lange, dünne Arme streckten sich nach ihm aus. Mit einem Sprung hechtete er auf die Waffe zu, packte sie mit der Rechten, rollte sich blitzschnell ab und landete geschmeidig wie ein Panther auf den Füßen. Keinen Augenblick zu früh. Die Dämonen stürzten sich mit krallenartigen Dolchen kreischend auf ihn. Doch der singende Stahl des Schwertes fraß sich unerbittlich durch ihre Reihen.

«Für den Herrn! Für den König! Für Falkenstein!» Justus' helle Stimme hallte wie ein Donnerschlag durch das Gewölbe. *Bei Gott, das Schwert von Elias fühlt sich wie der Hammer des Allmächtigen an!* Das Kreischen der Horde wurde immer lauter. Seine Ohren begannen zu schmerzen.

Eine plötzliche Erschütterung ließ die Felswände heftig erzittern. Staub und kleine Steinbrocken lösten sich von Decke und Wänden. Ein markerschütterndes Grollen schlug dem jungen Ritter von allen Seiten entgegen. Das Geschrei verstummte schlagartig. Es dauerte keine drei Atemzüge, und die Dämonen waren verschwunden. Für einen Moment war alles totenstill.

Dann erzitterte alles erneut. Das Gebrüll des Leviathans rollte durch die Höhle, doch diesmal viel näher.

Justus duckte sich und suchte nach einem rettenden Versteck. Ein gewaltiger Schatten zeichnete sich auf der gegenüberliegenden Wand ab. Das tiefe Grollen und Schnauben war nun ganz nahe. Ob er ihn gerochen hatte? Geräuschlos glitt der junge Ritter hinter einen Felsblock und presste sich mit dem Rücken und angezogenen Beinen so eng er konnte daran. Den Griff des Schwertes hielt er mit beiden Händen fest umklammert.

Dann war es plötzlich still. Zu still! Ein pfeifendes Geräusch ließ Justus zusammenzucken. Er hatte dieses Geräusch noch nie selber gehört. Doch er wusste aus den Erzählungen von Konrad und Elias, was gleich geschehen würde. *Kein Schild, keine Rüstung, nicht einmal ein Helm – was für ein Schlamassel!*, schoss es durch seinen Kopf. *Na großartig, Justus von Falkenstein! Dir ist einfach nicht zu helfen!*

Er kauerte sich rasch zusammen, drückte den Kopf zwischen die Knie und bedeckte den Kopf mit den Armen. In diesem Augenblick schoss ein Flammenmeer über den Felsblock hinweg und tauchte den ganzen Ort in gleißendes Licht. Der Felsblock bekam Risse. Schon glaubte Justus die sengende Hitze des Drachenfeuers auf Armen, Kopf und Rücken zu verspüren. Aber da war etwas, das sich leicht und schwer zugleich auf ihn legte. Angenehm kühl wie frisches Wasser und undurchdringlich wie Diamant. *Kawuod!*, durchzuckte es seine Gedanken.

Er wusste nicht, aus welcher Ecke der Erinnerung ihn dieses Wort ansprang. Aber es stand mit einem Schlag vor seinem inneren Auge. *Kawuod: Gewicht, Segen, Herrlichkeit des Herrn.* Bernardus hatte ihm dieses hebräische Wort vor vielen Jahren beigebracht. Zwischen den Beinen hindurch konnte er schemenhaft erkennen, wie der heiße Atem den Felsen zerspringen ließ. Aber der junge Ritter blieb unversehrt. Eine tiefe Ruhe drang in sein Herz.

Erneut hörte er das pfeifende Atemholen des Leviathans. Justus machte sich auf eine zweite Feuerwalze gefasst. Doch diesmal zuckte sie in eine ganz andere Richtung. Er war nicht entdeckt worden. Ein wütendes Brüllen ließ die Wände erneut erzittern. Langsam entfernte sich der Drache, bis sein Brüllen in der Ferne des Labyrinths verhallten.

Stille legte sich auf den Ort. Langsam kehrten die Gedanken zurück. *Elias!* Was für ein furchtbarer Albtraum war das bloß gewesen?! Spielten seine Nerven nun schon derart verrückt? Sein Bruder würde nie im Leben so auf ihn losgehen. Gewiss, manchmal war er, Justus, etwas vorlaut und frech, sagte oder tat Dinge, die ihm schon sehr bald wieder leid taten. Und das hatte ihm, als sie noch Kinder waren, ab und zu Schläge des Älteren eingebracht. Aber nie im Leben würde Elias ihn so hasserfüllt angehen! Nie!

Justus' Blick wanderte langsam hinunter zum Schwert. Das Schwert von Elias! Wie in Gottes Namen kam es hierher? Sein Herz schlug schneller. Das Schwert war so wirklich wie die Felswände zu beiden Seiten. Für einen Moment verlor der junge Ritter den

Boden unter den Füßen. *Elias hasste ihn!* Was in aller Welt war da draußen nur geschehen?

Aber war es nicht schon immer so gewesen? Hier der ungestüme und leichtsinnige Justus, und dort der disziplinierte und besonnene Elias? Der Liebling von Konrad und Katharina? Und war es nicht auch so, dass – wann immer etwas krumm gelaufen war – sofort er, Justus, verdächtigt wurde? Genauso war es doch immer! Und je älter er zu werden schien, umso schlimmere Scheußlichkeiten traute man ihm offensichtlich zu.

Dabei hätte sein Bruder auch allen Grund, sich an der eigenen Nase zu fassen! Wie oft war es Justus gewesen, der den Karren aus dem Dreck gezogen hatte, während der noble Prior Elias sich betend in der Kapelle verkrochen hatte! Eine Wolke von Schmerz, Wut und Mutlosigkeit legte sich schwer auf den jungen Ritter. Er musste zurück, fort von diesem schrecklichen Ort!

«Nicht so schnell!», zischte eine ihm wohlbekannte Stimme. Als Justus sich hastig umwandte, blickte er geradewegs auf die Spitze eines scharfen Dolches. Die glühenden Augen von Albertus starrten ihn böse grinsend an. Justus wich einen Schritt zurück. Neben Albertus stand ... «Salome!», entfuhr es Justus. «Oder sehe ich wieder nur ein Trugbild?!»

Salomes Gesicht wirkte kühl. «Nein, ich fürchte, das hier ist die Wahrheit, Justus von Falkenstein.»

«Hör mit diesem förmlichen Ton auf und geh bloß weg von diesem Scheusal! Er lügt schon, bevor er überhaupt den Mund aufmacht! Kindermörder!»

Justus wollte Albertus überwältigen, doch ein harter Schlag auf den Kopf ließ ihn taumelnd zu Boden gehen. Blitzschnell hatte einer von Albertus' Knechten seine Hände und Arme gefesselt.

«Salome!», Justus Stimme zitterte, als er flehend in ihre Augen blickte. Für einen Moment wurde sie unsicher.

«Wie kannst du nur diesem Henkersknecht in Mönchskutte Glauben schenken?!»

«Das hättest du dir früher überlegen müssen! Justus, wie konntest du nur?!»

«Wie konnte ich nur was?» Justus' Stimme klang so ehrlich und unschuldig.

Hilflos blickte sich Salome zu Albertus um.

«Ich weiß, es ist schwer zu verstehen. Aber das Leben stellt uns manchmal vor große Rätsel.» Anastasia trat aus dem Schatten einer Felsennische und baute sich direkt vor Salome auf.

Diese war wie vom Donner gerührt. Ungläubig starrte sie auf die Frau, ein lebendiges Spiegelbild ihrer selbst. Nur um viele Jahre älter. «Wer ... seid ... Ihr?» Salomes Stimme zitterte.

Der Blick der Frau brannte sich in Salomes Augen: «Ist das so schwer zu erraten?»

Salomes Knie begannen zu zittern.

«Hör nicht auf diese Hexe! Sie ist ein Dämon!», schrie Justus laut.

Albertus nickte einem seiner beiden Knechte zu: «Bind ihm das Maul zu!»

Vergeblich versuchte sich Justus zu widersetzen.

«Ja, mein Kind ... Ich bin es. Und wenn du tief in dein Herz hineinhörst, wirst du die Wahrheit erkennen. Magos, dein Vater, hat dich mir entrissen. Und König Albrecht, dein Großvater, hat alles darangesetzt, dass ich nie mehr das Tageslicht erblicken würde. Man hat mich weggesperrt, verbannt, verkauft. Tag und Nacht habe ich nach dir geschrien. Aber nun sind die Jahre von Schmerz, Zorn und Sehnsucht zu Ende. Wir werden ...»

Sie brach mitten im Satz ab und schluchzte laut auf. «Verzeih! All die Jahre hatte ich mir die Worte zurechtgelegt ... Aber jetzt ...» Anastasia wandte sich von der Jüngeren ab und weinte heftig.

Nun gab es kein Halten mehr. «Mutter!» Salome heulte wie ein kleines Mädchen auf und warf sich Anastasia an den Hals. Eng umschlungen standen die beiden Frauen eine ganze Weile wortlos da.

«Es wird alles gut! Die Falkensteiner werden ihrer gerechten Strafe nicht entgehen!» Albertus' Stimme klang freundlich und entschlossen.

Salome löste sich benommen aus den Armen von Anastasia. Irgendetwas stimmte hier nicht. Doch sie klang ruhig und gefasst, als sie sagte: «So soll es sein. Ich bin um Mutter und Ehre beraubt worden. Sie sollen dafür bezahlen!»

Flüchtig begegneten sich Justus' und Salomes' Blicke.

«Und was wird mit diesem da? Er hat Blut und Verrat an seinen Händen!»

Für einen Moment gelang es Justus, den schlechtgebundenen Knebel mit der Zunge beiseitezuschieben: «Herrgott noch mal, bist du denn blind? Siehst du nicht, was diese Hexe und dieser Halsabschneider vorhaben?! Das hier ist nicht Falkenstein! Wach auf!»

Salome schüttelte empört ihr goldenes Haar. Aufwachen? Sie war ja nicht blöde! Natürlich spürte sie auch, dass hier Seltsames vor sich ging! Aber warum musste er sie so vor allen als Dummkopf bloßstellen? Das war ja wieder mal typisch Justus von Falkenstein! Immer eine vorschnelle, messerscharfe Zunge!

Sosehr seine Worte sie verunsicherten, so sehr kroch nun ein ganz anderes Gefühl in ihr hoch: Ärger! Wut! Stand dieser eitle Gecke nicht unter Verdacht, ein ganzes Königreich in Verruf gebracht zu haben? Und wenn es stimmte: War nicht er es, der Menschen heimtückisch Fallen stellte, sie ahnungslos ins Verderben lockte? Und wo es nicht anders ging, mit Gewalt sogar?

Nun hatte sie auf wunderbare Weise ihre Mutter entdeckt, und er hatte nichts Besseres im Kopf, als jene als Hexe zu beleidigen? Hatte dieser Prahlhans und Lebemann jemals begriffen, wie verletzend er sein konnte? Lag es wirklich an ihm, sie belehren zu wollen? Nein, natürlich nicht! Aber damit war nun Schluss.

Sie kniete vor Justus nieder und drückte ihm mit kalten Augen den Knebel zurück in den Mund. «Halt die Klappe, du kleine giftige Ratte! Noch einmal täuschst du die Menschen nicht mehr!» Etwas tief in Salomes Herzen erschrak über den Klang ihrer eigenen Stimme. Aber dieses leise Etwas wich sehr schnell einem Gefühl von Verletzung, Wut und Rache.

Albertus legte seine Hand sanft auf ihre Schulter. «Keine Sorge, edle Herrin! Er wird seiner Strafe nicht entgehen! Jetzt kommt mit! Wir haben noch eine schwere Aufgabe vor uns!»

«Wie meint Ihr, Albertus?»

Als fürchtete er heimliche Zuhörer senkte der «Reine» seine

Stimme: «Der Leviathan! Er ist hier im Berg! Die Strafe Gottes für den lasterhaften Weg der Herren von Falkenstein. Er ist ein Geschöpf Eures Vaters, Magos, dem verruchten Magier. Ich bin gekommen, um dieser Plage ein Ende zu setzen! Aber dazu brauche ich Eure Hilfe. Traut Ihr Euch das zu, Salome?»

Sie nickte stumm.

«Wir dürfen keinen Fehler machen, sonst werden wir den Berg nicht lebend verlassen. Nur ein Blutsverwandter von Magos kann den tödlichen Streich führen. Ihr, Salome! Der Allmächtige wird Eure Hand siegreich führen, wenn ein Reiner an Eurer Seite steht.» Albertus drückte ihr das Schwert von Elias in die Hand.

Ihre Hand strich für einen Augenblick bewundernd über die goldbeschlagene Lederscheide. Ein berauschendes Gefühl von Macht kroch in ihr hoch. Dann presste sie die Waffe fest an die Brust.

«Und dieser hier», Albertus gab Justus einen Tritt, «dieser hier wird der Köder sein. Seid Ihr bereit dazu, edle Herrin?»

Salome zeigte ein flüchtiges Lächeln: «Bringen wir es zu Ende!»

«Mein tapferes Kind! Du glaubst nicht, wie stolz ich auf dich bin!» Sanft legte Anastasia den Arm um Salomes Schultern.

Es war, als kröche ein böses, tödliches Gift in ihre Glieder. Eine kalte, gefühllose Macht, getrieben von Hass und Verachtung. Gedanken schossen ihr durch den Kopf: *Nun ist meine Stunde gekommen! Schon bald wird mir das Reich gehören! Und die Zeit der bemitleidenswerten Tochter der Schande ist zu Ende! Ich werde mich an allen rächen, die mich so herablassend behandelt haben.* Salome lächelte: «Das habe ich wohl von dir geerbt, Mutter!»

Die beiden Knechte stellten Justus unsanft auf die Beine und stießen ihn vorwärts. Ein dumpfes Grollen schlug ihnen aus der Ferne entgegen. Langsam setzte sich die kleine Gruppe in Bewegung.

Ein flüchtiger Schatten folgte ihnen unbemerkt. Tausend Gedanken schossen Elias durch den Kopf, als er von Felsen zu Felsen hinter ihnen her huschte. So manches hatte er erwartet. Aber das hier nicht! Die Dinge wurden immer verwirrender. Hatte er richtig gesehen und gehört? Salome machte gemeinsame Sache mit diesem teuflischen Mönch? Und war diese verblasste blonde Frau tatsächlich die Mutter? Wie kam sein Schwert an diesen Ort? War es nicht zuletzt am See in der Hütte gewesen? Wer hatte es nach dem Angriff des Leviathans an sich genommen? Justus? Salome? Albertus? Oder diese Frau, Anastasia? War einer von ihnen auch der Mörder seiner beiden Kinder?

Elias schüttelte jeden Anflug von Zweifel von seiner Seele. Zorn und Rachelust kochten in seinem Innern. Wenn es sein musste, würde er aus dem Verantwortlichen die Wahrheit herausprügeln oder herausschneiden. Elias spürte für einen Augenblick eine kalte, giftige Macht in sich aufsteigen. Die leise innere Stimme konnte sich kein Gehör bei ihm verschaffen. Er wischte sie wütend beiseite, so wie man eine lästige Fliege verscheucht.

Wie angewurzelt blieb er stehen. Direkt vor seinen Füßen lag sein Schwert. Wie gedankenlos! Sie hatten es einfach liegen gelassen! Endlich hatte er sein Schwert wieder! Langsam zog er es aus der Scheide. Ein leises Singen war zu hören. Die Kraft des Nordens und die Eleganz des Südens, zusammengeschmolzen in härtestem Damaszenerstahl. Leicht wie eine Feder zerschnitt es die Luft. Was für eine herrliche Waffe! Elias sog die Kraft der Klinge mit der Seele in sich auf. Lange war es her, seit er sie tanzen ließ. Aber nun war ihre Stunde gekommen!

Albertus hielt einen Moment inne. Er lauschte ins Dunkel hinter sich. Dann nickte er unmerklich und grinste triumphierend. Alles verlief ganz nach Plan!

22. Kapitel: Das Netz der Spinne

Vergeblich hatten sie das Lager und die nahen Hügel abgesucht. Gabriel blieb verschwunden. Fauliger Geruch erfüllte nun die ganze Luft. Die Pferde begannen unruhig und verängstigt mit den Hufen zu scharren. Hastig wurde das ganze Lager zusammengerufen. Hier war es nicht mehr sicher. Doch woher kam die Gefahr? Und was konnte man sich dagegen wappnen?

«Ich fürchte, wir können nichts für Gabriel tun. Wir müssen beieinanderbleiben und die Schwerter zusammenhalten! Jede Klinge zählt!» Heinrich sah grimmig in die Runde und erntete zustimmendes Gemurmel.

Konrad kaute verzweifelt auf der Unterlippe. Der Kaiser hatte natürlich recht. Aber Gabriel einfach so alleine in dieser dunklen Nacht lassen? Die Blicke von Katharina und Konrad trafen sich. Doch seine Königin gab ihm zu verstehen, dass sie im Augenblick nichts unternehmen durften. Zu viel stand auf dem Spiel.

Plötzlich war Hufgetrappel ganz in der Nähe zu hören. Die Ritter schlossen lautlos einen dichten Ring um die gekrönten Häupter. Metallklang erfüllte die Luft, als jeder waffenfähige Mann sein Schwert blankzog. Instinktiv lehnten sich Konrad und Wolfhart Rücken an Rücken. Mit hellwachen Sinnen versuchten ihre Augen das Dunkel zu durchbohren. Die wenigen übriggebliebenen Bogenschützen legten an. Das Wiehern eines Pferdes durchschnitt die angespannte Stille.

«Nicht schießen!», rief eine Stimme atemlos in Latein. «Ich bin ein Kurier aus Venedig! Der Doge schickt mich! Ich bringe dringliche Botschaft an die Majestäten und Seine Heiligkeit!»

Heinrich, Johannes und Calixt blickten sich verdattert an. Wie konnte der Doge von ihrer Anwesenheit hier wissen? Welcher Verrat war da am Werk? Diese Mission war unter höchster Geheimhaltung geplant worden, und nun kam einfach ein Bote daher mit der Nachricht, dass Venedig etwas an alle drei zu melden hätte!?

Im schwachen Feuerschein einer Fackel tauchten Pferd und Reiter auf. Der Wallach hatte Schaum vorm Maul und zitterte vor Anstrengung. Mit letzter Kraft sprang der Reiter, gekleidet mit einem Wams in venezianischen Farben, vom Pferd und warf sich vor dem waffenstarrenden Kreis zu Boden.

«Ich kann mir vorstellen», keuchte er, «dass die Majestäten und ihre Heiligkeit mehr als nur verwundert sind über diese Nachricht! Aber der Doge lässt ausrichten, dass Ihr in höchster Gefahr seid! Eure Mission wurde verraten. Vor fünf Tagen hat eine Flotte unter Sandschar dem Großen an der Küste nördlich von Ravenna angelegt. Die Truppen der Sarazenen befinden sich auf direktem Weg in die Stauffermark. Sandschar, der die Expedition höchstpersönlich anführt – so melden es unsere Spione –, will nach Falkenstein!»

Ein leises Raunen ging durch die Reihen. Heinrich holte kurz Luft: «So also schnappt er sich die drei größten Widersacher auf einen Streich! Und das womöglich sogar mit Hilfe der scheinheiligen ‹Reinen›, die sich so gerne als Christenmenschen ausgeben!»

Johannes wägte nachdenklich ab: «Drei Widersacher auf einen Schlag. Mag sein. Vielleicht aber auch vier?»

Wolfhart runzelte die Stirn: «Wie meint Ihr das, Eure Majestät?»

«Mein Vater findet es merkwürdig», antwortete Nikos anstelle des byzantinischen Kaisers, «dass sich Sandschar höchstpersönlich auf diese Reise einlässt. Das sieht ihm so gar nicht ähnlich. Er hat viele Feinde und Neider im eigenen Reich. Den Thron einfach so im Stich zu lassen wäre höchst riskant für ihn. Erst recht durch eine so lange Reise.»

«Ich ahne, worauf Ihr hinauswollt!», sponn Calixt den Faden weiter. «Was aber, wenn auch der Sarazene einer List zum Opfer gefallen wäre?»

Habt Ihr jemanden in Verdacht?», wollte Katharina nun wissen.

Konrad schlug sich mit der Hand auf die Stirn: «Dass ich nicht früher darauf gekommen bin! Die ‹Reinen› sind ein Teil der schwarzen Bruderschaft aus Jerusalem! Byzanz, Rom, Venedig und Speyer sind dieser Bande ein Dorn im Auge. Diese dunkle Bruderschaft kam gar nicht hierher, um Buße und Umkehr zu predigen, sondern um diese teuflische Falle vorzubereiten. Und vermutlich haben sie den Seldschuken noch zusätzlich mit den Kindersklaven gelockt. Mit einem Schlage wären die ganzen Herrscherdynastien in den Händen Jerusalems und damit die Säulen der Macht ganz neu aufgestellt!»

«Was schlagt Ihr also vor, Konrad?», erkundigte sich Heinrich.

«Die Fäden des Netzes laufen in Falkenstein zusammen. Dort werden wir auch die Spinne finden. Also lasst uns dieses giftige Netz ausräuchern!»

Calixt seufzte schwer: «Wie gedenkt Ihr das zu tun? Soweit mir berichtet wurde, seid Ihr durch die vergangenen Ereignisse zum König ohne Volk geworden. Man liebt Euch – um es vorsichtig auszudrücken – zurzeit nicht besonders. Und die Handvoll Soldaten hier scheint mir wenig geeignet, die vielgerühmte Feste einzunehmen. Es sei denn, die Barden und Dichter haben – wie so oft – hoffnungslos übertrieben, wenn sie Falkenstein besangen!»

«Ohne tiefes Wissen ist es unmöglich, Falkenstein einzunehmen! Da habt Ihr recht, Eure Heiligkeit!»

«Wie dann, mein Lieber?»

Konrad kratzte sich im Bart: «Mit List, Eure Heiligkeit, mit einer List! Vielleicht sollten wir das Spiel vordergründig mitspielen! Wir lassen sie glauben, dass wir ahnungslos sind. Wir machen ihre Falle zu der unsrigen.»

«Und wer sagt uns, dass wir keine Verräter unter uns haben? Diese Leute auf der Burg haben ja unglaubliche Täuschungen auf Lager! Mich schaudert jetzt noch, wenn ich daran denke!», warf Nikos dazwischen.

«Dieses Risiko werden wir wohl eingehen müssen», knurrte Konrad.

«Ich denke nicht!», meldete sich nun Katharina. «Zumindest hier nicht. Wir werden das Mahl des Herrn feiern. Mit gesegnetem Brot und Wein. Dämonen mögen es nicht!»

Calixt und Johannes starrten sich verdattert an. Das Mahl des Herrn! Ein weiterer Zankapfel zwischen Ost und West! Auch das noch!

«Gute Idee!», knurrte der alte General ahnungslos. «Aber ich denke, im Augenblick haben wir ein anderes Problem! Riecht Ihr das auch?»

Das Pferd des Boten hatte die ganze Zeit über die Ohren angelegt und ängstlich zu schnauben begonnen. Auch die übrigen Pferde schnaubten und scharrten aufgeregt. Die Ritter öffneten rasch eine Gasse und ließen Bote samt Pferd in die Mitte des Kreises ein. Wolfhart gab ein paar kurze schnelle Zeichen. Mehr brauchten die kampferprobten Männer nicht zu wissen. Jeder von ihnen hätte ohnehin selbst ein Heer führen können, kamen sie doch alle aus den vornehmsten und ältesten Adelsfamilien Europas und Byzanz'.

Lautlos und blitzschnell bildeten sie drei Kreise. Einen ersten Kreis: kniend mit den Schwertträgern hinter ihren in den Boden gerammten langgezogenen Schilden. Darin einen zweiten Kreis, stehend, mit den Bogenschützen. Und in diesem, ebenfalls stehend, einen dritten Kreis mit den Lanzenträgern, die ihre Speere zwischen den Bogenschützen hindurch wie die langen Stacheln eines Igels über die Schilde der Schwertträger hinausragen ließen. Keinen Augenblick zu früh.

Wie aus dem Nichts heraus schoss eine geifernde Meute der riesigen Katzenhunde heran. Doch diesmal war die Überraschung zugunsten der Menschen. Das geifernde Knurren wich innerhalb von Sekunden einem schmerzverzerrten Gejaule. Und ehe es richtig begonnen hatte, war es auch schon wieder vorbei. Das Rudel verzog sich mit eingezogenen Schwänzen in die Dunkelheit der Nacht.

Die Kämpfer atmeten auf und lockerten die angespannten Arme, Beine und Rücken, ohne die Formation ganz aufzulösen. Schließlich gab Wolfhart das Zeichen zum Wegtreten.

Katharina schauderte und schaute sich verzweifelt um. Hoffentlich war der kleine Gabriel diesem Rudel nicht begegnet! Sie nahm Konrad mit erschrocken blickenden Augen etwas beiseite.

«Ich weiß genau, was du denkst, Liebste!», flüsterte der König. «Ich glaube und bete, dass er noch am Leben ist.»

Katharinas Augen suchten das Dunkel ab: «Wir können Gabriel nicht einfach seinem Schicksal überlassen! Wir müssen ihn finden!»

«Und doch dürfen wir die Majestäten auch nicht unnötiger Gefahr aussetzen. Gott weiß, was da draußen sonst noch alles lauert. Zwei Kaiser und ein Papst sind hier. Wenn ihnen etwas zustößt, dann wird die Welt aus den Fugen geraten!»

Katharina ergriff Konrad am Arm. «Und der Schwur der Bruderschaft? Kein Ansehen der Person! Jeder gleich wertvoll vor Gott und den Menschen! Alle füreinander und Gott für uns!»

Der König seufzte: «Mach es mir doch nicht noch schwerer! Ja, wir haben uns das geschworen! Aber hier geht es nicht mehr um uns. Hier geht es um etwas Größeres!»

«Was gibt es Größeres, als wenn Menschen füreinander Verantwortung übernehmen und dem Einzelnen Würde und Wert schenken? Was nützen Weltreiche, wenn der Schrei nach Liebe und Aufmerksamkeit der Seelen nicht beantwortet wird? Ist nicht genau dafür Christus auf diese Erde gekommen, um den Hunger des Schwachen und Elenden zu stillen? Kam er, um den Mächtigen noch mehr Macht zu verleihen, und das im Namen Gottes?»

«Es reicht!», zischte Konrad ärgerlich und schob Katharina beiseite. «Darum liebe ich dich ja auch so, meine Königin! Aber genug jetzt!»

Der König straffte seine Glieder und richtete sich auf. «Wir brechen auf! Sofort! Und egal, was kommt: Wir müssen Falkenstein erreichen! Andreas, Linhart und Nikos – ihr reitet voraus und bringt den Eingang zu den Katakomben unter eure Kontrolle! Wir werden wohl etwas länger brauchen, bis wir bei euch eintreffen!»

Nikos grinste breit: «Und wenn Ihr nicht sicher seid, wen Ihr vor Euch habt, sagt einfach ‹Rosenöl›!»

Konrad schüttelte verständnislos den Kopf: «Rosenöl? Einen seltsamen Humor habt Ihr, Nikos! Wie auch immer: Macht Euch auf den Weg!»

Wolfhart blickte kampflustig zu seinem König: «Die

Katakomben! Konrad, das gefällt mir! Das riecht nach etwas Aufregung. Nach so vielen Jahren!»

Konrad zuckte leicht mit den Schultern: «Wir müssen uns auf Überraschungen gefasst machen. Ich zähle auf Euch, mein General!»

Nachdem Andreas, Linhart und Nikos schon lange lautlos im Dunkel entschwunden waren, setzte sich endlich auch der zurückgebliebene Tross in Bewegung. Viel zu langsam, wie es Wolfhart schien. Aber immerhin, sie bewegten sich! Ein feiner Lichthauch am Horizont kündigte den neuen Tag an. Katharina verlangsamte ihren Ritt und ließ die nachfolgende Kolonne an ihr vorbeiziehen. Als der alte General auf gleicher Höhe war, lenkte sie das Pferd an seine Seite.

«Wo ist der König?» Ihre Stimme klang verärgert und verletzt.

«Ich dachte, er reitet an Eurer Seite, meine Königin? Ihr seid wohl nicht so gut auf ihn zu sprechen?»

Katharina schwieg.

Wolfhart hatte ein feines Gespür. «Vermutlich sichert er die Nachhut. Ihr dürft nicht zu streng mit ihm sein! Die Entscheidung wird ihm sicherlich nicht leicht gefallen sein. Ich werde ihn ablösen und zu Euch nach vorne schicken. Es sind schwierige Zeiten für alle. Aber wir sollten darauf achten, dass kein Keil zwischen uns getrieben wird. So wie ich die Sache sehe, haben wir es hier mit einer Bedrohung äußerer und innerer Art zu tun.» Dann ließ er seinen Hengst mit einem Schenkeldruck zum Ende des Trosses antraben.

Die Königin senkte den Kopf. Sie wusste, dass er recht hatte. Der ärgste Feind der Bruderschaft lauerte stets im eigenen Herzen. Es stand schon ohnehin nicht gut um die Dinge. Innere Zerstrittenheit wäre Gift für alle. Konrad hatte einen schwierigen Entscheid gefällt. Machte er einen Fehler, würden Tausende darunter zu leiden haben. Der Verlust eines geliebten Menschen war hart. Aber was wog er gegen das Schicksal ganzer Völker? Katharina schämte sich. Sie hatte ihrem Mann eine zusätzliche unnötige Last aufgebürdet.

Das Schnauben eines Pferdes riss sie aus ihren Gedanken. Aber es war nicht Sirus. Und statt auf Konrad blickte sie in Wolfharts besorgtes Gesicht.

«Der König ist verschwunden! Ich habe mich durchgefragt. Niemand hat ihn gesehen! Denkt Ihr, was ich denke?»

Sie starrten einander für einen Moment verlegen an.

Wolfhart holte Luft: «Er ist mein König. Und ich habe ihm meine Treue geschworen. Ich werde ihn suchen!»

Katharina schüttelte den Kopf: «Wir wissen alle um Eure Treue, General. Aber er ist der *König!* Und was der König für richtig hält, wollen wir respektieren. Wir halten uns an seinen Auftrag und reiten weiter!»

Wolfhart senkte den Kopf: «Wie Ihr befehlt, meine Königin!»

Katharina drückte ihrem Pferd die Fersen in die Flanken und reihte sich wieder in den Tross ein. «Beschütze ihn, mein lieber Gott! Beschütze sie beide!», flüsterte sie leise vor sich hin.

Reglos hatte Konrad im Schutze eines Gebüschs gewartet. Immer weiter hatte sich das leise Klirren, Stampfen und Scheppern des Trosses entfernt. Dann umfing ihn Stille. Eine unheimliche Stille. Sirus, der Hengst, zitterte leicht. Beruhigend legte Konrad die Rechte auf seine Nüstern. Noch immer blieb der König lautlos und unbeweglich stehen und horchte in die sich lichtende Nacht hinaus.

Das Gefühl von Bedrohung wich allmählich. Da und dort setzte das Zirpen der Grillen ein. Das erste zaghafte Singen einer Amsel kündigte den kommenden Morgen an.

Konrad schob sein Schwert in die Scheide zurück. Bedächtig holte er sich ein Stück Rauchfleisch aus der Satteltasche und schnitt sich mit dem Dolch einen Bissen ab. Der kräftige würzige Geschmack gab ihm neue Kraft. Das anbrechende Tageslicht offenbarte zwischen den Kadavern der Canofelis eine Unzahl von Spuren. Hier hatten sie ihre Rundumsicherung aufgebaut. Dort waren die Hufeindrücke des Boten aus Venedig zu sehen. Und etwas weiter hinten waren die flachgedrückten Plätze des Nachtlagers.

Mit aufmerksamen Blicken nach allen Seiten schritt Konrad den Weg zum kleinen Hügel ab. Dorthin, wo Gabriel gebetet hatte und wo sie ihn zum letzten Mal gesehen hatten. Auch hier gab es eine Unmenge an Spuren. Fußspuren! Gott sei Dank keine Raubtiere!

Der König kniete nieder und betrachtete sich alles ganz genau. Ein kleiner Fetzen von Gabriels Mantel lag im Gras. Es musste zu einem Kampf gekommen sein. Es sei denn ... Konrad richtete sich auf und folgte den Spuren. Hier ging das Gelände von weichem Gras über zu hartem Felsboden. Die Entführer waren keine Anfänger gewesen! Ohne eine Hundenase würde sich die Spur sehr schnell verlieren.

Konrad versuchte die Richtung zu erraten und schritt vorsichtig weiter. Tatsächlich! Ein weiterer kleiner Fetzen von Gabriels Mantel hing in einem Dornengebüsch. Konrad schmunzelte. Schlauer Bursche!

Der König stieß einen leisen Pfiff aus. Kurz darauf stand der schwarze Hengst an seiner Seite. «Brav, Sirus! Wir haben noch etwas zu erledigen!» Konrad schwang sich auf das Pferd und gab ihm einen sanften Klaps auf den Hals. Der Hengst schnaubte abenteuerlustig und setzte sich geschmeidig in Bewegung. Die Spur der Entführer verlief schnurgerade in Richtung Königsgebirge. Immer wieder entdeckte er einen kleinen Fetzen von Gabriels Mantel.

Doch dann kam das Ende rasch und erschreckend. Schon aus der Ferne erkannte Konrad die kleine dunkle Erhebung. Vorsichtshalber suchte er den Schutz eines Felsens und wartete dort eine ganze Weile. Die dunkle rundliche Silhouette regte sich nicht. Nach einer endlos scheinenden Zeit des Wartens wagte sich Konrad schließlich aus der Deckung und näherte sich geduckt der dunklen, leblosen Gestalt. Er erkannte die Farbe von Gabriels Mantel sofort. Das Herz schlug ihm bis zum Hals.

Als er nahe genug war, erkannte er zu seiner großen Erleichterung, dass es nur der Mantel war, der sich in einem kleinen Gebüsch verfangen hatte – sonst nichts. Offensichtlich hatten Gabriels Häscher die Bemühungen des kleinen Burschen erkannt und ihm den Mantel entrissen. Konrad kniete nieder und drückte das Kleidungsstück an die Brust.

Ein fernes Geräusch ließ den König hochschrecken. Rasch suchte er mit Sirus wieder hinter einem Felsen Schutz und suchte die weite Ebene ab. Zu seiner Linken sah man in der Ferne die Königsstadt. Im Norden lag das Königsgebirge. Dann sah er es im Osten: Berittene und Fußtruppen. Hunderte, wenn nicht Tausende! *Sandschar?* Sie bewegten sich auf den mächtigen Riedenwald zu. Am Ende des Waldes lag der Pass, der direkt in das verborgene Tal nach Falkenstein führte!

Für einen Augenblick zögerte der König. Doch schließlich ließ er die Armee zu seiner Rechten liegen und folgte der einsamen Spur der Entführer. Die leise innere Stimme hatte gesprochen.

23. Kapitel: Das Opfer

Immer wieder bebte die Erde im Inneren des Labyrinths. Je tiefer der Gang in den Berg führte, umso wärmer wurde es. Der Schweiß lief ihnen über die Stirn. Die Luft war zum Schneiden dick. Aber nicht nur das. Auch die Gereiztheit der Menschen wuchs. Es war nicht die schlechte Luft. Es war etwas anderes, Bösartiges, das zunehmend Besitz von ihrer Seele nahm.

Albertus war dem kleinen Trupp vorangeeilt und längst ihren Blicken entschwunden. Unbeirrt und mit festen Schritten führte Anastasia die Gruppe vorwärts. Immer in sicherem Abstand folgte Elias ihnen. Endlich schienen sie ihr Ziel erreicht zu haben. Vor ihnen öffnete sich eine riesige Tropfsteinhöhle. Obwohl es ohne Fackeln hier absolut dunkel hätte sein müssen, schimmerte der feuchte Stein in einem giftigen grünen Licht. In der Mitte der Höhle befand sich ein kantiger viereckiger Stein, der an einen Altar erinnerte. Mitten darauf stand ein Korb. Und darin – das Blut gefror Elias in den Adern – lagen zwei Säuglinge. Seine beiden Kinder! Nun erkannte er auch im Halbdunkel eine ganze Menge von Menschen. Sie trugen alle die weiße Mönchskutte der «Reinen». Nur schienen sie irgendwie größer und kräftiger als gewöhnliche Menschen zu sein.

Die Gruppe der Ankömmlinge blieb stehen. Unruhe machte sich breit. Justus begann an seinen Fesseln zu zerren. Auch Salome schaute sich verwirrt um. Ein dumpfer Gong ertönte.

Albertus trat aus einem Seitengang hervor. Die Mönchskutte war verschwunden. An ihrer Stelle trug er ein kostbares schwarzes Gewand, durchwirkt mit silbernen Fäden, die den Umriss eines Drachen formten. Sein Gesicht hatte einen seltsamen grünen Glanz angenommen. In der Rechten trug er einen riesigen flammenförmigen Dolch.

Elias wollte sich ein paar Schritte zurückziehen. Doch plötzlich ergriffen ihn knochige Hände und stießen ihn in das Innere der

Höhle. Er stolperte vorwärts, fiel und landete direkt vor den Füßen von Albertus. Blitzschnell rollte er zur Seite und kam wieder auf die Beine.

«Ah, endlich! Der treusorgende Vater hat seine beiden Kinder gefunden! Ist das nicht bewegend?» Die Stimme von Albertus triefte förmlich vor bösartigem Hohn.

Elias zog wütend das Schwert und führte es mit einer eleganten Bewegung über den Kopf, wo es wie ein lauernder Raubvogel regungslos in der Luft hängen blieb, bereit, auf jedes beliebige Opfer niederzustechen.

Elias' Stimme zischte böse: «Ich bringe dich um! Du wirst in der Hölle brennen, du Teufel!»

«Ah, der fromme Herr Prior beim Beten! Ganz so, wie er seinen Schäfchen die Wege des Herrn beibringt!»

Höhnisches Gelächter umbrauste Albertus.

«‹Liebet eure Feinde! Tut wohl denen, die euch hassen!› Habe ich da etwas falsch verstanden, mein verehrter Prior? Ich dachte immer, die Bruderschaft von Falkenstein hat so etwas wie Tugenden und geistliche Werte!»

Wieder hallte giftiges Lachen durch die Höhle.

«Nun denn, ich will Euch eine Gelegenheit geben, die wahren Werte zu wählen!» Albertus gab ein unmerkliches Zeichen.

Zahlreiche Hände packten grob zu und zerrten Salome und Justus nach vorne. Die junge Frau wurde auch gefesselt. Ein leises Nicken von Albertus, und scharfe Klingen legten sich drohend an die Kehlen der Gefangenen.

Mit Entsetzen starrte Salome auf Anastasia, die ihr immer dürrer und knochiger erschien. Die vorher blauen Augen waren einer dunklen Leere gewichen.

Der «Reine» kostete den Augenblick des Schreckens aus. Langsam schritt er zum Korb mit den Kleinen und hob seinen Dolch in die Höhe. «Was nun, lieber Mönchsbruder? Wer soll leben? Wer soll sterben?»

Elias' Schwert begann zu zittern. Der Prior schüttelte benommen den Kopf. Er fühlte sich verwirrt. Irgendetwas Klebriges schien von ihm abzufallen. Langsam dämmerte ihm, dass hier etwas nicht stimmte – mit ihm! Ihm wurde schwindlig. Sein Schwert sank nach unten.

«Ach, verlässt ihn plötzlich alle Kraft?» Albertus' Stimme kreischte schon beinahe, als er langsam auf Justus und Salome zuschritt, die sich vergeblich gegen ihre Häscher wehrten. Auch sie schienen aus ihrem Dämmerzustand aufgewacht zu sein. «Machen wir es doch anders!», fuhr Albertus fort. «Vielleicht gibt dir das noch etwas Kraft, lieber Prior. Wir lassen sie alle sterben. Vor deinen Augen. Und dich heben wir bis zum Schluss auf!»

Lautes, fast tierisches Schreien brandete über die Gefangenen hinweg.

«Nun ist die Stunde der Rache gekommen!» Albertus' Gesicht glühte kalt vor Triumph. «Heute sehen wir den Anfang vom Ende! Schon sehr bald wird die Welt eine andere sein. Unsere Welt!»

Wieder erklang lautes Kreischen.

«Nein, das wird sie nicht!» Die Stimme von Konrad, König der Stauffermark, donnerte durch die Höhle. Der riesige Ritter stieß ein paar Kuttenträger wie Strohpuppen beiseite. «Es wird Zeit, dass die Dinge an ihren rechtmäßigen Ort kommen!» Konrads mächtiges Schwert blitzte im Lichte der Höhle und widerspiegelte die zahlreichen Fackeln.

«Ah, da kommt er ja! Der König höchstpersönlich!», geiferte Albertus. «Ist er brav unserer Lockspur gefolgt? Ihr seid schneller hier, als ich erwartet hatte!»

«Kein Wunder! Deine Wachen waren miserabel, Albertus! Mit solchen Ratten fängt man keinen Löwen!»

Albertus lachte scheppernd. Ein unterdrückter Ärger in ihr war nicht zu überhören. «Was soll's? Macht den alten Mann nieder!»

Noch bevor zwei der Kuttenträger ihre Schwerter ziehen konnten, hatte Konrad sie niedergestreckt.

Elias nutzte die Verwirrung und brachte die Bewacher von Justus mit einem gezielten Schlag des Schwertknaufes zu Boden. Blitzschnell durchtrennte er die Fesseln von Justus und Salome.

Justus riss einem der «Reinen» das Schwert aus der Hand und duckte sich, als ein feindlicher Hieb über ihn hinwegsauste.

«Fang auf!», rief Konrad Salome zu, während ihr ein Schwert entgegensegelte.

«Egal, was geschehen ist», bellte Konrad ihnen zu, «wir halten zusammen!»

Justus atmete tief ein. Der herrliche Geruch von Falkenstein begann sich auf alles zu legen. Er jauchzte erregt auf: «Lang lebe Falkenstein!»

Elias ergriff blitzschnell einen herumliegenden Dolch und schleuderte ihn auf Albertus und sprang gleich hinterher.

Der «Reine» erstarrte mitten in der Bewegung, als sich der Dolch in seine Brust bohrte.

Elias' Fußtritt schleuderte ihn an die Wand, während der Prior die Zwillinge hastig an sich presste.

Im Nu war er von Salome, Konrad und Justus schützend umringt. Wie Wellen brandeten die weißen Gewänder gegen den engen Kreis. Aber dieser Ring war eine eiserne Mauer, an der alles zerschellte. Die Wellen ebbten ab, und plötzlich war es vorbei.

Konrad blickte sich um. Wo war Albertus? Dort, wo er gelegen hatte, war nichts mehr. Nur der Dolch lag herrenlos am Boden. Ein Geist? Hier war alles möglich. Auch Anastasia war verschwunden.

«Kommt, Kinder, wir müssen hier weg!», keuchte der König. «Wer weiß, welche Teufelei hier noch lauert!»

Justus und Elias standen sich stumm und bewegungslos gegenüber. Nur das leise Weinen der Zwillinge war zu hören.

Elias' Stimme war leise und zitterte: «Bruder, kannst du mir vergeben?»

Ein erlöstes Lächeln huschte über das Gesicht des jungen Ritters. Dann fielen sie sich in die Arme.

«Nicht so fest!», kicherte Elias. «Du erdrückst mir ja noch die Kleinen!»

«Hier entlang!» Salomes Stimme holte sie in die Situation zurück. Sie hatte eine am Boden liegende Fackel ergriffen und hielt sie in die Höhe. «Seht ihr, wie sich die Flammen bewegen? Von dort hinten kommt ein frischer Luftstrom!» Dann huschte sie um die Ecke.

Salome hatte recht gehabt. Nach einem langen anstrengenden

Eilmarsch durch das Labyrinth des Magiers standen sie endlich und ganz überraschend in einer großen Öffnung, die den Blick nach draußen freigab.

Konrad legte seine Arme auf die Schultern seiner Söhne und drückte sie so fest an sich, als ob er sie nie wieder loslassen wollte. Wie das hier auch ausgehen würde: Ihre Herzen hatten sich wiedergefunden! Für einen Augenblick schlossen sie geblendet die Augen, genossen das frühe Tageslicht und füllten ihre Lungen begierig mit der frischen Luft. Wo waren sie? Wo war Königsstadt? Was waren das für Schilfgürtel zu ihrer Rechten?

«Die schwarzen Sümpfe! Es sind die schwarzen Sümpfe!», hörten sie den erstaunten Justus hinter sich. «Und das hier sind die einsamen Felsen! Einfach unglaublich! Vom Königsgebirge bis hierher gibt es unterirdische Gänge?!»

«Das erklärt einiges», murmelte Konrad. «Ein gewaltiges Werk! Aber im Augenblick sollten wir uns um etwas anderes kümmern.»

Jetzt hörten es alle: Ein fernes Grollen rollte ihnen entgegen. Ein Gewitter?

Salome kniff die Augen zusammen und suchte die Gegend ab. Für einen Moment vergaß sie, den offenen Mund zu schließen. Das war kein Gewitter. Das waren Trommeln! Ein großes Heerlager! Offensichtlich hatte sich eine Armee vor dem Riedenwald für die Nacht niedergelassen und war jetzt im Aufbruch.

«Grundgütiger! Eine so große Armee habe ich seit Jahren nicht mehr gesehen!», stieß Elias hervor.

«Ja, das Heer ist sehr stark! Ich habe es schon gestern gesehen. Eigentlich wollte ich Gabriel finden und habe es von Ferne entdeckt.» Mit knappen Sätzen berichtete Konrad seinen erstaunten Zuhörern von den Ereignissen der letzten Tage.

Salomes Stimme zitterte: «Dieses Heer da: Freund oder Feind?»

Fremdartige Posaunenklänge wurden vom Wind herangetragen.

Elias' Stimme klang trocken: «So viel zum Thema Freund oder Feind ... Sie wollen über den Pass zum verborgenen Tal, Vater!»

Konrad nestelte grimmig an seinem Schwertgehänge. «Na, dann wollen wir für den richtigen Empfang sorgen!»

24. Kapitel: Sarazenen

Stöhnend rappelte sich Gabriel auf. Alles an ihm tat weh. Aber er lebte! Irgendwie hatte er diesen fürchterlichen Sturz überstanden. Nachdem er sich vom Gebet erhoben hatte, hatte er vom Lager her schauerliche Geräusche gehört. Und dann war da dieser faulige Geruch gewesen.

Ein riesiger Schatten hatte sich auf ihn gestürzt und zu Boden gerissen. Der Katzenhund hatte das stinkende Maul aufgesperrt, um zuzubeißen. Aber irgendetwas hatte ihn daran gehindert. Gabriel hatte sich losreißen können, war auf seine kurzen Beinchen zu stehen gekommen und hastig davongetappt. Er war natürlich nicht weit gekommen. Mit einem erneuten Sprung hatte ihn die Bestie niedergeworfen. Sie waren über den felsigen Boden gerollt und hatten sich an Felsen und Kanten angeschlagen.

Und dann war da plötzlich nichts mehr unten ihnen gewesen. Es schien eine Ewigkeit verstrichen zu sein, bis sie am Fuße der Steinwand aufgekommen waren. Der Katzenhund unter Gabriel war als Erstes aufgeprallt und sofort tot gewesen. Sein zerschmetterter Körper hatte Gabriels Fall abgefedert und Schlimmeres verhindert. Für einen Augenblick hatte sich der kleine Bursche aufgerichtet. Doch dann hatte sich die Welt um ihn herum immer schneller zu drehen begonnen. Gabriel war zu Boden gesunken. Einen Moment lang waren Bilder und Klänge an ihm vorübergerast. Dann war es dunkel geworden.

Wie lange er dagelegen hatte, wusste er nicht. Jedenfalls war der Tag bereits angebrochen, als er sich schließlich benommen aufrichtete. Der Canofelis war nicht mehr dort, wo er gelegen hatte. Nur der widerliche Geruch erinnerte noch an die Ereignisse der vergangenen Nacht.

Ein dumpfes Grollen machte ihn hellwach. Das war kein Unwetter – das waren Trommeln! Rasch versteckte er sich hinter einem Busch. Nicht allzu weit entfernt wieherten Pferde.

Das Klappern der Hufe kam rasch näher. Für einen Moment verdunkelten Schatten die Sonne, dann blieben die Tiere schnaubend direkt vor seinem Versteck stehen. Sie waren eher von kleiner Gestalt mit einem schmalen, länglichen Kopf.

Gabriel wagte kaum zu atmen. Vorsichtig hob er den Blick und schaute zu den Reitern hoch. Solche Gesichter hatte er noch nie gesehen: braungebrannte, glatte, unbehaarte Gesichter und langes, glänzendes schwarzes Haar, das unter einem turbanähnlichen kegelförmigen Helm nach unten hing. Auf ihrem Rücken hingen runde Schilde, die Schwerter hatten eine seltsam gekrümmte Klinge. Das mussten Sarazenen sein!

Die Pferde begannen an den Blättern von Gabriels Busch zu knabbern. Der Bursche fing an zu schwitzen. Die weichen Nüstern des einen Pferdes tauchten plötzlich vor seinem Gesicht auf. Sie sogen schnüffelnd Gabriels Geruch ein.

«Braves Pferdchen!», flüsterte er fast unhörbar und streichelte es sanft.

Das Pferd gab Gabriels Hand einen leichten Stupser und zog den Kopf wieder zurück. Das war knapp gewesen! Plötzlich zogen die Reiter ihre Schwerter, riefen sich kurze Sätze in einer fremden Sprache zu und starrten in seine Richtung.

Doch bevor sie etwas unternehmen konnten, prallten zwei große Steine an ihre Köpfe. Sie sackten in sich zusammen und glitten mit einem dumpfen Geräusch zu Boden. Kurz darauf hörte Gabriel weiteres Hufgetrappel, aufgeregte Stimmen, nervöses Schnauben von Pferden und ein kurzes Handgemenge. Dann war es wieder still.

Plötzlich war leises Murmeln und Rascheln zu hören. Das dauerte eine ganze Weile. Gabriel klopfte das Herz bis zum Hals. Starke Hände rissen ihn hinter dem Busch hervor. Der Junge versteckte ängstlich das Gesicht hinter den Händen.

«Was für eine feige kleine Ratte versteckt sich …? Gabriel!», rief eine vertraute Stimme überrascht. «Wie zum Donner kommst du hierher?!»

«Babba!» Gabriel streckte erleichtert seine Arme um den Hals von Konrad.

Dieser ließ ihn sanft zu Boden gleiten. «Gott sei Dank, Junge! Du lebst! Was ist geschehen?»

Gabriel deutete auf fünf leblose, halbnackte Krieger, die zusammengebunden neben dem Busch lagen. Jemand hatte ihnen die Kleider ausgezogen. «Doot?», erkundigte sich der kleine Kerl besorgt.

«Ziemliche Kopfschmerzen, würde ich sagen!», schmunzelte Elias.

«Gut Nacht!», murmelte Gabriel und grinste.

«Es sind Späher von Sandschar», erklärte Elias. «Wir brauchen ihre Kleider, um nicht erkannt zu werden. Und wie mir scheint, haben wir sie gerade noch erwischt, bevor sie dich erwischt haben. Wir hatten uns schon gewundert, was sie an diesem Busch so interessant fanden. Hasen waren es jedenfalls nicht!»

Elias nahm Gabriel in die Arme. «Bruderherz, wie freue ich mich, dass du da bist!»

Ein leises Weinen zog Gabriels Aufmerksamkeit auf sich.

Seine Augen wurden zu zwei schrägen schmalen Schlitzen: «Gindä?»

Elias' Augen leuchteten: «Ja, Kinder. Zwei! *Meine* Kinder! Bernardus und Konrad. Zwillinge!»

Salome nahm vorsichtig die beiden Bündel in die Arme und trug sie zu Gabriel heran.

Dieser kicherte und streichelte mit den kleinen breiten Händen über die Wangen von den Zwillingen. «Lieb!» Das brauchte er nicht zweimal zu sagen.

Sofort versuchten die Kleinen seine Finger zu greifen und schrien aus Leibeskräften.

Erschrocken machte der Bursche einen Schritt zurück: «Gabiel bös?!»

«Nein, lieber Gabriel. Sie haben großen Hunger!», erklärte Salome. Ihre Stimme klang besorgt: «Wir müssen möglichst bald Milch finden!»

«Und so nebenbei hetzen sie uns mit ihrem Weinen noch eine ganze Armee auf den Hals», knurrte Konrad trocken.

Leise singend wiegte Salome die beiden Kleinen hin und her.

Und tatsächlich gelang es ihr, sie wieder zu beruhigen. Besorgt blickte sie in die feinen Gesichtchen. Sie wirkten sehr schwach und zerbrechlich. Würden sie nicht bald Milch oder eine Amme finden, würden sie austrocknen und verhungern.

Gabriel schaute sich suchend um. Dann standen sie sich stumm gegenüber: Justus' Augen wurden feucht, als er seinen kleinen Bruder ansah. Sie drückten sich so fest, dass beide kaum noch atmen konnten.

«Danke, du tapferer Krieger! Danke, dass du immer an mich geglaubt hast! Danke, dass du bei mir in der Höhle warst! Du hast mir das Leben und meine Ehre gerettet!», flüsterte Justus.

Gabriel grinste breit und rümpfte die Nase: «Hungä!»

«Da, tapferer Ritter!», lächelte Salome und drückte ihm einen Streifen Dörrfleisch in die Hand.

«Wie kommst du bloß hierher, Gabriel?», wollte Justus wissen.

Der Kleine kaute eifrig am ledrigen Fleischstück und erzählte gestenreich seine Erlebnisse mit dem Katzenhund.

«Nun, da uns Gottes gütige Hand zusammengeführt hat, sollten wir uns so schnell wie möglich aufmachen!» Konrad nahm die Zügel der fünf Pferde und verknotete sie am Busch. «Da, zieht das über!» Konrad warf jedem ein Bündel Sarazenenkleider zu.

So gut es ging, streiften sie sich diese über.

«Puh, sie sind verschwitzt und riechen!», stöhnte Salome. Sie nestelte an den Wamsschnüren. «Na, wie sehe ich aus?»

«Wie eine Vogelscheuche!», scherzte Justus, wofür er sich einen missbilligenden Blick seines Vaters einhandelte. «Aber wenn wir genügend Abstand halten, funktioniert es vielleicht. Zumindest der Geruch wird sie von dir fernhalten!»

«Deine unbändige Begeisterung rührt mich immer wieder, Justus!», giftelte sie zurück.

«Immerhin sind die Kleider größer als der Mensch, der sie anzieht. Was man bei unserem König nicht unbedingt behaupten kann», kommentierte Elias trocken, während er Konrads verbissene Versuche beobachtete, sich irgendwie in die Kleider hineinzuzwängen.

«Ich hätte mir einen größeren Seldschuken aussuchen sollen!», knurrte der König.

«Halte mal!», befahl Salome und drückte Elias die Zwillinge in den Arm. Sie zog ihren Dolch aus der Scheide und durchtrennte die Seitennähte des Sarazenenwamses. Ebenso vergrößerte sie den Halsausschnitt. «Ihr zieht das jetzt über und haltet es mit dem Gürtel unten zusammen.»

Justus grinste: «Das wird klappen! Wenn eine Vogelscheuche durchgeht, dann geht das auch mit einem gestopften und verschnürten Truthahn!»

Ein Klaps von Konrad riss den jungen Ritter von den Beinen. «So viel zur Vogelscheuche!», blaffte der König. «Ein Ritter beleidigt niemals eine Dame!»

Justus rieb sich das Hinterteil und rappelte sich wieder hoch. «Danke für den Rat, Vater! Und was machen wir mit Gabriel? Fünf Pferde, zwei Säuglinge und sechs Leute?»

Elias hatte die Lösung: «Er reitet mit dir, Justus! Du fesselst ihn ein bisschen und setzt ihn hinter dich aufs Pferd. Ein Gefangener als Beute der Sarazenen.»

Schließlich brachen sie auf. Ihr Plan war so einfach wie gefährlich: Als wären sie Späher am Rande der Truppen, würden sie unauffällig mit dem Heer mitziehen und versuchen herauszufinden, was deren Anführer im Sinn hatten.

Dann würden sie sich in einem günstigen Augenblick absetzen, um sich so rasch wie möglich den Übriggebliebenen von Falkenstein rund um Calixt, Heinrich und Johannes anzuschließen. Sehr weit konnten jene noch nicht gekommen sein, seit Konrad sich von ihnen getrennt hatte.

Dann war zu hoffen, dass bis zur Ankunft auf Falkenstein die zündende Idee gefunden war. Es würde wohl ziemlich viel Zeit verstreichen, bis man die überrumpelten Krieger hier fand. Der König wusste aus Erfahrung, wie lange so etwas dauerte.

Was wohl mit den Kindern geschehen war, die nach Süden zum vermeintlichen Kreuzzug gezogen waren? Konrad erschauerte bei dem Gedanken.

25. Kapitel: Kundschafter

Geräuschlos glitten Andreas, Linhart und Nikos aus dem Sattel. Ein scharfer Ritt hatte sie über den Pass zum verborgenen Tal gebracht. Das feindliche Heer hatten sie weit hinter sich gelassen. Rundum leuchteten die gewaltigen, schneebedeckten Gipfel wie eine Krone aus Eis und Stein.

Nach einem weiteren halben Tagesritt hatten sie den Rand des großen Waldes erreicht. Dort banden sie ihre Pferde an eine kleine Tanne und näherten sich geduckt einem massiven Felsblock. Der Stein war für die Eingeweihten der entscheidende Hinweis. Von dort aus hatte man einen guten Überblick zum letzten erhalten gebliebenen geheimen Tunneleingang, der zu den Katakomben Falkensteins führte.

Alles war ruhig. Das leise Knacken feiner Ästchen blieb unbemerkt. Das laute Rätschen der stets wachsamen Eichelhäher blieb aus. Die drei huschten von Baum zu Baum, hielten immer wieder inne und lauschten unbeweglich. Endlich hatten sie den Markstein erreicht. Durch die offenen Baumwipfel sah man den mächtigen Burgfelsen von Falkenstein hindurchleuchten. Vor ihnen lag eine kleine Lichtung. In der Mitte ragte unauffällig ein buschbewachsener Hügel empor: der gut getarnte Eingang zum Tunnel!

Wieder ließen sie Zeit verstreichen und horchten mit offenen Mündern in die Stille hinein, um besser hören zu können. Nachdem sie sich überzeugt hatten, dass der Eingang unbewacht und verlassen war, richteten sie sich langsam auf und eilten zum Hügel.

Andreas zog ein paar dichte Äste beiseite. Ein langer, dunkler Gang gähnte ihnen entgegen. Er zog den Dolch und starrte regungslos in das schwarze Loch. Schließlich gab er den anderen stumm zu verstehen, dass sie warten sollten und schlüpfte dann hinein. Er tastete den Wänden entlang, bis er endlich den Griff einer Fackel spürte. Dann eilte er wieder nach draußen.

Nikos zog Zunder und Feuerzeug aus seinem Beutel. Es dauerte nicht lange, und sie konnten mit der brennenden Fackel das Innere des Tunnels betreten.

«Fühlt ihr, was ich fühle?», raunte der Konstantinopler seinen Gefährten zu.

«Etwas hier ist faul», murmelte der Knappe. «Eine Falle?»

«Gut möglich!», flüsterte Linhart und zog blank. «Es würde mich jedenfalls nicht wundern, wenn ...»

«Los, kommt, sofort raus hier!», fuhr Nikos dazwischen. Blitzschnell warf er die Fackel auf den Boden und trat sie mit dem Stiefel aus.

Sie hasteten die wenigen Schritte zum Ausgang und liefen zurück zum Felsen. Wenige Augenblicke später hörten sie aus dem Innern des Ganges den Lärm von Stimmen und Hundegebell, der sehr schnell näherkam. Die Pferde begannen unruhig zu werden

«Was jetzt?», flüsterte Andreas

«Nichts wie weg von hier!», flüsterte der Prinz.

In diesem Moment rannte ein Knappe schreiend aus dem Tunnel. Große Hunde und eine Schar Bewaffneter hetzten hinter ihm her. Eine Dogge sprang den Flüchtenden an und brachte ihn zu Fall. Innerhalb von Sekunden waren die anderen Hunde über ihm.

«Aus dem Weg! Hasso, Pluto, Boro: lass!», kommandierte der Anführer der Wache. Die Hunde ließen von dem Ärmsten ab.

Die drei saßen schwitzend hinter dem Felsen und starrten sich nervös an.

«Hast wohl gemeint, du kannst deine Freunde warnen, du Verräter?!»

«Ich bin unschuldig, ich schwör's!», rief eine verängstigte Jungenstimme.

«Das kannst du Albertus erzählen! Du weißt, was mit Verrätern geschieht! Los, nehmt den Tropf mit!»

Die Gefährten hinter dem Felsen hörten ein kurzes Handgemenge, dann entfernten sich die Stimmen wieder im Tunnel.

Eben wollte sich Nikos erschrocken, aber erleichtert erheben, als ein leises Winseln ertönte. Die drei erstarrten. Aus dem Winseln wurde ein Knurren, und dann bellte die zurückgebliebene

Dogge wie verrückt los. Sekunden später wurde es auch im Tunnel wieder laut.

«Verfluchtes Biest!», schimpfte Linhart. «Los, hauen wir ab!»

In diesem Augenblick kam der große Hund um den Stein herumgesprungen und fletschte die Zähne.

«Braver Hund! Sitz!», befahl Andreas.

Doch die Dogge schnappte zu und verfehlte seinen Fuß nur Haaresbreite. Jetzt hörte man das Gebell der anderen Hunde und die Rufe von Männern, die aus dem Tunnel stürmten.

«Wenn du nicht freiwillig sitzen willst, dann helfe ich eben nach!», zischte der Knappe und beförderte das Tier mit einem gewaltigen Tritt ins Gebüsch.

Mit wenigen Sätzen hatten die drei ihre Pferde erreicht und galoppierten los.

«Los, wir reiten zur Schlucht!», rief Andreas.

Er scherte etwas nach links aus. Nikos und Linhart mussten sich tief in den Sattel ducken, um nicht von den herunterhängenden Ästen vom Pferd gerissen zu werden. Der Knappe folgte einem schmalen Pfad durch mannshohe Farnsträucher. Das Gebell der Hunde kam rasch näher. Nun fiel das Gelände etwas ab, und eine schmale Felsschlucht, die weiter vorne immer tiefer wurde, öffnete sich vor ihnen.

Andreas lenkte sein Pferd direkt hinein und brachte es zum Stehen. Rasch warf er seine Waffen und den Proviant in den Satteltaschen auf das felsige Plateau oberhalb seiner Linken. Nikos und Linhart begriffen den Plan sofort und taten dasselbe. Sie zogen die Beine aus den Steigbügeln hoch und balancierten auf dem Sattel, während sie mit ausgestreckten Armen nach der Felskante griffen. Ein paar kleine Felsvorsprünge genügten für ihre Stiefel, um sich auf das Felsplateau hochzuarbeiten.

Die herrenlosen Pferde galoppierten angsterfüllt weiter in die Schlucht hinein. Gerade noch rechtzeitig konnten sich die drei Männer oben nebeneinander flach auf den Bauch werfen.

Dann kamen auch schon die Hunde angerannt, geifernd und japsend, den flüchtenden Pferden auf der Spur.

Andreas, Linhart und Nikos versuchten, ihren keuchenden

Atem so rasch wie möglich unter Kontrolle zu bringen. Ihre Lungen schmerzten.

Mit lautem Poltern und Klirren kam nun ein gutes Dutzend Waffenknechte dahergelaufen. Sie zögerten einen Augenblick vor dem Eingang der Schlucht, wechselten hastig ein paar Worte. Aus dem hinteren Teil der Schlucht waren lautes Gebell und Wiehern zu hören. Einer der Männer, offensichtlich der Anführer, gab ein kurzes Kommando, dann stürmten sie in die Schlucht. Rasch entfernten sich ihre Schritte.

«Puh!», murmelte Nikos schließlich halblaut, während er den Davoneilenden unten im Felsendurchgang nachschaute. «Zuerst dachte ich, die hätten uns bereits erwartet. Armer Junge ...»

«Das war Kuno, einer der Unsrigen. Kein gutes Zeichen!», hauchte Andreas.

«Diese Teufel scheinen ihre Augen überall zu haben!», keuchte Linhart. «Habt Ihr einen von denen erkannt?»

«Nicht einen Einzigen! Sie tragen zwar alle den Waffenrock von Falkenstein, aber es sind nicht unsere Leute! Sie müssen zu diesem Kuttengesindel gehören.»

«Jedenfalls war das ziemlich knapp!», stöhnte der Knappe.

«In der Tat – das war ziemlich knapp!», durchschnitt eine Stimme das Gespräch. «Beinahe wärt ihr uns entkommen! Aber auf diesen alten Trick fällt das Kuttengesindel nicht herein!»

Die drei erschauerten. Die Stimme hinter ihrem Rücken – das war Albertus! Wumm! Noch bevor Nikos zum Dolch greifen konnte, traf ihn ein harter Schlag auf den Kopf. Für einen Augenblick hatte er das Gefühl, dass er sich übergeben müsste. Dann verlor er das Bewusstsein.

Wo war er? Unendlich langsam versuchte Nikos den Kopf zu heben. Es gelang ihm nur unter großen Mühen und Schmerzen. Angestrengt zwang er die schweren Augenlider in die Höhe. Aber es schien ihm nicht zu gelingen. Er blieb weiterhin von Dunkelheit umgeben.

Dann versuchte er mit der Hand nach der schmerzenden Beule am Hinterkopf zu greifen. Doch von dort, wo die Hand war, kam nur ein lautes Rasseln. Langsam begann er seine Finger zu spüren.

Da war kaltes Eisen. Die Hände hingen nicht vom Körper herab, wie er erwartet hatte, sondern befanden sich hoch über ihm in der Luft. Mit dieser Erkenntnis stellte sich auch ein schmerzhaftes Stechen und Brennen in Händen, Armen und Beinen ein. Verflixt! Er lag nicht am Boden, sondern hing mit hochgebundenen Armen an einer Kette!

«Aha! Der Konstantinopler weilt auch wieder unter uns! Willkommen in der Herberge zur fröhlichen Kette!» Die Stimme von Andreas zu seiner Rechten klang zwar ebenfalls schmerzgeplagt, aber immerhin schien er einen gewissen Sinn für Humor nicht verloren zu haben.

«Euch hat es ja ganz schön erwischt!», keuchte nun auch Linhart auf seiner linken Seite. «Falls Ihr Eure Hände sucht: die sind oben!»

«Das habe ich auch schon festgestellt, werter Freund!», stöhnte Nikos und versuchte ebenfalls etwas humorvoll zu klingen – was ihm allerdings nicht so richtig gelingen wollte. «Wo sind wir?»

«Auf Falkenstein. Im Kerker unter dem Bergfried», antwortete der Knappe trocken.

«Ich hatte das allerdings etwas heller in Erinnerung. Vielleicht fragt jemand mal nach Kerzen?», seufzte Nikos mutlos. «Was nun?»

«Ich hätte Lust auf ein Stück gebratenes Schwein», murmelte Linhart. «So richtig zart und knusprig!»

Es blieb eine ganze Weile ruhig. Je länger es dauerte, umso kälter wurde es dem Prinzen. Gewiss: Der Schmerz in Kopf und Gliedern, die Blutleere in den Armen, die immer unangenehmer wurde – das alles konnte dazu führen, dass der Körper zu frösteln begann. Aber da war noch eine andere Kälte im Raum.

«Fühlt ihr diese Kälte auch?», flüsterte Nikos in die Dunkelheit hinein.

«Ja», erwiderte Linhart. «Wirklich kalt hier!»

Nach einer weiteren Stille fragte Andreas: «Nikos, jetzt da wir ohnehin erwischt worden sind – was genau wollten eigentlich Heinrich, Johannes und Calixt hier auf Falkenstein?»

«Spielt das denn noch eine Rolle?» Der Prinz war plötzlich

hellwach, presste die Worte aber gespielt nur mit schweren Seufzern begleitet heraus, so als ob er gleich wieder wegdämmern würde. «Ich ... bin ... so ... müde!»

«Das würde mich in der Tat auch interessieren!», hakte der Stallbursche nach. «Wofür genau sollten wir Kopf und Kragen riskieren? Wisst Ihr etwas, das wir auch noch wissen sollten?»

Nikos' Nackenhaare sträubten sich. Was waren das für merkwürdige Fragen?

«Falls wir getrennt würden oder jemand von uns ausfällt», erklärte sich Linhart, «wäre es doch wichtig, wenigstens die notwendigen Informationen zu kennen. Man kann ja nie wissen.»

Nikos versuchte noch schläfriger als zuvor zu klingen, während er sich in seinem schmerzenden Kopf mühsam durch die Gedanken hindurchkämpfte. Andreas und Linhart hatten doch klare Order erhalten, was ihre Aufgabe betraf! Nikos fröstelte erneut. Das hier also waren nicht seine beiden Begleiter! Also wieder so eine Teufelei von Albertus.

«Ich bin so müde ...», stöhnte Nikos vor sich hin. «Es war abgemacht ... Calixt und Heinrich ... von ... Süden. Johannes ... von ... Norden. Drei Armeen ... Staufensee ... Königspass ... Riedenwald ... Zeichen ... Sandschar ... Verrat ... und dann ...»

An dieser Stelle ließ Nikos die Stimme ins Leere versinken. Kräftig zog er an der Handfessel, so als ob sein Körper die Kraft verlieren und von der Erschöpfung nach unten gezogen würde. Dann atmete er – trotz der heftigen Schmerzen – langsam und gleichmäßig, so als ob er ohnmächtig geworden wäre.

«Nikos?» Die Stimme, die wie die von Andreas klang, wirkte forschend und zugleich etwas ärgerlich. «Nikos!»

Der schwieg und atmete ruhig und tief.

«Nikos!» Für eine längere Zeit war es totenstill.

Der Prinz horchte gespannt ins Dunkel.

«Bist du aus seinen Worten schlau geworden?», flüsterte Andreas.

«Nicht wirklich.»

Nikos schauderte. Die Stimmen klangen plötzlich ganz anders. Tiefer, kehliger, unheimlicher. «Ich kann nur vermuten.

Offensichtlich nähern sie sich in zwei Gruppen. Und offensichtlich haben sie drei Armeen gesammelt.»

«Davon haben unsere Spione aber nichts berichtet!»

«Das dachte ich mir auch. Nun, der Meister wird sicher weiterwissen!»

«Und vielleicht haben die anderen beiden Vögel ja inzwischen gesungen.»

«Wir werden sehen. Hoffen wir es. Ich möchte nicht, dass Sabas zornig wird!»

Während sie redeten, entfernten sich ihre Stimmen plötzlich zusehends. Dann war es ganz still. Die Kälte war ebenfalls verschwunden.

Nikos' Nackenhaare legten sich allmählich. Er war allein. Wie es wohl seinen beiden Gefährten erging? Vermutlich versuchten diese Teufel dasselbe bei ihnen. Aber immerhin wusste er jetzt, dass Sabas und Albertus bis jetzt noch nichts von ihren Plänen erfahren hatten. Das Netz der Spione und Schatten war groß. Aber eben doch nicht dicht genug. Oder da war eine andere Macht, die sie daran hinderte. Dieser letzte Gedanke gab Nikos etwas Mut und Hoffnung.

Ein Gespräch mit Nikolaos, seinem älteren Bruder, kam ihm wieder in den Sinn. Sie waren ja schon immer sehr verschieden gewesen! Sein älterer Bruder war stets an religiösen Fragen interessiert gewesen. Nikos hatte ihn deswegen oft spöttisch «unseren kleinen Eremiten» genannt. Nicht ahnend, dass Nikolaos eines Tages wirklich den Weg von Keuschheit und Stille gehen würde.

Ganz anders als er, Nikos. Er war ein Spieler und Abenteurer. Aber wann immer sein großer Bruder über die Dinge des Glaubens zu reden begann, hörte er aus Respekt und Neugier zu. Er spürte, dass Nikolaos – oder Bernardus, wie er sich später nannte – eine stetige heilige Flamme in sich trug.

«Sag mir, unser kleiner Eremit», hörte er sich in seiner Erinnerung reden, «warum gibt es Menschen, die sich im Leben so schwer tun mit Gott und den Sünden? Die sich mühselig durchs Leben quälen auf der Suche nach Erlösung? Und warum gibt es Menschen, die gleichgültig und gedankenlos durchs Leben gehen, so als ob es diese Dinge alle gar nicht gäbe? Am Ende sterben sie beide. Nur der eine hat sein Leben lustvoll gelebt und getan, was ihm gefiel. Der andere hingegen nicht. Ergibt das Sinn? Ist das gerecht?»

Dann hörte Nikos die Sätze seines Bruders. Glasklar, so als ob er neben ihm stünde:

«Mein lieber kleiner Bruder, du täuschst dich! Nicht der ist der Glücklichere, der sein Leben lang so gelebt hat, wie er es wollte und es für richtig hielt. Glücklich ist vielmehr derjenige, der die Gnade von Wahrheit und Erkenntnis geschenkt erhalten hat.

Oder wie Christus sagt: *Breit ist der Weg, der ins Verderben führt. Schmal aber der Weg, der ins Himmelreich führt!* Wir leben in einer tiefen Täuschung über unser wahres Wesen. Solange wir mit allen anderen den breiten Weg beschreiten, fällt es uns nicht auf. Denn alle bewegen sich in dieselbe Richtung. Und weil alle denselben breiten Weg gehen, kann sich keiner vorstellen, dass es der falsche Weg ist.

Aber ist es nicht so wie bei einer versprengten hungrigen Armee? Da steht plötzlich einer auf und irrt in eine Richtung davon. Ein Zweiter sieht es, und denkt: Dieser weiß etwas, das ich nicht weiß! Ein Dritter sieht die beiden davoneilen und ruft nach hinten: Die da vorne haben etwas gesehen! Als alle auf die Beine springen, schreit ein Vierter: Essen! Sie haben Essen gefunden!

Und schon rennen sie alle los und hoffen auf ihr Glück. Keiner bleibt stehen und überlegt sich: *In diese Richtung geht es doch direkt in die Arme des Feindes?!* So hasten sie in ihr Verderben. Denn wenn doch alle in dieselbe Richtung losrennen, dann muss es doch der richtige Weg sein.

Das ist der breite Weg, mein lieber Bruder! Erst wenn wir den schmalen Weg entdeckt haben, erkennen wir das wahre Glück.»

«Wenn das wahre Glück nur Leid, Entsagung und Keuschheit bedeutet, verzichte ich gerne darauf!»

«Es wird der Tag kommen, an dem du deinen Irrtum erkennen wirst. Ich bete für dich!»

Weiter war dieses Gespräch nicht mehr gekommen. Die Worte des älteren Bruders hätten überheblich wirken können. Aber als er ihm damals in die Augen geblickt hatte, sah er nur Frieden, Liebe,

Barmherzigkeit und Güte in ihnen. Daraufhin hatte er nichts erwidern können. Nikos erinnerte sich nur noch, wie er wütend aus dem Zimmer gelaufen war. Pah! Der große Bruder wollte immer alles besser wissen! Sollte er doch ruhig ins Kloster gehen! Er, Nikos, war ein geborener Prinz von Konstantinopel. Eines Tages würde er über das Reich seines Vaters herrschen!

Ein tiefer Schmerz durchzuckte Nikos bei dieser Erinnerung. Nie wieder hatte er seinen Bruder gesehen. Er sei – so hieß es eines Tages nur – nach Jerusalem gezogen und hätte mit den Ketzern aus Rom, den Anhängern des Papstes, gemeinsame Sache gemacht. Sein Vater war nach seinem Verschwinden in eine verbitterte Trauer versunken und erwähnte seit jenem Tag Nikolaos' Namen nicht mehr.

Er selbst war hin- und hergerissen. Am Hofe war es ausgemacht, dass Nikolaos ein Ketzer und lasterhafter Verräter war. Aber er, der kleine Bruder, hatte diesen Blick seiner Augen nie vergessen können.

Nikos wurde zum neuen Liebling am Hofe. Und er genoss es in vollen Zügen. Wie hieß es doch beim Volk? Wein, Weib und Gesang! Aber so sehr er sich auch darin sonnte – tief in seinem Herzen wusste er, dass ihm etwas fehlte, was sein Bruder hatte. Was für ein Idiot war er nur gewesen! Was würde er heute dafür geben, um diesen kostbaren Augenblick noch einmal zurückzurufen. *Glücklich ist derjenige, der die Gnade von Wahrheit und Erkenntnis geschenkt erhalten hat!* Was war Wahrheit? Was bedeutete Erkenntnis? Nikos seufzte. Nicht nur die Ketten in diesem Kerker bereiteten ihm große Schmerzen.

Plötzlich tauchte Salomes Gesicht in Gedanken vor ihm auf. In Konstantinopel hatte er sie zum ersten Mal gesehen. Dieser goldene Engel schien wie aus einer anderen Welt zu kommen. Aber etwas anderes faszinierte ihn noch viel mehr an ihr. Da war etwas in ihren Augen, das ihn an Nikolaos erinnerte. Derselbe Frieden, dieselbe Liebe und Güte leuchteten in ihnen. Wie eine Wucht hatte ihn damals eine unbändige Verliebtheit ergriffen. Er wusste, für einen Mann seines Standes war diese Liebe verboten und sträflich. Aber er konnte nicht von ihr lassen.

Er erinnerte sich, wie er ihr auf dieser Burg hier heimlich nachgestellt hatte: Durch ein halbgeöffnetes Fenster der Burgkapelle lauschte er ihrem Abendgebet. Erst betete sie das Vaterunser. Nicht in Latein und auch nicht in Griechisch! Nein, sie betete es in ihrer eigenen Muttersprache. Noch nie hatte er dieses Gebet so gehört. Aber nicht genug damit: Kaum hatte sie geendet, begann sie zu reden. Aber nicht mit einer Amme, Hofdame oder einem Beichtvater, sondern mit dem Allmächtigen! So, als wären sie Freunde, als wäre er ihr Geliebter.

Es hatte ihm beinahe den Atem verschlagen. Das durfte man nicht! Der Patriarch von Konstantinopel hatte sie doch am kaiserlichen Hof gelehrt, dass Christus, der Herr der Welt, mit höchstem Respekt und Ehrfurcht behandelt werden müsse. Der elende Sünder müsse sich der göttlichen Heiligkeit bewusst sein: *Christos Kyrios Pantokrator* – Christus, der Herr und Weltenbeherrscher!

So war er ja auch in der unvergleichlichen riesigen goldenen Kuppel der Hagia Sophia – der Kirche der Heiligen Weisheit – abgebildet. Ein gestrenger und entrückter König mit erhobener rechter Hand, wo sich Daumen und Ringfinger berührten. Und darum war es auch nur dem heiligen Patriarchen erlaubt, das Tor durch die Ikonostase, die große Bilderwand mit den gemalten Heiligen und Aposteln, zu durchschreiten und das Allerheiligste zu betreten.

So hatte man es ihn gelehrt. Aber je länger er damals Salome beim Gebet zugehört hatte, umso törichter erschienen ihm die Mahnungen des Patriarchen. Und als sie dann auch noch ein schlichtes Lied für ihren Herrn und Gott zu singen begann, wurde er in seinem Herzen bestürzt und bewegt. Es war einer der Gesänge, wie man sie in der Bruderschaft von Falkenstein zu singen pflegte. Elias und Katharina waren meisterlich darin. Und viele dieser Worte stammten aus Gedichten des Prior Bernardus – von Nikolaos, seinem Bruder!

Ob es nun die Schmerzen, die Erschöpfung oder die Erinnerungen waren – beinahe wäre Nikos in Tränen ausgebrochen. Hier, mitten in diesem finsteren Loch, verspürte er mit einem Male einen tiefen Frieden und eine Liebe, die zum Greifen nahe war. Es war, als ob ein unsichtbares Licht den Kerker erfüllte. War dies das Geheimnis, von dem sein Bruder gesprochen hatte?

Nikos flüsterte ein Gebet, kindlich, schlicht. Es musste schon Jahre her gewesen sein seit dem letzten Mal. Ein helles Licht kam auf ihn zu. Es erfüllte den ganzen Raum, obwohl es stockfinster war. Er blickte nach oben zu seinen Handfesseln. Da war ein Riss im Eisen. Und je mehr er an der Kette zerrte, umso größer wurde er.

26. Kapitel: Der Plan

Schweißgebadet schoss Salome von ihrem kaiserlichen Nachtlager hoch. Alles war so real gewesen, als hätte sie es selbst miterlebt! Der Kerker, die Ketten, der Schmerz und die Dunkelheit. Die drei Kundschafter, die nach Falkenstein entsandt worden waren, befanden sich in höchster Gefahr! Sie schlüpfte unter der Decke hervor und kniete sich nieder zum Gebet.

Doch es fiel ihr schwer, die Gedanken zu sammeln. Da war noch etwas ganz anderes in ihrem Herzen: Nikos! Dieser leichtsinnige Konstantinopler, Weiberheld und Abenteurer, ohne tiefere Gedanken! Ein schaler Schatten seines Bruders, Bernardus, geliebter Prior von Falkenstein, gefallen im Kampf mit dem Drachen! Bestimmt hatte Nikos schon unzählige Herzen gebrochen und war sich seiner hervorragenden Stellung sehr wohl bewusst.

Salome schüttelte verwirrt den Kopf und suchte sich erneut zu sammeln. *Nun denn: Auch ein Lebemann wie er hat jetzt dringend Gebet nötig!* Doch kaum hatte sie damit begonnen, sah sie Nikos wieder vor sich: schlank, elegant, dunkle Augenbrauen, eine gerade Nase, feine, hochstehende Wangenknochen, grüne, melancholische Augen und schwarzes, lockiges Haar. Salomes Herz begann schneller zu schlagen.

Ärgerlich setzte sie sich wieder auf ihr Lager. So wurde das nichts mit dem Beten! «Gott im Himmel», stammelte sie, «steh ihnen bei! Rette sie aus dieser Finsternis und ...»

«Na, wo brennt es denn?» Eine große, schwere Hand legte sich auf Salomes Schulter und riss sie erschrocken in die Gegenwart zurück. Konrads Stimme klang freundlich und leicht angespannt. Verstört blickte Salome in das Gesicht des Königs.

«Ein Traum, ein Bild! Sie sind in Gefahr! Ich sah es direkt vor mir. Andreas, Linhart und ...»

«Und Nikos?» Konrads Augen blitzten hell auf im Feuerschein.

«Wie um alles in der Welt kommt Ihr darauf?», stotterte Salome wie ein ertappter Dieb.

Konrad grinste: «Wenn das Kreuz in Eurer Hand nicht aus vergoldetem Silber wäre, hättet Ihr es längst zerquetscht!»

Erst jetzt bemerkte Salome das kostbare silberne Doppelkreuz in ihrer Rechten. Ein Geschenk von Nikos, das er ihr bei seinem letzten Besuch mitgebracht hatte. Das Kreuz von Konstantinopel. Eine nette Geste, weil er sehr wohl wusste, dass sie eine glühende Christin war. Sie hatte es dankend angenommen. Aus reiner Höflichkeit natürlich. Sie hatte nicht vor, eine weitere verwelkte Blume in seiner langweiligen Sammlung zu sein! Und darauf wäre es bestimmt hinausgelaufen. Das hatte sie nicht nötig! Sollte dieser stolze Gockel anderswo sein Glück versuchen!

Zum Glück war es dunkel, sonst hätte man ihr heftig errötendes Gesicht sofort gesehen. Glaubte sie zumindest.

Konrad konnte sich eines feinen Lächelns nicht erwehren: «Ihr liebt ihn! Aber ihr seid Euch nicht sicher, ob er es wert ist und ob diese Liebe erwidert werden würde, nicht wahr?»

Salome gab auf. «Ihr lest in mir wie in einem offenen Buch, Onkel!»

Der König setzte sich neben sie. «Er ist es wert, glaubt mir! Jeder Zoll von ihm.»

Die junge Frau ergriff Konrads Hand. «Wie könnt Ihr so sicher sein?»

«Der Mensch sieht was vor Augen ist, aber Gott sieht das Herz an!»

Salome seufzte: «Aber ich sehe nichts von Gott in diesem Mann. Oder nur sehr wenig!»

«Da müsst Ihr noch viel lernen, liebe Nichte! Ich kannte seinen Bruder. Und ich sehe so viel von ihm in Nikos! Da ist mehr an Schätzen verborgen, als man auf den ersten Blick vermutet. Ob es das Protokoll von Byzanz allerdings erlaubt – das ist eine ganz andere Frage. Gebt ihm, Euch und Gott Zeit. Wer weiß, was noch werden kann. Habt Geduld.»

Bei diesen Worten fuhr Salome hoch: «Diese Zeit haben wir vielleicht nicht mehr!»

Konrad stellte sich ächzend auf die Beine, drückte seinen Rücken durch und legte den Arm um ihre Schultern: «Ja, wir brauchen ein Wunder! Die Welt, die wir lieben, ist nur noch ein Schatten. Und wenn wir versagen, wird sie ganz untergehen. Aber unser Herr sagt: ‹Jeder Tag hat seine eigene Plage.› Lasst uns heute gemeinsam bitten für unsere Freunde und Lieben! Morgen kommt dann das andere.»

Salome nickte stumm. Dann knieten sie beide nieder und beteten.

Schon im frühen Morgengrauen erwachten alle. Nahrung für die Zwillinge zu bekommen war nun die allererste Aufgabe. Ein wenig Ziegenmilch hatten sie auftreiben können. Doch die Kleinen tranken nur widerwillig. Aber es half wenigstens für ein paar Stunden.

Da sie inzwischen den Riedenwald erreicht hatten, schlugen sie einen nördlichen Weg ein – weg vom großen Heer – in Richtung Büttenwald. Das Dorf selbst war nicht sicher. Aber vielleicht das Waldheim, ein weit abgelegener Hof mitten im hinteren Riedenwald? Nur wenige kannten diesen Ort. Und sollte es noch sein wie früher, würden dort Richard und Hanna anzutreffen sein. Die älteren, rundlichen Bauersleute gehörten zu den Getreuen des Königs, und sie waren glänzende Gastgeber.

Der Wald wurde nun immer dichter. Die Reiter mussten absteigen und sich hintereinander durch den fast unsichtbaren Weg hindurchkämpfen. Dann, ganz überraschend, endete das dichte Buschwerk. Vor ihnen öffnete sich eine größere Lichtung. Mitten darin stand ein behagliches, einladendes Bauernhaus mit dickem Strohdach. Gleich daran angeschlossen ein kleinerer Stall, ein Backhäuschen und davor ein Ziehbrunnen.

Sie hatten Glück. Das Gehöft war offensichtlich unentdeckt geblieben.

Nach einem kurzen Klopfen an die schwere Eichentür öffnete Richard vorsichtig. Sein besorgter Blick wich einem erleichterten und fröhlichen Lachen. Nun tauchte auch Hanna auf, umringt von einer großen Kinderschar. Etliche der Kinder waren Waisen, die die beiden aus Mitleid in ihre Familie aufgenommen hatten.

«Ein paar hungrige Mäuler mehr», pflegte Richard zu sagen, «machen den Stall nicht leer!»

Hannas ergrautes hochgebundenes Haar wackelte, als sie strahlend Konrad und die Seinen umarmte.

Justus und Elias blickten sich für einen Moment an. Hier waren sie als Kinder oft gewesen. Wann immer ihr Vater sie mit auf die große Jagd genommen hatte – und das wollten sie eigentlich immer – und sie ihre kindlichen Kräfte zuletzt doch zu verlassen drohten, brachte er sie zu Richard und Hanna. Dann ritt er weiter, um mit den anderen Rittern das Wild aufzuspüren.

Elias und Justus hatten diesen Ort geliebt. Fast immer roch es nach frischgebackenem Brot. Hannas riesige goldbraune Brotlaibe mit der köstlichen dicken Kruste waren einfach unwiderstehlich gewesen! Und mit Begeisterung hatten sie jeweils darauf gewartet, dass Richard eines dieser Brote unter den linken Arm klemmte und mit der Rechten ein Stück, in ihren Augen groß wie ein Wagenrad, davon abschnitt.

Hanna drückte die beiden jungen Männer an ihre Brust und sagte mit ihrer unverwechselbar langsamen Aussprache: «Aus den beiden kleinen Küken sind ja richtige Herren geworden!»

Die beiden jungen Männer zwinkerten sich zu. Dann brachte Elias seine beiden Söhne ins Innere des Hauses.

Nachdem Konrads Augen sich an das Halbdunkel gewöhnt hatten, fiel ihm auf, dass auch hier die notvollen Jahre ihre Spuren hinterlassen hatten. Es gab viel zu erzählen!

Hanna holte einen Krug voll Milch aus dem Keller und tauchte einen sauberen Lappen hinein. Dann steckte sie ihn den Kleinen abwechselnd in den Mund, die nach einigen ersten Protesten gierig daran zu saugen begannen. Sie waren sehr schwach. Aber doch war noch genug Leben in ihnen, um wieder Kraft zu schöpfen.

Allen war klar, dass sie den Zwillingen keinen weiteren Ritt zumuten durften. Sie mussten hierbleiben, zumindest vorläufig.

Elias zerriss der Gedanke beinahe das Herz. Die letzte Trennung von den Kleinen war schlimm gewesen. Einzig der Gedanke beruhigte ihn, dass Hanna und Richard sie treu und ergeben beschützen würden, so als ob es ihre eigenen Kinder wären. Sollte der

Plan scheitern, waren die Kleinen zumindest vorläufig sicher. In der großen Kinderschar würden sie unerkannt bleiben. Sollte der Plan gelingen, würden sie sie so rasch wie möglich zu ihrer Mutter bringen.

Vielleicht wäre es ohnehin besser, Anna würde sich von der ganzen Geschichte verabschieden und hierher auf den Hof kommen, bis alles vorbei war. Gabriel wollten sie ebenfalls auf dem Hof zurücklassen. Doch dieser wehrte sich so heftig, dass alles Bitten und Befehlen zwecklos war.

Nachdem sie sich beraten und gestärkt hatten, war der Augenblick gekommen, einen neuen, noch waghalsigeren Plan umzusetzen. Sie verabschiedeten sich herzlich von den Bauersleuten und machten sie sich auf den Weg.

Der neue Plan sah folgendermaßen aus: In der Hoffnung, unerkannt zu bleiben, würden sie sich dem General der feindlichen Armee nähern, um vorzugeben, Überläufer zu sein. Womöglich war es Sandschar höchstpersönlich, der den Angriff leitete. Das wiederum sollte ihnen Tür und Tor zu den Plänen der Verschwörer öffnen. Und dann – mit Gottes Hilfe – würden sie versuchen, Sandschar auf Falkenstein in eine Falle zu locken.

Oder es gelang ihnen, den Sultan auf ihre Seite zu bringen. Denn wer sagte, dass der Sarazene nicht auch nur eine Schachfigur war? Aber von wem?

Konrad hatte lange darüber nachgedacht. Wer konnte die Mächtigsten der Mächtigen wie Wasserbäche lenken außer dem Allmächtigen? Ihm kam ihm nur ein Name in den Sinn: Bargûr, Fürst der Dunkelheit. Der alte Dämon, der schon in Jerusalem sein Unwesen getrieben und sich des Patriarchen Sabas bemächtigt hatte. Bargûr war es gewesen, der einst aus Konrads Halbbruder, Matthias von Gosen, den todbringenden Magos geschaffen hatte. Und vielleicht hatte er sich auch Sandschar untertan gemacht. Wer konnte das wissen?

Konrad hatte sich entschieden: Entweder nahmen sie Sandschar als Geisel, oder sie kämpften Seite an Seite.

An diesem Punkt war alles offen und möglich. Doch was hatten sie noch zu verlieren? Das Land lag in Trümmern. Die Menschen hungerten. Die Seldschuken waren ungehindert einmarschiert und hatten sich mit einer verräterischen Sekte verbündet. Im Drachenberg hauste der Leviathan und trug Furcht und Schrecken in die Stauffermark. Und als Krönung waren die höchsten Würdenträger der christlichen Welt mitten in dieses Schlangennest hineingelockt worden. Konnte es noch schlimmer werden?

Konrad und die Seinen hatten entschieden: *Bis hierher und nicht weiter! Koste es, was wolle!* So hatten sie sich auf den Weg gemacht.

Unauffällig bewegten sie sich parallel zum Sarazenen-Tross. Die Verkleidung funktionierte. Man hielt sie für einen Teil der Nachhut. Und wann immer ihnen jemand zu nahe kommen wollte, scherten sie aus und verschwanden irgendwo tiefer im großen Riedenwald. So, als ob sie zu einer bestimmten Aufgabe aufbrechen müssten.

Aber irgendwie mussten sie nun ins Zentrum der Armee gelangen. Und da kam nun die nächste Stufe des Plans ins Spiel. Justus und Elias entledigten sich der Sarazenenkleider und trugen sichtbar den Waffenrock von Falkenstein. Konrad band ihnen die Hände und schleppte sie hinter sich als Gefangene an einem Seil mit. Salome ritt mit Gabriel an der Seite des Königs.

Es dauerte nicht lange, und die ersten Truppen der Nachhut hatten sie entdeckt. Feindselig umstellten sie die Gruppe. Konrad hob die Hand zum Gruß, berührte mit der Rechten Mund, Stirn und Herz und redete sie in einer fremden Sprache an: «Sa-lam aleikum!»

«Aleikum sa-lam!», antworten die Sarazenen. Dabei erhellten sich die Gesichter. Ein paar kehlige Sätze flogen hin und her. Einmal zog Konrad so heftig am Seil seiner Gefangenen, dass sie überrascht zu Boden fielen und sich unter lautem Gelächter der Soldaten mühsam wieder aufrappeln mussten.

Es dauerte nicht lange, und sie standen vor einem großen orientalischen Zelt, das von drei Ringen von Wächtern abgesichert wurde.

Im Nu waren die Ankömmlinge von vielen Seldschuken

umringt. Sie nahmen Konrad Schwert und Dolch ab. Dann ertönte ein Signal aus einem silbernen Horn. Die kostbar verzierten Zeltwände wurden beiseite geschoben.

Ein großgewachsener Mann trat heraus. Er trug ein seidenes Gewand, bedeckt mit einem mattschimmernden, fein ziselierten Brustpanzer. Die langen schwarzen Haare quollen unter einem grünschimmernden Turban hervor. Eine stattliche und zugleich furchterregende Erscheinung!

Wie auf ein geheimes Zeichen warfen sich alle Männer ehrfürchtig zu Boden. Nur Konrad und die Seinen standen noch. Mit einer schnellen Bewegung gab der König seinen Leuten zu verstehen, sich ebenfalls zu verneigen.

«Ich verbeuge mich nicht vor diesem Heiden!», zischte Justus wütend.

«Sei still und verbeuge dich!», knurrte Konrad und ging dabei selbst in die Knie. «Wir haben großes Glück. Es ist Sandschar! In seinen Ländereien ist er der Herr über Leben und Tod. Verbeuge dich augenblicklich, oder unser Plan ist zu Ende!» Dabei gab er Justus einen Klaps auf den Hinterkopf, so dass dieser der Länge nach zu Boden ging.

«Tut mir leid, mein Junge!», flüsterte der König.

Elias und Salome beeilten sich, freiwillig in die Knie zu gehen.

Der kleine Gabriel klammerte sich ängstlich an seinen Vater und schaute ihn flehend an.

«Du sagst kein Wort, mein Kleiner!»

Sandschars Gesicht war ebenmäßig, der feine Bart gepflegt, der Blick kalt und stechend. Breitbeinig blieb er vor den Falkensteinern stehen.

«Sa-lam aleikum!», grüßte Konrad und senkte dann den Kopf wieder. Sandschar schien den Augenblick sehr zu genießen.

«Aleikum sa-lam!»

Sandschar und Konrad wechselten ein paar arabische Worte. Dann wurde das Gesicht des Sarazenen etwas freundlicher.

«Bringt diese Kuffar in mein Zelt!»

Salome warf Elias und Justus einen heimlichen Blick zu. Bis jetzt lief alles nach Plan.

Konrad riss am Seil, und seine beiden gefesselten Söhne stolperten mit schmerzverzerrtem Gesicht hinterher. Das Innere des Zeltes war mit kostbaren Teppichen ausgelegt. In der Mitte stand ein elfenbeinerner Scherenstuhl.

Sandschar setzte sich und hieß Konrad, Platz zu nehmen. Als Salome sich ebenfalls setzen wollte, brauste der Sultan auf: «Wie könnt Ihr es als Frau wagen?!» Für einen Moment erstarrte er verwirrt, als er in Salomes Gesicht blickte. *Kannte er sie?*

Schließlich wandte er sich an einen Wächter: «Bringt sie hinaus ins Frauenzelt!»

Konrad fuhr hoch. Er überragte Sandschar fast um einen Kopf. «Sie gehört zu mir! Der Sultan möge lange leben, und Allah möge ihn behüten. Aber wenn der Sultan wirklich alles wissen will, bleibt sie bei mir!»

Die Luft knisterte zwischen den beiden Männern. Konrads riesige Erscheinung, die unerbittliche Klarheit seiner Stimme und der feste Blick hinterließen auch bei Sandschar einen starken Eindruck. Mit einer leisen Kopfbewegung schickte er die Wächter auf ihre Plätze zurück.

Konrad verbeugte sich: «Eure Weisheit und Geduld machen Euch große Ehre, Sultan! Ich danke Euch!»

Alle drei setzten sich wieder.

Sandschar klatschte in die Hände. Zwei Diener brachten eine goldene Schale mit Tee und Gebäck. Elias und Justus wurden an einen Zeltpfosten gebunden. Wieder begannen Konrad und Sandschar auf Arabisch zu diskutieren.

Elias versuchte sich an den Unterricht von Bernardus zu erinnern. Verflixt, hätte er damals nur besser aufgepasst. Aber immerhin konnte er ein paar Brocken verstehen. Soweit er begriff, lief alles nach Plan.

Plötzlich wurde das Gespräch durch aufgeregte Stimmen unterbrochen. Der Eingang zum Zelt wurde aufgerissen. Ein älterer, bulliger Krieger eilte wild gestikulierend herein. Quer über sein Gesicht lief eine alte verwachsene Narbe. Er warf sich vor dem Sultan der Länge nach zu Boden. In der ausgestreckten Hand hielt er Konrads Schwert.

Konrad erblasste.

Der Sarazene erhob sich wieder und fuchtelte mit dem Schwert hin und her. In seiner Rede tauchte immer wieder das Wort *Sanctus* auf.

Konrad biss die Zähne zusammen und versuchte, Haltung zu bewahren. Niemand hier kannte den Namen seines großen Damaszener-Schwertes. Er hatte ihn keinem Menschen in der Stauffermark anvertraut. Nicht einmal seinen Söhnen. Weil er sich seines Namens schämte. Damals, vor vielen Jahren im Heiligen Land, im Krieg um die Tore Jerusalems, war «Sanctus» eines der berühmtesten Schwerter überhaupt gewesen. Manche nannten es auch den *Hammer Gottes.* Unzählige Leben hatte seine Klinge ausgelöscht.

Seit seiner inneren Umkehr hatte Konrad diesen Namen aber nie mehr in den Mund genommen. Er war jung und verwegen gewesen. Verzweifelt auf der Suche nach Erlösung. Mit Heiligkeit hatte dieses tödliche Instrument nun wirklich nichts zu tun gehabt. Jetzt holte ihn die Vergangenheit wieder ein.

Blitzschnell sprang Konrad auf die Beine, riss dem Krieger das Schwert aus der Hand, zog blank, legte die messerscharfe Klinge an Sandschars Hals und donnerte ein paar arabische Worte durch das Zelt. Es gab keinen Zweifel darüber, was er gesagt hatte.

Die Waffen der Wachen flogen scheppernd zu Boden.

Salome ergriff einen Dolch und schnitt die beiden Brüder los. Rasch bewaffneten diese sich. Seite an Seite sicherten sie nach allen Richtungen ab, den König und den Sultan in der Mitte.

«Und was geschieht jetzt?!», keuchte Elias.

Justus blickte sich um. Seine Augen funkelten: «Ein Abenteuer, würde ich sagen!»

27. Kapitel: In der Schlangengrube

Die Luft war rein – wenn man so etwas von diesem Ort überhaupt sagen konnte. *Bei so vielen «Reinen» muss es ja so sein!*, dachte er zynisch. Eigentlich war hier gar nichts so, wie es sein sollte. Aber Nikos war zu allem entschlossen. Er musste diesem Spuk ein Ende setzen. Zu lange schon hatte das hier angedauert.

Nach dem Wunder in der Zelle wuchs im jungen Prinzen der Glaube, dass noch Größeres möglich war. Die Art des bevorstehenden Kampfes – das war ihm schmerzlich bewusst geworden – konnte nicht in gewohnter Weise geschehen. Die Lösung musste aus einer anderen Welt kommen. Sabas, Albertus und Bargûr – das war die Mischung, mit der die schlimmsten Albträume wahr wurden.

Nikos erinnerte sich an die Ställe Salomos, wo er diesem Dämon erstmals begegnet war. Seit jenem Zusammentreffen erschien er ihm heute noch furchterregender und gefährlicher.

Doch plötzlich kehrten seine Gedanken zurück zu den letzten Stunden im Turmgefängnis: Erschöpft und verzweifelt hatte er in Fesseln gelegen. Dann war jenes wunderbare Licht über ihn gekommen, ein unglaublicher Friede. Er hatte zu Christus gebetet. Aber nicht so, wie er es an den hohen Feiertagen in der Hagia Sophia zu tun pflegte. Da waren keine Kerzen, kein Weihrauch, keine heiligen Gesänge – nichts dergleichen. Da war nur dieses innige kindliche Gebet des Herzens, das seinen Schöpfer und Erlöser sucht. Hungrig nach Wahrheit, Liebe und echtem Leben.

Es war so gewesen, als hätte Salome ihn an die Hand genommen und ihm den Weg zu diesem Ort gezeigt. Was dann geschehen war, hatte ihm den Atem geraubt: Etwas Riesiges, Gewaltiges erfüllte den Raum. Die eisernen Fesseln um Hände und Füße sprangen entzwei. Mit einem Male war er frei!

Das Gefühl des Triumphs war schlagartig einem heiligen Erschrecken gewichen: Nikos begann am ganzen Leib zu zittern, und alle Kraft floss aus dem ohnehin erschöpften Körper. Seine Lippen bebten, als er nur noch hauchend vor sich hinflüsterte: «*Pater hämon ho en tois uranois, hagiastatä to onoma su* – Vater unser im Himmel, geheiligt werde dein Name! *Kyrie eleison!* Herr, erbarme dich!»

Die Macht, die sich im Raum befunden hatte, übertraf alles, was er bisher gekannt hatte. Sollte er diese Zelle je lebend verlassen, dann würde er nicht mehr alte Nikos sein. Ein Strom traf auf seinen Körper und begann ihn zu durchfluten. Heiß und kalt zugleich. Bilder aus seinem Leben rasten an ihm vorbei.

Und dann hatte er die Stimme des guten Hirten gehört: Sie rief ihn beim Namen. Was sie ihm sagte, war überwältigend. Tiefe Reue überkam den jungen Prinzen. Schweigend hörte er zu. Zuletzt weinte er still vor sich hin.

«Verzeih mir! Ich war ein so oberflächlicher Mensch!», flüsterte er ins Dunkel. «Ich möchte es besser machen. Aber ich kann das nicht alleine. Hilf mir!»

Wie lange es gedauert hatte, wusste Nikos nicht. Als er sich auf den Burghof geschlichen hatte, war es Nacht geworden. Der Himmel schien ihm noch nie so klar und so nah wie jetzt. Wenn nur nicht dieser faule Geruch in der Luft gelegen hätte. Seltsam, dass er ihm bis dahin nicht aufgefallen war.

Geh zu jener Tür – aber vorsichtig!, flüsterte die leise Stimme in seinem Innern. Sie hatte zum ersten Mal im Kerker zu ihm gesprochen.

Erst war er sich nicht sicher gewesen, ob er sich das nicht alles eingebildet hatte. Aber als er ihrem Drängen nachgab, hatte sie ihn innerhalb kürzester Zeit sicher aus der finsteren Zelle gebracht. Er musste sich erst an sie gewöhnen, fühlte sich aber zusehends sicherer durch ihre Führung.

Nikos schaute sich um. Oben auf dem Wehrgang machte ein Wächter die Runde. Er konnte die Silhouette deutlich gegen den Sternenhimmel abgehoben sehen. Rasch schlüpfte er in eine dunkle Mauernische und wartete, bis der Wächter hinter dem Dachfirst der Stallungen verschwunden war. Dann huschte er zur Tür des kleinen Wachraums neben den Wirtschaftsgebäuden hinter dem Bergfried. Durch die Spalte am Boden drang ein goldener, flackernder Schein zu ihm nach draußen. Vorsichtig versuchte er sie zu öffnen. Sie war von innen verriegelt.

Nikos blickte sich um und griff nach einem kurzen Brett, das an die Wand gelehnt stand. Leise klopfte er an und lauschte. Nichts regte sich im Innern. *Geduld!* Die innere Stimme hielt ihn davon ab, ein zweites Mal zu klopfen.

Plötzlich war da ein leises Schnarren, und die Tür öffnete sich. Nikos drückte sich in ihren Schatten und wartete. Lautlos tauchte plötzlich ein Wächter auf. Noch bevor er einen Blick in Nikos' Richtung werfen konnte, hatte ihn der Schlag des Brettes ins Land der Träume befördert. Der Prinz fing den fallenden Körper kurz vor dem Aufschlag auf dem Boden unter den Armen auf. Alles blieb ruhig. Leise schleppte er seine Beute hinter einen Holzkarren.

Der zweite Wächter in der Kammer wurde langsam etwas unruhig. «Ist alles in Ordnung da draußen?», rief er.

Unter der Tür erschien sein Kamerad und winkte beruhigend mit der Hand.

«Junge, bin ich froh, wenn diese Nacht endlich vorüber ist. Wir sollten morgen ...» Weiter kam er nicht. Wieder sauste das Holzbrett herab. Wumm! Der Knappe sackte in sich zusammen und kippte vom Stuhl.

Nikos zog die Kapuze vom Kopf.

«Wenn das mal kein Zufall ist?!»

Erschrocken duckte sich der junge Prinz und drehte sich zu der Stimme hinter seinem Rücken um.

Andreas und Linhart saßen angekettet im Stroh an der Wand. Sie sahen nicht gut aus. Aber sie lebten!

«Der Waffenrock steht Euch nicht schlecht! Nur solltet Ihr Euch zuvor noch etwas waschen!», frotzelte Andreas mit schwacher Stimme.

«Der Kerl war richtig brutal. Ihr hättet härter zuschlagen dürfen!», murmelte der Stallbursche.

Schweigend hielt Nikos den Zeigefinger an die Lippen und huschte dann wieder nach draußen. Augenblicke später hatte er den ersten Wächter hereingeschleppt. Rasch griff er nach ein paar

Stricken und fesselte die beiden Soldaten. Dann riss er zwei Streifen von ihren Gewändern und knebelte ihren Mund.

«Die Schlüssel sind dort!», flüsterte Linhart und deutete mit dem Kinn auf einen Pfosten. Schnell ergriff Nikos den leise scheppernden Schlüsselbund. Doch dann hielt er inne. Konnte er diesen beiden Burschen trauen? Oder waren sie wieder nur ein Trugbild? *Vertraue ihnen!*, flüsterte die leise Stimme in ihm.

Mit einem metallischen Klicken lösten sich die Fesseln. Linhart bewegte die schmerzenden Handgelenke.

Andreas' linker Arm fiel schlaff herunter.

«Danke ... Nikos!» Ihre Stimmen klangen zögerlich.

Der Prinz erriet ihre Gedanken sogleich: «Also haben sie es bei Euch auch versucht!?»

«Sie hatten uns zu dritt hierhergebracht. Wir glaubten, das wäret Ihr. Aber dann habt ihr, verzeiht, ich meinte: hat *er* merkwürdige Fragen zu stellen begonnen.» Noch immer versuchte Linhart in Nikos' Augen zu lesen. «Plötzlich waren wir alleine. Und dann kamen diese beiden dort!» Linhart deutete auf die Wächter. «Das war dann nicht mehr lustig!»

Erst jetzt sah Nikos das eiserne Becken über dem Feuer. Ein glühender Stab ragte daraus hervor. «Großer Gott! Sie haben dich gefoltert!», rief Nikos erschrocken, als er die Brandwunde am Arm des Knappen entdeckte.

«Was sie getan haben, wollt Ihr nicht wirklich wissen. Doch sie haben nichts erfahren!», flüsterte Andreas.

«Du warst wirklich sehr tapfer!»

Linharts Stimme zitterte. «Ich sollte zusehen und reden. Aber sie haben nichts aus uns herausbekommen! Es tut mir so leid, mein Freund!»

Der Knappe verzog sein Gesicht zu einem erzwungenen Lächeln: «Du hast richtig gehandelt. Ich hätte an deiner Stelle auch nichts gesagt!»

Nikos blickte sich um: «Und was nun?»

Die Stimme des Knappen zitterte: «Man hatte uns angedroht, so lange weiterzumachen, bis wir bereit wären, auszupacken.»

Der junge Prinz überlegte einen Augenblick. Dann hellte sich sein finsteres Gesicht etwas auf. «Gut, dann packt ihr aus! Bis ins kleinste Detail!»

Linhart und Andreas starrten ihn entgeistert an. «Das ist jetzt kein guter Moment für Scherze!», knurrte der Stallbursche.

«Nein, Linhart, er hat recht! Ich weiß, was er meint! Ich werde reden! Vor Albertus und seinem ganzen Hofstaat!»

Nun begriff auch Linhart, schüttelte aber energisch den Kopf. «Das ist Wahnsinn! Wir schaffen es nicht mal bis zur Burgküche, bis sie Verdacht schöpfen!»

«Wir schaffen das! Ich bin mir ganz sicher!» Nikos' Augen funkelten. Er kniete er sich zu den Wächtern nieder. «Zwei Wächter, ein Gefangener. Wir sind die Wächter, du bist der Gefangene. Schaffst du das?»

Andreas nickte schwach und kam wankend auf die Beine. Nikos durchtrennte die Fesseln der Wächter. Einer von ihnen stöhnte leise und versuchte sich benommen aufzurichten.

«Gute Nacht!», zischte Linhart und beförderte ihn mit einem Schlag dorthin zurück, wo er hergekommen war.

«Wo befindet sich Albertus, dieser Teufel?», erkundigte sich Nikos.

«Im großen Rittersaal! Oder aber in der Kemenate. Dort hat er einiges zu tun», knurrte der Stallbursche und fesselte die beiden Wächter.

«Wie meinst du das?» Nikos' Stimme klang unsicher.

«Wir haben die beiden Wächter hier etwas belauscht», berichtete der Knappe. «Vordergründig zeigten sie sich zu allem entschlossen. Aber hinter vorgehaltener Hand hatten sie von unheimlichen Vorgängen getuschelt. Sie fürchten sich vor Albertus!»

«Sie sind also keine Phantome?», erkundigte sich Nikos.

Linhart schüttelte den Kopf: «Nein, Matthias und Markus kommen aus unserm Dorf. Wir kennen uns schon viele Jahre. Sie haben als Kinder mit Andreas gespielt. Wir wissen nicht, warum sie sich Albertus angeschlossen haben. Umso schlimmer war, was sie ihm gestern Nacht angetan haben!»

«Was für Vorgänge haben sie erwähnt?», wollte Nikos wissen.

«Man bringt ihm jeden Tag junge Leute aufs Zimmer.»

«Und?»

«Und dann kommen keine mehr zurück!»

Für einen Augenblick herrschte betretene Stille im Raum. Schließlich machte Nikos dem Schweigen ein Ende: «Albertus ist Bargûr. Und Bargûr ist ein uralter Dämon.»

«Frisst er sie auf? Macht er ein Ritual mit ihnen? Oder stillt er an ihnen seine Lust?» Linharts Stimme klang angewidert.

Nikos versuchte nüchtern zu bleiben: «Es ist alles denkbar! Wir müssen mit allem rechnen. Wir werden es bald wissen!»

Linharts und Andreas' Augen weiteten sich vor Angst.

«Unter diesen Umständen halte ich unsern Plan für keine gute Idee, Nikos!», stotterte der Knappe.

Die Stimme des Prinzen ließ keine Zweifel aufkommen, als er sich wieder aufrichtete: «Wir haben keine andere Gelegenheit als diese! Ich verstehe eure Sorge. Es *ist* gefährlich! Aber es geht heute nicht um uns. Es geht um die Zukunft der Stauffermark, von Rom und zwei Kaiserreichen. Wenn wir versagen, dann ist alles, was wir lieben, verloren. Gott wird uns helfen! Ich weiß es! Vertrauen wir Ihm! Noch Fragen? Zieh dich um, Linhart!»

Ein paar Minuten später schleppten die beiden «Wächter» Linhart und Nikos den verletzten Andreas hinüber zum mächtigen Bergfried von Falkenstein. Oben leuchtete Licht aus den schmalen Fenstern der Kemenate. Auch der Rittersaal schien hell erleuchtet.

«Halt, wer da?», rief eine Eingangswache. Linhart kannte die Stimme. Es war Roderich. War er noch auf ihrer Seite? Oder hatte ihn Albertus auch schon umgedreht?

«Wir bringen unseren Gefangenen. Er wird reden.»

Roderichs Stimme wurde schlagartig leise: «Linhart? Du? Was suchst du denn hier? Ich dachte, du bist längst beim König? Ich habe nicht geglaubt, dass du noch einmal zurückkommst. Ist etwas schiefgelaufen? Oder ist der König etwa hier? Du bringst dich unnötig in Gefahr, lieber Freund!»

Linhart fiel ein Stein vom Herzen. «Wie viele sind noch mit uns, Roderich?»

«Wir sind immer noch alle da. Außer Kuno. Er hat es nicht mehr ausgehalten und zu fliehen versucht. Sie fingen ihn ein –

kannten keine Gnade!» Für einen Moment starrte Roderich zu Boden.

«Ich war Zeuge seiner Flucht. Ich habe es gesehen», flüsterte Linhart.

Roderich knirschte mit den Zähnen: «Trotz allem ist es diesem Teufel nicht gelungen, uns zu enttarnen. Wir halten Falkenstein und dem König die Treue. Du solltest aber wissen, dass es hier unheimliche Vorgänge gibt. Täuschungen, Chimären, Schattengebilde! Sie sehen aus wie wir, aber ...»

«Ja, ich weiß, Roderich! Das ist uns selber fast zum Verhängnis geworden. Wo finden wir Albertus?»

«Oben. Aber seid vorsichtig. Er hat besondere Wächter! Da oben geschehen unheimliche Dinge.»

«Danke, Roderich! Sollten wir zurückkehren – und dafür kannst du beten –, werden wir alles vorbereiten für die Ankunft des Königs!»

Unmerklich nahm Roderich Haltung an und flüsterte entschlossen: «Lang lebe der König! Lang lebe Falkenstein!» Dann ließ er sie passieren.

Linhart würgte seine Wut hinunter, als er in den altehrwürdigen Rittersaal eintrat. Albertus auf dem Herrensitz von Falkenstein! Der große Thron, der nur dem tapfersten und gottesfürchtigsten Ritter der Bruderschaft vorbehalten war. Konrad hatte viele Jahre auf ihm zu Gericht und Rat gesessen. Justus war ihm gefolgt. Gewiss: noch ein junger, ungestümer und abenteuerlustiger Herr zu Falkenstein. Aber dennoch: mit allem im Herzen, was die Kraft und Würde von Falkenstein ausmachte. Kein Vergleich zu diesem Monster in der weißen Kutte, das sich Vater der Witwen und Waisen nannte!

Albertus' Blicke schienen Linhart zu durchbohren. Seine tiefe Stimme war scharf wie ein Schwert: «Ich an deiner Stelle würde mich sehr hüten, diese Dinge zu denken, Bursche! Schon mancher, der sich zum Richter über andere machte, fiel zuletzt selber dem Gericht anheim.»

Linhart versuchte Haltung zu bewahren, aber innerlich begann eine kalte Furcht sein Herz zu umklammern. «Verzeiht, Herr! Es war dumm von mir so zu denken!» Konnte er Gedanken lesen? War er ein Magier? «Aber Ihr müsst verstehen», fuhr Linhart fort, «dass viele von uns unzufrieden sind mit ihrem Sold! Und bei dieser dauernden Gefahr braucht die Mannschaft etwas Aufmunterung!» Ob Albertus ihn durchschaute?

«So-so, zu wenig Sold?» Albertus' Stimme klang höhnisch. «Ihr tut Gottes Werk auf dieser Burg und wollt auch noch Geld dafür? Erinnerst du dich an Judas, den Verräter?»

Linhart versuchte ruhig durchzuatmen. «Wie meint Ihr das, Herr?»

«Judas hatte das Werk des Herrn getan. Und hätte er sich nicht von den dreißig Silberlingen verblenden lassen, wäre sein Leben gerettet gewesen!»

Gut! Albertus hatte seine Gedanken nicht wirklich gelesen! Er hatte einfach nur geraten, um Linhart aus der Reserve zu locken. Ein alter Trick, um unsichere Menschen zum Reden zu bringen.

«Verzeiht, Herr, aber ich hatte die Geschichte etwas anders in Erinnerung! Helft mir, sie besser zu verstehen!»

«Genug!», schnitt Albertus das Gespräch ab. «Bring mir den Gefangenen! Ich habe gehört, dass einer der Falken singen will, nachdem man ihn ordentlich gerupft hat. Und solltest du gute Arbeit geleistet haben, wird mich dein Lohn nicht gereuen!»

Linhart verbeugte sich und eilte hinaus, um die Gefährten hereinzuholen. Er blinzelte ihnen kurz und unauffällig zu, um ihnen zu verstehen zu geben, dass alles nach Plan lief.

«Los, beweg deine Knochen!», bellte Nikos zu Andreas, während er dessen Ketten energisch rasseln ließ.

Linhart riss die Tür zum Rittersaal auf und schritt herrisch in den Saal hinein. Der Knappe taumelte, von Nikos gestützt, hinter ihm her. Nikos senkte ehrerbietig den Kopf und versuchte sein Gesicht unter der übergezogenen Kapuze so gut wie möglich zu verbergen. Er ließ den stöhnenden Andreas zu Boden fallen und trat einen Schritt zurück an die Wand, den Kopf immer noch nach unten gebeugt.

Albertus schien nichts zu bemerken und baute sich triumphierend vor dem am Boden liegenden Gefangenen auf. «Ich höre?!»

Andreas stöhnte erneut laut. Die Wunde brannte höllisch und raubte ihm beinahe die Besinnung.

«Rede, wenn dir dein Leben lieb ist! Ich werde keinen Moment zögern, dich um einen Kopf zu kürzen, solltest du deinen Mund nicht aufmachen!»

«Sie kommen mit einem riesigen Heer! Von Norden, Süden und Westen!», hauchte der Knappe.

Albertus warf Linhart und Nikos einen ungläubigen Blick zu. «Unsinn! Die einzige Armee, die unterwegs hierher ist, ist diejenige von Sandschar!» Die Art und Weise, wie Albertus den Namen des Sarazenenfürsten betonte, klang verräterisch und verächtlich.

«Das hatten wir zuerst auch gedacht ...» Linhart dehnte seine Worte in die Länge, in der Hoffnung, eine glaubwürdige Täuschung vorzubringen.

Nikos versuchte unter der Kapuze einen Blick von Albertus zu erhaschen. Dieser starrte mit unheimlich glühenden Augen ins Leere. «Das ist eine Lüge! Meine Krähenkrieger hätten es melden müssen!»

Nikos schauderte. Krähenkrieger! Also existierten diese Höllengeschöpfe, halb Mensch halb Krähe, immer noch.

«Sie haben die alten Tunnel von Magos entdeckt und unsere Beobachter umgangen», ergänzte der Prinz Andreas' angefangenen Satz. Er hatte seine Stimme bewusst tiefer klingen lassen.

Das hatte gesessen! Albertus' Gesicht erstarrte. Die unüberwindbare Selbstsicherheit begann zu wanken.

«Sandschar, Calixt und Heinrich haben sich heimlich getroffen und verbündet! Irgendjemand muss ihnen Eure Pläne verraten haben!», fuhr Andreas mit zitternder Stimme fort. Das war gewagt! Sie hatten ja nur Vermutungen, was die Pläne von Albertus betraf. Und weiterhin wussten sie auch nicht, ob die Gefolgschaft des Dämons überhaupt eingeweiht war oder nicht. Das war der heikelste Moment. Hier konnte alles scheitern!

Albertus schien abwesend. Seine Stimme klang fahrig, so als ob er mit seinen Gedanken längst anderswo wäre: «Ihr habt eure Sache gut gemacht. Man wird euch fürstlich entlohnen. Bringt diesen Verräter in die Katakomben. Und holt auch die anderen beiden

Gefangenen. Ihr wisst, was zu tun ist!» Albertus klatschte in die Hände.

Zwei Wachen eilten herein und verbeugten sich vor Albertus.

Linhart zuckte innerlich zusammen: Krähenkrieger!

«Diese wackeren Männer brauchen etwas mehr Sold! Holt die Gefangenen!»

Innerhalb von Sekunden waren die Krähenkrieger verschwunden.

Nikos und Linhart packten Andreas unsanft unter den Armen und rissen ihn hoch. Dieser schrie vor Schmerz auf.

«Was befehlt Ihr nun, Herr?» Nikos versuchte seine Stimme so wenig neugierig wie möglich klingen zu lassen. Aber es war entscheidend, etwas von Albertus' Absichten zu erfahren.

Doch die Antwort fiel enttäuschend aus.

«Geht! Ihr werdet es noch früh genug erfahren. Ich will nicht mehr gestört werden!»

Albertus hüllte sich in seinen weißen Mantel und wandte sich von ihnen ab. Sein Gesicht wirkte seltsam leblos und gläsern. Doch bevor sie den Raum verlassen konnten, drehte er sich wieder um und berührte Andreas mit dem Zeigefinger der rechten Hand auf der Brust. Kälte und Hitze durchbohrten den Knappen im selben Moment und ließen ihn laut aufstöhnen.

Es geschah alles so schnell, dass Andreas nicht wusste, ob er das alles geträumt hatte oder nicht. Ihm wurde schwindelig.

Nikos und Linhart schleppten ihn halb bewusstlos zur Tür hinaus. Diese fiel hinter ihnen mit dumpfem Knarren, wie von Geisterhand bewegt, ins Schloss.

Für einen Moment atmeten sie durch. Sie wussten nicht, was sie denken sollten. Wohl hatten sie ihre Täuschung als Nachricht einpflanzen können. Aber sie hatten keine Ahnung, was diese rätselhafte Gestalt damit anfangen würde. Im Moment waren sie einfach nur froh, wieder heil aus dem Saal gekommen sein.

Andreas stöhnte und versuchte sich wieder aufzurappeln.

Plötzlich legten sich Hände auf auf Nikos' und Linharts Schultern. Sie zuckten zusammen.

«Wir gehören Euch, edle Herren!», sagte eine junge Stimme.

Der traurige Klang darin war nicht zu überhören. «Der gesegnete Albertus hat es so angeordnet. Euer Wunsch sei uns Befehl!», fügte eine andere Stimme hinzu. Sie sollte wohl aufmunternd klingen, klang aber noch trauriger als die erste.

Zwei junge Frauen standen vor Nikos und Linhart, die Köpfe gesenkt. Ihre Gesichter wurden durch die langen und wirr herunterhängenden Haare verdeckt. Kettenringe klirrten leise an ihren Armen und Knöcheln. Das eine Mädchen hob zitternd den Kopf etwas an. Seine Augen weiteten sich vor Schreck, als es Linharts Gesicht erkannte.

Dieser schüttelte unmerklich den Kopf und legte den Zeigefinger auf seinen Mund. «Ah, unser Sold! Ihr werdet uns bestimmt viel Freude bereiten!», sagte er mit betont lauter und genüsslich klingender Stimme. «Na, dann packt mal an, wir haben hier noch etwas zu erledigen!» Auf Linharts Zeichen hin stellten sie Andreas auf die Beine und schleppten ihn die große Wendeltreppe hinunter.

Ein verstohlener Blick zurück versicherte Nikos, dass die Krähenkrieger abgezogen waren, ohne etwas bemerkt zu haben. Auf dem nächst tiefer gelegenen Boden schlüpften die fünf in einen dunklen Seitengang und ließen den Knappen los. Nikos drängte sich dicht an die beiden Frauen heran, bis er sie berührte. Er atmete ihren Duft ein und berührte ihre Hände. Sie waren warm und rochen nach Schweiß. Also keine Schattengeister!

«Bitte, Herr! Tut uns nichts! Wir machen alles, was Ihr wollt! Aber tut uns nicht weh!», wehrten sich die beiden Mädchen schwach.

«Verzeiht!», murmelte Nikos verlegen. «Aber ich musste sichergehen, dass Ihr keine ... Egal! Es ist alles in Ordnung! Wie heißt Ihr?»

«Sarah und Elisabeth!», stöhnte der Knappe. «Sie kommen aus dem gleichen Dorf wie ich!»

«Hallo Andreas!», murmelten sie unsicher.

«Keine Angst! Wir sind auf eurer Seite!», flüsterte Linhart. «Was nun?!», meldete sich Nikos.

«Wir sammeln die restlichen Getreuen in der Burg», keuchte Andreas angestrengt.

«Ja, richtig!», pflichtete Nikos bei. «Wir planen mit ihnen den Hinterhalt und ziehen uns dann mit diesen Neuigkeiten zurück zu unseren Leuten vor der Burg! Wir haben genug gesehen!»

«Da wäre ich mir nicht so sicher!», mischte sich Sarah ein.

Nikos schaute sie überrascht an: «Wie meint Ihr das?»

«Das solltet Ihr Euch zuvor noch ansehen!», ergänzte Elisabeth. «Folgt uns!»

Die drei jungen Männer starrten sich überrascht an und schlossen sich ihnen an. Nachdem sie den Seitengang wieder verlassen hatten, stiegen sie die endlos scheinende Wendeltreppe hinunter. Immer tiefer und tiefer. Schließlich gelangten sie in das Untergeschoss des mächtigen Bergfrieds.

«Was in aller Welt machen wir hier in den Katakomben, Elisabeth?», raunte Nikos einem der beiden Mädchen zu. «Da waren wir doch schon! Da gibt es nichts außer verkohlten Ruinen und einer leeren Halle!»

Das Mädchen blickte ihn verwundert an. «Ihr irrt, edler Herr!»

«Ihr wisst es wirklich nicht?», mischte sich nun auch Sarah ein.

Nikos verlor die Geduld. «Warum redet hier niemand so, dass ich es verstehe?!»

«Ihr kennt die alten Katakomben, Herr!», erklärte Elisabeth rasch. «Aber seit Albertus Falkenstein übernommen hat, hat er unverzüglich mit einem neuen Bau begonnen. Dazu hat er alle jungen und kräftigen Leute in der ganzen Stauffermark hierherbringen lassen!»

Nikos stand mit offenem Mund da: «Ich dachte, er verkauft sie als Sklaven an Sandschar?»

«Das dachten wir zuerst auch», fuhr Sarah fort. «Bis wir hergebracht wurden. Da wurde uns klar, dass nur ein kleiner Teil von uns als Sklaven in den Süden geschickt wurde. Als Lockvögel!»

«Das bedeutet, dass auch Sandschar in eine Falle gelockt wird!», folgerte Andreas.

Nikos pfiff bewundernd durch die Zähne: «Mit einem Schlag alle großen Herrscher in der Hand von Albertus!»

«So wird es wohl sein», pflichtete Elisabeth bei. «Der große Rest unserer jungen Leute wurde heimlich hierhergebracht.»

Trotz der Schmerzen richtete sich der Knappe auf, legte Sarah die unverletzte Hand auf die Schulter und blickte ihr in die Augen: «Und was hat er mit euch ... gemacht?»

Die beiden jungen Frauen blickten schamvoll zu Boden und kämpften mit den Tränen. Für einen Moment legte sich eine beklemmende Stille auf sie.

Andreas schnappte kurz nach Luft, dann fasste er sich wieder. «Sarah, egal, was es war – das ändert nichts zwischen uns!»

Das Mädchen blickte scheu und verwirrt zu dem Knappen hoch. «Wie meinst du das?»

Andreas wurde verlegen und stotterte ein paar undeutliche Worte vor sich hin.

Nikos begriff sofort und zwang sich zu einem Lächeln. «Vielleicht solltest du ihr das, lieber Andreas, einmal in aller Stille und unter vier Augen *allein* mitteilen? Es wäre doch günstig, wenn *sie* es *allein* zuerst erfährt? Und vielleicht an einem anderen Tag?»

Sarah holte Luft: «Andreas Waldvogel! Ich dachte immer: Du und die Käthe?!»

Der Knappe seufzte schwer. Aber bevor er etwas antworten konnte, unterbrach Linhart das Gespräch und knurrte: «Wir freuen uns alle, dass sich hier zwei Herzen finden! Aber zum Donnerwetter, wir sollten sehen, dass wir hier endlich wegkommen!»

«Ein guter Gedanke, lieber Linhart!», pflichtete Nikos bei und zog sein Schwert. Sein Hieb verfehlte den Stallburschen um Haaresbreite.

Zu Tode erschrocken suchte dieser nach seiner eigenen Waffe. Nikos' zweiter Hieb zischte wie ein Blitz an Linhart vorbei.

Doch noch bevor dieser sein Schwert ziehen konnte, kippten zwei Krähenkrieger steif wie Bretter links und rechts aus dem Dunkel heraus am Stallburschen vorbei zu Boden. Elisabeth stieß ein leises Quietschen aus. Kaum hatten die Krieger das steinerne Pflaster berührt, begannen sie sich mit unheimlichen Geräuschen zu winden und in Staub aufzulösen.

«Wir sollten diese Unterhaltung ein andermal weiterführen!», meinte Nikos trocken.

«Dem stimme ich bei!», stotterte Linhart erschrocken. «Danke!»

«Hier lang!», flüsterte Sarah. «Aber seid vorsichtig!»

Jetzt erst bemerkten die drei Männer eine kleine eiserne Tür in einer dunklen Nische. Jetzt erst fielen ihnen auch die vielen Schleif- und Fußspuren am Boden auf, die direkt zu dieser Tür führten.

«Was auch immer ihr sehen werdet hinter dieser Tür», flüsterte Elisabeth, «bewahrt ruhig Blut und haltet Euch im Dunkeln!»

Linhart griff vorsichtig nach dem schweren Riegel und hob ihn sachte hoch. Die Tür ließ sich nur mit äußerster Kraft bewegen.

Ein schummriges Licht drang durch den immer größer werdenden Spalt zu ihnen nach draußen. Nikos packte nun ebenfalls mit an. Endlich war sie so weit geöffnet, dass man sich durch die Öffnung hindurchzwängen konnte.

Als Nikos vorsichtig hineinblickte, stockte ihm der Atem.

28. Kapitel: Sandschar

Die Trommeln verstummten. Inmitten des Sarazenen-Heeres öffneten sich zur Linken und zur Rechten zwei Gassen hin zur Mitte, wo der sich der mit Sand bestreute Kampfplatz befand. Eine große Stille legte sich auf die Zuschauer.

Nervös trat Justus von einem Fuß auf den anderen. Ein leises Klirren begleitete seine Bewegungen. Den Ausgang dieses Abenteuers hatte er sich etwas anders vorgestellt. Nicht nur, dass die eiserne Fußfessel schwer an seinem rechten Knöchel hing. Überhaupt die Idee, dass zwei Kämpfer je an einer Kette angebunden wurden an einem großen Pflock in der Mitte des Platzes …!

An einem Pflock, in dem «Sanctus», das gefürchtete Damaszener-Schwert steckte, umgeben von einem hohen ölgetränkten Bündel aus Reisig und Holzscheiten, das in Kürze entzündet werden würde. Das nannte man dann wohl ein «Gottesurteil» … Und er, Justus, war Teil davon. Der bullige Sarazenenkrieger mit dem Narbengesicht auf der anderen Seite des Platzes war mindestens zwei Köpfe größer als er. Die Muskeln seiner Oberarme waren so dick wie Justus' Schenkel. Das würde ein heißer Tag werden!

Durch die geöffneten Gassen schritten von entgegengesetzter Seite her Sandschar und Konrad auf den Platz zu. Schließlich blieb Konrad hinter Justus stehen und legte seine mächtigen Hände auf die Schultern seines Sohnes.

«Ich hätte hier stehen müssen, mein lieber Sohn, nicht du!», sagte er mit brüchiger Stimme. «Aber ohne dieses Gottesurteil wären alle Verhandlungen unmöglich geworden. Sandschar ist ein alter Fuchs! Ich vertraue dir, Justus, und bitte dich um Vergebung, dass ich dich in diese unmögliche Lage gebracht habe!»

«Du klingst, als wären wir auf einer Beerdigung, Vater! Lass den Kopf nicht hängen! Ich hau uns da raus!» Justus versuchte zuversichtlich und abenteuerlustig zu klingen, so wie immer. Aber das Herz klopfte ihm bis zum Hals.

«Dein Gegner hat eine Schwäche auf der linken Seite. Sein linker Arm hängt etwas tiefer und schlaffer als der rechte. Ich habe ihn damals unterhalb des Ellenbogens getroffen. Gut möglich, dass seine Sehne dabei verletzt wurde.»

«Danke, Vater, das habe ich doch schon längst gesehen! Ich werde auf der Hut sein!»

Auf der gegenüberliegenden Seite warf sich nun der Sarazenenkrieger vor Sandschar auf die Erde.

Der Sultan öffnete die Arme und ließ den Gebetsruf erschallen: «*Allahu-akbar!*»

Augenblicklich fiel die Menge der Krieger auf die Knie und presste die Stirn auf den Boden. «*Aschhadu an la ilaha ha 'llha!*»

Nun neigten auch Konrad und Justus ihr Haupt zum Gebet. «Unser Vater im Himmel, geheiligt werde dein Name. Dein Reich komme, dein Wille geschehe, wie im Himmel so auf Erden.»

Nachdem die Gebete gesprochen waren, setzten die Trommelschläge wieder ein. Ohrenbetäubendes Geschrei erfüllte den Platz, als der Reisighaufen in Flammen aufging. Justus spielte in Gedanken durch, was nun geschehen konnte.

Der Riese könnte seine körperliche Überlegenheit gleich zu Beginn zu nutzen suchen. Also würde es darauf hinauslaufen, ob Justus ihm lange genug entwischen konnte oder nicht. Denn kam es erst zu einem Handgemenge, Mann gegen Mann, standen Justus' Karten schlecht.

Die zweite Möglichkeit bestand darin, dass beide so lange warten würden, bis der Reisighaufen niedergebrannt war. Das Feuer würde den Pfosten in der Mitte ebenfalls in Feuer und Rauch aufgehen lassen. Irgendwann würde er in sich zusammenbrechen und vermutlich würde das Schwert ins Feuer stürzen. Durch die Hitze würde es ohnehin schon zuvor glühend heiß werden. An einen Gebrauch von «Sanctus» war in diesem Falle gar nicht mehr zu denken.

Möglich auch, dass durch die Hitze die Kettenglieder im Feuer weich würden, so dass man sie vielleicht auseinanderreißen könnte – vorausgesetzt, genügend Körperkraft und Hitze waren vorhanden.

Schlagartig durchschaute Justus den teuflischen Plan von Sandschar. Es würde so oder so auf einen Kampf Mann gegen Mann hinauslaufen! Mit der klaren Erwartung, dass der große, schwere Kämpfer den Sieg davontragen würde. Schön ausgedacht ...

Lauf!, flüsterte die leise innere Stimme.

Ich muss wahnsinnig sein!, schoss es Justus durch den Kopf, als er auf den Pfosten lospurtete.

Diese überraschende Entwicklung ließ die Zuschauer schlagartig verstummen.

Konrad, Elias, Gabriel und Salome standen wie vom Donner gerührt da.

Da huschte ein flüchtiges Lächeln über das Gesicht des Königs.

«Guter Junge! Du bist ein heller Kopf!»

Da war Justus auch schon beim brennenden Reisighaufen. Was für eine Hitze!

Der Sarazene stand immer noch wie angenagelt an seinem Platz. Es musste alles blitzschnell gehen. Die Kette, die an seinem Fuß hing, lag jetzt wie eine lange, gewundene Schlange vor Justus. Er bückte sich, packte sie und ließ sie wie ein Seil kreisen.

Nun begriff auch der Sarazenenkrieger, worauf Justus hinauswollte. Mit wütendem Gebrüll rannte er auf den jungen Ritter los.

Die Kette zischte wie eine Schlinge durch die Luft, direkt auf das Schwert zu – und verfehlte es um Haaresbreite. Die Wucht des Wurfes riss Justus von den Beinen. Blitzschnell rollte er über den Boden und riss an der Kette.

Der heranstürmende Gegner verhedderte sich in ihr und stürzte ebenfalls zu Boden.

Flink wie ein Hirsch hatte Justus seine Position gewechselt, so dass die Kette wieder befreit vor ihm lag. Sogleich ließ er sie wieder kreisen und schleuderte sie erneut über das Schwert. Diesmal blieb sie an Knauf und Steg hängen. Aber verflixt – die Waffe rührte sich nicht!

Justus sah gerade noch im seitlichen Winkel einen riesigen Schatten herannahen. Dann wurde er von seinem Gegner zu Boden geschmettert. Die straffe Kette riss ihm beinahe den Knöchel entzwei. Justus schrie schmerzgepeinigt auf. Lauter Jubel der

Seldschuken brandete nun wie eine Woge der Entmutigung über ihn hinweg. Für einen Augenblick schloss der junge Ritter resigniert die Augen und machte sich für das Ende bereit.

Doch da war sie wieder, die leise flüsternde Stimme: *Duck dich nach links!*

Justus duckte sich weg. Dieses Ausweichmanöver hatte der Sarazene nicht erwartet. Er griff ins Leere und fiel flach auf den Bauch. Noch ehe er es sich versah, kam der junge Ritter auf seinen Rücken zu sitzen. Der Riese rutschte rückwärts näher zum Feuer hin. Er wollte Justus ganz offensichtlich zwingen, loszulassen, wollte er nicht mit ihm zusammen in der Glut landen.

Doch diese Bewegung genügte, um die angespannte Kette zum Schwert zu lockern. Blitzschnell schlang Justus sie dem Seldschuken um den Hals.

Dieser griff mit beiden Händen danach, riss und zerrte, während ihm die Luft abgeschnitten wurde. In seiner Verzweiflung versuchte er sich aufzurichten, was ihm trotz der Last auf dem Rücken schließlich gelang. Mit voller Kraft riss er beidhändig an der Kette.

Tzziiiing! Mit einem singenden Klang löste sich das Damaszener-Schwert aus dem Holz, segelte durch die Luft und kam nicht weit von den beiden Kämpfern auf dem Boden zu liegen.

Lass ihn los!, flüsterte die Stimme.

Nur widerwillig lockerte Justus seinen Griff.

Der Riese riss sich los, kam auf die Beine zu stehen und rannte zum Schwert. Blitzschnell hob er es mit beiden Händen hoch, stürzte sich auf Justus, holte zum vernichtenden Schlag aus und ließ es dann mit einem lauten Schmerzensschrei fallen. Er sank auf die Knie und versuchte die verbrannten Hände im Sand zu kühlen. Zu spät blickte er hoch.

Der wuchtige Schlag eines Holzscheites schickte ihn ins Reich der Träume. Mit einem leisen Grunzen knickte er nach vorne ein und fiel flach auf sein Gesicht. Das Geschrei verstummte mit einem Schlag.

Nur die Stimme von Gabriel hallte einsam über den Kampfplatz: «Ustus Sieg! Hallewuja!»

«Halleluja, gelobt sei Gott!», murmelte Konrad dankbar vor sich hin.

Es dauerte nur einen Augenblick, und Justus lag begraben unter Elias, Gabriel und Salome.

Im Hintergrund fiel der große Holzpfahl brennend in sich zusammen.

Konrad schritt unter den Augen der ganzen Sarazenenarmee zu seinem Schwert und reckte es mit seiner Rechten in den Himmel. Der Griff war immer noch heiß. Aber der König verzog keine Miene und rief mit lauter Stimme: *«Deus vult* – Es ist Gottes Wille!» Dann ließ er «Sanctus» in die Scheide gleiten. Seine Hand schmerzte. Aber es war wichtig, sich nichts anmerken zu lassen.

Sandschar und Konrad trafen sich auf dem Platz.

«Inschalla!», rief der Sultan mit lauter Stimme.

Der König neigte sein Haupt und streckte die rechte Hand zum Friedensgruß aus.

Als sich die beiden Hände umfassten, jubelte die Menge.

Dieser Kampf war gewonnen! Für den Moment war die größte Gefahr gebannt. Aber Sandschar war ein alter Fuchs. Konrad wusste, dass diese Demütigung nach Rache schrie. Nur das Ehrenwort des Sultans hielt ihn davon ab, dass neuer Tod und neue Zerstörung über die Stauffermark kamen. Die folgenden Verhandlungen waren entscheidend für den Fortbestand des Königreiches und das Schicksal von Falkenstein.

Konrad riss sich aus den Gedanken, eilte auf Justus zu und nahm ihn strahlend in den Arm. «Du hinterlistiger Kerl! Du hast mir einen Todesschrecken eingejagt, als du losgerannt bist. Aber du hättest es nicht besser machen können!»

Justus schaute verlegen zu Boden. «Das war nicht ich, Vater!»

Für einen Moment versanken ihre Blicke ineinander.

Konrad nickte still: «Ich weiß. *Er* war es!»

«Warte noch einen Moment!», sagte Justus. Der junge Ritter ging zu einem Seldschuken und bat ihm um dessen Wasserbeutel. Dann ging er zu seinem besiegten Gegner, kniete nieder und goss ihm etwas Flüssigkeit ins Gesicht. Der Hüne öffnete benommen die Augen.

«*Inschalla!*», sagte Justus mit fester Stimme. Und dann goss er ihm Wasser über die Hände. Für einen Moment tauchte in dem beschämten Gesicht ein kleiner Junge auf, der die Flüssigkeit dankbar entgegennahm.

Wir sind doch alles nur Menschen!, dachte Justus. Dann half er dem Riesen auf die Beine.

Ein verhaltener Beifall empfing die beiden.

Hoffentlich habe ich sie nicht noch mehr gedemütigt!, schoss es dem jungen Ritter durch den Kopf.

An diesem Abend würden die Gespräche schwierig werden. Es war klar, dass Sandschar als Eroberer und Zerstörer in die Stauffermark eingedrungen war. Über seinen Zelten flatterte nicht die grüne Flagge des Propheten, sondern die schwarze Kriegsflagge. Er war in der Meinung gekommen, einen überwältigenden Sieg über die Ungläubigen zu erringen. Er hatte gehofft, die beiden mächtigsten Männer der Christenheit als Geiseln in Ketten in sein Reich zu bringen – und mit ihnen eine große Schar von jungen Sklaven.

Diesem Sandschar hätte Konrad am liebsten den Hals umgedreht. Doch im Augenblick war der König in seinem eigenen Reich wie ein verfolgtes Wild. Wenn jetzt noch das Gerücht die Runde machte, dass er mit den Seldschuken unter einer Decke steckte, war er so gut wie vogelfrei.

Und nun musste er mit diesem Eroberer am Verhandlungstisch für gutes Wetter sorgen, damit der Plan auch wirklich funktionierte. Ein waghalsiger Plan ohnehin, an dem Konrad immer mehr zu zweifeln begann. Es waren schon Tage verstrichen, und noch immer waren keine Nachrichten aus Falkenstein zu ihnen gelangt.

Waren Nikos, Andreas und Linhart gescheitert? Sollte dem so sein – was Konrad nicht glauben wollte –, würden sie direkt in ihr Verderben laufen. Und wie sollte er Sandschar überhaupt zu diesem wahnwitzigen Unternehmen gewinnen? Was konnte den Seldschuken überzeugen, gegen den eigenen Verbündeten zu ziehen?

Nach langem inneren Ringen und Gebet gelangte der König zur Überzeugung, dass er nur eine Chance hatte: Er musste die ganze Wahrheit sagen!

Schneller, als ihm lieb war, brach die Stunde der Unterredung an. Konrad hatte sich ausgehandelt, dass nur er und Sandschar allein im großen Zelt miteinander sprechen würden. Alle übrigen Vertrauten des Seldschuken und die Angehörigen Konrads mussten draußen bleiben.

Nachdem sich die beiden Herrscher gesetzt hatten, kam Konrad ohne Umschweife zur Sache: «Der große Sandschar ist sich bewusst, dass er in meinen Augen ein Feind ist, den ich am liebsten den Raben zum Fraß vorwerfen würde.»

Das Gesicht Sandschars verfinsterte sich. Diese Art von Offenheit hatte er doch nicht ganz erwartet. «Ja, zu diesem Schluss bin ich auch gekommen. Und meine Männer verstehen nicht, warum ich nicht *Euch* den Raben zum Fraß vorwerfe lasse. Aber wie Ihr wisst, bin ich an mein Wort gebunden. Und das Gottesurteil hat leider Euer Sohn gewonnen – wenn auch nur unter sehr glücklichen Umständen. Was sollte mich also hindern, so zu handeln, wie mein Hofstaat es wünscht?»

«Euer Ehrenwort, Sandschar! Ihr wisst, wie wichtig es ist für alle gläubigen Muslime. Hier kommt nicht einmal die Taqiyya in Frage.»

Sandschar verzog sein Gesicht zu einem Grinsen. «Was wisst Ihr von Taqiyya?»

Der König holte Luft: «Dritte Sura, achtundzwanzigster Vers: ‹Die Gläubigen sollen sich nicht die Ungläubigen anstatt der Gläubigen zu Freunden nehmen. Wer das tut, hat keine Gemeinschaft mit Allah. Anders ist es, wenn ihr euch vor den Ungläubigen wirklich fürchtet.›»

Sandschar starrte einen Moment überrascht in Konrads Augen. «Ich bin verwundert über Eure Kenntnisse des Qur'ans, König Konrad! Ihr wärt ein guter Nachfolger Mohammeds geworden!»

«Spart Euch Euer Lob! Ich bin ein Nachfolger von Isa, den wir Christus nennen! Aber ich bin noch nicht fertig! Ihr werdet noch mehr überrascht sein, wenn Ihr erfahrt, wer Euer Verbündeter in Wahrheit ist!»

«Albertus?! Was ist Albertus schon? Ein irregeleiteter Verräter, ein Kufr!»

«Irregeleitet seid einzig und allein Ihr, großer Sandschar!» Konrads Stimme klang zwingend und gnadenlos.

Der Seldschuke sprang auf die Beine, beherrschte sich dann aber und setzte sich wieder. «Und was führt Euch, Konrad, zu dieser Annahme?»

Der König durchbohrte Sandschar beinahe mit seinen Blicken: «Albertus ist nur eine menschliche Hülle. In Wirklichkeit beherrscht ihn ein Dämon, ein Schaitan! Er ist uralt. Sein Name ist Bargûr. Er will ein Reich der Finsternis aufbauen. Und dazu hat er diesen teuflischen Plan entworfen. Erst will er Euch gebrauchen, um Heinrich, Calixt, Johannes und die Stauffermark zu vernichten. Dann wird er Euch in die ewige Finsternis werfen, wo die Feuer nie erlöschen.

Das ist der ganze Plan. Mit einem Schlag werden die Häupter des Westens und des Ostens abgeschlagen. Eure Welt und meine werden in Finsternis versinken. Und Jerusalem wird das Zentrum dieser Finsternis sein. Wollt Ihr das? Al-Quds in den Händen des Scheitans?

Dieses Gespräch hier wird darüber entscheiden, ob Bargûrs Plan gelingen wird oder nicht. Er hat sein Netz schon überall gesponnen und wartet nur darauf, loszuschlagen: in Rom, Jerusalem, Konstantinopel, Speyer und auch in Eurer geliebten Stadt Nischapur! Nur wenn wir zusammenhalten, können wir diesen vernichtenden Schlag gegen unsere Reiche verhindern. Und wenn es gelingt, bricht für uns alle eine neue, eine bessere Zeit an.»

Für einen Moment herrschte angespannte Stille im Zelt. Konrad presste nervös die Lippen zusammen. Ob sich der Seldschuke überzeugen ließ?

«Eure Worte sind beleidigend ... ehrlich, Konrad, König von Falkenstein und Meister von ‹Sanctus›, dem Seelenfresser! Ihr fordert viel von mir! Erst soll ich an einen Dämon glauben, und dann soll ich mich auch noch mit Euch verbünden? Warum sollte ich Euch vertrauen?»

Konrad blickte Sandschar fest in die Augen: «Weil Ihr kein Dummkopf seid, Sandschar! Ihr wisst von Bargûr. Und Ihr habt vom Schicksal Sabas' gehört, dem Patriarchen von Jerusalem.»

Bei diesem Namen zuckte Sandschar unmerklich zusammen. Wieder legte sich Schweigen auf die beiden.

«Und welchen Gewinn habe ich davon, wenn ich mich mit Euch verbünde?»

«Hoffentlich Euer Leben, Eure Ehre und keine Tausenden von Witwen und Waisen bei Euch zuhause.»

«Das ist alles? Ihr wisst wohl nicht, mit wem Ihr es zu tun habt?», brauste Sandschar auf und fuhr hoch.

Konrad blieb ruhig: «Ich weiß, dass Eure Kriegskasse so leer ist, wie dieses Land hier leer an Korn, Gold und Vieh. Hier gibt es nichts mehr zu holen. Nur den Tod und ein paar zerlumpte Sklaven, die Ihr mit den übriggebliebenen Vorräten am Leben halten müsst, wollt Ihr sie denn als siegreiche Beute zuhause bei Euch in Chorasan präsentieren. Und wie Ihr selbst wisst, wartet Mahmud, der Ursupator, nur auf Eure Schwäche. Die Menschen sind kriegsmüde. Wer weiß: Vielleicht bringt Ihr ja auch einen glorreichen Friedensbund mit Konstantinopel, Rom und Speyer nach Hause?»

Sandschar starrte verwundert in Konrads Gesicht. «Bei Allah, Euer Wissen ist beeindruckend! Und wer garantiert mir, dass Ihr, sollte es gelingen, Euch an die Abmachung halten werdet?»

Jetzt erhob sich der König und baute sich vor dem Seldschuken auf. Er überragte ihn dabei um einen ganzen Kopf. Konrads Stimme klang leise und kalt: «Wenn Ihr nicht ein Sultan wärt, der Malik des Ostens, und ich mein Schwert hier hätte, würde ich Euch für diese Worte jetzt in Stücke hauen!»

Der Sultan grinste: «Eure Offenheit ist erfrischend, König der Stauffermark! Aber sie ist ehrlich. Und damit Ihr seht, dass auch ich es ehrlich meine, will ich Euch jetzt ein Geheimnis verraten. Vor kurzem wurde mir gemeldet, wo sich Calixt, Johannes und Heinrich befinden.»

Konrad verlor für einen Augenblick die Fassung. «Ihr wisst …?!»

«Ja, ich weiß es! Sie befinden sich in einem kleinen Lager in der Nähe des großen Waldes. Zusammen mit Eurer Gemahlin, Eurer Schwiegertochter und meiner Spionin!»

Der König wurde bleich.

«Um Euch zu zeigen, dass ich Euch wohlgesonnen bin und Euch vertraue, habe ich nichts unternommen und dieses Gespräch abgewartet. Es wäre ein Leichtes gewesen, sie als Geiseln in meine Gewalt zu bringen!»

Konrad senkte den Kopf: «Sultan, jetzt beschämt Ihr mich! Das war sehr großzügig. Danke.»

Justus, Elias, Salome und Gabriel standen unruhig vor dem großen Zelt und warteten. «Wie lange dauert das denn noch? Was handeln die da aus? Die Erschaffung der Welt?!»

Elias kniff seinem ungeduldigen Bruder freundschaftlich in die Seite. «Na, dann hätten wir noch sechs Tage zusätzlich Zeit. Vater wird das schon richtig anpacken! Aber ja, mir dauert das auch alles viel zu lange.» Für einen Augenblick starrte Elias bedrückt zu Boden.

Salome begriff sofort: «Du vermisst deine Familie, nicht wahr?»

«Ja, ich wünschte, sie wären alle hier! Auch wenn es unvernünftig und gefährlich wäre. Ich bin sehr in Sorge um sie.»

In diesem Moment erschienen Konrad und Sandschar im Zelteingang. Ihre Gesichter wirkten ernst, aber zufrieden. Die Wachen salutierten und gaben den Weg frei. Die Obersten von Sandschar sammelten sich gespannt auf dem Vorplatz.

Auch Justus wollte eben losgehen, als ihn Gabriel heftig schreiend am Arm riss und erschrocken nach oben deutete. Einen Wimpernschlag lang verdunkelte ein riesiger Schatten die Sonne. Auch alle anderen auf dem Platz starrten jetzt in den Himmel.

«Nichts wie weg!», schrie Elias.

Ein markerschütterndes Brüllen ließ die Trommelfelle beinahe platzen. Die Seldschuken stoben in wilder Panik auseinander.

Konrad rannte zu den Seinen: «Los, dort hinten zum Felsen! Alle auf den Boden!»

Das brauchte er nicht zweimal zu rufen. Als das giftige Pfeifen der ledrigen Schwingen immer schneller herannahte, sprang Elias plötzlich hoch.

Sandschar stand immer noch wie vom Donner gerührt beim Zelteingang und starrte entsetzt auf das heranfliegende Monster.

Salome versuchte Elias zurückzuhalten. Aber dieser riss sich los und sprintete auf den Sultan zu und warf ihn mit einem gewaltigen Sprung zu Boden. Während sie noch fielen, packte er den Seldschuken an den Schultern und rollte mit ihm blitzschnell zur Seite.

Die messerscharfen Klauen des Leviathans zischten an ihnen vorbei und bohrten sich in die beiden Wächter, die sich vergeblich mit ihren Lanzen zu verteidigen suchten. Der Drache riss die Seldschuken in die Luft, zermalmte ihre Körper mit den Klauen und ließ sie aus der Höhe herabstürzen. Wie verrenkte Vogelscheuchen aus Stofflappen prallten sie dumpf am Boden auf, wo sie leblos liegen blieben.

Der Leviathan schraubte sich in die Lüfte und stürzte sich erneut auf das Lager hinab. Nichts, das ihm in die Quere kam, konnte vor seinen Krallen bestehen: Männer, Pferde, Zelte – alles wurde von ihm zerfetzt. Bei seinem nächsten Anflug ertönte ein leises pfeifendes Geräusch, so als ob er Luft holen würde.

Justus kannte dieses Geräusch und schrie den anderen zu: «Feuer! Er speit Feuer!»

Sekunden später fraß sich eine glühende Feuerwalze durch das ohnehin schon schwer beschädigte Lager.

Die Attacke schien eine Ewigkeit zu dauern. Aber irgendwann entfernten sich die schrecklichen Schreie, und es wurde still. Totenstill.

29. Kapitel: Träume und Intrigen

Anna hielt es nicht mehr länger aus im kaiserlichen Lager. Schon die ganze Nacht war sie von schweren und erschreckenden Träumen geplagt worden. Sie hatte von Monstern geträumt, die versuchten, die Zwillinge zu verschlingen. Falkenstein hatte lichterloh gebrannt. Elias war von einer bodenlosen Finsternis verschluckt worden. Die ganze Familie, das ganze Land, war unter einer gewaltigen Schicht von Asche, Feuer und Eis begraben worden.

Neben all den wilden Erinnerungen der vergangenen Tage und Wochen hatten viele der Bilder aber eine erschreckende Wirklichkeit in sich. Die Zwillinge! Sie musste ihre Kinder finden! Die leise Stimme hatte ihr zugeflüstert, dass sie noch lebten. Aber wo waren sie? Waren sie in Sicherheit? Hatte Elias sie gefunden?

Wieder hörte sie auf das Flüstern in ihrem Innern. Ein Bild schoss in ihr hoch: Da war ein dichter Wald, riesige, uralte Eichen. Ein verschlungener Pfad. Eine Lichtung mit einem Gebäude aus schweren, dicken Steinquadern. *Der Riedenwald!*

Anna schlüpfte aus dem Zelt und blickte sich um. Gras, Bäume und Büsche waren nass vom Regentau. Es roch nach frischen Pilzen. Die ersten Amseln hatten lautstark zu zwitschern begonnen. Ein Reh, das ganz in der Nähe geäst hatte, zuckte erschrocken zusammen. Begleitet von einem kehligen «Baaah-baahh-ba-ba!» hörte sie seine flüchtenden Sprünge in der Ferne entschwinden. Halb verschlafen rätschte ein Eichelhäher kurz los, unschlüssig, ob er den halben Wald wecken oder das Ganze als Nebensächlichkeit abtun sollte. Nach wenigen Augenblicken verstummte er wieder. Anna atmete durch. Wie friedvoll könnte diese Welt doch sein!

«Wann endlich kommt mein Sohn zurück?»

Anna zuckte erschrocken zusammen. Kaiser Johannes war geräuschlos an ihre Seite getreten. Sein warmer Atem hüllte ihn für einen Moment in eine feine Wolke.

«Wann endlich sehe ich meine Söhne wieder?», antwortete Anna sorgenvoll.

«Ihr wollt uns verlassen, nicht wahr?» Auf dem Gesicht von Johannes spielte ein leises Lächeln. «Ihr Leute aus Falkenstein seid sehr ... eigenständige Menschen! Auch ich würde am liebsten losreiten!»

Die junge Frau fühlte sich ertappt. «Ihr findet also, dass das keine so gute Idee ist?»

«Ich halte Euch nicht zurück, meine Liebe! An Eurer Stelle würde ich genauso handeln.»

Anna lächelte unsicher zurück: «Es ist sehr ruhig. Ob es wohl so bleiben wird?»

«Dafür bete ich, junge Dame»

«Fehlt er Euch?»

«Nikolaos?»

«Bernardus. So haben wir ihn genannt.»

«Er fehlt mir jeden Tag! Und ich fürchte nichts mehr, als auch Nikos noch zu verlieren.» Die Augen des Kaisers wurden für einen Moment feucht. «Ich war zu streng mit ihm. Ich habe ihn wie einen Verräter behandelt. Aber ein Thronfolger, der den Schoß der Heiligen Orthodoxen Kirche verlässt – etwas Schlimmeres hätte er uns nicht antun können!»

«Hat er das wirklich getan? In unserer Burgkirche jedenfalls hatte die Ikone von Christus Pantokrator aus der Hagia Sophia immer ihren Ehrenplatz.»

Johannes wandte den Kopf ab, um nicht noch mehr Gefühle zeigen zu müssen. «Ich weiß.» Der Kaiser flüsterte nun beinahe: «Konrad hat es mir schon vor Jahren erzählt. Das macht alles nur noch schlimmer für mich.»

Für einen Moment begegneten sich ihre Blicke. Sie schwiegen.

«Er hat Euch vergeben, das wisst Ihr – also vergebt Euch selbst auch, Hoheit!»

«Ihr solltet jetzt gehen, Anna. Sonst wird man Euch wohl zurückhalten wollen. Da draußen lauern eine Menge Gefahren. Und wenn Ihr jetzt noch länger bleibt, werde ich alter Dummkopf es mir anders überlegen und Euch von diesem Wahnsinn abhalten oder die Wache schicken!»

Anna huschte davon.

Lange noch blickte Johannes der jungen Mutter nach. Sie gefiel ihm. Sie hatte etwas so Natürliches und entwaffnend Ehrliches an sich. Das suchte man vergeblich am intriganten und steifen, von Etikette und Formalitäten erfüllten kaiserlichen Hof in Konstantinopel. Da war etwas so Reines, Tiefes in ihr – er konnte es nur schwer beschreiben. Die Frauen hier waren anders. Wie lange sie wohl dieses unverdorbene Wesen behalten würde? Er hätte Nikos eine wie diese gewünscht. Aber das Protokoll verlangte eine Verbindung zwischen hohen und wichtigen Bündnispartnern.

«Wie lange steht Ihr schon hier draußen?!» Die Stimme von Calixt klang müde.

«Noch nicht lange, Eure Heiligkeit. Aber es wird ohnehin Zeit, dass wir etwas unternehmen.»

«Richtig, wir tun, was wir jeden Tag tun sollten. *Ora et labora.* Bete und arbeite. Genau in dieser Reihenfolge!»

Anna blickte ein letztes Mal zurück zum Wäldchen, in dem sie ihr Lager aufgestellt hatten. Jetzt war sie wieder auf sich allein gestellt. Für einen Augenblick durchschossen sie große Zweifel, ob das, was sie jetzt vorhatte, gut war. Aber schließlich schob sie ihre Bedenken beiseite und machte sich auf den Weg. Was hätte sie jetzt für ein Pferd gegeben!

Nachdem sie das Wäldchen verlassen hatte, vermied sie alle offenen Flächen und bewegte sich im Schutz von Sträuchern, Felsbrocken und einzelnen Bäumen vorwärts nach Osten. Dorthin, wo der Riedenwald lag. Fieberhaft dachte sie nach. Irgendwie kam ihr das Gebäude, das sie vor ihrem inneren Auge gesehen hatte, bekannt vor! Aber woher? Es sah aus wie ein Bauernhof. Aber ein Bauernhof mitten im Riedenwald? *Ja natürlich!* Jetzt fiel es ihr wieder ein. Elias hatte ihr einmal von seinen Jungenstreichen erzählt, wie er Justus Angst einjagte im Wald, wenn Konrad sie unterwegs bei einem Bauernhof abgab. Bauernheim …Waldheim … so ähnlich hatte er den Ort genannt. Aber der Riedenwald war riesig!

Ein leises Stöhnen riss Anna aus ihren Gedanken. Erschrocken ließ sie sich hinter einem Baum zu Boden fallen. Hatte man sie entdeckt? Ihr Herz klopfte heftig, während sie sich zwang, ruhig und still zu atmen. Sie horchte mit offenem Mund. Erst jetzt fiel ihr auf, dass es rundum totenstill war. Keine Summen der Bienen und Hummeln. Kein Lärchengesang, kein Taubengurren. Unheimlich!

Da war es wieder, dieses gequälte Stöhnen. Die Stimme einer Frau! Vorsichtig hob Anna den Kopf etwas, um besser sehen zu können. Ein paar Schritte von ihr entfernt lag eine zusammengekrümmte Gestalt am Boden. Bedeckt mit einem schweren grünen Mantel.

Anna verhielt sich weiterhin ruhig und blickte sich nach allen Seiten um. Ein Falle? Etwas in ihr sträubte sich.

«Heilige Mutter Gottes, steh' mir bei in der Stunde meines Todes!», hauchte die verkrümmte Gestalt zitternd und leise vor sich hin.

Die junge Frau erhob sich geräuschlos und presste sich eng an den Baumstamm. Rundum blieb es ruhig. Da war nichts. Sie wartete noch einmal eine ganze Weile. Dann kam sie hinter dem Baum hervor und schritt auf die am Boden Liegende zu.

Diese hatte den Mantel ganz über den Kopf gezogen, so als wollte sie sich mit einem Leichentuch bedecken.

Anna kniete sachte nieder und berührte vorsichtig eine Schulter. Der Kopf der Fremden bewegte sich zögerlich ihr zu. Zitternd strichen die zerschundenen Hände das Tuch beiseite.

Erschrocken wich Anna für einen Moment zurück. Diese Augen, dieses Haar, dieses Gesicht! Für einen Moment hatte Anna geglaubt, Salome vor sich zu sehen. Aber das war nicht Salome! Diese Frau war älter, gereifter, zerfurchter.

«Oh mein Gott, entschuldigt, dass ich mich so erschreckt habe!», sagte Anna hastig. «Für einen Augenblick dachte ich ...»

«Bitte helft mir, edle Dame!», flüsterte die Fremde. «Ich heiße Anastasia. Ich wurde überfallen. Ich brauche ...»

«Ihr braucht Euch nicht zu fürchten! Ich tue Euch nichts, Anastasia!» Anna griff in den ledernen Beutel an ihrem Gürtel. «Hier, trinkt etwas Wasser! Und nehmt einen Bissen von diesem Dörrfleisch!»

Sorgfältig setzte Anna die Frau auf und flößte ihr etwas Wasser ein. «Ich glaube, ich weiß einen sicheren Ort!»

Die Alte nickte dankbar und ließ sich mit zittrigen Knien auf die Beine helfen.

Anna musste sie dabei stützen. Als die Fremde ihren entblößten Unterarm berührte, standen ihr die plötzlich die Nackenhaare zu Berge. *Gefahr!,* warnte die leise Stimme in Anna. Die junge Mutter war verwirrt. Sie fühlte sich gleichzeitig angezogen und abgestoßen.

Anna redete so ruhig und gelassen wie möglich: «Wie um alles in der Welt kommt Ihr bloß an diesen verlassenen Ort?»

«Darf ich mich wieder für einen Augenblick setzen?», hauchte Anastasia.

«Ja, natürlich! Verzeiht, ich wollte Euch nicht überfordern!»

Die ältere Frau ließ sich auf einen Steinbrocken nieder. «Kann ich Euch vertrauen, Anna?»

Diese zuckte leise mit den Schultern: «Im Augenblick bleibt Euch, fürchte ich, keine andere Wahl.»

Vorsichtig schaute sich Anastasia nach allen Seiten um, als hätte sie Angst, gehört zu werden: «Ich bin eine Spionin.»

«Und?»

«Eine Spionin von Kaiser Heinrich.»

«Weiter?»

«Ich weiß, Ihr werdet mir nicht glauben. Aber der Kaiser will sich mit Papst Calixt und Kaiser Johannes treffen! Sie müssen sich nicht allzuweit von hier befinden!»

«Ihr habt mein Vertrauen! Und was ist Eure Nachricht?»

Die ältere Frau redete noch leiser: «Eine Falle! Ich darf keinesfalls hier gesehen werden! Wo ist dieser sichere Ort? Bitte, bringt mich so schnell wie möglich weg von hier. Wenn man Euch mit mir sieht, seid Ihr verloren! Dort werde ich Euch alles berichten.» Anastasias Stimme klang angstvoll und duldete doch keinen Widerspruch.

«Ich bringe Euch fort von hier. Kommt! Ich weiß einen Ort. Er kann nicht weit von hier sein!» Anna zog die Fremde erneut hoch. Dann schleppten sie sich vorwärts.

Ungeduldig suchten Annas Augen die Gegend ab. Zuletzt blieben sie an einem kleinen Trampelpfad hängen, der sich in einem Gestrüpp von Büschen verlor. Ein paar Äste waren nahe am Boden abgeknickt und zeigten ihr weißes, von Borke befreites Holz. Der Boden war frisch aufgewühlt, alte Blätter vom letzten Jahr von ihrem Liegeplatz verschoben worden. Wildschweine?

Vorsichtig schob Anna das Gestrüpp beiseite. Tatsächlich: Der schmale Pfad erweiterte sich und ging schnurgerade auf eine Lichtung zu. Sofort erinnerte sich Anna an ihre Vision. *Das ist der Ort!*

Sie zwängten sich beide durch das Gebüsch und humpelten so rasch es ging auf die Lichtung zu. Der Geruch von Rauch hing in der Luft. *Das Bauernhaus!* Anna atmete tief durch. Waren dort ihre Kinder? Ihr Herz begann schneller zu schlagen.

Aber die leise innere Stimme wurde immer lauter: *Gefahr!*

Anna blieb mit einem Ruck stehen und musterte Anastasias Gesicht von der Seite. «Woher weiß ich, dass *ich* Euch vertrauen kann?!»

Anastasia lächelte schwach: «Wie schnell Ihr doch Eure Meinung ändert! Wie sagtet Ihr vorhin: Im Augenblick bleibt Euch, fürchte ich, gar keine andere Wahl!? Was sollte ich von Euch wollen? Oder müsste ich etwas von Euch wissen, das ich besser nicht wissen sollte?»

Anna verzog das Gesicht zu einem Lächeln: «Nicht wirklich. Kommt, wir gehen!»

«Nein, werdet Ihr nicht, Herrschaften! Stehen bleiben, oder mein Spieß wird Euch stechen!» Die Stimme hinter ihrem Rücken ließ keinen Zweifel aufkommen, dass es wirklich so gemeint war.

Anna blickte dem rundlichen Bauern in die Augen: «Anna, Fürstin von Falkenstein, Gemahlin von …»

«Elias von Falkenstein!», unterbrach Richard sie freudig. «Euch hätte ich nicht hier erwartet! Was für eine Fügung des Himmels! Kommt schnell, Eure Kinder sind hier!»

Rasch griff der Bauer Anastasia unter den Arm und legte ihn über seine Schultern. «Ich helfe Euch, edle Dame!»

Der Bauer blickte sich kurz um und rief: «Hanna! Wir kriegen Besuch! Schnell, setz die Pfanne auf den Herd!»

Von allen Seiten kamen Kinder herzugelaufen und umringten die Ankömmlinge schwatzhaft und neugierig. Etwas später drückte Anna weinend, aber überglücklich Konrad und Bernardus an die Brust. Sie waren dünn geworden! Erschöpft und erleichtert sank sie schließlich auf die grobschlächtig gezimmerte Sitzbank am großen Esstisch.

Die beiden Frauen verschlangen heißhungrig den frischgekochten Haferbrei und das knusprig gebackene Bauernbrot. Es gab viel zu erzählen. Dass Anna mit Calixt, Johannes und Friedrich unterwegs gewesen war, behielt sie allerdings für sich.

Nur Anastasia hielt sich schweigend im Hintergrund. Niemand schien das dunkle Glühen in ihren grünen Augen wahrzunehmen.

Nachdem die beiden Ankömmlinge auch noch ein heißes Bad genommen und frische, einfache Leinenkleider angezogen hatten, war der Abend angebrochen. Anastasia bat, sich in die Gästekammer zurückziehen zu dürfen. Dabei sah sie Anna vielsagend an. Die Bauersleute nickten verständnisvoll.

Konrad und Bernardus lagen friedlich schlafend in einer kleinen Wiege in der Kammer.

Anastasia schloss die Tür hinter Anna zu: «Ihr habt Euer Wort gehalten. Nun will ich auch mein Versprechen einlösen. Jetzt, nachdem ich weiß, wer Ihr seid, will ich offen reden!» Noch einmal schaute sie sich vorsichtig um. Dann flüsterte sie: «Ihr habt Euch sicherlich gewundert, warum ich Euch irgendwie bekannt vorkomme. Ich will es Euch sagen: Ich bin die Mutter von Salome!»

30. Kapitel: Die Zuflucht

Was Nikos sah, war wirklich übel. Elisabeth hatte die drei Männer nicht umsonst gewarnt. Es war, als hätte sich vor ihnen die Unterwelt geöffnet. Die Wände glühten im hellen Schein großer Feuerherde. Eine nicht enden wollende Kolonne von Menschen reihte sich vor ihnen auf. Kinder und Jugendliche! Die Menschenschlange führte direkt auf ein riesiges Podest zu, das einem Altar glich.

Und dort stand Albertus. Seine Augen glühten. Er legte seine knochigen Finger auf den Kopf eines Jungen, der von zwei Wächtern gehalten wurde. Der Knabe kippte zu Boden. Dann, wie von Geisterhand gepackt, richtete er sich wieder auf. Das war kein Junge mehr! Ein spindeldürrer, hochgewachsener Mann reckte sich in die Höhe. Zwei Kapuzenträger stülpten ihm das härene Gewand der «Reinen» über, drückten ihm ein Schwert in die Hand und reihten ihn – Nikos stockte der Atem – in eine unübersehbare Menge von kapuzenverhüllten Gestalten ein. *Die Armee von Albertus!*

«Verfluchter Teufel!», knurrte Andreas leise. «Er hetzt unsere eigenen Kinder auf uns!»

«Gibt es eine Möglichkeit, den Zauber zu brechen?», flüsterte Nikos zu Elisabeth.

«Das weiß ich nicht», hauchte diese zurück.

«Was passiert dort?», zischte Linhart erschrocken.

Albertus hatte eben einer jungen Frau die Kleider vom Leibe gerissen. Diese stand wie vom Donner gerührt da, während der «Reine» sie prüfend von oben bis unten betrachtete. Dann nickte er zufrieden. Die Gefangene wurde weggeführt und verschwand durch eine kleine Tür.

«Ich dachte immer, Albertus sammelt nur Jungen?»

«Das war, bevor er die Burg übernommen hat. Jetzt lässt er sich auch junge Frauen bringen. Da er ihnen Nahrung und Kleidung verspricht, sind die Eltern dankbar, ihre hungernden Kinder versorgt zu wissen. Sie halten ihn ja für einen frommen Wohltäter!», erklärte Sarah. «Die Mädchen arbeiten für ihn. Und die schönsten lässt er aussondern. Zum Lohn für seine besten Kämpfer ... Für ein neues Volk in seinem neuen Reich. ‹Heilige Hochzeit› nennen sie das.»

«Klingt für mich nicht sehr heilig! Wart ihr beiden auch dort?», erkundigte sich Nikos.

Sarah und Elisabeth nickten stumm.

«Wer oder was befindet sich dort hinter dieser Tür?», wollte der Prinz weiter wissen.

«Alle Vertrauten und Obersten der Reinen. Sie treffen sich im weißen Saal. Nur die Auserwählten dürfen ihn betreten.»

«Weißer Saal! Wie passend! Wie kommen sie dorthin?»

«Durch einen Geheimgang in der Mauer des Bergfrieds.»

«In der Mauer des Turms?! Ich wusste nicht, dass es so was überhaupt gibt!»

«Diese Burg hat mehr Geheimnisse, als man glauben kann», flüsterte Elisabeth.

Andreas wurde unruhig: «Ich denke, wir sollten jetzt gehen!»

«Nein, bitte, gehe nicht!»

Das war Albertus' Stimme aus nächster Nähe.

Der Knappe zuckte zusammen und starrte nach vorne, wo Albertus stand. Aber dieser schaute ihn gar nicht an, sondern war mit den Menschen vor sich beschäftigt. Viel zu weit entfernt, um so klar und deutlich gehört zu werden! Andreas warf den Gefährten einen Blick zu. Hatten sie es auch gehört? Offensichtlich nicht, denn sie flüsterten miteinander und suchten nach etwas. *Was zum Teufel...?*

«Nein, nicht der Teufel! Ich bin es, Andreas Waldvogel! Du täuschst dich nicht!», redete Albertus erneut. Seine Stimme klang warmherzig und freundlich.

Es begann in Andreas' Brust zu brennen – genau dort, wo Albertus ihn vorher berührt hatte. Es war nicht unangenehm. Die Schmerzen aus dem Gefängnis begannen abzuklingen.

«Ich sehe dich, tapferer Jüngling! Du hast das Herz deines Vaters! Dein Vater – der Held in der Schlacht am Falkenpfad!»

Der Knappe schluckte.

«Wie du ihn vermisst! Ich sehe deine Tränen, ich höre deinen Wunsch, an seiner Stelle gewesen zu sein. Ich spüre deine Wut auf Falkenstein. *Warum er!?*»

In Andreas' Brust begann es heiß zu werden.

«Warum», fuhr Albertus fort, «werden einem immer diejenigen genommen, die einem am liebsten sind? Ist es nicht so? Und was hast du als Dank dafür erhalten? Knappe! Ein Knecht bist du geworden am Hofe des Mannes, der mitverantwortlich für den Tod deines Vaters war!»

Der Knappe begann zu zittern. Noch nie hatte jemand so tief in sein Inneres gesehen.

«Ich bin nicht so, wie du denkst, Andreas! Ich verstehe deinen Schmerz und Zorn sehr wohl. Auch ich bin ein Vaterloser, ein Verwaister. Und ich habe mir geschworen: Nie wieder sollen die Mächtigen dieser Welt uns Schwachen das nehmen, was wir lieben und brauchen. *Dazu* bin ich gekommen! Gerechtigkeit für die Unterdrückten und Verlorenen zu bringen!»

Linhart rüttelte erneut an Andreas' Schulter: «Mein Freund, du träumst! Komm jetzt! Verschwinden wir von hier! Wir haben genug gesehen!»

Der Knappe starrte unbeweglich in die Ferne. Er schien ihn nicht zu hören.

«Andreas Waldvogel, komm jetzt mit, wenn du wirklich mich gemeint hast!», lockte Sarah halb scherzhaft, halb befehlend. Das letzte Wort blieb ihr im Hals stecken, als dieser sie anstarrte.

Seine Augen wirkten kalt, seelenlos. «Was habe ich mit dir zu schaffen, Weib!», knurrte er mit tiefer, kehliger Stimme. Seine Hände wollten Sarah an die Gurgel.

Doch bevor sie zudrücken konnten, traf ihn ein hammerharter Schlag von Nikos auf den Kopf. Er sank zusammen und stürzte zu Boden. Nikos kniete nieder und weckte ihn mit zwei kräftigen Ohrfeigen.

Erschrocken fuhr Andreas hoch und blickte sich um: «Was ist passiert?!»

«Dasselbe möchte ich von dir wissen!», zischte Nikos. «Eine Zauberstunde von Albertus, wie ich vermute?»

Der Knappe griff sich an die Stirn: «Er hat mich angesprochen und aufgefordert, ihm nachzufolgen!» Noch ganz benommen schüttelte er den Kopf: «Na, den habt Ihr mir ja ziemlich schnell und heftig wieder rausgeprügelt!»

«Kannst du ihn noch hören?»

«Ja, aber nur sehr leise und undeutlich.»

«Meinst du, er hat etwas gemerkt?»

«Ich weiß nicht. Denkt Ihr, was ich denke?»

Nikos schüttelte energisch den Kopf: «Nein, Andreas! Zu gefährlich! Und erst recht nicht in deinem Zustand!»

Der Knappe zeigte sich stur: «Ich versuche es! So bin ich mittendrin!»

«Und wenn du die Kontrolle verlierst?»

Weiter kamen sie nicht. Hinter ihnen gab die Tür ein Geräusch von sich.

Andreas richtete sich auf und murmelte vor sich hin: «Ja, Meister, ich will dir nachfolgen! Reinige mich von den Sünden meiner Jugend!»

Sarah versuchte ihn zurückzuhalten. Doch er schob ihre Hand freundlich und energisch beiseite. Dann hatte er sich bereits in die Kolonne der Wartenden eingereiht.

Nikos und den anderen gelang es gerade noch, in eine dunkle Nische zu schlüpfen.

Vier der unheimlichen Krähenkrieger führten ein paar Jungen herein: zerlumpt, abgemagert und apathisch.

Sarah stiegen Tränen in die Augen. «Leb wohl!», flüsterte sie, als sie Andreas immer weiter nach vorne gehen sah. An Nachschub für Albertus' Armee schien es nicht zu fehlen.

Linhart schluckte seine Wut hinunter: «Albertus, du wirst deiner Strafe nicht entgehen!»

Rasch schlüpften sie aus dem Saal und eilten geduckt die Wendeltreppe weiter nach unten.

Auf einmal blieb Elisabeth stehen: «Hier ist es!» Sie drückte auf einen etwas auffälligen Stein. Mit einem leisen Klicken öffnete sich eine geheime Tür in der Wand. Sie betraten einen weiteren Gang.

Nikos kam der Gang bekannt vor. «Geht es nicht hier nach oben zum Bergfried?»

«Richtig, edler Herr!», flüsterte Elisabeth.

«Luft! Ich brauche frische Luft!», stöhnte Sarah.

«Was nun?» Linhart blickte rast- und ratlos umher. «Wir stecken fest! Wohin wir auch gehen werden – überall warten Sackgassen auf uns!»

«Wir sollten jetzt unsere Mitstreiter suchen!»

Sie schlichen den Gang entlang. Vom Ende desselben näherte sich hinter der nächsten Biegung das Licht von vielen Fackeln. Das Klirren von Rüstzeug und Waffen vermischte sich mit einer großen Anzahl im Gleichschritt marschierender Stiefel. Ein dunkles Knurren ertönte.

«Wolfsreiter?!», fragt der Stallbursche zitternd. Besorgt sah er zu Nikos: «Was schlagt Ihr vor?»

«Es klingt nicht sehr königlich», antwortete Nikos. «Aber ich schlage vor, dass wir so rasch wie möglich von hier verschwinden! Lauft!»

So schnell ihn die Füße tragen konnten, stürmte er davon und riss Sarah am Arm mit. Linhart packte Elisabeth und folgte ihm auf den Fuße. Im letzten Moment verschwanden sie um die Biegung des Ganges und kamen außer Sichtweite. Das Knurren wurde lauter. Sie hetzten die Treppe hinunter. Nach schier endlosen Windungen öffnete sich vor ihnen endlich der alte Teil der Katakomben.

«Wiedersehen macht Freude!», seufzte Nikos und drückte sich eng an die Wand. Vorsichtig schaute er in das Innere des großen Saales. Zwei Knappen standen je links und rechts zwischen ihnen und dem Weg ins Freie. Für einen Moment musterte Nikos Sarah und Elisabeth von Kopf bis Fuß, so als wollte er sie mit bloßen Blicken ausziehen.

Elisabeth verzog erst wütend das Gesicht, doch dann begriff sie.

Sie schubste die Freundin mit dem Ellbogen leicht in die Seite und deutete mit dem Kinn zu den beiden Knappen.

Sarah begriff sofort. Elisabeth entblößte ihre Schultern, lachte laut und lallend, als ob sie betrunken wäre. Dann torkelte sie kichernd in den großen Saal. Sarah folgte ihr schwankend. Sie schubsten sich gegenseitig übermütig hin und her und lachten beschwipst.

Die beiden Knappen schauten sich für einen Augenblick überrascht an. Doch dann grinsten sie einander breit zu.

«Hallo, wen haben wir denn da?», lallte nun Sarah mit schwerer Zunge. «Huch, mir ist so ... schwindlig ...» Sie schwankte bedrohlich hin und her, so als ob sie gleich hinfallen würde.

Elisabeth kicherte erneut, torkelte auf sie zu und versuchte sie zu stützen: «Der Falkensteiner Wein war ... wohl ... doch ... etwww..., etwas ... su ... schweeer ...! Würden die b-b...bei...beiden Herren unsss wohlll... etwasss hel..., hel...?» Sie klammerte sich an Sarah fest und kämpfte um ihr Gleichgewicht.

Das musste man den beiden Knappen nicht zweimal sagen. Lachend eilten sie herbei.

«Na! Was haben wir denn da für zwei schöne Blumen? Und noch so duftend jung?», rief der Ältere von beiden.

«Hallll...tet ... mich fffff...», kicherte Sarah und stolperte ihm in die Arme. Elisabeth drehte sich einmal im Kreis und drohte umzufallen.

Der jüngere Knappe fing sie im letzten Augenblick auf: «Zwei sehr schöne Blumen, würde ich ...»

Weiter kam er nicht. Bumm! Zwei Schläge mit einem Holzbrett, und die rettenden Helfer gingen an den duftenden Blumen vorbei zu Boden.

«Hat ja wunderbar geklappt!», grinste der Stallbursche. «Die beiden Hummeln werden wohl nicht so schnell wieder Honig suchen!»

Gleich darauf landete Elisabeths Ohrfeige in seinem Gesicht.

«War ja nicht wörtlich gemeint!», stotterte Linhart verdutzt.

Die beiden Männer zogen die Schwerter der Wächter und huschten hinter den beiden Mädchen her zum anderen Ende der

Halle. Dort schlüpften sie in einen Tunnel, der aus den Katakomben herausführte. Am Ende des Ganges standen zwei weitere Wächter.

Der Prinz nickte den Mädchen auffordernd zu.

«Haltet Ihr das für eine gute Idee?», flüsterte Linhart zu Nikos, «das hatten wir doch schon einmal!»

«Weißt du etwas Besseres?», zischte dieser zurück.

Der Stallbursche biss sich auf die Lippen und schüttelte den Kopf.

«Hallo, wen haben wir denn da?», lallte Sarah laut vom Ende des Ganges mit schwerer Zunge. «Huch, mir ist so ... schwindlig ... Würden die *swei* Herren unsss wohlll... etwasss hel..., hel...?»

Linhart und Nikos blickten sich grinsend an. Sie zogen zwei erloschene Fackeln aus den eisernen Ringhaltern und huschten zu den Stimmen. Zwei weitere Schläge, und endlich standen die vier Flüchtlinge am Ausgang zum Wald, wo sie für einen Moment lang vor Erleichterung die Augen schlossen. Gierig sogen sie die kühle Nachtluft ein. Dann horchten sie still in den bläulich schimmernden Wald hinein. Nikos fiel ein Stein vom Herzen, als das Zirpen der Grillen einsetzte.

Noch einmal lauschten sie in das Dunkel hinein. Dann ergriffen sie sich an den Händen und huschten aus dem Tunnel hinaus in den nächtlichen Wald. Im Tunnel hinter ihnen blieb es ruhig.

«Wir gehen zur großen Eiche!», raunte Linhart. «Aber erst durch diesen kleinen Bach.»

Elisabeth quietschte leise, als ihre Füße ins kalte Wasser glitten. Sie wateten gegen die Strömung aufwärts. Außer dem leisen Plätschern des Wassers, das gurgelnd und sprudelnd ihre Knöchel umspülte, war nichts zu hören.

Es dauerte eine ganze Weile, bis der Stallbursche schließlich wieder aus dem Bachbett stieg. «So, das sollte weit genug sein. Die Hunde werden lange suchen müssen – wenn sie denn überhaupt eine Witterung aufnehmen können.»

Nikos wollte nicht den Unwissenden spielen. Aber zuletzt flüsterte er ungeduldig: «Warum zur großen Eiche? Hier gibt es

Bäume wie Sand am Meer! Klettern können wir auch auf Tannen, Buchen, Linden ...»

«Geduld, Herr!», schnitt ihm Linhart das Wort ab. «Bevor Ihr die ganze Waldkunde durchgearbeitet habt: Habt Geduld! Ihr werdet gleich wissen, warum!»

Im selben Augenblick stieß Nikos mit Elisabeth zusammen, die wie angewurzelt stehen geblieben war.

«Passt doch ...!», murmelte er verärgert und blieb dann gleich mit offenem Mund wie angewurzelt stehen. Ein riesiger Schatten drängte sich durch die Baumkronen himmelwärts und verdeckte fast den ganzen Himmel.

«Groß ist wohl etwas bescheiden gesagt, beim heiligen Nikodemus!», flüsterte der Konstantinopler. «Gewaltig würde der Wahrheit schon näher kommen! Wahrscheinlich so gewaltig, dass jedes Kind im ganzen Land diesen Baum kennt, nehme ich an ...»

Linhart gab Nikos einen leichten Knuff in die Rippen: «Die große Eiche ist eine von vielen hier. Dieser Teil des Waldes ist uralt. Wir nennen ihn das ‹Feld der Riesen›. Aber nur die Eingeweihten auf Falkenstein wissen um das Besondere dieser einen Eiche hier. Sie hat einen besonderen Namen: ‹der Turm›. Eigentlich ist sie kein Baum, sondern ein Wachtturm!»

«Hört, hört!», spöttelte Sarah, «und ich bin eine Stadtmauer!»

«Etwas steinig seid Ihr ja schon geraten, edle Maid!», spöttelte Linhart. «Aber ganz so flach seid Ihr doch nicht!» Dann drückte er gegen die dicke Rinde des riesigen Stammes.

Sarah ließ überwältigt die erhobene Faust sinken, als ihr plötzlich eine riesige schwarze Öffnung entgegengähnte.

Ein zufriedenes «Ah, da haben wir es ja!» entfuhr Linhart, während er im nächsten Augenblick im Dunkeln verschwand. «Ihr braucht hier nicht auch noch Wurzeln zu schlagen! Die hier genügen schon!», ertönte es aus dem Innern, während seine Hand auftauchte und Elisabeth am Arm hineinzog.

Eine gewundene aus dem Eichenholz herausgehauene Treppe führte im hohlen Inneren des Stammes nach oben.

Linhart hatte nicht übertrieben: Es war unbeschreiblich! Die Aussicht von der hoch oben in der Baumkrone verborgenen

Plattform war atemberaubend. Dicht aneinandergedrängt standen die vier an der Brüstung und ließen den Blick in die Ferne schweifen.

Dieser Ort reichte zurück in die Anfänge der Bruderschaft von Falkenstein. Damals, als die Burg noch eine große Baustelle war, war er zum Wachturm umgebaut worden, um vor anrückenden Feinden zu warnen. Perfekt getarnt und vollkommen eingerichtet – eine Mischung aus Baum und Turm.

Nun stand die steinerne Burg zwar vollendet und majestätisch auf ihrem Felsen, so dass die alten Wächterbäume überflüssig waren. Aber was war aus Falkenstein, dem einstigen Hort von Frieden, Wissen und verborgenen Schätzen geworden? Ein Hort von Furcht und Schrecken, den das Volk lieber gestern als heute schleifen wollte.

Der Stallbursche strich sich mit der Hand das zerzauste Haar aus der Stirn. *Man darf die Hoffnung niemals aufgeben!* Das Land sah schlimme Zeiten. Aber es würden bessere kommen. Bestimmt!

Der Wind ließ den Ausguck des Baumes sanft und mit leisem Knarren hin- und herwiegen – als ob sie im Mastkorb eines Segelschiffes stünden. In der Ferne glommen die Lichter der großen Burg vom Felsen herab. Blutrot und riesig tauchte der volle Mond hinter den Berggipfeln auf. Je mehr sich ihre Augen an das Dunkel gewöhnten, umso mehr Sterne konnten sie an der Himmelskuppel erkennen. Sie schwiegen und staunten.

«Wie es ihm wohl geht?», unterbrach Sarah leise die Stille.

«Gott weiß es!», antwortete Elisabeth. Die beiden Frauen hielten sich einen Moment lang fest an den Händen.

Elisabeth lächelte zuversichtlich: «Es wird alles gut! Du wirst es sehen, Sarah! Er haut der alten Schlange den Kopf ab und wird als Held zurückkehren. Es gibt ein großes Fest, ihr beide werdet heiraten, und wir alle sind wieder frei!»

«Und darum müssen wir Hilfe holen!», murmelte Sarah fest entschlossen.

Elisabeth schaute zu Linhart hinüber: «Und du bist sicher, dass niemand diesen Ort hier kennt?»

Er nickte, zog seinen Umhang aus und legte ihn über ihre

Schultern. «Ganz bestimmt, Elisabeth! Mach dir keine Sorgen!» Linhart war selber überrascht, wie warm und freundlich seine Stimme klang.

«Das heißt», Linhart versuchte wieder kühl und distanziert zu wirken, «nur falls die edlen Damen nicht wieder solch närrischen Lärm veranstalten wie vorhin! Ach ja – und falls du mich jetzt gleich wieder schlagen willst, Elisabeth: bitte diesmal auf diese Seite hier!»

Nikos nahm von all dem nichts wahr. Sein Blick versank im Mond, der seine Farbe zusehends von Rot nach Gelb wechselte. Das geheimnisvolle Lächeln des Mondgesichtes hatte etwas Tröstendes. Aber da war noch etwas anderes, etwas Wunderbares, Heiliges. Es war, als würden die Sterne es zur Erde herabsingen, Heerscharen von Engeln. In der finsteren Zelle hatte er es zum ersten Mal gespürt. Ewigkeit in seinem Herzen!

Nikos' Sinne flogen mit den Wolken zu den Sternen und wieder zurück. Eine neue Überlegung stieg in ihm auf: Irgendwo dort, unter dieser himmlischen Kuppel, war *sie*. Ob sie an ihn dachte? Es *musste* so sein! Er konnte ihre Gedanken spüren. Er fühlte sich ihr so nah! Waren es Gebete? Waren es Gedanken der Liebe? Zum ersten Mal begriff er, wovon sie gesprochen hatte. Nun teilten sie sie gemeinsam diese himmlische Kraft. Sie waren im Geiste verbunden!

Tief beglückt sog er die kühle Nachtluft ein. Doch kaum hatte er sie wieder ausgeatmet, überfiel ihn eine schreckliche Sehnsucht. Er versuchte sich an ihren Duft zu erinnern. *Rosenöl!* Und dann diese tiefblauen Augen! Das ungestüme Lächeln. Die winzig feinen Sommersprossen, die blitzenden Zähne und das wilde blonde Haar. Die schmalen Fesseln, die weichen Hände, der schlanke Hals, die fließenden Hüften ... *Salome! Kannst du mich hören, fühlen? Ich liebe dich!*

Nikos schüttelte bei diesen Gedanken leise den Kopf. *Du benimmst dich nicht wie ein Thronfolger, der in ein paar Jahren standesgemäß eine Fürstin des Ostens heiraten wird, sondern wie ein frischverliebter Bauernjunge, der zum ersten Mal den Charme der Tochter des Nachbarn entdeckt hat! Dein Vater bringt dich um! Nein, du brichst ihm das Herz!*

Junia, Victoria, Helena, Chloé oder Justinia – so hießen die passenden Partien aus gutem byzantinischem Hause! Aber dieses wilde Mädchen – eine Prinzessin zwar, jedoch aus einem unbedeutenden Hause des Westens? *Unmöglich!* Der Skandal war absehbar. *Und wenn schon!* Auf die berechnenden Hofschranzen konnte er gut und gerne verzichten! Ihr Lächeln war so falsch wie das hoch aufgetürmte Haar auf ihren Köpfen und die himbeerroten Lippen! Dann würde er eben aus der Thronfolge herausfallen und seinem jüngeren Bruder Justinius Platz machen. Sollte der doch glücklich werden in diesem goldenen Käfig am Bosporus!

Er versuchte zu beten. Plötzlich war er wieder da, dieser Friede. Und die leise Stimme flüsterte: *Hab Geduld! Ich werde dich zur rechten Zeit an den richtigen Ort bringen!*

Nikos musste leise schmunzeln, als er die anderen drei gleichzeitig seufzen hörte. Vor wenigen Stunden hatten sie sich im Vorhof der Hölle befunden. Und jetzt plagte sie Liebeskummer. Was für eine Welt! Vielleicht sollte man sich für den Baum einen neuen Namen ausdenken?

Nikos' Lächeln erstarrte, als er in der Ferne Hundegebell hörte. Auch die anderen hielten für einen Moment die Luft an. Das Gebell kam immer näher. Dazu waren auch Geräusche von Menschen und Pferden zu hören. Ihre Flucht war entdeckt worden! Das matte Flackern von Fackeln schimmerte kaum erkennbar durch die Baumkronen.

Der junge Prinz schloss die Augen und hörte aufmerksam hin. Jetzt mussten ihre Häscher schon bald beim Bach angekommen sein! Das Gebell der Hunde verstummte mit einem Male. Offensichtlich hatten sie die Fährte verloren und durchwühlten mit der Nase den Erdboden. Die Stimmen der Menschen klangen wütend. Auch die Hunde schienen verärgert zu sein. Mal kam der Lärm näher, mal entfernte er sich wieder.

Nikos spürte einen stärker werdenden Wind im Gesicht. Als er die Augen öffnete, konnte er sehen, wie rasch große Wolkenhaufen herangeweht wurden und den Himmel zu verdunkeln begannen.

Gut! Der Wind trägt jede Witterung davon!

Ein dumpfer Donner rollte quer über den Himmel. Die Luft

roch nach Regen. Die Baumkronen rauschten plötzlich heftig auf. Der Lärm im Wald verstummte, das Hundegebell entfernte sich. Ein erster Blitz tauchte das verborgene Tal in grelles Licht.

Nikos kniff die Augen zusammen. Täuschte er sich? Oder glitt oberhalb ihrer Eiche tatsächlich in nächster Nähe ein riesiger, fledermausähnlicher Schatten vorbei? Seine Nackenhaare sträubten sich beim Anblick der glühenden Augen und der messerscharfen Krallen.

Der wütende Schrei des Leviathans vermischte sich mit einem weiteren Donner, als der Drache mit einer scharfen Kurve von der Eiche abdrehte und sich vor dem aufkommenden Sturm in der Ferne verzog.

«Großer Gott, fast hätte er uns mit seinen Krallen aufgeschlitzt!», keuchte Linhart erschrocken.

«Und wir haben ahnungslos den Mond bewundert!», fügte Elisabeth zitternd hinzu.

«Na ja, ein bisschen Glück braucht es im Leben», meinte Sarah sarkastisch.

«Kein Glück, Freunde!», rief Nikos durch den Wind. «Das war Schutz von höchster Warte aus. Die Hunde, die Spur, der Drache, der Sturm! Das war kein Zufall!»

Elisabeth bekreuzigte sich hastig und rief: «Heilige Mutter Gottes, gelobt sei dein Sohn Jesus Christus!» Ihre Stimme ging jetzt schon fast ganz unter im Sturm. Die Plattform begann heftig zu schwanken. Regentropfen nässten ihre Gesichter. Die Luft kühlte rasch ab.

«Wir gehen jetzt besser hinein!», rief Linhart. «Es ist Platz genug für uns alle da!»

Elisabeth klammerte sich an ihn.

«Kein Widerspruch, edle Maid?», grinste er und war schon mit ihr nach innen verschwunden.

Nikos und Sarah folgten ihnen rasch.

Die Blitze erleuchteten ab und zu die Kammer. Sie war zwar nur für einen Wächter gebaut worden und eng. Aber sie war trocken. Und weil sie sich eng aneinanderschmiegten, um sich zu wärmen

– vielleicht auch nur, um sich gegenseitig etwas Sicherheit zu geben – reichte der Platz.

Zweien von ihnen war diese Nähe mehr als angenehm.

So plötzlich wie der Sturm gekommen war, so plötzlich war er auch wieder abgeklungen. Aber von den vier Schlafenden bemerkte es niemand. Eine mächtige Hand hatte sich auf den Ort gelegt. Nichts und niemand würde ihnen schaden können.

31. Kapitel: Durchschaut

Wie aus dem Nichts war es über sie gekommen. Das Gefühl einer bodenlosen Finsternis. Es dauerte einen Augenblick, dann fühlte Katharina eine Kälte in sich hochkriechen. Sie war sofort hellwach, schreckte von ihrem Nachtlager auf. Wellen von Angst und Zorn rollten heran. Und Konrad war natürlich wieder nicht da! Er war ja nie da, wenn man ihn brauchte! War sie eigentlich die Einzige in der Familie – von Gabriel abgesehen –, die sich bewusst war, dass sie sich in einem unsichtbaren Krieg befanden?

Kein Krieg gegen Menschen mit Waffengewalt, sondern ein Kampf in der unsichtbaren Welt des Gebetes. Aber statt dass «ihre Männer» die Knie beugten und betend die Kräfte des Erlösers freisetzten, träumten sie von großen Heldentaten. Oder noch schlimmer: Sie wälzten die ewig gleichen Sinnfragen hin und her!

Das Blut schoss Katharina in den Kopf. Gedanken von Wut und Anklagen stürmten auf sie ein. Spitze Krallen bohrten sich in ihre Seele und drohten sie zu zerreißen. Aber plötzlich war das leise Flüstern zu hören. Ein Hauch von einem Gedanken. Mit aller Kraft klammerte sie sich daran fest, presste ihn aufs Herz.

Mit einem Male sah sie wieder klar. Ein heiliger Zorn erfüllte sie: *Weg mit dir, du Ungeheuer!* Sofort fielen Wut und Ärger von ihr ab. Aber kaum war dieses Gefühl verflogen, packte sie eine namenlose Angst und besetzte ihre Gedanken.

Du wirst alles verlieren! Deinen Mann, deine Familie, dein Königreich, deinen Glauben, dein Leben! Niemand wird dir beistehen! Albertus wird dir alles nehmen, was dir kostbar und lieb ist. Und du wirst nichts dagegen tun können! Verzweifle!

Für diesen Angriff war Katharina etwas besser gewappnet. Dennoch schüttelte er sie heftig durch. Sie sah Bilder vor sich: ein zerstörtes Land, verhungerte Kinder, tote Mütter, verendetes Vieh, zerfallene Dörfer, ein blutüberströmtes Schlachtfeld. Mitten darin ihre beiden Söhne und ihr Mann, durchbohrt von Schwertern,

Speeren und Pfeilen. Hässliche Kreaturen machten sich an ihnen zu schaffen. Ein riesiger Drache ließ sich kreischend auf den Toten nieder und spie Feuer, so dass alles verbrannte. Das teuflische Lachen von Albertus schrillte ihr entgegen.

Als sie auf ihre betenden Hände hinunterblickte, begannen diese zu Staub zu zerfallen. Ihr ganzer Körper fing an sich aufzulösen. Sie japste nach Luft und flüsterte mit letzter Kraft: «Hinweg mit dir, Satan! Im Namen des Königs aller Könige, Christus Jesus!»

Sofort fiel die Verzweiflung von ihr ab.

Die Königin sank schwitzend zu Boden. Aber es war noch lange nicht vorbei. Stundenlang wogte der Kampf hin und her. Niemand von den anderen bemerkte ihre Not. Es war, als wären ihre Augen und Ohren gehalten oder verschlossen worden. Aber dann ging es endlich – endlich! – zu Ende. Die Angriffe wurden schwächer.

Katharina holte Luft, stand zitternd, aber entschlossen auf. Sie ging zum Gegenangriff über. Das, was hier vor sich ging, durfte so nicht weitergehen! In ihrer Heimat, in Aquitanien, hatte man ihr den Schwertkampf beigebracht. Sie beherrschte ihn meisterlich. Aber noch gefährlicher waren ihre Gebete: scharf wie ein zweischneidiges Schwert. Sie ergriff es und durchtrennte mit einem wuchtigen Schlag die letzten Widerhaken und Krallen.

Licht breitete sich aus in ihrem Zelt. Fremde, himmlische Laute kamen von Katharinas Lippen. Etwas Gewaltiges erhob sich über ihr hinauf in den Himmel. Ein Wind kam auf über dem Lager und trieb schwere Wolken gen Osten zum verborgenen Tal. Es donnerte in der Ferne. Aber rund um das Zelt von Katharina blieb es still. Katharina wusste: Nun wurde die Schlacht an einem anderen Ort geschlagen. Doch der Sieg war bereits errungen.

Täuschte sie sich, oder hörte sie das Brüllen des Leviathans durch die dunkle Wetterfront hindurch? *Es ist getan!*, flüsterte die leise innere Stimme. Erschöpft legte sich Katharina auf ihr Nachtlager und fiel in einen tiefen Schlaf. Eine dieser vielen Nächte hatte ihr Ende gefunden.

«In Gottes Namen, Katharina! Wacht doch endlich auf!» Johannes Komnenos schüttelte immer noch heftig an der Schulter der Königin, als diese endlich schlaftrunken ihre Augen öffnete. «Wir erhalten Besuch, der Euch sicherlich freuen wird!»

Die Stimme des Kaisers klang ermunternd.

Katharina gähnte, setzte sich auf und schlüpfte noch immer schläfrig nach draußen. Die Sonne schien warm und freundlich. Alles wirkte wie frisch gewaschen und neu erschaffen.

«Anna!» Katharinas Stimme überschlug sich vor Freude beinahe. Mit ausgebreiteten Armen eilte sie auf ihre Schwiegertochter und die Zwillinge zu und umschloss sie voller Glück. Dann endlich blickte sie auf die blonde Frau, die etwas abseits stand und dem Geschehen lächelnd zusah. «Wer ist diese Frau?», wollte Katharina wissen.

«Eine Freundin!», antwortete Anna. «Sie heißt Anastasia und hat eine wichtige Nachricht für uns!»

Katharina schüttelte Anastasia freundlich die Hand. Sie fühlte sich eisig an. Aber die Königin ließ sich nichts anmerken. Vielleicht hatte sie sich ja nach der vergangenen Nacht einfach noch nicht richtig erholt?

Am frühen Morgen bliesen die Hörner des Sultans zum Aufbruch. Die Toten waren gewaschen und begraben worden, die Verletzten hatte man in einem kleineren Lager zur Pflege zurückgelassen. Der große Tross setzte sich in Bewegung, Sandschar an der Spitze, eskortiert von seinen Generälen und, direkt an seiner Seite, Konrad, Elias, Justus, Salome und Gabriel. Der Angriff des Leviathans und die mutige Rettung Sandschars durch Elias hatten den Falkensteinern hohen Respekt von den Seldschuken eingebracht. Die offenen Worte des Königs zu Sandschar hatten das ihrige getan.

Doch hinter der ruhigen Gelassenheit Konrads verbarg sich helle Aufregung. Würde es wirklich wahr werden, dass Christen und Muslime sich verbünden würden, um eine noch viel größere Gefahr abzuwenden? Es sah ganz so aus.

Sie lenkten ihre Pferde in Richtung des Lagers der zwei weltlichen und des geistlichen Herrschers. Und dort würde Konrad endlich wieder Katharina in die Arme schließen können. *Alte Männer werden anhänglich!*, schmunzelte Konrad in sich hinein. *Wenn sie schon nicht mehr Welten und Frauen erobern können wie in jungen Jahren, müssen sie wenigstens festhalten, was sie noch haben!*

Ab und zu sah der König etwas neidisch zu seinen Söhnen. Ihnen begann sich die Welt erst so richtig zu öffnen. Die erste große Liebe, die ersten Kinder, die kraftvollen abenteuerlichen Jahre ... Seine Welt, die Welt Konrads von Falkenstein, wurde zusehends kleiner. Umso mehr wollte er mit Katharina in Ehren ergrauen und alt werden. Aber heute war ein guter Tag! Ein Tag, an dem man – wie es in der Schrift hieß – noch einmal jung wird wie ein Adler!

Konrad lächelte seinen Söhnen zu und warf einen Blick zurück auf das Heer der Sarazenen. Wäre der Tag ein anderer gewesen, hätte ihn diese Menge von Waffen, Pferden, Menschen und Material in größte Sorge versetzt. Die Stauffermark hätte in ihrem jetzigen Zustand diesem Ansturm nichts entgegensetzen können. Aber nun war diese Streitmacht auf ihrer Seite! Zumindest für den Moment. Und durch die Gnade Gottes würde es auch so bleiben.

Drei Meldereiter waren noch in der vergangenen Nacht losgeschickt worden, damit sich die Verbündeten nicht überfallen, verraten oder überrumpelt fühlen sollten. Sie hatten ja keine Ahnung, dass sie bereits verraten waren. Anastasia hatte heimlich einen Melderaben mit dem genauen Standort der Herrscher zu den Seldschuken geschickt.

Konrad wusste, dass es hier ein weiteres großes Problem zu lösen gab. Aber vorerst sollten sich die Verbündeten finden. Also war für jeden Herrscher ein Meldereiter bestellt worden. Mit je einem Brief, gezeichnet von Sandschar und Konrad. Der Inhalt war kurz und knapp gehalten: eine Warnung vor der Falle auf Falkenstein. Ein Friedensangebot von Sandschar. Der Wunsch, gemeinsam den unheimlichen Albertus aus dem Land zu werfen. Und zuletzt die Aussicht auf eine friedvolle Allianz zwischen Ost und West mit der Hoffnung auf Handel und Austausch an Wissen. Darin mit inbegriffen der freie Zugang zu den religiösen Stätten im Heiligen Land. Jerusalem – Al Quds, wie es die Sarazenen nannten – eine offene Stadt für alle Pilger jeden Glaubens zugänglich.

Beim Gedanken an dieses Schreiben schlug Konrads Herz

schneller. Gewiss: Sandschar konnte und wollte Christus – oder Isa, wie ihn die Seldschuken nannten – nicht die Bedeutung zugestehen, die er für die Christen hatte. Das war schmerzlich. Aber war es nicht noch schmerzlicher, wenn Blut vergossen wurde im Streit um den rechten Glauben? Es mussten doch früher oder später alle, ob alt oder jung, reich oder arm, Muslim, Jude, Christ oder Heide, vor dem Thron Gottes Rechenschaft ablegen!

Konrad war bei diesen Gedanken innerlich hin- und hergerissen. Konnte man ihm das nicht als Mangel an Rechtgläubigkeit ankreiden? Hatte Bernhard von Clairvaux nicht im Namen des Papstes zum heiligen Krieg mit den Worten «*Deus vult* – Gott will es so!» aufgerufen? Und war es nicht als Pflicht eines jeden Christen verkündet worden, die christlichen Städte von den Ungläubigen zu befreien? Dies, nachdem die vielen Gräuel an christlichen Pilgern bekannt geworden waren?

Andererseits: War das, was Konrad selbst als Ritter im Heiligen Land erlebt hatte, die Art Christi gewesen? Wohl kaum! Palästina – das war ihm dort aufgegangen – gehörte keinem Menschen und keinem Königreich. Es gehörte von Anfang an Gott, dem Schöpfer von Himmel und Erde.

Vater im Himmel!, hatte er in den vergangenen Stunden immer wieder gebetet. *Wenn dieser friedliche Bund wirklich in deinem Willen ist, lass es gelingen! Und wenn ich unwissentlich oder falsch handle gegen deinen Willen, vergib mir und bringe mich zurück auf den rechten Weg!* In allem, was verhandelt und besprochen wurde, erhoben sich weder Protest noch Streit. Aber auch Warnungen oder Korrekturen blieben aus. Das war ganz ungewöhnlich. Die leise innere Stimme machte ihm Mut, den eingeschlagenen Weg weiterzugehen. So gab es also guten Grund, an ein hoffnungsvolles Ende zu glauben.

Allerdings war Konrad nicht so naiv, nicht zu wissen, dass der kleinste Funke, das kleinste Missverständnis, zu einer fatalen Kettenreaktion von Gewalt führen konnte. Ein möglicher Auslöser trug den Namen Anastasia.

Nach einem halben Tagesritt näherten sie sich endlich dem Lagerplatz der drei Herrscher aus Ost und West, so wie es Sandschar gemeldet worden war.

Da bis zur Mittagszeit noch keiner der Kuriere zurückgekehrt war, begannen Konrad und Sandschar sich allmählich Sorgen zu machen. Gewiss, in der Nacht, da sie losgeritten waren, hatte es ein heftiges und kurzes Gewitter gegeben. Möglicherweise hatten sie Schutz vor dem Unwetter gesucht und ihre Ankunft war dadurch verzögert worden. Jedoch waren das nicht irgendwelche Reiter. Das waren Boten der Seldschuken aus der Leibgarde des Sultans! Sie würden sich hüten, auch nur einen Augenblick länger Zeit zu verlieren als unbedingt nötig. Die letzte Nacht war sonderbar gewesen, voller Träume und Schattengespinste. Aber heute war die Luft rein und die Natur wie frisch gewaschen.

Als Konrad über all diese Umstände nachdachte, befiel ihn eine dunkle Ahnung. Schwärme von Raben in der Ferne verhießen wenig Gutes. Sandschar schickte berittene Späher vor. Sie kehrten bald wieder zurück. Ihre steinernen Mienen ließen nichts Gutes erahnen. Sie flüsterten dem Sultan ein paar schnelle Worte ins Ohr. Dieser verschärfte das Reittempo.

Als sie am Ort des Geschehens ankamen, bot sich ihnen ein schlimmes Bild. Die drei Boten lagen tot neben ihren am Boden ausgestreckten Pferden. Ihre Körper waren mit Pfeilen durchbohrt. In der Nähe mussten Zelte gestanden haben – zumindest das flachgedrückte Gras deutete darauf hin.

Konrad glitt von Sirus herunter und kniete bei einem der Gefallenen nieder. Er ergriff die leblose Hand und blickte in das Gesicht eines jungen Mannes. Beinahe ein Knabe noch! Unter dem Turban quoll blondes Haar hervor. Ein Christenkind! Den Eltern entrissen bei der Knabenlese – ein grausamer Brauch der Sarazenen. Hatten sie eine Stadt oder ein Dorf erobert, mussten die Menschen ihnen als Tribut die stärksten Knaben übergeben. Sie wurden zu gnadenlosen Kriegern herangezogen und wüteten unter den feindlichen Christen schlimmer, als jeder Sarazene es je tun würde.

Konrad schluckte. Der Bursche atmete noch schwach und bewegte die Lippen. Der König hielt sein rechtes Ohr ganz nahe hin, um seine Worte zu verstehen. Sie waren arabisch gehaucht.

Nun kam auch Sandschar an Konrads Seite, blickte einen

Moment dem Jungen in die brechenden Augen. Dann stieß er ihm seinen Dolch in die Brust. Der blondgelockte Kopf sank leblos in Konrads Schoß. «Inschallah!», murmelte der Sultan. Mit einem Ruck zog Sandschar einen der Pfeile heraus und hielt ihn Konrad hin: «Die Hand von ‹Sanctus› soll dem Sultan sagen, was sie sieht!»

Die beiden Männer richteten sich wieder auf. Der König nahm den Pfeil in die Hand und drehte den Holzschaft zwischen Daumen und Zeigefinger hin und her. Dabei betrachtete er gedankenversunken die Federn.

«Sind das Pfeile von Byzanz?», bohrte Sandschar nach. «Der große Sultan hat scharfe Augen und einen scharfen Verstand! Ja, es sind Pfeile aus Byzanz. Ich bin empört über das, was ich hier vor mir sehe! Ein Schlag ins Gesicht jedes Gläubigen! Nur ...»

«... manchmal sehen unsere Augen Dinge, die nicht so sind, wie sie scheinen.»

«Der König der Stauffermark versuche nicht, mir die Sinne zu vernebeln!»

«Habe ich je mit der Wahrheit gespart, großer Sultan?»

Beinahe hätte Sandschar einen Anflug von Grinsen gezeigt. Aber nur beinahe. «Nein, die Hand von ‹Sanctus› ist nicht sparsam, wenn es darum geht, zu sagen, was sie wirklich denkt! Und was denkt Konrad?»

Das Gesicht des Königs hatte sich verfinstert, und schwere Sorgenfalten durchfurchten sein Gesicht: «Der arme Junge hat noch etwas gesagt: Blonde Frau! Dschinn – Dämon!»

Der Sultan lachte grausam: «Sandschar ist beeindruckt! Eine blonde Frau!»

Aber Konrad machte keine Anstalten, mitzulachen. Sein Gesicht war finster geworden.

Sandschar hielt inne.

«Vergebt, wenn ich nicht mitlache!», knurrte der König. «Aber wenn das stimmt, was der Junge sagte, dann solltet auch Ihr beunruhigt sein.»

«Seid Ihr abergläubisch, Christenkönig?», bellte Sandschar.

«Wer ist hier abergläubisch?» Konrad baute sich wütend vor dem Sultan auf. «Ich habe mit Bargûr gekämpft und einen Sieg errungen! Könnt Ihr dasselbe auch von Euch sagen, Sultan?!», bellte der König zurück.

Die gehässigen Worte alarmierten die Eskorte Sandschars, die ihre Hände an die Schwertgriffe legte.

«Hört auf, Euch gegenseitig zu beschimpfen!», unterbrach Elias die beiden Hitzköpfe.

«Dann sag du es ihm!», fauchte Konrad. «Auf mich will er ja nicht hören!» Er sah Elias eindringlich in die Augen: «Anastasia war hier!»

Jetzt erbleichte auch der Prior.

«Was ist mit dieser Frau?» Die Stimme von Sandschar klang nun doch etwas verunsichert.

Elias winkte Salome herbei und zeigte auf sie: «Seht ihr diese junge Frau? Stellt sie Euch zwanzig Jahre älter vor, und Ihr habt ein Bild von der Person, von der wir reden!»

Sandschar machte kehrt, baute sich wütend vor Salome auf und zerrte sie unsanft vom Pferd herunter.

«Jetzt weiß ich, woher ich dich kenne, Weib!», schnaubte er voller Wut.

«Lasst los, Sultan! Sie ist es nicht!», fuhr Justus dazwischen.

«Sondern?!»

«Es ist ihre Mutter! Sie heißt Anastasia!»

Noch immer hielt Sandschars Faust den Saum von Salomes Kleid, während sein Gesicht das ihrige fast berührte.

«Es ist meine Mutter!», wiederholte Salome mit ruhiger und fester Stimme. «Sie ist eine Verräterin. Und sie steht in Verbindung mit Bargûr! Sie wird alles vernichten, was sich ihr in den Weg stellt.»

Sandschar beruhigte sich allmählich und ließ Salome los. Sein Blick kreuzte sich mit demjenigen von Konrad. «Ich kenne die alte Hexe!», knurrte der Sarazene wütend. «Sie hat sich vor Monaten an meinen Hof angemeldet und versprochen, mir Hunderte von Sklaven zuzuführen. Dazu die Eroberung eines ganzen Königreiches mit unvergleichlich wertvollen Geiseln.»

«Kaiser Heinrich von Stauffen, Johannes Komnenos von

Byzanz und Papst Calixt von Rom», ergänzte Elias nüchtern. «Ja. Dies in weniger als zwanzig Tagen!»

«Sehr verlockend ... Und was war der Preis?», erkundigte sich Salome.

Sandschar schwieg. Einer Frau würde er nicht antworten. «Was war der Preis dafür?», bohrte Justus hartnäckig nach.

Der Sultan schob Konrad, Justus, Elias und Salome beiseite. «Nicht hier, vor meinen Generälen!»

Sie gingen etwas abseits, und Sandschar senkte seine Stimme: «Ich bin den Handel eingegangen. Sollte er erfolgreich sein, würde diese blonde Frau zur Belohnung alle erstgeborenen männlichen Kinder der Sklaven erhalten.»

«*Devschirme* – Knabenlese», murmelte Konrad. «Und weiter?»

«Und sie würde als neue Königin der Stauffermark eingesetzt.»

Konrad holte tief Luft und versuchte gelassen zu bleiben. «Das überrascht mich wenig!»

«Als ich durch meine Spione erfuhr, dass das Angebot der blonden Frau ernst gemeint war», fuhr Sandschar fort, «rüstete ich meine Schiffe und dieses Heer hier. Sie ist mit mir übergefahren und zeigte mir, wo wir unbemerkt in der Nacht, unweit von der Stadt des Dogen, an Land gehen konnten. Die Frau, die ihr Anastasia nennt, versprach, alles vorzubereiten und verschwand daraufhin. Sie beschwor uns eindringlich, keinen Angriff auf Venedig zu versuchen, da sonst der ganze Plan scheitern würde.»

«Was hat Euch bewogen, den Thron von Nischapur für diese Expedition zu verlassen? Habt Ihr nicht genug Neider, die nur auf so eine Gelegenheit warten?»

«Die blonde Frau Anastasia hatte für diesen Fall vorgesorgt und mir einen Doppelgänger gesandt. Er wirkte so überzeugend, dass ich mich entschloss, den Zug selbst anzuführen.»

Elias schauderte. «Mit anderen Worten: Auf dem Thron von ...»

«Redet nicht weiter!», befahl der Sultan.

Konrad und Sandschar starrten sich einen Augenblick an: *Das Netz der Spinne!*

«Wir denken beide dasselbe!», knurrte Sandschar zu Elias.

«Aber es ist nur vorübergehend. Die Macht Allahs wird diesen Geist im Zaun halten. So lange, bis ich zurückgekehrt bin. Mein Verwalter, der Danischmend, ist ein sehr zuverlässiger Mann. Er berichtet mir beinahe jeden Tag durch einen Boten über die Geschäfte.»

«Sehr weise!», bemerkte Konrad dazu.

«Der Weg über die Berge war sehr beschwerlich, und ich habe viele Männer verloren. Aber die Beschreibung, die Lagerplätze – alles stimmte. Ein paar Gefangene haben wir tatsächlich schon bald gemacht. Aber es waren magere und halbverhungerte Kinder. Keine gute Ware, nur hungrige Mäuler!»

Justus erschauerte leise bei dieser Schilderung.

Sandschar fuhr unbeirrt und wütend fort: «Von da an stand unser Feldzug unter einem dunklen Stern, und Allah schien uns zu zürnen. Dieses Land ist leer, krank und halbverhungert! Hier gibt es keine große Beute! Die Jungfrauen sind mager, die Knaben schwächlich. Dein Königreich ist armselig und zerlumpt! Dieses Land ist voller böser Geister und Dämonen. Wir haben unheimliche Kreaturen gesehen! Dann schickte Anastasia uns eine weitere Botschaft. Wir sollten zu einer großen Burg vorrücken. Dort würden sich die Geiseln befinden. Und dort gäbe es dann auch die versprochene reiche Beute. Vor zwei Tagen hat sie dann diesen Ort hier gemeldet. In der Zwischenzeit seid Ihr aufgetaucht.»

«Ich fürchte, hier laufen ein paar Dinge fürchterlich schief!», stellte Konrad nüchtern fest. «An dieser Stelle hätten wir eigentlich Calixt, Johannes und Heinrich antreffen müssen. Jetzt sind sie weg und die Boten tot. Es gab keinen vernünftigen Grund, warum die Botschaft nicht hätte freudig aufgenommen werden sollen! Ich kann nur vermuten, dass Anastasia dieses Treffen gezielt sabotiert hat. Was mich aber mit eigener Sorge erfüllt», Konrads Stimme wurde sehr leise, «ist die Tatsache, dass meine Königin ebenfalls verschwunden ist. Sie kennt mein Zeichen, mein Siegel. Nie im Leben würde sie so etwas zulassen. Etwas Furchtbares muss geschehen sein!»

Wütend blickte Sandschar in die Runde. «Die Reise hierher

war beschwerlich und hart. Die Enttäuschungen werden immer größer.»

Konrad zuckte innerlich zusammen. Jetzt konnte alles zusammenbrechen. Sandschar war bekannt dafür, launisch und leicht erregbar zu sein. Sollte er jetzt die Allianz wie ein heißes Stück Kohle fallen lassen, war alles verloren! Konrad richtete ein Stoßgebet zum Himmel.

«Wenn ich», fuhr der Sultan wütend fort, «meinen Männern jetzt nicht endlich einen großen Sieg und viel Beute geben kann, werde ich mein Gesicht verlieren!»

Konrad atmete innerlich erleichtert auf. «Also bleibt es dabei, dass wir gemeinsame Sache machen und diesen Scheitan zur Strecke bringen?»

«Ja!», knurrte Sandschar. «Aber das wird seinen Preis haben!»

«Wie meint Ihr das?», fragte Konrad zögerlich.

«Euer Königreich soll mir gehören. Als Protektorat!»

Das hatte Konrad erwartet. Die übrigen Falkensteiner schauten sich sprachlos an. Der König zwang sich, äußerst gelassen zu klingen: «Was immer Gottes Wille sein wird am Ende dieser Tage, möge geschehen!»

«Vater, komm und sieh dir das an!», tönte Elias' Stimme herüber.

Konrad und Sandschar eilten zu einem Gebüsch, etwas abseits vom früheren Lagerplatz. Elias verscheuchte ein paar Krähen und schob das Gestrüpp beiseite. Zwei byzantinische Soldaten lagen der Länge nach ausgestreckt mit dem Gesicht nach unten vor ihnen. Ihre Rücken waren blutverschmiert. «Sie sind von hinten erstochen worden. Aber nicht hier an diesem Ort. Siehst du die Schleifspuren dort hinten? Das war kein offener Kampf. Eher ein Überfall. Oder Mord.»

Elias schaute Sandschar in die Augen: «Versteht der Sultan, was ich sagen will?»

Ein Späher der Sarazenen näherte sich nun im gestreckten Galopp. Mit einem scharfen Ruck an den Zügeln brachte der Reiter das Pferd zum Stehen. Er glitt blitzschnell herab und warf sich vor dem Sultan in den Staub. Er presste ein paar hastige Wortbrocken hervor. Sie blickten sich alle an.

«Wenn ich richtig verstanden habe», murmelte Konrad zu den Seinen, «führen alle Spuren wie erwartet nach Falkenstein. Weiß der Himmel, was da noch alles auf uns zukommt!»

32. Kapitel: Der Anschlag

Katharina taumelte durch das Unterholz des Waldes, das Haar aufgelöst, der königliche Rock zerschlissen. Sie atmete schwer und versuchte, die blutende Wunde an ihrer Seite zusammenzuhalten. Schon zweimal war sie zusammengebrochen, kam dann aber doch irgendwie wieder auf die Beine und stolperte weiter. Sie musste schon eine Ewigkeit durch den Riedenwald geirrt sein. Irgendwo musste doch Hilfe zu finden sein.

Der Schwindel riss die Königin von den Beinen. Sie sank auf die Knie.

«Steh mir bei!», flüsterte sie schwach und kippte vornüber aufs Gesicht. Die Gedanken hämmerten in ihrem Kopf. Sie hatte es geahnt! Aber sie hätte nicht geglaubt, mit welcher Brutalität und Kaltblütigkeit Anastasia handeln würde.

Nachdem Anastasia mit Anna das Lager von Johannes, Calixt und Heinrich betreten hatte, wollte sie zuerst mit ihr, Katharina, alleine unter vier Augen sprechen. *Es ist von höchster Wichtigkeit!*, hatte sie gesagt. Katharina hatte zwar gespürt, dass etwas Ungutes in der Luft lag, war ihr aber arglos aus dem Lager gefolgt.

Anastasia hatte wiederholt ängstlich zurückgeblickt und sie immer weiter von den Zelten weggedrängt. Es gehe um Leben und Tod, hatte sie geflüstert. Keinesfalls dürfe irgendjemand ihre Worte hören, sonst wäre die ganze Mission verloren.

Zu spät hatte Katharina den Dolch unter Anastasias Mantel aufblitzen gesehen. Was hätte sie dafür gegeben, wenn sie ihr aquitanisches Schwert dabeigehabt hätte! So einfach hatte sie sich von Anastasia überrumpeln und aus dem Zelt locken lassen! Wäre sie nicht im letzten Moment noch ausgewichen, hätte die Waffe ihr Herz durchbohrt. Als die Klinge in ihre Seite eingedrungen war, hatte sie noch spüren können, wie sie von einer Rippe abgelenkt wurde. Katharina war es speiübel geworden. Sie starrte in die eiskalten grünen Augen von Anastasia, die sich zum Todesstoß neben ihr niedergekniet hatte.

«Du wirst meine Kreise nicht mehr stören!», hatte sie gezischt.

Aber der Stich war ausgeblieben. Dann war Katharina bewusstlos geworden.

Katharina! Steh auf!, rief eine Stimme laut und deutlich. Aber da war niemand! Wie von einer unsichtbaren Hand gezogen, kam die Königin auf die Beine. Sie musste zurück ins Lager! Wie im Traum lenkte sie ihre Schritte vorwärts und stand plötzlich da, wo sich das Lager befunden hatte. Aber da waren keine Zelte mehr. Am Boden ausgestreckt, mit Pfeilen übersät, lagen drei Pferde und ihre Reiter. Sie wankte zu den Gefallenen – es waren Seldschuken. Ein Überfall auf das Lager?

Wieder sank sie auf die Knie. Einer der Toten hielt etwas fest umklammert. Sie löste angestrengt die Finger seiner Hand und ergriff die kleine Pergamentrolle. Zitternd brach sie das Siegel von Falkenstein und öffnete die Rolle. Ihre fiebrigen Augen überflogen die schnörkellosen und regelmäßigen Schriftzeichen, wie sie nur von Konrads Hand stammen konnten. Ihre Augen wurden größer und größer, als sie den Inhalt begriff.

Jetzt meldete sich der Schmerz wieder, und sie ließ ihre Hände kraftlos sinken.

«Das gebt Ihr jetzt besser mir!», befahl eine dunkle Stimme und riss ihr die Rolle aus der Hand.

Katharina drehte sich um und blickte direkt in das Gesicht eines «Reinen», der seine weiße Kapuze tief ins Gesicht gezogen hatte.

Zwei andere Kapuzenträger griffen der Königin unter die Arme und hoben sie hoch. Diese stieß vor Schmerz einen Schrei aus. Erschrocken ließen sie die Frau wieder zu Boden sinken.

«Ist das nicht Katharina von Falkenstein?», murmelte eine junge Stimme.

«Sie blutet!», fügte eine andere Stimme hinzu.

Für einen Moment starrten sich die «Reinen» ratlos an.

«Töten wir sie!», befahl die dunkle Stimme. «Sie hat Schuld am ganzen Elend! Sie ist eine Ketzerin und Verräterin!»

«Wie kannst du nur so etwas sagen!», protestierte die junge Stimme. «Sie hat unserer Familie jeden Tag Brot gebracht! Und uns gepflegt, als wir krank wurden!»

«Schnell! Wir müssen sie verbinden, sonst verblutet sie!», mischte sich jetzt eine vierte Stimme ein.

«Na meinetwegen!», lenkte die dunkle Stimme ein und klang gar nicht mehr so gefährlich. «Aber ich werde Albertus berichten, was ihr getan habt!»

«Albertus muss es doch gar nicht wissen!», drängte die junge Stimme.

«Er hat seine Augen überall! Das wisst ihr alle!» Die dunkle Stimme klang jetzt angstvoll. «Er ist ein Dämon!»

«Schhh!», zischte die junge Stimme wieder. «Lasst uns sofort von hier verschwinden!» Die Gestalt mit der jungen Stimme stellte sich direkt vor Katharina auf und zog die Kapuze vom Kopf. Ein jugendlicher Rotschopf tauchte darunter hervor. «Kennt Ihr mich noch, meine Königin? Ich bin Eberhard, der Bruder von Jakob! Ich bitte Euch inständig um Verzeihung! Ihr hattet uns befreit, aber ich spuckte vor Euch aus und ging mit einer ganzen Gruppe weg. Ihr hattet ja recht! Aber ...»

«Du kannst jetzt nicht bei Adam und Eva anfangen!», unterbrach ihn eine andere Stimme. «Siehst du nicht, dass sie gleich die Besinnung verliert?! Bringt die Wasserflasche! Und den Wein!»

«Aber der Wein ist doch für das Albertusmahl?!», protestierte die dunkle Stimme.

«Und wenn schon! Gießt etwas davon in die Wunde, bevor sie zu eitern beginnt! Und dann lasst uns von hier verschwinden!»

Den Rest bekam Katharina nicht mehr mit.

Das Knistern eines warmen Feuers und leise Stimmen drangen aus weiter Ferne an ihr Ohr, als Katharina die Augen aufschlug und verschwommene Umrisse von dunklen Gestalten vor sich sah. Jemand kühlte mit einem feuchten Lappen ihre fiebrige Stirn.

«Sie ist wach!», rief Eberhard. «Schnell, bringt Wasser!»

Jemand hob ihren Kopf an und träufelte ihr vorsichtig Wasser aus einer kleinen Tonschale auf die Lippen. Begierig sog sie das kühle Nass auf. Plötzlich gab es einen Tumult unter den

Anwesenden, und eine zornige Männerstimme kommandierte herum. Katharinas Kopf wurde schnell wieder auf den Boden gelegt. Ihr wurde schwindelig. Die aufgeregten Stimmen entfernten sich immer mehr. Sie konnte noch ein paar wenige Wortfetzen hören wie: *Wer hat euch erlaubt?! ... Gegen den Befehl! ... Bindet ihn! Sofort melden ...!*, dann versank sie wieder in die Bewusstlosigkeit.

Mit einem trockenen Husten wachte sie auf. Als sie die Augen öffnete, war alles stockfinster um sie herum. Träumte sie? Lag sie im Delirium? Sie versuchte den Kopf etwas zu drehen. Ketten klirrten. Wo war sie?

So langsam kehrte das Gefühl in ihren Körper zurück. Sie lag auf dem Rücken. Die Seite schmerzte immer noch, aber nicht mehr so höllisch wie vorher. Der Boden war hart und kalt. Ihre Beine lagen in Ketten. Auch um die Handgelenke fühlte sie eiserne Ringe. Sie stöhnte und versuchte sich aufzurichten.

«Ah, das königliche Täubchen versucht die Flügel zu spreizen! Ich fürchte, die haben wir ein bisschen gestutzt!», kicherte ihr eine boshafte Stimme aus der Dunkelheit entgegen.

Für einen Augenblick blitzten ihr zwei riesige, gelblich glühende Katzenaugen entgegen. Dann war es wieder finster. Nur ein unheimliches Keuchen war noch zu hören.

«Wo bin ich?», hauchte Katharina.

«An einem schönen Ort! So schön, dass ihr ihn nie mehr vergessen werdet!» Wieder kicherte es ihr böse entgegen.

Plötzlich starrten ihr die glühenden Augen direkt ins Gesicht, kaum eine Handbreit entfernt. Katharina stieß vor Schreck einen leisen Schrei aus. Übler Gestank und eisige Kälte fluteten über ihr Antlitz. Wieder waren die Augen im Nichts verschwunden, das Keuchen aber war plötzlich hinter ihr.

Katharinas Nackenhaare sträubten sich. «Wer bist du?», fragte sie zitternd.

Die Stimme kicherte noch bösartiger als zuvor. «Die Schatten der Vergangenheit!»

«Wie meinst du das?»

Einen Augenblick hörte man nur das Keuchen im Dunkel.

Dann blitzten die gelben Augen plötzlich wieder auf: «Erinnert Ihr Euch an einen Ritter namens Robert de Neuville?»

Katharina fröstelte. «Wie sollte ich ihn je vergessen? Er war mein Bruder!»

«Richtig, wie konnte ich das nur annehmen!», kicherte die Stimme amüsiert. «Und erinnert Ihr Euch daran, was er Euch in seinem letzten Stündlein anvertraut hat?»

Für einen Augenblick schossen Katharina die Tränen in die Augen. Sie sah die letzten Minuten ihres Bruders vor sich. Wie er gegen den Willen Bargûrs den tödlichen Streich im Zweikampf gegen Elias auf sich lenkte. Wie er mit letzter Kraft das furchtbare Geheimnis in ihre Ohren geflüstert hatte.

«Jaaaaa», zischte die Stimme hämisch, «ein schreckliches Geheimnis, nicht wahr!? Die ganze Familie!»

Katharina schluckte den Schmerz hinunter. «Nein, nicht die ganze Familie! Robert hat Buße getan und Erlösung empfangen. Ich war dabei!»

Stinkender Atem schlug Katharina ins Gesicht, als die glühenden Augen wieder direkt vor ihr auftauchten. «Und Ihr, Katharina? Habt Ihr je Buße getan?»

«Ich habe nichts damit zu schaffen!»

Wieder dieses Kichern. «Habt Ihr doch! Wie heißt es doch in der Schrift? ‹Ich, der Herr, dein Gott, bin ein eifernder Gott, der die Missetat der Väter heimsucht bis ins dritte und vierte Glied an den Kindern derer, die mich hassen.› Nach all dem, was Eure Väter und Vorväter getan haben, gehört Eure Familie mir!»

Eine Welle der Verzweiflung brach über Katharina zusammen. «Ich habe ihren Gräueln entsagt!»

«Ach ja? Mein Herr und Meister erinnert sich mit Freuden an die Opfer Eurer Ahnen! Er hat die Blutschwüre nicht vergessen!»

«Mein Leben gehört einem anderen, der über dir steht!»

«Mag schon sein... Aber Eure Kinder und Kindeskinder gehören meinem Herrn! Er wird ihr Leben fordern, und Ihr wisst, dass er ein Anrecht darauf hat!»

Tiefe Finsternis griff nach Katharinas Herzen. Ließen sie die

Schatten der Vergangenheit denn nie los? Wann war es denn endlich genug?!

«Mein einziges und erstes Kind habe ich schon bei der Geburt verloren! Reicht das nicht?»

«Mein Meister braucht Seelen! Das wisst Ihr doch! Er hat Hunger!», zischte die Stimme.

Plötzlich hörte Katharina das Flüstern der leisen inneren Stimme: *Fürchte dich nicht!* Tiefer Frieden durchströmte die Königin. Ihr Atem wurde ruhig, und schließlich sagte sie mit fester Stimme:

«Wenn du schon die Schrift zitierst, solltest du es richtig und vollständig tun. Es steht geschrieben: ‹… der die Missetat der Väter heimsucht bis ins dritte und vierte Glied an den Kindern derer, die mich hassen, aber Barmherzigkeit erweist an vielen Tausenden, die mich lieben und meine Gebote halten.› Und falls es deinem Herrn nicht aufgefallen sein sollte: Elias, Justus und Gabriel sind nicht meine leiblichen Söhne!»

Die glühenden Augen schienen etwas zu verblassen. Dann kicherte es erneut, diesmal sehr böse: «Nie um eine Ausrede verlegen? Aber Ihr irrt. Die Prophezeiung wird sich erfüllen. Habt Ihr schon vergessen, Königin? *Wenn drei Könige kommen, wird Leviathan erstehen, muss die Welt vergehen. Vom Berg der Dunkelheit entscheidet sich, was bleibt.*»

Katharina zuckte zusammen. Woher wusste der Dämon …?

Plötzlich war das Keuchen verstummt. Stille breitete sich aus. Der Druck und die Schwere waren aus dem Raum verschwunden. Katharina hörte nur noch den eigenen Atem. Ihre angeketteten Handgelenke pulsierten heftig unter den Eisenringen. Wo war sie? Ihr Gefängnis konnte irgendwo sein. Aber der Geruch kam ihr bekannt vor. *Falkenstein?!* Ihre Gedanken wurden durch ein Geräusch unterbrochen. Sie versuchte zu erkennen, woher es kam.

Leises Rasseln und Schieben zogen ihre Blicke durch das Dunkel an einen bestimmten Ort. Dort erschien eine schmale rechteckige Lichtlinie und wurde immer dicker und größer. Schließlich wurde die schwere Kerkertür mit einem kräftigen Ruck aufgedrückt. Zwei Gestalten tauchten im Türrahmen auf. Sie blickten sich vorsichtig um und flüsterten aufgeregt. Die Stimmen klangen jung. Dann huschten sie auf die Gefangene zu und knieten neben ihr nieder.

«Habt keine Angst, Königin! Euch geschieht nichts. Es sei denn, Ihr würdet jetzt laut um Hilfe rufen!»

Katharina richtete sich auf. «Eberhard? Was geschieht hier?»

«Verzeiht, aber wir haben jetzt keine Zeit für lange Erklärungen!», flüsterte die andere Stimme hastig. «Gebt mir Eure Hände!»

Ein Klicken, und dann fielen die Handfesseln ab. «Und jetzt noch die Füße, bitte!»

Folgsam setzte sich Katharina hin und streckte die Beine aus. Erst jetzt spürte sie den stechenden Schmerz in der Seite wieder. Er wurde noch schlimmer, als die beiden Jungen sie mit vereinten Kräften auf die befreiten Füße stellten.

«Ich … weiß … nicht, ob ich das schaffe!», presste Katharina hervor.

«Ihr müsst, meine Königin! Ihr müsst! Sonst ist alles verloren! Wir haben das ganze Spiel mitgespielt. Bis jetzt hat noch niemand Verdacht geschöpft. Wir wurden hierhergeschickt, um Euch zu pflegen. Albertus wird Euch sehr bald sehen wollen. Es wird wohl nicht lange dauern, und man wird Euer Fehlen bemerken.»

Ihr wurde schwindelig, doch sie versuchte auf den Beinen zu bleiben. «Wohin also?» keuchte sie.

«Die Frage wollten wir eigentlich Euch stellen, Katharina!», flüsterte Gerson, der andere Junge. «Es ist Eure Burg! Wir kennen uns nur schlecht aus. Sie halten das Albertusmahl oben. Für einen Moment sollten wir also sicher sein. Wie kommen wir fort von hier?»

«Wir sind im Bergfried?»

«So ist es, Hoheit!»

«Dann weiß ich eine geheime Tür. Wenn sie noch da ist …»

Die folgenden Minuten waren eine Tortur. Aber irgendwie gelang es ihnen, die verborgene Öffnung zu finden. Und schon bald bewegten sie sich über eine schmale Treppe nach oben.

«Ich wusste gar nicht, dass die Mauern des Turmes hohl sind!», raunte Gerson.

«Es gibt noch viele Geheimnisse in Falkenstein!», hauchte Katharina. «Wir sollten gleich da sein.» Sie presste ihre linke Hand an ihre Seite. Etwas Warmes lief ihr über die Finger.

«Ihr blutet wieder!», flüsterte Eberhard. «Setzt euch einen Moment hin. Ist es das da drüben?»

Katharina ließ sich mit zitternden Knien auf die Treppenstufe nieder. «Ja, das muss es sein», antwortete sie. «Dort muss sich eine hölzerne Schiebetür befinden. Aber öffne zuerst oben das kleine Guckloch und schau, ob der Saal dahinter leer ist.»

Eberhard stieß einen leisen Pfiff der Begeisterung zwischen den Zähnen hervor. «Es ist ein winziges Schlafgemach!»

«Ist es leer?», forschte Katharina nach. «Diese geheime Kammer kennt außer ein paar wenigen Eingeweihten niemand. Der Bergfried hat Fluchträume. Ihr solltet unbedingt euer Augenmerk auf die Wand …» Weiter kam sie nicht mehr. Bewusstlos sank sie in sich zusammen.

Nachdem Gerson und Eberhard nach allen Seiten gespäht hatten, öffneten sie lautlos die Schiebetür und schleppten die Königin hinein. Vorsichtig legten sie sie auf das einfache Bett. Dann schlossen sie die Schiebetür hinter sich und atmeten durch.

«Puhh, das ist ja eine wilde Sache!», seufzte Eberhard. «Hoffen und beten wir, dass tatsächlich niemand sonst den Ort hier kennt!»

«Pschhht!», zischte Gerson und blickte zur Wand. Dann legte er sein rechtes Ohr an die Mauer.

Jetzt konnte es auch Eberhard hören. Von der anderen Seite der Mauer hörte man dumpfe Stimmen und dann ein monotones, unheimliches Singen.

«Das muss der Rittersaal sein!», flüsterte Gerson. Gleich hinter dieser Wand! Sie halten das Albertusmahl! Und was nun?»

«Wir müssen die Wunde der Königin verbinden. Sie verliert Blut!»

Eberhard zog seine Kutte aus und riss einen Streifen von dem groben Tuch ab. «Halte sie fest und drehe sie zur Seite!»

«Ich wusste gar nicht, dass du Wunden verbinden kannst!»

«Rate mal, von wem ich das gelernt habe?!» Eberhard blickte bewundernd auf Katharina. «Sie war immer wie ein Engel zu uns.

Ohne ihre Hilfe wäre meine Schwester Clara verblutet. Ich habe ihr dabei zugesehen.»

Etwas später schlich Gerson die schmale Treppe hinunter. Es war Zeit, das Zeichen für die Getreuen zu geben. Die Königin war auf der Burg! Ihre Ankunft war nicht verraten worden. Und mit ihrer Anwesenheit war der Augenblick gekommen, gegen Albertus aufzustehen. Ob es gelingen würde? Das lag in anderen Händen!

33. Kapitel: Täuschungen

«Und was sollen wir Eurer Meinung nach tun?» Johannes Komnenos blickte wütend erst durch die dichten Eichenwipfel zum Himmel empor, dann zu Anastasia. «Ihr stürmt nach Stunden in unser Lager und erzählt uns, dass Katharina von drei Heiden entführt worden sei. Und dass die Armee von Sandschar in Kürze ankommen werde. Was dazu führt, dass wir in aller Eile unser Lager abbauen und im Schutze der Nacht in das Innere des Waldes ausweichen. Dann geben wir Euch zwei unserer besten Bogenschützen mit, um die Königin zu befreien. Und jetzt haben wir sowohl die Königin als auch die Bogenschützen verloren?! Wie war das denn möglich?»

Anastasia wischte sich mit den zerstochenen Händen das Blut von den Lippen und strich sich das dreckige, verklebte Haar aus der Stirn. «Ich hatte der Königin eine persönliche Nachricht ihres Gatten übermittelt. Ihr wisst schon: Nachrichten, die man nur mündlich weitergibt. Da sie sehr in Sorge um ihre Familie war, hat sie mir mehr erzählt. Ein Wort gab das andere, und wir vergaßen Zeit und Ort. Plötzlich tauchten sie wie aus dem Nichts auf: drei bewaffnete Späher der Seldschuken. Ich gebe es zu: Ich war feige und versteckte mich in einem Gebüsch!»

Heinrich musterte Anastasia genau. «Und weiter?!»

Ihre Stimme wurde immer leiser: «Ich hörte, wie Katharina die Reiter in einer mir unbekannten Sprache anredete. Und dann ...» Weiter kam Anastasia nicht und begann zu schluchzen. «Ich war so feige! Ich hätte ihr zu Hilfe kommen müssen! Es tut mir so ... schrecklich ...» Ihre Worte wurden von den Tränen erstickt.

«Ist ja gut, mein Kind!», versuchte Calixt sie zu beruhigen.

«Ihr glaubt mir nicht ...! Ich spüre es, Ihr glaubt mir nicht!», presste sie hervor.

«Ich will die Wahrheit hören! Die ganze Wahrheit! Ihr habt etwas zu verbergen!»

Anastasia schluchzte laut: «Ihr habt recht. Es war gelogen! Ich habe gelogen!»

«Und was ist die Wahrheit?»

«Ich habe mich gar nicht versteckt!»

«Sondern?!», forschte Heinrich.

Anastasia öffnete ihr Wams. Die ganze Haut war voller Prellungen und Quetschungen. «Sie haben ... Sie sind ...», mehr brachte sie nicht heraus, weinte herzzerreißend und sank in die Knie.

Calixt wurde bleich: «Diese Barbaren!»

«Ich wollte nur noch Rache! Rache!» Anastasia saß zitternd am Boden. Ein Häufchen Elend.

«Ihr habt gar nicht gewusst, wo die entführte Königin steckte! Ihr seid einfach losgezogen, um töten zu lassen!», sagte Johannes ruhig.

«Und deswegen mussten zwei Bogenschützen sterben», folgerte Heinrich tonlos.

«Vergebt mir!», flüsterte Anastasia.

Für eine Weile schwiegen sie.

Schließlich fasste sich der Papst ein Herz: «Wir sind alle auf die Vergebung des Herrn angewiesen. Oder wie es in der Schrift heißt: ‹Da ist keiner, der gerecht ist, auch nicht einer.› Gott sei den verlorenen Seelen gnädig! *Te absolvo!*» Calixt zeichnete ein Kreuz auf ihrer Stirn. Dann ergriff er Anastasia am Arm und stellte sie sachte auf die Beine.

Anastasia bekreuzigte sich: «*In nomine Patris et Filii et Spiritus Sancti. Amen!*» Sie quälte ein verzagtes Lächeln hervor.

Anna legte ihr ermunternd den Arm um die Schultern.

Das böse Glühen in Anastasias Augen sah sie nicht.

Johannes brachte das Gespräch zurück zu den Tatsachen: «Wir müssen also damit rechnen, dass sie uns attackieren werden? Wir hatten doch gehofft, dass Konrad eine Verbindung herstellt. Aber nach den letzten Ereignissen sieht alles anders aus. Wenn doch nur Konrad da wäre! Oder wir wenigstens eine Nachricht von ihm hätten!»

«Er wird sich bestimmt melden!», meinte Anna.

«Und bis dahin sollten wir uns besser im Hintergrund halten», ergänzte Heinrich. «Aber die Marschrichtung stimmt ja schon einmal. Bestimmt werden wir uns irgendwo unterwegs treffen. Bleibt nur zu hoffen, dass sich die Richtigen treffen.»

«Ich kenne den Weg!», meldete sich Anna. «Schon bald endet der Riedenwald, und wir kommen an den Fuß des Ringgebirges. Dort beginnt ein Weg zum Pass empor. Wenn wir wollten, könnten wir es in einem guten Tagesritt schaffen.»

«Endlich einmal wieder etwas Höhe! Das wäre doch was!», knurrte Ruprecht, der rote Jerusalemer. «Ich hoffe doch sehr, dass Euer Falkenstein auf einem anständigen Felsen gebaut ist, so wie mein Hohentwiel! Ihr solltet sie sehen, die Felsen und Hügel in meinem Hegau! Hohenstoffel, Hohenhewen, Hohenkrähen. Einfach prachtvoll!»

«Ihr werdet von Falkenstein nicht enttäuscht werden, Ritter Ruprecht!», gab Anna verschmitzt zurück.

Der Ritter lenkte sein Pferd ganz nah an die Seite von Kaiser Heinrich. «Ich habe kein gutes Gefühl, Eure Majestät», murmelte er halblaut. «Die Geschichte mit den Seldschuken gefällt mir nicht. Irgendetwas daran ist faul.»

«Mir geht es ebenso», flüsterte der Kaiser, ohne Ruprecht den Kopf zuzuwenden. «Haltet Eure Augen offen und Euer Schwert locker. Reitet voraus und erkundet mögliche Hinterhalte! Dann lasst uns vorbeiziehen und sichert unsere Nachhut!»

Wortlos nickte der rote Jerusalemer und zog mit seinem Pferd an Heinrich vorbei, immer dem Weg folgend, Richtung Pass. Nachdem er eine längere Strecke entfernt hinter einer Verzweigung verschwunden war, glitt er lautlos vom Pferd und schlug sich hinter einem Felsen in die Büsche. Mit seiner großen Hand bedeckte er sanft die Nüstern seines Reittieres und wartete schweigend.

Es dauerte eine ganze Weile, bis das Knacken von Ästen, das Klicken von kleinen Steinchen und das leise Getrappel der Hufe das Herannahen des Trosses verrieten. Unbemerkt ließ Ruprecht die Gruppe an sich vorbeiziehen. Langsam verhallten die Geräusche in der Ferne.

Ruprecht wartete weiterhin unbeweglich hinter dem Felsen.

Stille kehrte ein. Der Ritter harrte weiter aus und lauschte. Es blieb ruhig. Eben wollte er aufsitzen, als in der Ferne die Eichelhäher zu rätschen begannen. Der Hohentwieler wusste, was das bedeutete, und glitt aus dem Steigbügel zurück auf den Boden. Angespannt horchte er in den Wald hinein. Seine Rechte umklammerte den Griff seiner Waffe. Leise drehte er sich um starrte direkt auf die Spitze eines byzantinischen Schwertes.

«Nicht bewegen, roter Mann, oder Euer blaues Auge ist weg!», zischte eine melodiöse Stimme mit fremdländischem Akzent. Vorsichtig griff Ruprechts linke Hand hinter den Rücken, wo der große Jagddolch steckte.

«Auch das ist keine gute Idee!», knurrte eine zweite Stimme von hinten und drückte dem Ritter eine Schwertspitze in den Rücken.

Der Hohentwieler begann zu schwitzen und ließ die Arme sinken. «Feige Hunde!», knurrte er. «Zwei gegen einen!»

«Vier gegen einen!», rief eine andere Stimme halblaut zu seiner Linken. «Was sind das für Manieren, roter Mann!», tadelte der schwarzhaarige Fremde. «Hunde!? Ich sehe keine Hunde hier! Und ich nehme nicht an, dass Ihr Euch so seht. Aber um möglichen Verwechslungen vorzubeugen, solltet Ihr Euch vielleicht besser vorstellen, bevor wir Euch aufspießen, roter Mann!»

«Was geht Euch mein Name an?!», zischte Ruprecht.

«Sehr viel, edler Ritter. Da Euch aber der Mut zu fehlen scheint, mache ich den Anfang. Nikos, Prinz aus dem Hause Komnenos zu Konstantinopel. Auf dem Wege zu Kaiser Heinrich, Papst Calixt und meinem Vater Johannes, Kaiser aus dem Hause Komnenos zu Konstantinopel. Und Ihr?»

«Verflixter Bursche!», knurrte Ruprecht, und ein breites Grinsen blitzte im bärtigen Gesicht auf. «Das hättet Ihr ja gleich sagen können! Ruprecht von Hohentwiel, auf dem Weg nach Falkenstein in Begleitung von Heinrich, Calixt und Johannes!»

«Ah, was für ein Zufall!», grinste der Konstantinopler. «Da haben wir uns ja gerade verpasst!»

Als Ruprecht die ausgestreckte Hand des Prinzen ergriff, erschauderte er einen Augenblick. Was für eine Kälte in diesen Händen!

«Und wo ist mein Vater jetzt?»

Die Nackenhaare des roten Jerusalemers sträubten sich. «Dort hinten!», log er und zeigte in die falsche Richtung.

«Danke, edler Ritter! Ihr seid ein schlechter Lügner!», grinste der Konstantinopler und stieß mit dem Dolch zu.

Der rote Ritter riss ungläubig die Augen auf und sank wie betäubt auf die Knie. Ruprecht versuchte den Prinzen zu ergreifen. Vergeblich. Er kippte um und fiel wie ein großer schwerer Sack auf sein Gesicht. Ein zischendes Geräusch umschwirrte ihn.

Mit letzter Kraft hob er den Kopf und erwartete den Todesstoß. Doch die Gestalten waren verschwunden wie vom Erdboden verschluckt. Ein fauliger Geruch hing in der Luft.

Ächzend versuchte sich Ruprecht aufzurichten. Die drei Herrscher waren in höchster Gefahr! Sein Kaiser war in Gefahr! Er schnalzte schwach mit der Zunge. Das Pferd scheute erst einen Augenblick, näherte sich nach einem weiteren Schnalzen dann aber doch und ließ den Kopf hängen, so dass Ruprecht nach dem Zügel greifen konnte. Es schien eine Ewigkeit zu dauern, bis er endlich zitternd den linken Fuß in den Steigbügel geschoben hatte. Er versuchte sich hochzuziehen.

Doch das war zu viel. Er fiel ächzend zu Boden, der Fuß blieb im Bügel hängen, das Pferd trat erschrocken an und schleifte den Ritter hinter sich her. Die Landschaft, die Bäume, der Himmel über ihm begannen zu verschwimmen.

Plötzlich blieb das Pferd stehen. «Hooo, Brauner, hoo!», redete eine tiefe Stimme auf das Tier ein. Ruprecht spürte, wie jemand seinen Fuß aus dem Bügel zog und das Bein sachte zu Boden legte. Vergeblich versuchte er etwas zu sagen.

Eine riesige Gestalt stand vor ihm und kniete zu ihm nieder. «Ruprecht?! Was in Gottes Namen ist geschehen?»

Der Ritter erkannte die Stimme, die nur noch von Ferne an sein Ohr drang.

Konrad legte sein Ohr an Ruprechts Lippen.

Leise flüsterte er: «Falscher Prinz ... Dämon ... Gefahr ... Heinrich! Dort ...!» Der Rote zeigte mit letzter Kraft auf den Weg. Dann sank der Arm nach unten. Ein leises Zittern ging durch den stämmigen Körper, der Blick des roten Jerusalemers verlor sich im Himmel über den Bäumen und brach.

Konrad folgte diesem Blick nach oben und ließ sich für eine Weile mit den Wolken über den Wipfeln mittreiben. Seine Gedanken reisten zurück an den Ort, wo er und Ruprecht sich zum ersten Mal begegnet waren:

Es war vor dem goldenen Tor bei den Mauern Jerusalems gewesen. Ruprecht war ein rauer und trinkfreudiger Geselle. Die flammend roten Haare und der üppige Bart ließen ihn sofort aus den übrigen Kreuzrittern herausstechen. Er war schon etliche Monate vor Konrad angekommen und führte ihn in das Leben der Kreuzfahrer ein. Es war alles so ganz anders gewesen.

Gewiss – es gab sie, die jungen, glaubensvollen Ritter, die das Verlangen hierher getrieben hatte, etwas für Pilger und Kirche zur Ehre Gottes zu tun. Arn Magnusson, der Nordmann, den sie «Al Ghouti» nannten. Oder Hugo von Payens, Gottfried von Saint-Omer oder Ulrich von Greyerz. Aber die meisten der Männer waren Trunkenbolde, Abenteurer, entlaufene Leibeigene und geldgierige Spekulanten, die auf raschen Reichtum und Besitz aus waren – und auf Frauen! Dabei war ihnen der päpstliche Sündenerlass und Segen sicher.

Der Schlimmste von allen war Ruprecht von Hohentwiel. Anfänglich begegnete er ihm mit Verachtung und Zurückhaltung. Aber irgendwann geschah das Unausweichliche, und die zwei gerieten im Streit aneinander. Nach einem heftigen Wortgefecht zogen beide blank und droschen mit den Schwertern aufeinander los. Der stämmige Hohentwieler trug den Namen «Schwert Gottes» nicht zu Unrecht. Entgegen aller Vorurteile bewegte sich Ruprecht mit einer unglaublichen Geschmeidigkeit und Eleganz, dass einem dabei ganz schwindlig werden konnte. Nach wenigen Hieben hatte Konrad seinen Meister gefunden.

Aber statt pöbelnd und spottend über ihn herzufallen, zog Ruprecht ihn hoch und klopfte ihm freundschaftlich auf die staubige Schulter. «Ich weiß, was du jetzt denkst, Konrad von der Stauffermark! Dieser Ruprecht ist ein verkommener Schläger und Säufer. Wie um alles in der Welt kann er ein Schwert so führen?»

Konrad hatte sich ertappt gefühlt und ein verschämtes Lächeln zuckte über das Gesicht.

«Ich will es dir sagen, Konrad!», fuhr der Hohentwieler fort. «Ich habe mir nie vorgemacht, dass ich etwas Besseres oder Ehrenvolleres bin als dieser Haufen hier. Mein Alter hat mich hierhergeschickt. Ich war das Ergebnis einer – ach so edlen! – Affäre. Er hat stundenlang die Lieder des Troubadours von der Vogelweide zitiert. Aber für mich hatte er nie Zeit. Und als Bastard hatte ich ohnehin keine wirkliche Hoffnung auf Erbe oder Titel.

Der Fechtmeister auf unserer Burg Hohentwiel hat mich heimlich aber so richtig ins Gebet genommen. Guter Mann, wie hat der mich verdroschen! Aber ich ließ mich nicht einschüchtern. Ich wollte meinem alten Herrn beweisen, dass ich zu etwas tauge. Schließlich musste er zugeben, dass ich das Schwert durchaus wie ein echter Ritter zu führen wusste. Er steckte mich kurzerhand in ein Büßerhemd und schickte mich nach Jerusalem. Falls ich je wieder lebendig und gesund zurückkehren würde – womit er allerdings nicht rechnete – würde er mir einen rechtmäßigen Titel verleihen.»

Für einen Moment hatten Ruprechts Augen etwas Trauriges und Schweres in sich. «Und wovor flüchtest du, Konrad von der Stauffermark?»

Konrad schüttelte die Bilder der Vergangenheit zögernd ab und drückte dem roten Jerusalemer sanft die Augen zu. So unterschiedlich sie gewesen waren, so waren sie doch Freunde geworden, hatten so manche Scharmützel und Kämpfe mit den Sarazenen gemeinsam überstanden. Und Ruprecht hatte ihn in seine unübertreffliche Schwertkunst eingeführt.

Als Bernardus, der Wanderprediger, aufgetaucht war und ein neues Gottesreich gepredigt hatte, trennten sich ihre Wege. Aber es hatte immer wieder Zeiten gegeben, in denen sie sich begegnet waren: auf Turnieren, am kaiserlichen Hof und bei Besuchen des noch jungen Kaisers Heinrich in der Stauffermark. Sie benötigten nicht viele Worte, um einander zu verstehen.

Ruprecht war in späteren Jahren tatsächlich zum mächtigen Ritter von Hohentwiel aufgestiegen und verwaltete ein stattliches

Gebiet für Kaiser Heinrich. Konrad bekreuzigte sich und faltete Ruprechts Hände auf der Brust.

«Leb wohl, alter Freund. Danke, dass du Elias das Leben gerettet hast. Der Herr sei deiner Seele gnädig!»

Hinter Konrads Rücken nahte das Getrappel von Hufen. Sandschars Späher waren herangerückt. Konrad informierte mit knappen arabischen Sätzen über die Ereignisse. Wären die Zeiten besser gewesen, hätte er eine Überführung in die Grafenkapelle nach Hohentwiel angeordnet. Doch die Zeiten waren schlecht. Also gab er Befehl, dem roten Jerusalemer hier ein würdiges Begräbnis zu geben.

Einer der Boten stieg wieder auf und galoppierte zurück zur Vorhut des Seldschukenheeres.

Konrad saß ebenfalls auf und gab Sirus einen freundschaftlichen Klaps auf die Flanke. Der Hengst trabte an und folgte den Spuren der drei Herrscher. Sie mussten gewarnt werden. Sonst würde die nächste Begegnung ebenfalls tödlich ausgehen. Aber immerhin: Jetzt führten die Wege zusammen. Und ging alles gut, würden die vier mächtigsten Männer von Orient und Okzident an der Spitze eines großen Heeres vor den Mauern Falkensteins stehen.

34. Kapitel: Kampf um die Burg

Andreas stand immer noch starr neben Albertus, der sich müde auf das große Bett der Falkensteiner geworfen hatte und rasch eingeschlafen war.

Endlich waren sie allein. Auf diesen Augenblick hatte der Knappe seit Tagen gewartet. Niemand hatte seine Täuschung durchschaut. Das ganze Treiben hatte er mitgespielt, als wäre er einer der ihren. Die Rituale, die Schwüre, die Jungfrauen, die Gestaltwandler, Krähenkrieger und Wolfsreiter – in allem hatte er sie übertroffen an Grausamkeit, Kaltblütigkeit und sklavischer Ergebenheit. Es machte rasch die Runde: Wenn jemand in den engeren Ring der Auserwählten kommen würde, dann war er es.

Albertus hatte ihn beobachtet und mit Aufträgen beschickt, die den meisten Mitläufern die Haare hätten zu Berge stehen lassen. Aber Andreas tat es: willig, ohne zu zögern und gründlich. Und das öffnete ihm Tür um Tür. Er hatte diesen bösen Weg gewählt, um irgendwann diesem Spuk mit den notwendigen Mitteln ein Ende zu setzen.

Nun war dieser Augenblick gekommen. Albertus lag schlafend vor ihm auf dem Bett. Die Klinge von Andreas' verstecktem Dolch war nur einen Atemzug von Albertus' Herzen entfernt. Kalter Schweiß trat dem Burschen auf die Stirn. Es musste blitzschnell und mit tödlicher Präzision geschehen. Dieser Magier hatte neun Leben, und nur ein winziger Fehler konnte die schlimmsten Folgen haben.

Na, Andreas? Warum stichst du nicht endlich zu?

Albertus hielt die Augen fest geschlossen, und der Knappe wusste für einen Moment nicht, ob er nur geträumt oder tatsächlich richtig gehört hatte.

«Stich zu! Töte den Gesandten des Herrn und bete für deine Seele, dass er dich nicht in das ewige Höllenfeuer wirft!» Jetzt waren Albertus' Augen mit einem Schlag offen und starrten Andreas kalt und tödlich ins Gesicht.

Die Hand des Burschen, die hinter dem Rücken das Messer verborgen hielt, begann zu zittern.

«Tue es! Oder wirf dich vor dem Gesandten des Herrn in den Staub und bekehre dich von deinen bösen Wegen!», schrie Albertus laut.

Das brauchte er nicht zu wiederholen. Blitzschnell flog die Hand mit dem Messer nach vorne und stach zu. Ein schrecklicher Schrei hallte durch den Raum. Aber dort, wo der «Reine» gelegen hatte, lag ... nichts mehr!

Dem Knappen wurde es schwindlig. Er musste sich mit zitternden Knien auf das Bett setzen. In diesem Augenblick begann die Glocke der kleinen Burgkapelle zu schlagen. Verwirrt eilte Andreas zum Fenster und schaute hinunter in den Hof. Vor der Kapelle stand – er musste sich zweimal die Augen reiben – Katharina von Falkenstein.

In der Hand hielt sie ein Schwert und rief mit lauter Stimme: «Hier steht Katharina von Falkenstein, Königin der Stauffermark! Erhebt euch, ihr Tapferen von Falkenstein! Erhebt euch für den Herrn! Steht auf für eure Frauen, Kinder, Brüder und Schwestern! Nieder mit Albertus!»

«Nieder mit Albertus!», schallte es nun von überall her. Von allen Seiten eilten bewaffnete Knechte, Knappen und Ritter herbei. Die Kutten hatten sie abgeworfen. Der stolze goldene Falke leuchtete auf dem Wams ihrer Träger sichtbar nach allen Seiten auf. Viele Kuttenträger standen unschlüssig herum und wussten nicht, auf welche Seite sie sich schlagen sollten.

Plötzlich – wie aus dem Erdboden gewachsen – stand Albertus auf dem Hof. Er breitete seine Arme aus und rief mit donnernder Stimme: «Verrat am Herrn! Sondert euch aus der Rotte Korach aus! Denn siehe, so wie sie heute vor euch steht, wird sie nie mehr vor euch stehen! Seht, die Wolke des Herrn!»

Mit diesen Worten streckte er seinen hageren Arm in die Luft und zeigte nach oben. Eine einzelne Krähe zog ihre Kreise über der Burg. Dann gesellte sich eine zweite hinzu, eine dritte, vierte ... Der

Himmel begann sich zu verdunkeln, als sich der Krähenschwarm mit unheimlicher Geschwindigkeit zu vergrößern begann.

«Krähenkrieger!», rief die Königin. «Es sind Krähenkrieger! Schnell, hinein in die Kapelle!»

Jetzt begann ein heftiger Kampf im Burghof. Die zögerlichen Kuttenträger hatten sich entschieden und attackierten die Getreuen von Falkenstein. Die ersten Krähen rasten im Sturzflug herunter und knallten auf den Boden.

Kaum hatten sie das Kopfsteinpflaster berührt, quollen sie auseinander und verwandelten sich in die gefürchteten Schlachthorden, die schon einmal vor der Festung gestanden hatten. Jetzt allerdings waren sie mitten im inneren Burghof, im Herzen von Falkenstein. Die Krähenkrieger versuchten alles, um den Zutritt zur Kapelle zu verwehren.

«Zieht euch zusammen, ihr Tapferen und igelt euch ein!», kommandierte die Königin, die sich kaum noch auf den Beinen halten konnte. Aber sie musste stehen bleiben, damit die Getreuen nicht den Mut verloren. Die Knappen und Ritter igelten sich ein und bewegten sich langsam Richtung Kapelle.

Die Krähenkrieger und übrigen «Reinen» attackierten sie von allen Seiten, konnten aber die Stacheln der herausragenden Spieße und Schwerter nicht durchdringen. Endlich drängten sie sich durch die geöffnete Tür der Kapelle und konnten sie mit letzter Kraft von innen verriegeln.

Draußen polterten und hämmerten Fäuste, Schwerter und Spieße an die Pforte. Dann wurde es still. Keuchend sanken die erschöpften Männer und Jungen zu Boden. Etliche von ihnen bluteten, hatten Schrammen, Striemen, Stichwunden und Schnitte. Aber sie lebten noch!

«Tapfere Freunde! Ich danke euch für euren Mut!», ermunterte sie Katharina, während sie von Gerson und Eberhard gestützt wurde. «Ihr fragt euch sicher, was diese Stille da draußen zu bedeuten hat. Nun, ich will es euch sagen: Zuerst werden sie die Gefallenen beiseite räumen. Dann werden sie versuchen, die Tür einzurammen. Und sie werden versuchen, durch die Fenster einzusteigen. Denn ihnen wird nichts heilig sein. Ich weiß: Einige von ihnen waren früher einmal eure Brüder, Onkel, ja sogar Väter. Das macht es umso schwerer. Aber das Gift von Bargûr hat sie blind gemacht. Sie sind nicht mehr sie selbst. Und wenn sie euch belagern werden, werden sie euch nicht mehr kennen. Sie stehen unter einem Bann. Der Bann – so glaube ich – wird erst gebrochen sein, wenn Albertus gebrochen ist. Bis dahin werden sie keine Gnade kennen für euch. So sieht es aus!»

«Und die Krähenkrieger?», wollte Gerson wissen.

«Die Krähenkrieger werden nicht eindringen können», erwiderte Katharina. «Denn es gibt hier einen Zauber, der stärker ist als ihre Magie. Es ist die Kraft des Herrn dieser Kirche. Lasst uns beten!»

Während sie miteinander das Vaterunser beteten, begann ein unheimliches Scharren und Kratzen auf dem Dach der Kapelle. Die Fenster verdunkelten sich.

«Sie kommen durch das Dach!», rief ein junger Knappe mit zitternder Stimme.

«Bleibt ruhig, meine Freunde! Sie kommen nicht! Wie steht es geschrieben? ‹Der Teufel geht umher wie ein brüllender Löwe und sucht, wen er verschlingen kann. Seid nüchtern und wacht!›»

Ein dumpfes Grollen war zu vernehmen. Es wurde noch dunkler vor den Fenstern. Plötzlich zuckte ein Blitz durch die Kapelle. Augenblicke später ließ ein heftiger Donnerschlag die kleine Kirche erzittern. Wieder scharrte und kratzte es auf dem Dach. Doch aus dem Scharren wurde ein Klicken, dann ein Rauschen und zuletzt ein lautes ohrenbetäubendes Prasseln.

«Es hagelt!», rief Eberhard durch das Getöse hindurch. «Das wird sie vorerst in die Flucht schlagen!»

Erleichterte Gesichter überall.

«Ja, das wird uns etwas Luft verschaffen. Hoffen wir, dass der Sturm noch lange anhält!» Katharina versuchte ermunternd zu klingen. Was ihr mit ihrer geschwächten Kraft nur halb gelang. «Wir sollten jetzt unsere Wunden pflegen und verbinden. Dort hinten, in der Sakristei, sollte es noch Kräuter und …» Katharina hielt inne. Der Sturm draußen war plötzlich verstummt. Ein unheimliches Scharren ließ alle erschauern. Es kam nicht von oben, es kam von unten!

Unruhig suchten ihre Augen den Raum der Kirche ab. Da! Es scharrte und schnarrte erneut, gleich neben dem Taufstein! Lautlos winkte Katharina ein paar Bewaffnete herbei, die sich auf die Lauer legten. Ein leises Bröckeln, dann begann sich eine Steinplatte zu bewegen. Die Ritter holten aus, als eine schwarze Öffnung im Boden sichtbar wurde. Für einen Moment war es wieder still und nichts rührte sich. Man hätte eine Nadel zu Boden fallen hören.

Dann plötzlich tauchte ein Kopf aus dem Boden auf. Als er die waffenstarrenden Männer sah, verschwand er blitzschnell wieder im Dunkeln.

«Nicht schlagen! Freund, nicht Feind! Andreas Waldvogel von Büttenwald!» Langsam tauchten die erhobenen Hände aus dem Loch empor.

Katharina winkte wortlos, die Waffen sanken nach unten.

«Er ist es tatsächlich!», rief jetzt Eberhard. «Die rechte Hand von Albertus!», zischte einer der Männer böse. Die Waffen gingen sofort wieder in die Höhe.

«Nein, Freunde, wartet! Es ist nicht, wie ihr denkt!»

«Wie denn?!», knurrte ein Bärtiger drohend.

«Ja, ich gebe zu, dass man es denken könnte. Was ich getan habe, war grauenvoll! Aber es war nur Theater!»

«Für mich sah das alles sehr echt aus!», zischte der Bärtige erneut. «Früher dachte ich, du seist auf unserer Seite. Aber du warst kein Kostverächter, wenn es um die Jungfrauen und die Rituale ging! Haut dem Teufel doch einfach den Kopf ab! Dann ist sein Lügenmaul endlich still!»

«Wartet!», befahl Katharina. «Warum, Andreas von Büttenwald, sollten wir dir Glauben schenken?»

Der Bursche verzog gepeinigt sein Gesicht. «Ihr müsst einfach! Ich habe einen Fluchtweg vorbereitet. Wenn alles gelingt, steht bis in ein paar Stunden ein großes Heer vor Falkenstein und wird uns befreien!»

«Was für ein Heer?», hakte Katharina nach.

«Bitte, meine Königin, könnten wir die Fragen nicht später behandeln? Die Zeit drängt!»

Jetzt packte der Bärtige den Knappen beim Kragen und zog ihn mit einem Ruck aus dem Loch. «Für dich, du Heuchler, gibt es bald gar keine Zeit mehr!»

«Schon gut, beruhige dich!», würgte Andreas hervor. «Es ist ein Heer der Seldschuken. Angeführt von Sandschar und von Konrad von Falkenstein.»

«Seldschuken?! Ein Heer von Sarazenen vor Falkenstein?!», rief Gerson entsetzt.

«Ja, ich weiß, es ist etwas kompliziert. Aber …»

«Woher weißt du das alles, Andreas von Büttenwald?!», schnitt ihm Katharina das Wort ab.

«Von Nikos, dem Konstantinopler. Er war mit zwei Gefährten hier, um auszukundschaften. Wir haben ihm Unterschlupf gegeben und bei der Flucht geholfen. Ich bin zurückgeblieben und habe mich entschlossen, so nahe wie möglich an Albertus heranzukommen. Aber das ging nur …»

«… wenn du alles mitmachst, nicht wahr?», unterbrach ihn die Königin erneut.

Andreas schluckte bei dem Gedanken. «Ihr versteht, was ich sagen wollte. So unverzeihlich alles andere ist, ich …», dabei zog er langsam seinen Dolch hervor, «ich war heute zum ersten Mal Albertus' Leibwächter im Schlafgemach, als er sich hinlegte. Ich habe zugestochen. Aber da war nichts …»

«Diesen Unsinn sollen wir dir glauben?!», keifte der Bärtige wieder.

«Ich glaube ihm!» Die Stimme der Königin ließ keinen Widerspruch aufkommen. «Was er über das Heer gesagt hat und über Nikos, stimmt.»

«Dann darf ich Euch bitten, mir jetzt so rasch wie möglich zu folgen? Die ‹Reinen› draußen sammeln sich zum Angriff. Sie haben Rammböcke und Sturmleitern herangeschleppt. Die Krähen hat der Hagel vertrieben. Aber die Übrigen werden wohl nicht so schnell wieder abrücken! Sie werden von den Wolfsreitern unterstützt!»

«Wohin führt der Gang? Zu den Katakomben?», erkundigte sich Gerson.

«Nein, nicht zu den Katakomben. Zum Bergfried!», korrigierte Katharina. «Ein alter Fluchtweg, der schon seit Jahren nicht mehr benutzt worden ist.»

Ein harter Schlag gegen die Kirchentür ließ alle hochschrecken.

«Beeilt Euch, meine Königin!», mahnte der Knappe. «Die Tür wird nicht lange halten!»

Rasch schlüpfte Andreas zurück in das Loch und streckte Katharina die Hand entgegen. Erschrocken ließ er sie wieder sinken.

«Ihr seid ja ganz weiß im Gesicht! Seid Ihr verletzt?»

Ein weiterer Schlag gegen die Tür ließ das Holz erzittern. Erste Risse wurden sichtbar.

«Nicht jetzt!», hauchte Katharina. «Holt die Kräuter und das Verbandszeug aus der Sakristei!»

Mit vereinten Kräften konnten sie die Königin durch das Loch in die Tiefe hinablassen. Andere folgen. Ein dritter Schlag vergrößerte die Risse in der Pforte. Noch ein, zwei solche Hiebe, und der Feind war durch. Als letzter Mann schlüpfte der Bärtige in das Loch, hob, zerrte, schob und zog die Steinplatte zurück auf den alten Platz. Mit einem dumpfen «Rumms!» versank der Gang in Dunkelheit.

Von der anderen Seite der Bodenplatte, von oben, hörte man gedämpft ein Krachen und das Splittern von Holz, dann Rufe, Lärm und schnelle Stiefelschritte. Man konnte nur hoffen und beten, dass sie den Eingang nicht entdecken würden, zumindest nicht sogleich.

Sie bewegten sich durch den Tunnel leise vorwärts. Endlich war ein schwaches Schimmern am Ende des Ganges sichtbar. Gerson, der sich an der Spitze des Zuges befand, beeilte sich, so rasch wie möglich dort hinauszusteigen. Die Enge des feuchten Ganges machte ihm zu schaffen. Er hasste schmale, dunkle Gänge.

«Kommt, Katharina! Wir haben es gleich ...» Ein dumpfes Rumpeln vom Ausgang her ließ Schlimmes ahnen. Gerson ließ die Hand von Katharina fahren und hastete vorwärts. Ein lautes Rumpeln und Beben ließ den Tunnelausgang einstürzen. Staub wurde hereingewirbelt. Gerson hustete und vergrub die Nase schützend in der Armbeuge.

Gefangen!, durchzuckte es ihn. *Gefangen wie die Ratten im Loch! Lebendig begraben!* Eine fürchterliche Angst kroch in die Seele des Jungen. «Lasst mich raus!», schrie er voller Entsetzen. «Ich will hier raus!»

35. Kapitel: Brüder

«Sie kommen!» Die Stimme von Linhart schwankte zwischen Begeisterung und Furcht. Endlich konnten sie ihr Versteck auf der riesigen Eiche verlassen. Obwohl sie schon längst hatten losziehen wollen, mussten sie sich – es war es wie verhext – zweimal in höchster Eile wieder ins Innere der Eiche zurückziehen. Die herannahenden Herrscher konnten sie so weder warnen noch abfangen.

Das Wetter war in den vergangenen Stunden und Tagen sehr launisch gewesen. Aber was sie viel mehr beunruhigte, waren die riesigen Krähenschwärme, die sich wie dunkle Wolken über das verborgene Tal legten und direkt auf Falkenstein zuhielten. Irgendetwas sagte den vieren, dass das keine normalen Krähenschwärme waren. Gut möglich, dass sie von Albertus herbeigerufen worden waren.

Krähenkrieger!, hatte Linhart vermutet. Und wahrscheinlich lag er damit gar nicht weit daneben. Sie hielten es für besser, sich vor den Augen dieser schwarzen Vögel zu verbergen.

In der folgenden Nacht war der ganze Wald von Wolfsgeheul erfüllt. Überall waren kleine Lichter zu sehen, die sich zu Hunderten auf sie zubewegten. Dann hörte man das Getrappel unzähliger Hufe. Allen war klar, dass sich hier eine unheimliche Armee näherte, der man besser aus dem Wege ging ...

Bis ganz in ihre Nähe waren die Wolfsreiter gekommen. Aber glücklicherweise ritten sie ahnungslos an der großen Eiche vorbei. Sie hatten nur ein Ziel vor Augen: Falkenstein! Es bestand kein Zweifel mehr, dass Albertus seine finstere Armee sammelte. Und der Grund war ebenso offensichtlich wie beängstigend.

Still harrten die Vier in der Eiche bis zum nächsten Morgen aus. Endlich war alles ruhig geworden. Als sie es nicht mehr länger aushielten, wagte sich Linhart vorsichtig aus dem Versteck hervor.

Das hätte er besser nicht getan. Denn unten vor dem Baum starrte überrascht ein Krieger direkt zu ihm hoch. Er begann mit den Armen zu fuchteln und alarmierte die andern. Im Wald wurde es überall mit lautem Rascheln lebendig. «Verflixt! Sie haben uns entdeckt!» knurrte Linhart. Ein ganzer Reitertross löste sich aus dem Schatten des Waldes heraus

«Lasst mich das machen!» rief Nikos mit lauter Stimme. «Die kenne ich! Folgt mir!», kommandierte er und beeilte sich, die Stufen in der Eiche so rasch wie möglich hinunterzurennen. Die anderen drei folgten ihm zögerlich.

«Hierher! Hierher!», rief der Prinz halblaut, als er unten angekommen war, und fuchtelte mit den Armen hin und her. Der Tross mit den drei Herrschern hielt inne.

«Dem Himmel sei Dank, dass wir Euch noch rechtzeitig abfangen können!», rief Nikos keuchend. «Ist mein Vater da?! Und Salome?» Der Prinz verlangsamte seinen Lauf.

Die Reiter – zuvorderst die Leibwachen aus Konstantinopel – blieben reglos stehen.

«Kennt ihr mich denn nicht?!» Er warf den Bewaffneten ein paar freundliche griechische Worte zu.

Doch sie starrten kalt und teilnahmslos zu ihm herüber. Einer der Bogenschützen legte gar auf ihn an.

«Halt, halt, halt!», rief Nikos beschwörend! «Ich bin es, Nikos, Sohn des Johannes Komnenos, Prinz von …!»

Weiter kam er nicht. Aus einem nahen Gebüsch stürzten sich zwei Soldaten auf ihn und warfen ihn zu Boden. Sie drehten ihn auf den Rücken und drückten mit ihren Knien seine Arme nach unten.

Nikos schrie vor Schmerz auf. «Vater! Was geschieht hier?!»

Ein einzelner Reiter löste sich aus der Gruppe und näherte sich ihnen.

Nikos' Augen wurden immer größer. Der auf dem Pferd saß – die Kleider, Stiefel, Waffen, das Gesicht – das war ja er!

«Das ist ein Verräter, Vater! Ein Dämon. Ein Körperwandler!

Wäre es ihm gelungen, sich Euch zu nahen, hätte er Euch, ohne mit der Wimper zu zucken, getötet!», rief dieser jetzt.

Kaiser Johannes lenkte sein Pferd an die Seite des Doppelgängers. «Danke mein Sohn, jetzt begreife ich, wie teuflisch diese Gefahr ist! Er sieht dir zum Verwechseln ähnlich.» Johannes stieg vom Pferd. Ebenso der Doppelgänger. Sie näherten sich den Soldaten.

Der Doppelgänger zog einen byzantinischen Dolch aus der Scheide: «Machen wir ein Ende mit diesem Teufel!»

«Nein, Vater, nicht! Das ist eine Falle! Sieh mich an! Ich bin dein Sohn!», schrie Nikos verzweifelt.

Der Doppelgänger packte ganz überraschend den byzantinischen Kaiser am Hals und holte mit dem Dolch aus.

Mit geradezu übermenschlicher Kraft riss sich Nikos los und warf seinen Doppelgänger zu Boden. Es gab ein heftiges Handgemenge. Der Dolch blitzte bedrohlich auf, verfehlte aber immer wieder sein Ziel.

«Haltet ein! Macht um Himmelswillen keinen Fehler!», schrie Linhart, der nun auch aus dem Innern der Eiche auftauchte.

Die Soldaten rundum waren völlig verwirrt. Es war unmöglich zu erkennen, wer wer war.

«Zur Seite, macht Platz!», donnerte plötzlich die Stimme Konrads, der plötzlich aus dem Wald aufgetaucht war und auf Sirus durch den Tross hindurchsprengte. Blitzschnell glitt er aus dem Sattel und riss einem der Byzantiner Pfeil und Bogen aus der Hand und legte an.

In diesem Augenblick sprang einer der Prinzen den Kaiser an, packte ihn von hinten und hielt ihm das Messer an den Hals. «Ich bin Nikos, der Prinz von Konstantinopel!», schrie er laut. «Bitte, bitte! Hört mir zu! Ich will niemandem etwas zuleide tun! Dieser da» – er schaute zu dem anderen Prinzen – «ist ein Dämon! Eine Täuschung! Er ist einzig und allein hierhergekommen, um den König umzubringen!»

Konrad begann zu schwitzen und ließ für einen kurzen Augenblick den gespannten Bogen sinken.

«Konrad, erschieß ihn in Gottes Namen!», rief ihm Nikos zu.

Das musste er kein zweites Mal sagen. Mit einem leisen «Herr, erbarme dich!» hob Konrad den Bogen, spannte ihn und ließ den Pfeil von der Sehne schnellen. Der Pfeil durchschnitt die Luft und bohrte sich in die ungedeckte Schulter von Nikos, haarscharf an Kaiser Johannes' Hals vorbei.

Der Prinz riss die Augen auf und torkelte zur Seite.

«Nikos!», schrie Salome, die ebenfalls urplötzlich aus dem Wald aufgetaucht war. «Ich liebe dich! Konrad, nein!»

Zu spät. Ein zweiter Pfeil bohrte sich mitten in die Brust des Prinzen. Er ließ die Arme sinken, der Dolch fiel aus der Hand.

«Mein Gott, Nikos!», schrie Johannes entsetzt. Tränen schossen ihm in die Augen. Der Prinz knickte ein, fiel auf die Knie, griff hilfesuchend mit der rechten Hand nach Johannes und kippte mit dem Gesicht voran zu Boden. Kaum hatte er diesen berührt, begann er sich zu krümmen und zu winden. Mit einem kreischenden Schrei fuhr etwas aus ihm heraus und verschwand durch die Luft, während der Körper zu Staub zerfiel.

Konrad ließ den Bogen mit dem dritten aufgelegten Pfeil sinken. Sein Gesicht war genauso bleich wie das von Johannes Komnenos.

Der Kaiser griff sich ans Herz, ächzte laut und sank auf die Knie.

«Vater! Beruhige dich!», rief der echte Nikos und eilte ihm zu Hilfe. Zitternd fielen sich die beiden in die Arme. Für einen Moment hörte man nur ein leises Weinen und Fetzen von griechischen Worten.

Salome drängte sich zwischen den Soldaten hindurch und rannte zum Prinzen.

Dieser schaute auf und wurde von Salome stürmisch überrannt und umarmt.

«Nikos!», schluchzte die junge Frau. «Halt mich fest und lass mich nie wieder los!»

«Salome!», flüsterte Nikos lächelnd. «Gerne! Aber ich kriege keine Luft mehr! Willst du mich jetzt auch noch umbringen? Wachen! Versorgt meinen Vater! Legt ihn auf den Rücken. Er braucht etwas Ruhe!»

«Ein meisterlicher Schuss! Im doppelten Sinne!», sagte Papst Calixt, der inzwischen an Konrads Seite getreten war.

Nun kam auch Kaiser Heinrich hinzu: «Wie um alles in der Welt wusstet Ihr, welches der Falsche war?»

«Wenn ich ehrlich bin – ich war mir nicht ganz sicher. Aber es war sein letzter Satz. Nikos konnte nicht wissen, zu welchem Zweck der Doppelgänger gekommen war. Er konnte nicht wissen, wer oder was das hier genau war. Das wusste nur der Dämon selber. Außerdem – der echte Nikos hätte nie und nimmer seinem Vater eine Klinge an den Hals gelegt.»

«Das alles ist ganz entsetzlich!», seufzte Calixt. Wenn die alte Schlange solche Listen auf Lager hat, wer soll hier noch wem vertrauen?»

«Keine Angst, Eure Heiligkeit! Ich bin echt, das dürft Ihr mir glauben!», grinste Konrad. «Es gibt ein paar Dinge, die sie nicht mögen.» Konrads Gesicht wurde wieder sehr ernst. «Holt Anastasia! Sie ist eine Verräterin! Fesselt sie und lasst sie keinen Moment aus den Augen!»

Heinrich schickte einen seiner Männer zum Tross. Doch dieser kam schon bald wieder zurück und kniete vor dem Kaiser nieder. «Eure Hoheit, vergebt! Die Frau ist verschwunden! Niemand hat sie gehen sehen!»

Konrad biss sich auf die wütend auf die Unterlippe. «Diese Teufelin versteht ihr Handwerk meisterlich!»

«Sollen wir sie suchen lassen?», hakte Calixt nach.

«Zwecklos», knurrte der König. Ich bin mir ziemlich sicher, dass wir sie wiedersehen werden. Und – wie ich vermute – auf höchst unerfreuliche Weise.»

«Wer ist eigentlich diese blonde junge Frau an der Seite des Prinzen?», erkundigte sich Heinrich zögerlich. «Wäre sie nicht noch jung, ich hätte geschworen ...»

«Ihr vermutet richtig und doch falsch, Hoheit. Salome ist die Tochter von Anastasia. Sie ist mein Mündel und die einzige Tochter meines Halbbruders, Matthias von Gosen. Aber im Gegensatz zu ihrer Mutter ist sie ein Engel. Wenn auch manchmal ein etwas rauer ...»

Das Gespräch wurde durch den Klang eines Seldschuken-Horns unterbrochen. Es war so weit! Sandschar ritt an der Spitze des großen Heeres heran, hinter ihm Elias, Anna, Justus, Gabriel und Wolfhart. Salome war ihnen vorausgeritten, von einer inneren Ahnung getrieben.

«Ich glaube, wir sollten nun den offiziellen Teil der Begegnung einleiten!», murmelte Konrad.

«Helft Johannes auf die Beine. Wir müssen jetzt stark sein! Der Seldschukenherrscher hatte geglaubt, mit Euch als Beute nach Hause zu kommen. Bis er feststellen musste, dass er selber in eine Falle gelockt wurde. Will er weiterhin an der Macht bleiben, muss er sich vor seinen Männern beweisen. Er wird nur mit starken Verbündeten verhandeln. Und das zu einem hohen Preis! Er will Land und Sklaven! Er will die Stauffermark zum Lehen. Gesetzten Falles, wir besiegen Albertus.»

«Das ist Wahnsinn, Konrad! Wir alle wissen, was dieser grausame Heide will! Und was er mit den Christen in seinen Ländereien gemacht hat!», zischte Heinrich. «Ihr seid doch wohl nicht auf diese Forderungen eingegangen?»

«Es gibt ein arabisches Sprichwort, das wir auch in der Heiligen Schrift lesen: ‹Inschallah!› Oder wie Jakobus in seiner Epistel schreibt: ‹So Gott will und wir leben!›»

«Können wir das Ganze nicht abblasen? Wir könnten uns doch in der Nacht absetzen und die Seldschuken ihrem Schicksal überlassen?!», murmelte Calixt verzweifelt.

«Das glaubt Ihr doch selbst nicht, Eure Heiligkeit, oder?! Ist dies das würdige Wort eines Papstes?»

«Nein, nicht wirklich», brummte Calixt zerknirscht. «Also hängt es vom Herrn des Himmels und der Erde ab, was aus diesem Handel wird.»

«So ist es, Eure Heiligkeit! Beten wir, dass er uns Barmherzigkeit zeigt!»

Nun standen sich die vier mächtigsten Männer von Orient und Okzident gegenüber. Sandschar inszenierte die Begegnung wirkungsvoll und imponierend im Angesicht seines Heeres.

Seine Gegenüber spielten das Theater wohl oder übel mit. Mit großen Formalitäten wurden die Gespräche und Verhandlungen eingeleitet.

Einen Vorgeschmack der Gewalttätigkeit Sandschars bekamen alle sogleich zu spüren, als Scharen von Seldschuken mit Äxten bewaffnet eine große Lichtung in den Wald zu schlagen begannen. Ein Sultan wohnte nicht unter einem Baum! Schon bald reihten sich unzählige Zelte aneinander, während der Rauch der ersten Feuer in den Himmel stieg. Rund um das Lager wurden Dutzende von Wachen postiert. Ein kleinerer Wachtrupp nahm staunend die große Eiche, *den Turm,* als Ausguck in Beschlag.

Als das große Prachtzelt des Sultans errichtet und der Boden mit dicken weichen Teppichen belegt war, wurden Heinrich, Calixt, Johannes und Konrad zur Audienz geladen. Kurz würde das Gespräch nicht werden.

Elias und Justus stocherten ungeduldig mit ein paar Stecken im Feuer herum.

«Warum müssen wir schon wieder herumsitzen und warten, Elias?»

«Weil es die Stunde der alten Männer ist!»

«Sandschar ist ein grausamer Mörder! ‹Stunde der alten Männer›, ha?! ‹Pakt mit dem Teufel› würde ich das eher nennen! Und wie sieht es mit der ‹Stunde des Priors› aus?»

«Ach, bleib mir vom Leib damit, Justus! Ich bin kein Prior mehr. Ich habe die Bibel gegen das Schwert getauscht. Zu viel ist geschehen …»

«Hör doch auf damit, Bruderherz! Du bist unser Prior! Falkenstein braucht einen Prior! Die Stauffermark braucht einen Prior!»

«Natürlich! Die gaaanze Welt braucht einen Prior! Nein, braucht sie nicht! Jeder Prior ist ersetzbar.» Elias fuhr mit dem Stock durch die Glut.

«Mir kommen gleich die Tränen, Bruderherz! ‹Ach, ich armer Prior! Niemand wollte auf mich hören!›», spottete Justus.

«Halt den Schnabel!», knurrte Elias.

«‹Ich armer Prior!›», fuhr Justus im selben weinerlichen Ton fort. «‹Was habe ich gegen die Irrlehre von Albertus gekämpft!

Was habe ich geopfert an Hingabe und Liebe an alle diese Menschen! Und wofür?»»

«Justus, halt deinen vorwitzigen Mund!»

««Gepflegt habe ich sie, gebetet habe ich für sie! Geliebt habe ich sie! Ihre Sorgen habe ich angehört! Und wie haben sie es mir gedankt? Verstoßen haben sie ...»»

Weiter kam Justus nicht mehr. Elias hatte ihn wütend zu Boden gerissen. «Noch ein Satz, und ich ...!»

«Und was?», keuchte Justus. «Und du schlägst mich? Stichst zu? Erwürgst mich? Sei doch ehrlich mit dir selber! Du bist enttäuscht, weil deine Liebe vor die Hunde geworfen wurde! Du hast aus Liebe zu Gott und den Menschen deine Ritterschaft aufgegeben und an mich abgetreten. Und was war der Lohn? Verachtet haben sie dich! Schlechtgemacht haben sie dich! Über dich hergezogen sind sie! Deinen Ruf haben sie zerstört! Verjagt haben sie dich! Flüchten musstest du! Nach all den Jahren! Nur noch Albertus *hier*, Albertus *da*, Albertus *überall!* Deine Seele haben sie zertrampelt! Wegen dieses Scharlatans! Ist es nicht so?!»

Elias' Blick wurde leer, der Griff seiner Hände lockerte sich, und er setzte sich wieder hin.

«Und jetzt fragst du dich: Wozu das alles?», fuhr Justus hartnäckig fort.

«Sei still, Justus! *Bitte!*», versuchte ihn Elias mit gebrochener Stimme zu stoppen.

«Nein, ich werde jetzt nicht still sein! Du bist so verletzt, dass du alles hingeworfen hast. Deinen Glauben, deine Berufung, deine Bibel, dein Gebetbuch. Wann hast du das letzte Mal auf deiner Wanderharfe gespielt und gesungen? Losgezogen bist du mit deinem Schwert, als ob du ein ganzes verlorenes Leben zurückerobern müsstest. Und bei Gott: Ich schaue in deine Augen, in deine Seele und sehe, wie unglücklich und traurig du bist. Ist es nicht so, mein Bruder?»

«Willst du mich quälen, Justus?»

«Hör mal, Elias, ich weiß, was du über mich denkst! Justus, der hitzige oberflächliche Abenteurer, der die Welt liebt und dem

Glück hinterherrennt. Einer, der nie genug bekommt und ständig nach Neuem auf Ausschau ist. Stimmt's?»

Elias starrte ins Feuer. «Stimmt», flüsterte er leise. «So denke ich manchmal. Und manchmal denke ich auch: Warum kann ich nicht so sein wie du? Warum kann ich nicht mit deiner Leichtigkeit durchs Leben gehen? Mit einem Lachen die Niederlage wegstecken und weiterziehen! Du lebst wenigstens!»

Justus lehnte sich an seinen älteren Bruder und legte ihm den Arm um die Schultern.

Elias kämpfte mit den Tränen: «Es tut so weh!»

Justus gab dem Älteren einen Knuff in die Seite. «Das weiß ich doch! Ja, wir sind sehr verschieden. Aber es tut mir auch weh. Für dich.» Elias legte nun auch seinen Arm um Justus' Schultern.

«Danke!»

Für eine Weile knisterte das Feuer still und ruhig vor ihren Augen.

«Elias, wir brauchen dich! Die Menschen brauchen dich! Gott braucht dich! Hast du vergessen, weswegen du diesen Weg beschritten hast? Hast du vergessen, wer dich gerufen hat?»

«Er redet nicht mehr zu mir. Er hat mich verlassen! Er hat es zugelassen, dass ich meine Berufung verliere! Ich fühle mich leer. Ich blicke meine Frau an, meine Söhne, freue mich über sie. Ich liebe sie. Aber wenn ich alleine bin, dann ist es nur noch leer in mir.»

Leises Rascheln riss die beiden Brüder aus dem Gespräch. Ein kleiner rundlicher Schatten setzte sich neben sie, überkreuzte die kurzen beweglichen Beinchen zum Schneidersitz und starrte mit blitzenden Katzenaugen zu ihnen hinüber.

«Traurig, Elias?»

«Ja, traurig, kleiner Gabriel.»

«Schuldige bitte!», murmelte der Kleine mit bedrückter Stimme.

«Nein, bitte, *du* musst dich nicht entschuldigen!»

«Doch, Schuldigung bitte! Alle!»

Elias blickte gerührt hinauf zu den Sternen. «Warum nimmst du immer alles persönlich, Gabriel?»

«Weil Elias lieb! Andere Schuld bei dir.»
Elias wischte sich heimlich ein paar Tränen aus den Augen.
«Bitte beten, Elias! Ja?» Gabriel kniff sofort mit aller Kraft seine Augen zu und faltete die Hände.

Elias kapitulierte. Der kleine Gabriel war einfach unwiderstehlich in seiner Art.

«Komm, Bruderherz!», flüsterte Elias, zog ihn zu sich herüber und drückte ihn an die Brust. Gabriel kicherte. Dann beteten sie miteinander.

Tiefer Friede legte sich auf die drei.

Etwas entfernt stand Anna und hatte die ganze Szene beobachtet. Wortlos schlich sie zu ihrem Zelt zurück, wo die Kleinen schliefen. Gott begann ihren Mann zu heilen!

«Und was nun?», murmelte Elias.

«Ich würde sagen, wir lassen die alten Männer reden und machen einen kleinen Ausflug», erklärte der junge Ritter abenteuerlustig. «Es ist dunkel, und wir befinden uns auf einem Land, das wir von Jugend an kennen», fuhr er fort. «Ich bin der Meinung, wir sollten den alten Männern nicht alle Entscheidungen überlassen. Schon gar nicht denen aus fremden Landen. Lass uns jagen gehen!»

Elias holte Luft und straffte den gebeugten Körper. «Lass uns jagen gehen! Ein letztes Mal!» Dann blickte er Gabriel in die Augen und legte den rechten Zeigefinger auf seinen Mund. «Kannst du ein Geheimnis für dich behalten?»

Gabriel nickte.

«Achtest du auf meine Kinder?»

Der Bursche nickte erneut.

«Mach dir keine Sorgen! Vor Sonnenaufgang sind wir zurück!»

Noch bevor Gabriel es sich versah, waren die beiden Brüder im Dunkeln verschwunden.

36. Kapitel: Eingeschlossen

«Wir müssen hier raus, sonst ersticken wir alle!», raunte Andreas, der Knappe. «Keine Ahnung, was da los ist. Versuchen wir es zuerst vorne beim Ausgang zum Bergfried. Wir brauchen hier ein paar kräftige Kerle!»

«Meine Hände hast du!», knurrte Ulrich, der Schmied. Er zwängte sich durch die Dunkelheit an den Übrigen vorbei nach vorne.

«Ich helfe mit!», meldete sich nun auch Daniel, der Zimmermann.

«Wir müssen leise sein!», befahl Andreas. «Wir wissen nicht, was am anderen Ende dieses Tunnels auf uns wartet. Vielleicht wurde die Öffnung ahnungslos verschlossen. Vielleicht wurde sie wissentlich zugeschüttet. Oder ein Teil des Ganges ist eingestürzt. Wir werden sehen. Wir brauchen noch zwei Bewaffnete mit Spießen, die Ulrich und Daniel schützen! Alle anderen sind jetzt ganz ruhig. Wer weiß, vielleicht kann man uns hören!»

«Ich bin dabei!», raunte Egbert, der Stallbursche nach vorne.

«Ich auch! Wäre doch gelacht, wenn wir da nicht rauskommen!», grinste Wilhelm, der Schildmacher. Auch er zwängte sich an dem Knappen vorbei.

«Da ist ein Stein! Könnt ihr ihn fühlen?», flüsterte Andreas. «Ulrich und Daniel, seid ihr bereit? Eins, zwei, drei!»

Unterdrücktes Keuchen und Stöhnen hallte durch den Tunnel. Eine Ewigkeit schien zu vergehen. Schließlich verstummten die Geräusche.

«Ein Teufelsbrocken!», zischte Daniel. «Ich bin ein bisschen lädiert ... Wir brauchen Verstärkung! Egbert?!»

Ein paar schleifende Geräusche, und der Stallbursche hatte sich in Position gebracht.

«Warum ist es plötzlich so kalt hier drin?», stammelte Gerson ängstlich.

«Eins, zwei ...»

«Haltet ein!», raunte nun auch Katharina dazwischen.

«Drei!»

Mit einem lauten Knirschen bewegte sich der Stein und gab den Eingang frei.

Ein schummriges Licht fiel in den Tunnel. Aber schon einen Wimpernschlag später wurde der Eingang verdunkelt und ein fauchendes knurrendes Etwas mit riesigen glühenden Augen stürzte sich auf Egbert. Dieser wurde lautlos zu Boden gerissen. Ein grausiges Knirschen und Knacken ertönte.

Im selben Augenblick stürzte sich ein zweiter Katzenhund in den Gang. Daniel wurde buchstäblich überrannt, und das Tier stürzte sich mit bösartigem Fauchen auf den Knappen, der ebenfalls nach hinten fiel. Die glühenden Augen bohrten sich förmlich in Andreas' Gesicht, während der Geifer auf ihn niedertropfte.

Die Menschen im Tunnel schrien vor Angst laut auf.

Bevor seine Kiefer zuschnappen konnte, wurde das Untier plötzlich mit einem Ruck zum Ausgang des Tunnels gerissen. Irgendetwas verdunkelte den Gang. Geräusche eines heftigen Kampfes drangen nach hinten.

Dann war es plötzlich still. Ein fauliger Geruch stieg auf.

«Herrschaften, es wird Zeit, dieses Gefängnis zu verlassen!», rief eine kecke Stimme zu ihnen herein.

Katharina hielt überrascht den Atem an. «Justus?»

Nun wurde es laut und lebendig im Tunnel. Die Stimmen redeten wild durcheinander.

«Seid vorsichtig!», befahl Elias, der sich nun zu seinem Bruder gesellte. «Wir haben zwei Verletzte, die wir zuerst herausholen müssen!»

Sie reckten und streckten sich, atmeten tief durch und blickten immer noch etwas benommen um sich. Das war nicht der Bergfried! Das waren die Katakomben! Katharina schaute sich verwirrt um. Wie war das möglich? Dann hatte sie nur noch Augen für ihre Söhne.

«Elias! Justus! Dem Herrn sei es gedankt!» Ihre Stimme klang schwach, als sie die beiden Söhne umarmte. Sie musste sich setzen.

Aber sie strahlte. Ihre Söhne hatten nach einem heftigen Kampf mit einer Handvoll Krähenkrieger die losgelassenen Canofelis erlegt. Was für mutige und prachtvolle Söhne! Sie wollte stark sein: nur für sie beide! Bis es zu Ende war hier. Sie lehnte sich einen Augenblick an die Felswand und atmete tief durch. Dann erhob sie sich wieder und sah sich um.

Für den Moment waren die Flüchtlinge in Sicherheit. Es war bestimmt aber nur eine Frage der Zeit, bis die Verfolger auftauchen würden. Entweder durch den Schacht von der Kapelle her oder aber durch den Eingang der Katakomben.

«Los, schüttet den Schachteingang zu!», befahl Elias. «Zwei Mann nach vorne zur Bewachung der Pforte!»

Katharina beugte sich über die Verletzten und schnitt sich mit dem Dolch einen langen schmalen Streifen vom Rocksaum ab und machte daraus einen Verband. «Gebt mir einen Stecken!», ordnete sie an. «Egberts Arm ist gebrochen. Man muss ihn ausrichten. Andreas und Ulrich, haltet ihn fest! Du musst jetzt sehr tapfer sein, Egbert. Hier, beiß in dieses Stück Leder!»

Der Stallbursche starrte Katharina mit weit aufgerissenen Augen an und biss auf den Gürtel zwischen den Zähnen. Kalter Schweiß stand auf seiner Stirn.

Katharina holte kurz Luft, legte das Holzstück an den gebrochenen Arm, zog und drehte daran. Egbert stöhnte heftig auf und schnellte mit dem Oberkörper hoch. Der Knappe und der Schmied drückten ihn wieder nach unten.

Egbert verdrehte die Augen und sank bewusstlos in sich zusammen. So schnell sie konnte, wickelte Katharina die Binde straff um Arm und Stecken.

Justus starrte zu Katharina hinüber. Ein großer dunkler Fleck zeichnete sich auf der Seite ihres Rocks ab.

«Mutter, du blutest ja!» Justus eilte zu ihr hin. «Setz dich und schone dich!»

«Ach, es ist nicht schlimm!», erwiderte Katharina ärgerlich. Eine alte Wunde, die nicht ganz ausgeheilt ist. «Es geht schon!»

«Natürlich! Das sagst du immer: Es geht schon! Mutter!», schimpfte Justus.

«Was war es denn diesmal? Ein Nagel? Ein Stock? Eine Lanze?»
«Ein Dolch!», ärgerte sich die Königin. «Jetzt hör auf, mich wie ein kleines Mädchen zu behandeln!»

«Ach so, nur ein Dolch! Da hätte ich mir beinahe Sorgen gemacht, und glücklicherweise hast du nur eine Dolchwunde!», antwortete Justus sarkastisch. «Elias, komm her! Ich brauche deine Hilfe!»

«Wir bekommen Gesellschaft!», riefen plötzlich die beiden Wächter von vorne. Ihr Warnruf war überflüssig. Denn im selben Augenblick hörte man Stimmen, die sich rasch näherten.

«So, wie das klingt, erwartet uns keine gemütliche Plauderstunde!», murmelte Andreas.

«Na, dann bereiten wir unseren Gästen einen warmen Empfang!», rief Justus in angriffslustigem Ton.

«Das schätze ich so an dir, liebes Bruderherz!», seufzte Elias. «Immer guter Laune und voll Selbstvertrauen!»

«Los, formiert eine Mauer!», bellte Justus durch den Saal. «Verletzte und Kampfunfähige zurück zum Tunnel! Fünf Mann sichern die Röhre gegen Angreifer! Wir haben etwas über siebzig kampffähige Schwerter. Zeigen wir den paar Kapuzen, was eine Harke ist!»

Jetzt wurden die Wände lebendig, als zahllose Schatten über sie huschten.

«Das sind aber ein paar viele, die paar Kapuzen! Hundert? Zweihundert?», bemerkte Elias trocken. «Vielleicht sollten wir uns alle in die Röhre zurückziehen?»

Justus' Stimme hatte etwas an Siegesglanz verloren. Jetzt stürmten die Gegner um die Ecke.

«Wenn du mich fragst, sind das keine Kapuzen, sondern Sarazenen!», knurrte Ulrich. «Und wenn du mich fragst, ist das der König! Und der daneben Wolfhart von Tannenberg!», rief Daniel laut.

«Ja, natürlich. Und ich bin Sankt Nikolaus!», frotzelte Justus, wobei er gleich darauf mit offenem Mund das Schwert sinken ließ.

«Vater?!»

Konrad rief laut ein paar arabische Befehle und gab das Zeichen zum Halt. Die anstürmenden Seldschuken stoppten ihren Lauf und ließen ihre Waffen ebenfalls sinken. Lautes Jubeln erhob sich in der Halle.

Konrad ließ sein Schwert in die Scheide zurückgleiten und eilte strahlend auf Katharina zu. Sie erhob sich mit einem tapferen Lächeln.

«Meine Königin!», flüsterte er zärtlich.

«Mein König!», lächelte Katharina.

Ihre Hände umschlossen sich fest.

«Ich wusste, dass du kommen würdest, Konrad!»

«Meine Gedanken waren immer bei dir, Liebste. Diese Politik, diese Verhandlungen und strategischen Taktiken – ich hielt es einfach nicht mehr aus!» Jetzt bemerkte er den blutigen Fleck an ihrer Seite und schob sie sanft auf den Felssitz zurück. «Ist es schlimm?»

«Der Dolch von Anastasia. Die Wunde hat sich entzündet. Es hat sich schwarzes Fleisch gebildet.»

Konrad warf den Kopf zur Seite und stöhnte wütend. Er wusste, was das bedeutete. «Wir müssen es herausschneiden, bevor es den ganzen Körper erfasst! Gleich! Jetzt!» Konrad schaute zurück. «Wolfhart?!»

Der alte General eilte herbei. «Ja, mein König?»

«Die Männer sollen einen Moment ruhen!» Konrad blickte sich aufgeregt um. «Wo zum Donnerwetter bleibt das Feuer?! Ein Messer!»

«Lasst mich das machen, Hoheit!», meldete sich Salome, die sich der Expedition ebenfalls angeschlossen hatte. Sie duldete keinen Widerspruch, schob den König beiseite und begann sofort, Anordnungen zu geben: «Legt ein Tuch auf den Boden und die Königin darauf. Vier Männer sollen mit ihren Mänteln eine Abschirmung um sie machen. Macht ein Feuer. Bringt ein scharfes Messer zum Glühen. Holt Wasser und Verbände! Schickt einen Läufer los! Er soll Wegerich pflücken. Davon wächst mehr als genug rund um den geheimen Eingang. Und wenn er nicht weiß, wie die Pflanze aussieht, dann sagt ihm: ‹Sie sieht wie eine Kerze an einem langen Stil aus!›»

Unverzüglich schickte Konrad einen Seldschuken mit arabischen Worten los.

Salome öffnete ihre Ledertasche, die sie immer dabeihatte.

«Danke, liebe Salome!», seufzte Katharina. «Statt einer Hilfe bin ich nur ein Klotz am Bein!»

«Hör auf damit!», schimpfte Konrad. «Bitte!»

«Ich bin ja schon still!», lächelte die Königin. «Was sind eure Pläne, Liebster?»

Konrad winkte Elias und Justus herbei: «Ihr solltet das ebenfalls hören!», knurrte der König. «Eure Mutter fragte nach unseren Plänen.» Er starrte einen Moment vor sich hin.

«Nun ja, sie sind nicht sehr erhebend ... Die Gespräche zwischen Sandschar, Calixt, Heinrich und Johannes sind gut verlaufen. Sie haben sich, trotz gewisser unterschiedlicher Ansichten und Differenzen, gefunden. Es ist ihnen klar, dass der Schlüssel zu Verschwörung hier auf Falkenstein zu finden ist. Es ist ihnen auch klar, dass der Feind weiß, dass seine Falle aufgeflogen ist. Sandschar kocht vor Wut über den Verrat von Albertus. Mir wurde in den Gesprächen irgendwann klar: Gleichgültig, wie das Unternehmen endet: Ich will bei dir sein! Gemeinsam siegen wir oder gehen unter.»

Die beiden Eheleute schauten sich einen Moment in die Augen.

«So liebe ich dich, mein starker Held!», seufzte Katharina. «Und weiter?»

«Ich habe mich anerboten, eine erste Speerspitze in die Burg durch die Katakomben zu bilden. Vier Möglichkeiten stehen uns offen. Möglichkeit eins: Es gelingt uns, Albertus gefangen zu nehmen. Dann zwingen wir ihn zur Kapitulation. Das wäre die gnädigste Variante. Gelingt es uns nicht, ziehen wir – das ist die zweite Variante – die Armee durch den Untergrund der Katakomben ins Innere der Burg. Sandschar führt einen Scheinangriff vor den Mauern durch. Die Feinde gehen auf die Mauern, wir fallen ihnen in den Rücken.»

«Und die dritte Variante?», wollte Justus wissen.

«Kann die Armee nicht nachrücken, sind wir hier auf uns allein gestellt. Wir erobern die Tore von innen und öffnen sie den Seldschuken, die so die Burg stürmen.»

«Und die vierte Variante?», hakte Elias nach.

Konrad seufzte: «Chaos. Nichts gelingt. Dann wird es eine Belagerung nach allen Regeln der Kunst geben! Und wie die ausgeht, weiß allein der Himmel.»

«Beten wir, dass der erste Plan funktioniert!»

«Ja, wir sollten beten! Es gibt nämlich einen Haken an der Sache.»

«Und der wäre?»

«Wir haben nur bis morgen früh Zeit. Bis dahin wollen die großen Vier warten. Passiert dann nichts, beginnt die Belagerung.»

«Na dann: Gute Nacht! Gibt es noch einen fünften Plan?», frotzelte Justus. Weiter kam er nicht.

Plötzlich ließ eine heftige Erschütterung das ganze Gewölbe erzittern. Das Grollen kam von den Katakomben her – dem einzigen Weg, der zur Außenwelt führte. Nach zwei weiteren Erschütterungen wurde es ruhig. Eine Staubwolke fegte in den Raum herein. Die Menschen verbargen ihre Gesichter und hielten den Atem an.

«Das war wohl das Ende von Plan zwei!», murmelte Elias. Der Staub begann sich zu setzen. In diesem Augenblick kam der entsandte Bote laut schreiend in die Halle zurückgerannt. Er war fast weiß vom Staub der Felsen. Was er in seiner Sprache rief, war unschwer zu erraten.

«Der Tunnel ist eingestürzt ... Wir sind abgeschnitten», übersetzte Konrad tonlos.

Salome sprang auf und eilte zum Meldeläufer. Dieser öffnete seine Ledertasche und zog ein ganzes Büschel Wegerich-Kraut hervor.

«Danke!», rief Salome und drückte dem verdutzen Mann einen Kuss auf die weiße Stirn. «Schnell, wir müssen anfangen!», rief sie. «Bringt das Wasser!»

Die vier Soldaten hielten ihre Mäntel wie einen Vorhang hoch, während Katharina mit zusammengebissenen Zähnen die Schnüre löste und den oberen Teil ihres Gewandes nach unten rollte.»

Eine hässliche Wunde an der rechten Seite wurde sichtbar.

«Schnell das Wasser! Wir müssen die Wunde auswaschen!»

Katharina schaute Konrad an: «Geh nur, Liebster! Ich bin hier gut aufgehoben. Du musst jetzt deine Männer sammeln!»

Nur widerwillig ließ der König ihre Hand los und verließ gebückt zwischen den Mänteln hindurch das Geviert. Er blickte in die verzagten Gesichter und holte Luft: «Männer, hört mir zu!»

Calixt, Johannes, Sandschar und Heinrich sahen sorgenvoll in die Runde.

«Der Zugang ist eingestürzt. Ist es möglich, ihn wieder freizumachen?», wollte Johannes wissen.

«Meine Männer arbeiten daran», knurrte der Sultan. «Aber es sieht nicht gut aus. Vermutlich ist eine ganze Strecke von mehreren hundert Fuß eingebrochen. Wenn wir Glück haben – gepriesen sei der Name des Propheten –, schaffen wir es in Tagen oder Wochen. Wenn wir Pech haben, bringen wir noch weitere Teile zum Einsturz.»

«Und so lange reichen unsere Vorräte nicht mehr aus», folgerte Heinrich.

«Wir bleiben dabei», ergriff Sandschar das Wort, «entweder gelingt es unsern Leuten da drin, die Tore zu öffnen, oder wir greifen an! Wir haben gar keine andere Wahl!»

«Wie wollt Ihr das bewerkstelligen, Sultan?», wandte Johannes ein. «Die Burg hat zwei Ringmauern und einen Wassergraben. Die Mauern sind aus Granit und im inneren Ring abgeschrägt. Die Türme sind rund und an der Basis erweitert. Jedes Tor ist doppelt gesichert. Es gibt Verengungen bei den Eingangsrampen. Allein schon der Aufstieg wird nur unter großen Schwierigkeiten zu gewinnen sein! Geschweige denn die Probleme, Belagerungsmaschinen hinaufzubringen. Wir werden sie in Einzelteile zerlegen und oben wieder zusammenbauen müssen. Beten wir, dass es nicht so weit kommen muss!»

«Ich traue Konrad alles zu! Er ist der Erbauer dieser Festung. Er kennt jeden Winkel wie kein Zweiter. Ich vertraue ihm», erwiderte Heinrich.

«Das mag sein!», pflichtete Sandschar bei. «Dennoch habe ich meinen Männern befohlen, Holz zu schlagen für die Belagerung! Die ersten zwei Wurfmaschinen sind schon fertig.»

Johannes, Calixt und Heinrich verließen das Zelt des Sultans und zogen sich an einen geschützten Ort zurück.

«Können wir ihm vertrauen?», flüsterte Calixt. «Wir sitzen hier mitten in einem Wespennest. Es wäre ein Leichtes für den Sultan, uns einfach als Geiseln gefangen zu setzen. Dazu müsste er nicht einmal Falkenstein erobern. Er schnappt uns und erpresst ein großes Lösegeld. Dann lässt er sich als Held feiern und zieht glorreich wieder in seinen Palast ein!»

«Daran denke ich schon die ganze Zeit!», murmelte Johannes.

«Er gab uns sein Wort!», wandte Heinrich ein.

«Das ist wahr!», antwortete Calixt. «Aber ihr wisst selber, wie schnell sich die Dinge in der Politik ändern!»

«Was schlagt Ihr also vor, Eure Heiligkeit?»

Calixt wiegte den Kopf hin und her. «Die Menschen der Stauffermark haben das Vertrauen in ihren König verloren. Aber haben sie es auch ihrem Kaiser gegenüber verloren? Wären sie bereit, Euch zu verteidigen und zu schützen, wenn sie hören, was mit ihren Kindern geschieht? Wenn sie wüssten, welcher Teufel auf dieser Burg hockt?»

Heinrich wägte seine Gedanken ab: «Sie sind schwach, mutlos und verängstigt. Aber sie sind viele. Wenn wir sie gewinnen könnten ...»

«Wir sollten einen Boten senden. Jemanden, der ihren Respekt hat.»

«An wen denkt Ihr?», erkundigte sich Johannes.

«An Euren Sohn, Hoheit!»

«Das hatte ich befürchtet ... Denkt Ihr nicht, dass jedes Schwert, das fehlt, uns schwächt?»

«Haben wir eine andere Wahl?»

Kurz darauf ritt Nikos unauffällig aus dem Heerlager. Ebenso unauffällig huschte nach dem Gespräch von Johannes, Heinrich und Calixt ein Schatten hinter einem Gebüsch davon. Sein Ziel: das Zelt des Sultans.

Sandschar blickte wütend in die Augen von Ali, dem Spion. «Und du bist dir ganz sicher?»

«Bei Allah und Mohammed seinem Propheten – *sall-allahu alayhi wa sallam,* gesegnet sei sein Name –, es besteht kein Zweifel! Sie sammeln hinter Eurem Rücken eine Armee gegen Euch!»

«Diese Narren!», tobte Sandschar. «Verhaftet sie und legt sie in Ketten!»

37. Kapitel: Die letzte Nacht

«Euer Plan ist, wie alles, was Ihr ersinnt, sehr böse. Und darum einfach unübertrefflich gut!», lobte Anastasia.

Albertus grinste zufrieden. «Gute Arbeit, meine Liebe! Die Melder haben bestätigt, dass Sandschar die drei Herrscher verhaften und in Ketten werfen ließ.»

«Wie pflegten die Cäsaren zu sagen? *Divide et impere!* Teile und herrsche. Mache die Verbündeten uneins und spiele sie gegeneinander aus. So verlieren sie ihre Kraft», lächelte Anastasia.

«Und», erkundigte sich Albertus, «habt Ihr Euren Spion bezahlt?»

«Ja! Er seinen wohlverdienten Lohn empfangen und ruht nun in Frieden auf dem Grunde des Burggrabens.»

«Gut so! Wie viele Gestaltwandler haben wir noch?»

«Zwei! Zwei andere haben wir gerade eben verloren. Einen, als der Junge Euch erdolchen wollte. Einen, der als falscher Prinz erschossen wurde.»

«Verflucht! Irgendwie spüren die das!»

«Die Kälte, Albertus, die Kälte! Manche tragen den Geist in sich und spüren die Kälte.»

«Das muss aufhören!» Albertus drehte sich um. «Hauptmann?!»

Aus der dunklen Nische des Rittersaals trat ein riesiger Wolfsreiter hervor und baute sich vor Albertus auf. Sein glühender Blick bohrte sich unter dem halben Wolfsschädel heraus in das Gesicht von Albertus.

«*Niwuch tzaka sina!*», knurrte der Hauptmann.

«*Kachtu ela tzaka sino!*», antwortet der «Reine».

Der Hauptmann der Wolfsreiter neigte den Kopf zum Gruß, während aus seinem Innern ein tiefes Grollen stieg. Dann verließ er den Saal.

Albertus blickte ihm eine Weile nach. Dann wandte er sich

wieder Anastasia zu. «Eintausend Wolfsreiter haben ihr Lager auf dem Burgfeld zwischen den beiden Mauerringen aufgeschlagen. Sie lechzen nach Rache! Sie haben ihre Niederlage vor dieser Burg nie vergessen! Sie werden alles vernichten, was ihnen vor die Schwerter, Klauen und Zähne kommt.»

«Ich bewundere, wie Ihr es fertiggebracht habt, diese Kreaturen für Eure Pläne zu gewinnen!»

«Das war kein ‹Gewinnen›», grinste Albertus. «Es war der Befehl uralter Magie!»

Anastasia ließ sich ihr Unwohlsein nicht anmerken. «Dabei dachte ich immer, die Wolfsreiter seien die Geschöpfe meines früheren Lehrers Magos?»

«Sie sind es, Anastasia, sie sind es!»

Albertus besitzt die Bücher des Magos!, durchzuckte es Anastasia voller Schrecken. Sie lächelte. «Und wie ist es dann möglich, dass Ihr ...»

«Mein kleines Geheimnis!», lächelte Albertus.

Für einen Moment trafen sich ihre Blicke. Es war, als wenn sich Pest und Cholera begegneten.

«Ach ja, ich vergaß ganz: unser gemeinsamer Freund!»

«Kluges Kind!», lächelte der «Reine».

Anastasia lenkte ihre Schritte nach rechts vom Bergfried hinüber zur Ringmauer. Sie spürte die Kühle der Nacht nicht. Sie stieg eine hölzerne Treppe bis zum Wehrgang hinauf. Von dort aus konnte man die riesige Burganlage überblicken.

Eine Wache salutierte, als sie an ihr vorüberging.

Anastasia ließ ihren Blick wandern. Unter ihr reihte sich zahllos Zelt um Zelt aneinander. Überall brannten Lagerfeuer. Ein ganzes Bataillon von Wolfsreitern hielt sich bereit für den kommenden Tag. Es würde ein Blutbad werden. Aber Anastasia wollte sich nicht den Kopf über den nächsten Tag zerbrechen, sondern versuchte, sich auf die nächsten Schritte *danach* zu konzentrieren.

Ihr Blick blieben an den mächtigen Berggipfeln und dem still leuchtenden Sternenhimmel hängen. Eine Sternschnuppe zog ihren hellen Schweif hinter sich her, ehe sie im Dunkel der Nacht verglühte. Anastasias Gedanken begannen abzuschweifen. Ein Bild von Magos tauchte vor ihrem inneren Auge auf. Sie hatten sich geliebt! Doch dann hatte er sie schmählich im Stich gelassen. Mit seinem Kind, das sie unter ihrem Herzen trug. Für einen Augenblick spürte sie den Schmerz. *Salome!*

Das Aufeinandertreffen mit ihrer Tochter hatte sie völlig aufgewühlt. Es brauchte eine große Anstrengung, um diese niederen Gefühle zu besiegen. *Ihre Augen, ihr Haar, ihre Stimme – als sähe ich mein eigenes Spiegelbild, als hörte ich seine Stimme!*

Sie begann zu zittern. Warum hatte Magos den alten Weg verlassen, seine Ideale, seine unglaublichen Künste einfach so vor die Hunde geworfen, nur um diesem erbärmlichen Mann am Kreuz zu folgen? Die Wolfsreiter, die Krähenkrieger, Katzenhunde und der gewaltige unvergleichliche Leviathan – alles Kreaturen des mächtigsten Magiers aller Zeiten. Ihr Lehrer! Ihr Geliebter! Ihr Verräter! Ihr Kind … All dies war ihr in jener Begegnung mit Salome wieder hochgekommen.

Anastasia schaute nach oben. Das Sternenmeer ließ sie erschauern. Sie fürchtete sich davor. Nun begann sie die Kälte doch zu fühlen. Mit einer plötzlichen Handbewegung fegte sie alles beiseite. *Die Macht hat ihren Preis!* Der Blutmond begann seinen Aufstieg hinter den Berggipfeln. Sie schlug ihren Mantel enger um die Schultern und setzte ihren Rundgang fort.

Unbemerkt von ihr huschte unten im Hof ein Schatten zum linken Tor-Turm. Salome richtete sich auf und zog die Kapuze ihres Mantels tief ins Gesicht. In diesem Dunkel würde niemand die Täuschung erkennen. Sie klopfte an die Tür der Wachtmannschaft.

«Was ist los?!», rief eine ärgerliche Stimme nach draußen.

«Ich bin es, Anastasia! Öffnet sofort die Tür, ihr Bauerntrottel!»

Drinnen hörte man erschrockene Stimmen und ein kurzes Durcheinander. Das kleine Fensterchen in der schweren Eichentür wurde geöffnet. Das Licht von Kerzen und Fackeln erleuchtete das Dunkel vor der Tür. Salome neigte den Kopf etwas nach unten und ließ ihr blondes Haar über das Gesicht herunterhängen.

«Herrin, verzeiht! Wir hatten nicht mit einem Besuch um diese Stunde gerechnet. Aber Ihr könnt sicher sein: Die Wachablösung funktioniert tadellos, und wir haben gerade erst unsere Pritschen bezogen!»

«Erzählt mir keine langen Geschichten und kommt sofort heraus! Wir brauchen Eure Hilfe!» Salome drehte sich um und rief nach hinten: «Bringt die Tragbahre!»

Vier Knappen eilten mit einer Tragbahre heran.

Drinnen hörte man das Rasseln eines Schlüsselbundes, ein Knirschen und Knarren. Endlich ging die Tür auf, und der Wachkommandant trat heraus.

«Bringt sie hinein!», befahl Salome mit tief gehaltener Stimme. Sie schob den Soldaten beiseite, so dass die Knappen mit ihrer Last in das Wachlokal eintreten konnten. Die restliche Wachmannschaft erhob sich rasch von ihren Pritschen.

«Mein Gott!», sagte der Wachkommandant mit sich überschlagender Stimme, «das ist ja die Königin! Wie habt Ihr sie erwischt?»

«Das ist eine lange Geschichte!», sagte Salome laut und schob die Kapuze aus dem Gesicht.

Innerhalb von Sekunden hatte sich das Wachlokal mit Bewaffneten gefüllt. An ihrer Spitze stand Konrad, König der Stauffermark!

Mit offenem Mund starrten sich die Wächter gegenseitig an.

«Legt Eure Waffen nieder, und es wird Euch nichts geschehen!», sagte Konrad mit ruhiger Stimme, die keinen Widerspruch duldete. «Fesselt sie!», befahl er. Er packte den Wachkommandanten. «Und Ihr kommt jetzt mit zur Mauer: Wachablösung!»

Es dauerte nicht lange, da war die alte Mannschaft gefesselt und durch eine neue ersetzt worden. Justus wies die Männer genauestens an, wie sie sich zu verhalten hatten. Konrad übersetzte es den Seldschukenkriegern. Dann verteilten sie sich auf dem Wehrgang; Anastasia war mittlerweile verschwunden.

Damit die Sarazenen nicht auffielen, übernahmen sie Waffen und Röcke der festgesetzten Wachen. Die Hälfte der Krieger wurde ohnehin in Reserve gehalten zur Bewachung der Gefangenen. Blieb zu hoffen, dass sie nicht auf dumme Gedanken kamen.

Salome saß wieder an der Seite der Königin, um ihren Zustand zu überwachen. Katharina fieberte und fantasierte. Salome kühlte die Stirn der Königin mit wassergetränkten Lappen, damit sie sich nicht überhitzte. Regelmäßig träufelte sie ihr Wasser ein, um sie vor dem Austrocknen zu bewahren.

Die Operation war außerordentlich schmerzhaft gewesen, aber soweit Salome es beurteilen konnte, auch gelungen. Nachdem sie das schwarze Fleisch mit dem glühenden Messer herausgeschnitten hatte, hatte sie Essig in die Wunde gegossen. Dann hatte sie die Wegerich-Pflanze genommen, sie mit den bloßen Händen zerrieben und die weiche Masse direkt auf die Wunde gelegt. Zuletzt hatte sie einen Verband um Katharinas Oberkörper gewickelt und sie mit einem leichten Tuch zugedeckt.

Salome war eine wunderbare Heilerin. Sie hatte dieses Wissen ganz offensichtlich von Magos, ihrem Vater, erlernt, und dieser wiederum hatte es aus den Bibliotheken im Heiligen Land hierhergebracht. Die junge Frau war begierig gewesen zu lernen. Konrad besaß kostbare medizinische Bücher aus der Bibliothek von Konstantinopel. Bernardus hatte sie ihm für sein Studierzimmer geschenkt. Es waren lateinische Abschriften der Werke von Hildegard von Bingen, Rhazes von Ray und Abulcasis aus Córdoba. Glücklicherweise waren sie vor dem großen Brand gerettet worden.

Als Konrad ihren Wissensdurst erkannt hatte, übergab er ihr diese Schätze. Stundenlang hatte sie in den Büchern gelesen und versucht, alles peinlichst genau anzuwenden. Die Menschen auf der Burg waren Zeugen von so manch wunderlichem Experiment geworden. Aber weil sogar Elias, der Prior und Geistliche der Burg, es gutgeheißen hatte, störte sich niemand daran.

Zusammen mit Katharina hatte sie einen wundersamen Heilkräutergarten mit den seltensten Pflanzen angelegt: Sennesblätter, Tamarinde, Cassia, Aloe, Bilsenkraut und Mandragora.

Die Menschen waren von weither auf die Burg gekommen, um durch dieses Wissen Hilfe zu erfahren.

Mit Schaudern dachte Salome an die vielen abergläubischen Geistlichen, die dieses Wissen als Hexerei oder schwarze Künste verdammten.

Ungern erinnerte sie sich, mit welch absonderlichen Praktiken die Bader und Doktoren in den Städten wüteten. Das Schröpfen und Aderlassen – mehr schädlich als nützlich – waren noch die harmlosesten Methoden. Schwalbenkot und Hühnermist, Tiergedärme, Galle oder Blut von Hingerichteten gehörten ebenso zum Repertoire wie Teufelsaustreibungen und Schwitzkuren.

Eines war gewiss: Wer in die Hände solcher Quacksalber fiel, war in der Regel dem Tode geweiht. Raffte ihn die Krankheit oder Wunde nicht dahin, dann bestimmt die Methoden des Medicus.

Wie auch immer: Sie hatte Katharina die bestmögliche Pflege zukommen lassen. Und letztlich wachte ein Größerer über ihrem Leben. Das war beruhigend zu wissen.

Konrad trat in den Burghof und ging leise eine Treppe hoch zum Wehrgang. Er atmete tief ein. Was für ein wunderbares Gefühl, wieder einmal auf der Burg zu sein! Was gäbe er dafür, noch einmal jung zu sein und Falkenstein zusammen mit seinen Gefährten zu erbauen! Dieser Traum und diese Begeisterung der Bruderschaft!

Oft hatte er Elias und Justus beneidet von seinem königlichen Palast in Königsstadt aus. Wie schön wäre es gewesen, die Hofzeremonien, Empfänge und Regierungsgeschäfte gegen die Einfachheit der Bruderschaft auf der Burg zu tauschen! Hier hatte alles angefangen. Und hier würde alles enden. Die letzte Nacht vor dem alles entscheidenden Morgen.

Konrad konnte nicht anders. Etwas verlegen blickte er sich um. Dann kniete er nieder und betete.

Geräuschlos war Elias an seine Seite getreten. «Vater, wir sollten gehen!»

«Ja, mein Sohn! Spürst du diese Leere und Schwere auch?»

«Ja, schwer wie Blei!»

«Sind Wolfhart und Justus bereit?»

Elias nickte.

«Gut. Dann wollen wir die Schlange in ihrem Nest aufstöbern!»

Die beiden huschten im Schatten der Nacht zum Bergfried. Oben im Rittersaal flackerte noch ein Licht. Zwei Wachen patrouillierten vor der Pforte.

«He, du da!», rief der eine Wächter und senkte die Lanze, als Elias sich ihnen näherte.

«Bleib stehen, oder wir spießen dich auf wie ein Schwein am Bratspieß!», kicherte der andere giftig.

Elias blieb wie angewurzelt stehen und hob beide Hände in die Luft.

Die Wächter näherten sich ihm vorsichtig. «Wer bist du, Kerl?», keifte der eine.

«Dasselbe wollte ich dich fragen!», knurrte Elias. «Wer bist *du*, und was suchst du auf *meiner Burg?!*»

«Deine Burg?! Dass ich nicht lache!»

In diesem Augenblick tauchte ein riesiger Schatten hinter den beiden Wachen auf und ließ ihre Köpfe zusammenkrachen. Sie sanken stumm zu Boden.

Rasch packten sie die beiden Bewusstlosen und warfen sie gefesselt und geknebelt in einen leeren Futtertrog des Pferdestalls. Dann schlichen sie zur Pforte des Bergfrieds zurück, schauten sich vorsichtig um und schlüpften hinein.

Elias wollte die Stufen hinauf, aber Konrad schüttelte den Kopf und zeigte zu einem großen Stein in der Wand. Der junge Prior nickte und eilte hin. Ein leiser Ruck, und eine Öffnung wurde sichtbar. Konrad riss eine Fackel aus ihrer Halterung und stieg durch die Öffnung.

Nachdem sie die geheime Tür wieder hinter sich geschlossen hatten, flüsterte der König: «Ich hätte nicht gedacht, dass diese Türen noch funktionieren!»

«Ihr habt damals für die Ewigkeit gebaut! Hast du das schon vergessen?»

«Nichts ist ewig außer dem Himmel!», erwiderte Konrad. Dann grinste er: «Aber ein bisschen hatten wir es schon versucht!»

Leise arbeiteten sie sich die schmale, steile Treppe hoch. Sie führte zwischen dem Gebälk hindurch, das den Trennboden und die Decke zwischen Küche und Waffenkammer trug. Sie blieben stehen und lauschten. In der Waffenkammer war alles ruhig.

«Jetzt hoch zum Rittersaal!», flüsterte Konrad. Nach etlichen weiteren Stufen musste er einen Moment stehen bleiben und Luft schöpfen.

«Na, alter Mann, brauchst du eine Pause?», kicherte Elias. «Kein Wunder bei dem ewigen Herumgesitze auf dem Königsthron!»

«Pass auf, Kleiner, dein alter Herr verpasst dir gleich eine Maulschelle!» Konrad seufzte: «Hast ja recht, Junge. Ich bin etwas eingerostet. Aber austeilen kann ich immer noch – wenn du weißt, was ich meine!»

«Na, von deiner Faust oder deinem Schwert möchte ich jedenfalls nicht getroffen werden!», kicherte Elias.

Konrad nickte zufrieden und ging weiter.

Endlich erreichten sie die Ebene des großen Saals. Hier wartete eine weitere Geheimtür, durch die sie hindurchgehen konnten – vorausgesetzt, sie ließ sich noch bewegen. Und vorausgesetzt, niemand stand davor. Sie blieben unbeweglich stehen und horchten. Es war ruhig.

«Brannte hier oben nicht noch Licht?», flüsterte Elias. «Vielleicht eine Nachtwache?»

«Vielleicht die Schlange im Nest! Zieh dein Schwert, Junge, und halte dich bereit! Wie in alten Tagen?»

«Wie in alten Tagen!»

Konrad legte die Fackel auf die nächste Treppenstufe und trat die Flammen mit dem Stiefel aus. «Bereit?»

«Bereit!»

Konrad stemmte sich gegen die Geheimtür. Sie klemmte. «Hilf mir, Junge!» Der König trat einen Schritt zurück. «Und eins, und zwei, und drei!»

Mit voller Wucht warfen sie ihre Schultern gegen die Tür, die unter dem Druck nachgab. Der Schwung der beiden Männer war so stark, dass sie durch die offene Tür in den Saal hineinstolperten. Blitzschnell kamen sie wieder auf die Beine, das Schwert mit beiden Händen fest umklammert.

Eine Unzahl von glühenden Augen starrte ihnen entgegen. «Besuch von Freunden?!», ertönte Albertus' Stimme höhnisch. «Na, dann heißen wir sie doch willkommen!»

«Wie in alten Tagen?», rief Konrad.

«Wie in alten Tagen!», antwortete Elias.

Sofort stellten sie sich Rücken an Rücken. Dann brach der Sturm über ihnen los.

Justus und Wolfhart ließen sich geräuschlos am Seil von der Mauer nach unten gleiten. Kaum an ihrem Fuße angekommen, duckten sie sich und legten sich der Länge nach ins Gras. Linhart auf dem Wehrgang zog das Seil rasch wieder hoch. Vor ihnen breitete sich das Lager der Wolfsreiter aus, Hunderte von kleinen Zelten und überall Lagerfeuer.

«Schlafen die denn nie?», flüsterte Justus.

«Es kann nicht mehr lange dauern!», erwiderte Wolfhart. «Sie ziehen morgen in den Kampf. Und da werden auch diese Biester irgendwann schlafen müssen.»

Sie blieben ruhig liegen und warteten. Ein unheimlicher Hornstoß ertönte.

«Na also!», knurrte der General. «Nachtappell! Jetzt werden sie die Krieger nochmals durchzählen, und dann ist Ruhe.»

Es kam Bewegung ins Lager, und man sah, wie vor jedem Zelt Schatten zusammeneilten. Die kleinen Feuer vor den Zelten wurden gelöscht.

«Also noch einmal: Was ist der Plan?»

«Wir warten, bis die letzte Wachablösung beim Tor vor dem Morgengrauen stattgefunden hat. Wir gehen rein, und zack! Dann geben wir das Signal, öffnen das Tor, und Sandschar stürmt das Burgfeld.»

«Klingt schrecklich einfach, wenn ich Euch so zuhöre, junger Ritter!», flüsterte der alte General.

«Ist es doch auch!», grinste Justus.

«Nicht übermütig werden!», knurrte Wolfhart. «Ihr habt da ein paar Dinge vergessen!»

Justus verdrehte die Augen: «Ja, ich weiß! Sie sind sehr groß und sehr stark! Sie haben Schwerter, Zähne und Klauen. Und davon befinden sich Hunderte vor uns.»

«Weiter?»

«Sie haben einen außergewöhnlichen Geruchsinn und riechen

einen Feind schon von weitem. Vorausgesetzt, der Wind steht günstig. Und sie sehen auch im Dunkeln sehr gut.»

«Richtig. Und was noch?»

«Man kann sie fast nicht umbringen. Sie sind Geister. Die Gegenwart von Gottes Geist mögen sie nicht. Und manchmal hilft ein Gebet. Vorausgesetzt, man ist in der rechten Verfassung.»

«Gut aufgepasst! Seid Ihr in der rechten Verfassung? Habt Ihr heute gebeichtet, junger Ritter?»

«Nicht wirklich», die Stimme von Justus klang zerknirscht. «Und Ihr?»

Wolfhart schwieg.

«Kann ich das für ein Nein nehmen?»

Der General nickte stumm.

«Dann beichten wir einander. Jetzt, gleich hier. Einverstanden?»

«Einverstanden, Prior Justus!», feixte Wolfhart.

Justus' Stimme wurde leise und feierlich: «In der Heiligen Schrift heißt es: ‹Wenn wir aber unsere Sünden bekennen, so ist er treu und gerecht und vergibt uns unsere Schuld. Bekennt also einander eure Sünden und betet füreinander, damit ihr gesund werdet. Denn des Gerechten Gebet vermag viel, wenn es ernstlich ist.› Amen. Dann will ich mal beginnen ...»

Während Justus und Wolfhart einander ihre Sünden beichteten und sich gegenseitig die Vergebung zusprachen, wurde es still und dunkel im Zeltlager. Nur noch vereinzelte Wachen waren auf Patrouille. Die Grillen zirpten. Und Gott schenkte Gnade – der Wind stand günstig.

Endlich erhoben sie sich und zogen ihre Schwerter. Gebückt schlichen sie sich durch die Zeltreihen. Da und dort hörten sie lautes Schnarchen, das wie das Knurren eines Wolfes klang. Ein paarmal mussten sie sich zu Boden werfen und warten, bis die Wache vorbeigezogen war. Sie arbeiteten sich Reihe um Reihe nach vorne.

Zuvorderst war die Pferdekoppel mit den riesigen schweren Streitrossen. Von dort waren es nur noch zwanzig Schritte bis zum nähergelegenen Tor-Turm. Die Pferde grasten ruhig. Als sie die Eindringlinge erschnupperten, wurden sie unruhig. Justus und

Wolfhart zogen ein paar Rüben aus ihren Gurttaschen. Gut, dass Salome sie darauf aufmerksam gemacht hatte.

«Schhht, ganz ruhig!», flüsterte Justus und hielt einem der Pferde eine Rübe hin. Das Ross schnupperte und schnappte sich das Stück. Erschrocken zog der junge Ritter die Hand zurück. Bei Gott, diese Viecher würden wohl, ohne mit der Wimper zu zucken, seine ganze Hand abbeißen!

Wolfhart und er schlichen ganz langsam und sachte über die Koppel und verteilten fleißig ihre Rüben. Die Riesenpferde schubsten sie immer wieder hin und her, und manchmal fürchtete Justus, sie würden ihn gleich erdrücken.

Plötzlich ertönte ein lautes Knurren nur ein paar Handbreit entfernt von Wolfhart. Der alte General blieb wie angewurzelt stehen und verbarg sich hinter einem der Pferde. Seine Hand glitt hinunter zum Knauf des Schwertes.

Ein großer, starker, behaarter Arm schoss knapp an ihm vorbei und bedeckte die Nüstern eines der Pferde. Das Pferd wieherte leise. Ein paar fremde kehlige Laute ertönten. Dann zog sich der Arm wieder zurück.

Erleichtert wollte der alte General aufatmen, als ihn plötzlich eine Hand mit eisernem Griff an der Gurgel packte und mit einem bösartigen Knurren in die Höhe hob, als wäre er eine Puppe aus Stroh. Dann wurde er auf den Boden geschmettert.

Eine riesige Gestalt warf sich auf ihn. Ein krummer Dolch blitzte im Mondlicht auf.

Plötzlich erstarrte das Monster, blickte auf eine Schwertspitze, die aus seiner Brust hervorragte und sackte mit einem Seufzer zusammen. Kaum hatte es den Boden berührt, zerfiel es zu Staub.

Benommen setzte sich der General auf.

«Und nicht vergessen: Sie haben einen außergewöhnlichen Geruchsinn und riechen einen Feind schon von weitem. Vorausgesetzt, der Wind steht günstig», flüsterte Justus nicht ganz ohne Ironie.

«Und sie sehen auch im Dunkeln sehr gut!» ergänzte Wolfhart. «Danke, junger Ritter!»

«Gilt der Plan noch?»

«Er gilt! Los!»

Beide erhoben sich und eilten zum Tor-Turm der äußeren Ringmauer. Dort angekommen, drückten sie sich in den Schatten der Wand.

Justus schlich zur Tür der Wachkammer und klopfte laut und deutlich. Von drinnen hörte man eine raue Stimme. Schritte näherten sich.

Justus entfernte sich ein wenig von der Tür. Als sie geöffnet wurde, winkte er mit der rechten Hand.

Der Wolfsreiter knurrte, zog sein riesiges Schwert und macht einen Schritt auf den jungen Ritter zu.

Mit einem mächtigen Hieb streckte Wolfhart ihn von hinten nieder.

Wieder ertönten Schritte aus dem Innern. Fremdländische Laute ertönten.

Justus knurrte laut und keuchte.

Die Schritte kamen näher. Der Wächter trat aus der Stube und schnüffelte in der Luft. Dann sah er gerade noch, wie sein Kamerad am Boden zu Staub zerfiel. Noch ehe Alarm schlagen konnte, sausten zwei Schwerter auf ihn nieder.

Wolfhart und Justus eilten nun zur Tür und spähten hinein. Die Wachstube war leer. Die Wolfsreiter mussten sich ihrer Sache so gewiss sein, dass sie keine stärkere Wachmannschaft für nötig erachtet hatten.

Jetzt mussten sie nur noch die Wächter oben auf der Ringmauer ausschalten. Sie blickten sich um und entdeckten eine große schwere Armbrust neben der Schießscharte an der Wand hängen. Der General stellte sich mit beiden Füßen in den Bügel, während er mit aller Kraft die Sehne nach hinten zog, bis sie einrastete. Dann packte er zwei Pfeile und schlich die Treppe im Turm hoch zur Ringmauer.

Angespannt wartete Justus. Ein Schatten tauchte oben an der Wand auf. Schwere Schritte kamen die Stufen herunter. Der junge Ritter duckte sich und versteckte sich hinter einem Bett.

«Na, wer will denn jetzt schon schlafen gehen?!», spottete

die Stimme von Wolfhart. «Der da oben ist erledigt. Schnell: das Zeichen!»

Justus packte eine Fackel und eilte die Treppe hinauf.

Wolfhart sicherte unten die Tür, während der junge Ritter auf den Wehrgang stürmte. Dort streckte er die Fackel über die Brüstung nach unten, so dass man sie von hinten nicht mehr sehen konnte. Dann schwenkte er sie langsam hin und her. Das tat er dreimal. Dann ließ er die Fackel der Mauer entlang nach unten fallen. Mit einem leisen Klatschen landete sie im Wasser des Burggrabens und erlosch mit leisem Zischen. Angestrengt starrte er in die Dunkelheit. Eben wollte er enttäuscht seinen Platz verlassen, als am Rande der Ebene vor der Burg eine Fackel aufleuchtete und ebenfalls dreimal geschwenkt wurde.

«Hoffen und beten wir, dass sie das Zeichen gesehen haben!», murmelte Wolfhart, als Justus nach unten kam.

«Sie haben es gesehen! Es läuft alles nach Plan!», antwortete der junge Ritter begeistert. «Was nun?»

«Wir verbarrikadieren die Tür und hoffen, dass vor Tagesanbruch keine Ablösung mehr aufkreuzt. Wenn Sandschar anrückt, hauen wir die Stricke der Drehspindel durch und die Zugbrücke saust nach unten. Und zerbricht hoffentlich nicht durch die Wucht.»

«Und bis dahin haben wir hoffentlich auch das Fallgitter oben!», ergänzte Justus.

«Das müssen wir jetzt schon in Bewegung setzen. Sachte und leise. Drehen, warten, drehen, warten», erklärte der General.

Justus grinste: «Wir sollten öfters beichten!»

Sie schauten durch die Schießscharte nach draußen. Dann gingen sie in die angrenzende Kammer zum Torwerk.

38. Kapitel: Die Schlacht beginnt

Im Lager der Wolfsreiter wurde das Horn geblasen: Tagwache!

Justus und der General wurden nervös. «Wo bleiben sie denn?!», seufzte der General. «Sie müssten doch jetzt erste Truppen zu uns heraufschicken. Und Ihr seid sicher, dass sie auf das Zeichen geantwortet haben?»

«So sicher, wie ich hier stehe!»

«Es bleibt uns nur noch wenig Zeit. Irgendwann wird die Wachablösung kommen. Oder die Besatzung des zweiten Tor-Turmes kommt auf die Idee, den Verbindungsgang zwischen den Türmen zu überqueren, und dann fliegt der ganze Schwindel auf!»

«Hoffen wir bloß, dass sie das hochgezogene Fallgitter nicht bemerken.»

«Solange sie das Tor nicht öffnen ...»

«Was ist da los?!», flüsterte Justus plötzlich aufgeregt und zeigte zwischen zwei Zinnen auf der Plattform des linken Tor-Turms nach draußen. Dort, wo der Weg vom Tal hinaufführte zur Hochebene, auf der die Burg stand, tauchten plötzlich drei Seldschuken auf. Sie trugen lange, große Lanzen mit roten Wimpeln am anderen Ende des Schaftes.

Die Wache der Wolfsreiter auf der Plattform des benachbarten Tor-Turms hatte die Krieger ebenfalls bemerkt und bellte fremde Laute hinunter in den Turm. Zwei Wolfsreiter eilten die Treppe hoch, bewaffnet mit einer schweren Armbrust sowie Pfeil und Bogen. Bevor sie mit suchenden Blicken nach ihren Kameraden auf dieser Seite riefen, hatten sich Wolfhart und Justus rechtzeitig hinter eine Zinne geduckt.

«Sie wollen sie abschießen! Wenn hier nicht gleich ihre Kameraden auf der Plattform erscheinen, schlagen sie Alarm!», sagte der alte General hastig. «Jetzt wird es ungemütlich!»

Justus schlich zu einer anderen Zinne, um zu sehen, was sich rundum tat. Unten im Lager wurde es lebendig. Zwei Wolfsreiter bewegten sich auf ihren Turm zu. Die Wachablösung!

«Los, runter mit der Zugbrücke! Sie müssen sehen, dass der Eingang frei ist!», kommandierte Wolfhart.

Justus eilte die Treppe hinunter und hieb mit dem Schwert das schwere, dicke Seil durch. Mit einem lauten Ächzen setzte sich die Zugbrücke nach unten in Bewegung. Alles begann von der Wucht des Falls zu zittern. Rumms! Das äußere Tor war offen und gab den Blick in das Torhaus frei. Das Fallgitter war hochgezogen. Nur noch das innere Tor war im Weg. Aber das würden die Seldschuken mit einem Rammbock im Schutze des Torhauses einschlagen können.

Erschrocken schauten die Wolfskrieger nach unten, dann zu ihnen herüber.

Doch sie hatten sich wieder rechtzeitig hinter einer Zinne versteckt.

Auch die Seldschuken hatten das offene Tor entdeckt.

Nebenan legte einer der Wolfskrieger an und zielte auf die Krieger Sandschars.

«Na los, gebt das Zeichen und haut ab!», flüsterte Justus aufgeregt. «Ihr habt es ja jetzt gesehen!»

Doch die Seldschuken machten keine Anstalten zu verschwinden. Stattdessen steckten sie eine der Lanzen in den Boden, so dass der rote Wimpel weitum sichtbar im Wind flatterte.

«Was in Gottes Namen ...?», murmelte Justus.

«Sie werden nicht stürmen! Sie bereiten eine Beschießung vor!», sagte Wolfhart erschrocken. «Das war nicht abgemacht! Was ist dort unten los?»

Zzziiing! Die schwere Armbrust nebenan wurde abgefeuert. Einer der Seldschuken brach zusammen und riss die Flagge um. Der zweite Krieger ergriff sie rasch und stieß sie erneut in den Boden. Wieder legte der Schütze an. Sein tödlicher Schuss riss den zweiten Seldschuken von den Beinen.

«Verflixt, wenn er den dritten auch noch trifft, geht nichts mehr!», rief Justus. Er sprang auf und fuchtelte mit den Armen in der Luft. «Hallo Freunde! Falsches Ziel!»

Der Wolfsreiter drehte sich mit einem lauten Knurren und legte an. Doch bevor er abdrücken konnte, bohrte sich ein Pfeil in seine Brust. Ein ganzer Pfeilhagel ging jetzt auf den Turm nieder und fällte auch die beiden anderen Krieger.

Wolfhart und Justus drehten sich erleichtert um und sahen ihre Gefährten, die ihnen vom inneren Mauerring her zuwinkten.

Zähe Hunde!, dachte Justus begeistert. Doch sie konnten sich nicht lange darüber freuen, denn unten polterte es nun heftig an die Pforte des Tor-Turms. Ein Blick hinaus auf die Ebene vor der Burg ließ erkennen, dass der übriggebliebene Seldschuke auch noch eine zweite Flagge in den Boden gesteckt hatte. Unten im Lager wurde es laut.

«Los, verbarrikadieren wir uns und holen alles, was sich an Waffen und Munition finden lässt, nach oben!» Sie eilten die Treppe hinunter, kippten den schweren Mannschaftstisch um, so dass sie die hochgestellte dicke Tischplatte wie einen Schutzschild direkt vor die verschlossene Tür schieben konnten. Dann sammelten sie Lanzen, Armbrüste, Bolzen, Pfeil und Bogen, Schilde, Helme und Schwerter ein und schleppten sie nach oben auf die Plattform. Ein unheimliches Pfeifen ging durch die Luft.

«Sandschar schießt sich ein!», rief der der alte General. Ein großer Steinblock zischte knapp an der rechten Seite der Burg vorbei und landete mit einem Klatsch im Burggraben. Das Wasser spritzte bis zu den Mauerzinnen hoch.

«Nicht schlecht für einen ersten Schuss!», lobte Wolfhart.

Der übriggebliebene Seldschukenkrieger eilte zur rechten Flagge, zog sie aus dem Boden, eilte auf die linke Seite und steckte sie rund fünfzig Fuß vom letzten Standort wieder in den Boden.

«Es wird nicht mehr lange dauern bis zu den ersten Treffern! Dann wird's lustig!», meinte Justus.

«Fragt sich bloß, für wen!», knurrte Wolfhart.

Unten im Turm hagelte es nun Schläge gegen die Tür.

«Los, halten wir dagegen!» Die beiden Ritter eilten hinab und hielten sich hinter dem Mannschaftstisch vor der malträtierten Tür bereit.

«Ich hoffe, euer Zimmermann hat solide Arbeit geleistet!», brummte Wolfhart.

«Wo bleiben nur Elias und Konrad!», sorgte sich Salome im linken Tor-Turm der inneren Mauer. «Sie hätten doch längst wieder da sein sollen! ‹Wir finden Albertus bis zum Morgengrauen, oder wir kehren zurück!› – Das haben sie versprochen. Jetzt fallen die ersten Sonnenstrahlen über die Berge, und sie sind immer noch nicht hier!»

Katharinas fiebrige Augen schauten hoch zu ihr. «Bete, mein Liebes!», flüsterte sie schwach. «Sie sind in großer Gefahr. Und doch spüre ich auch Gottes Hand!»

«Ihr habt schon die ganze Nacht im Fieber gebetet, meine Königin! Ihr solltet Euch jetzt schonen! Gabriel, kannst du mich ablösen?»

Der Junge kam heran und hielt Katharinas rechte Hand fest. «Mama!», flüsterte er sanft und legte die freie Hand auf ihre Stirn. «Obe den Herrn, mein Seel und …»

«Und alles, was in mir ist, seinen heiligen Namen», stimmte Katharina mit schwacher Stimme ein. «Lobe den Herrn, meine Seele, und vergiss nicht, was er dir …» An dieser Stelle war Katharina eingeschlafen.

«Was Guts tan. De all dein Sünd vegibt und heil all dein Gbrech …», fuhr Gabriel fort. Dann schwieg auch er.

Salome lächelte. Die Königin war in guten Händen.

Sie machte sich etwas frisch und sah sich in der Turmstube um. «Linhart, was machen die Gefangenen?»

«Sie haben geschlafen und sitzen jetzt wie geprügelte Hunde auf ihren Pritschen.»

«Hast du auch etwas geschlafen?»

«Es ist schon bald heller Tag! Und da draußen ist einiges los!», lenkte der Stallbursche vom Thema ab.

«Ich verstehe, Linhart!» Salome baute sich vor der gefangenen Wachmannschaft auf. Sie schaute jedem Einzelnen lange in die Augen. «Ich verstehe nicht, wie Ihr Euch diesen furchtbaren Schergen anschließen konntet!», sagte sie dann zu allen. «Seht Ihr denn nicht, was für ein grausames Regiment Albertus hier führt?»

Die Gefangenen senkten ihre Blicke.

«Linhart?»

«Ja, Herrin?»

«Haben die Männer hier schon gegessen?»

«Nein. Warum sollten sie auch?»

«Bring ihnen Brot und Wasser!»

Der Stallbursche zögerte einen Moment, nickte dann aber gehorsam. «Ja, Herrin. Wenn Ihr es sagt ...»

Salome setzte sich auf einen Schemel und betrachtete die Männer. Sie waren alle noch sehr jung.

«Woher kommt Ihr?», fragte Salome mit freundlicher Stimme.

Die Gefangenen blickten sich unsicher an. Schließlich holte ein Blondschopf Luft und murmelte: «Von Königsstadt.»

«Wir hatten die Wahl zwischen Pilgerfahrt und Himmelsfron», sagte nun ein Braunhaariger.

«Himmelsfron?»

«Na ja, wir dienen Albertus freiwillig und gewinnen dadurch das Himmelreich», erklärte der Blondschopf.

«Und? Fühlt es sich hier nach Himmelreich an?»

Die Burschen starrten zu Boden. Ein Rothaariger bekam feuchte Augen und flüsterte: «Albertus hat versprochen, dass er unseren Eltern und Geschwistern Brot und Fleisch zukommen lässt. Und dass sie sehr stolz auf uns sein würden, weil wir der Sache Gottes dienten.»

«Linhart?!», rief Salome mit lauter Stimme.

Der kam mit gerunzelter Stirn an Salomes Seite.

«Binde sie los!»

«Was??»

«Binde sie los! Ich befehle es!»

«Nein! Das müsst Ihr schon selber tun! Jetzt, wo sie in der Falle sitzen, heulen sie Krokodilstränen. Wenn sie frei sind, fallen sie über uns her!» Linhart hielt Salome den Schlüsselbund hin.

Der Rotschopf griff mit der gefesselten Hand nach unten, zog ein Messer aus dem Stiefelschaft hervor und warf es Salome vor die Füße.

Die Seldschuken sprangen auf und griffen nach ihren Krummschwertern.

Salome machte eine beschwichtigende Handbewegung. Nun folgten auch die übrigen Gefangenen dem Vorbild des Rotschopfs, und innerhalb kürzester Zeit war der Boden mit mehr als fünfzig Dolchen bedeckt.

Linhart stand mit offenem Mund daneben und stotterte: «Verzeiht, Herrin, an die Stiefel hatten wir nicht gedacht!»

Salome überhörte diese Worte und blickte dem Rothaarigen in die Augen. «Wie heißt du?»

«Rudolf.»

Salome legte ihre Hand freundlich auf seine Schulter und sagte ernsthaft: «Rudolf, ich kann deinen Schmerz fühlen. Und damit bist du nicht allein. Linhart!?»

Ohne zu zögern, ergriff der Stallbursche nun die Schlüssel und befreite die Gefangenen.

«Gebt ihnen zu essen und zu trinken!»

«Salome! Da draußen ist …!» Der Knappe hielt mitten auf der Treppe inne, als er die befreiten Wächter vor Salome stehen sah.

«Es ist gut, Andreas, keine Sorge. Es ist alles sehr gut!», beschwichtige sie ihn.

«Gar nichts ist gut!», rief der Knappe. Die Zugbrücke ist unten, das Fallgitter hochgezogen, soweit ich das sehen kann. Aber die Seldschuken greifen nicht an!»

«Sondern?»

Eine heftige Erschütterung ließ das ganze Torhaus erschüttern. Staub und Mörtel rieselten von Mauer und Decke.

Andreas' Gesicht war bleich: «Sie beschießen uns!»

«Los! Bewaffnet diese jungen Freunde hier!», befahl Salome und eilte mit dem Knappen hinauf auf die Plattform des Turms. Der Treffer hatte nicht allzu großen Schaden an der Mauer des Turmhauses angerichtet.

Die Mauern von Falkenstein waren dick und fest. Allerdings: Würde so ein Geschoss das Tor treffen, würde es in tausend Splitter zerschmettert. Eben zischte wieder ein schwerer Gesteinsbrocken heran, verfehlte aber dieses Mal das Turmhaus und landete hinter dem inneren Mauerring im Burghof, wo er ein hölzernes Vordach der Stallungen zertrümmerte.

Ein paar Wächter der «Reinen» stürmten aus den umliegenden Gebäuden und versuchten die in Panik geratenen Tiere zu beruhigen.

«Justus und Wolfhart sitzen dort unten in der Falle!», keuchte Andreas. «Sie haben ihre Aufgabe mit Bravour gelöst. Aber nun kommen sie nicht mehr weg!»

Salome sah durch eine Schießscharte, wie drei riesige Wolfsreiter mit einer Fackel die Pforte des Turmes in Brand stecken wollten. Auf dem Burgfeld zwischen den beiden Ringmauern herrschte ein wildes Durcheinander. Das Lager war von mehreren Geschossen der Seldschuken getroffen worden. Es hatte Tote und Verletzte gegeben. Der Hauptmann der Wolfsreiter versuchte seine Truppen zu ordnen und im Schutze der Mauer zu sammeln.

Ein lautes Sirren in der Luft ließ alle zum Himmel blicken. Diesmal kam kein Steinbrocken dahergeflogen, sondern ein brennender, mit Teer und Pech bestrichener Holzklotz. Er zerschellte auf dem Burgfeld und setzte sofort eine ganze Reihe von Zelten in Brand. Flammen schossen in die Höhe. Die großen, schweren Pferde bäumten sich in Panik auf und rannten alles über den Haufen, was ihnen vor die Hufe kam. Die Belagerer des Turms ließen ihre Fackeln fallen und brachten sich in Sicherheit.

«Entweder werden sie jetzt einen Ausfall machen und das Lager der Seldschuken angreifen …», überlegte Salome.

«… oder sie wollen in den Innenhof!», ergänzte Andreas.

«Was bedeutet, dass unser verschlossenes Tor angegriffen wird.»

«Sie sitzen in der Falle und werden alles tun, um da wieder rauszukommen!»

Wumm! Ein weiteres feuriges Geschoss landete im Zeltlager.

Der Hauptmann ließ das Horn zum Rückzug blasen. Die Wolfsreiter formierten sich und marschierten auf das Tor der inneren Ringmauer los. Ein lauter Befehl hoch zu Mauer und Turm blieb unbeantwortet.

Als Antwort ging ein Pfeilhagel auf die Wolfsreiter nieder und riss große Lücken in ihre Formation.

Wütendes Gebrüll drang an der Mauer empor, als die unheimlichen Kreaturen erkannten, dass sie vor verschlossenem Tor standen. Ein paar kurze Befehle hallten über den Platz, dann eilten um die zwanzig Krieger mit einem Holzbalken daher, umgeben von Kameraden, die sie mit hochgehaltenen Schilden zu schützen versuchten.

«Schnell! Schießt auf ihre Beine!», kommandierte Andreas. Die Pfeile fuhren sirrend nach unten. Fünf, zehn, fünfzehn Krieger gingen zu Boden. Aber der Rest rammte den Balken mit voller Wucht gegen das Tor. Das ganze Turmhaus zitterte. Doch das Tor hielt.

«In Deckung!», schrien Justus und Wolfhart vom äußeren Tor-Turm hoch zu Andreas und Salome auf der Plattform des inneren Torhauses. Zu weit weg und zu spät. Eine Wolke von Armbrustbolzen zischte durch die Luft. Etliche zerschellten an Mauer und Zinnen. Aber andere fanden ihr Ziel auf dem Wehrgang. Sie durchbohrten Helm, Schild und Kettenhemd. Mehr als ein Dutzend der Falkensteiner und Seldschuken wurden durch die Wucht der Treffer nach hinten geschleudert.

«Runter auf den Wehrgang!», schrie der Knappe laut und brachte sich mit Salome in Sicherheit. Keinen Augenblick zu früh. Eine weitere Salve deckte sie ein, so dass sie gezwungen waren, hinter den Zinnen zu bleiben. Von unten hörte man, wie der schwere Balken immer wieder gegen das Tor gewuchtet wurde.

Salome stürmte hinab in die Kammer des Torhauses. «Schnell! An die Schießscharten! Schießt, was ihr könnt. Sie dürfen dieses Tor nicht durchbrechen! Zwei Mann nach oben auf die Plattform, um die Verwundeten zu bergen! Aber Vorsicht: Haltet die Köpfe unten! Und bringt die Königin in das obere Geschoss des Torhauses!» Sie schaute bleich auf die Schar der jungen Männer. «Bereit?»

Diese nickten grimmig und umklammerten die Griffe ihrer Schwerter.

«Gott sei unseren Seelen gnädig!», murmelte sie. «Kommt mit! Niemand durchbricht dieses Tor!» Sie eilten nach draußen in einer

Rundumsicherung. Vorne das Tor, hinter ihnen die «Reinen» – das war eine verzweifelte Mission.

Noch während sie sich aufstellten, blickte Andreas nach oben: «Herrin, das solltet Ihr Euch ansehen!»

Von allen Seiten schwärmten Krähen herbei und sammelten sich zu einem immer größer werdenden Schwarm.

«Krähenkrieger!», rief Salome erschrocken. «Los, warne die Männer auf der Mauer!»

Der Knappe eilte zurück in das Torhaus und polterte die Treppe hoch auf den Wehrgang. «Schießt sie ab!», schrie er den Männern zu.

Doch alles ging so schnell, dass die meisten Krähen wuchtig auf dem Wehrgang aufschlugen und sich unter unheimlichen Windungen in die gefürchteten Krähenkrieger verwandelten. Wie aus dem Nichts zogen sie ihre Schwerter und stachen und hieben sich einen Weg durch die überraschten Verteidiger auf der Mauer. Nach dem ersten Schreck setzten sich die Falkensteiner heftig zur Wehr. Ein erbitterter Kampf entfachte sich der ganzen Mauer entlang.

Einige der Krähen flogen direkt zur Treppe, die hinunter ins Obergeschoss des Torhauses führte. Doch bevor sie landen konnten, wurden sie von einem Schild beiseitegeschmettert. Hinter dem Schild tauchte das Gesicht von Gabriel auf.

«Geh da weg, kleiner Mann!», schrie einer der Bruderschaft. Doch als er in das Gesicht des Kleinen blickte, erschrak er. Es leuchtete.

Gabriel war nicht aufzuhalten.

Ein Krähenkrieger, der mit gezücktem Schwert auf ihn losstürmte, ließ vor Schreck die Waffe fallen, griff sich entsetzt ins Gesicht und zerfiel zu Staub.

Mit offenen Mündern machten die Kämpfer der Bruderschaft Gabriel den Weg frei, während sich die Krähenkrieger fluchtartig davonmachten.

Nach wenigen Augenblicken war der Spuk vorbei.

«Vorsicht!», schrie Andreas und sprang Gabriel an. Der Pfeil der von unten herauflog, verfehlte Gabriels Herz und drang stattdessen in seine linke Schulter. Der Kleine schrie auf, als sie auf dem Boden landeten.

«Schnell!», rief der Knappe. «Gabriel ist verletzt! Bringt ihn zur Königin!» Einen Moment lang blickte er dem weinenden Jungen in die Augen und sagte stolz: «Gabriel! Du bist ein Held Gottes! Betest du für uns?»

Ein schwaches Lächeln war die Antwort. Gabriel nickte und flüsterte: «Held.»

Da griffen auch schon helfende Hände nach dem Jungen und brachten ihn ins darunterliegende Obergeschoss.

«Gabriel, mein Junge!», rief Katharina geschwächt, während Salome sich eilends an dessen Wunde zu schaffen machte.

«Uns bleibt nicht mehr viel Zeit! Vergiss nie, was ich dich gelehrt habe!»

Gabriel schaute mit tränenverschmiertem Gesicht zu ihr: «Schwert von Geist und nicht Fleisch!»

«Ja!», lächelte die Königin. «Diese Mächte hier kann man nicht mit Schwert und Schild besiegen, mit menschlichen Mitteln. Man muss sie im Geist überwinden. Halte den Löwen in dir wach, und du wirst den Sieg erringen!» Katharina seufzte und ließ den Kopf wieder sinken.

«Ihr macht mir Angst, meine Königin!», schaltete sich jetzt Salome ein. «Bitte redet nicht so und schont Euch! Ihr sollt doch wieder gesund werden!»

Katharina schüttelte den Kopf und lächelte. «Salome, du bist mir wie eine Tochter gewesen. Ich bin so glücklich, dass du da bist! Versprichst du mir, dass du das Herz von Falkenstein mit dir tragen wirst, wohin du auch gehst?»

Salomes Gesicht wurde ernst und traurig zugleich. «Das wisst Ihr doch, meine Königin! Ihr solltet aufhören, so zu reden!»

Katharina fuhr unbeirrt fort: «Du und Nikos – ihr gehört zusammen! Lass dich nicht beirren davon, was Menschen sagen!»

Jetzt musste Salome lächeln. «So dürft Ihr gerne weiterreden, meine Königin!»

Gabriel schrie leise auf, als Salome mit einem kurzen Ruck den Pfeil aus seiner Schulter herauszog.

«Tapferer junger Mann! Du bist bald wieder auf den Beinen!»

«Viel Dank!», sagte Gabriel und umarmte Salome für einen Moment. «Nikos und du!»

«Du darfst mich jetzt wieder loslassen, ich muss die Wunde säubern!»

Katharina ließ ihre Blicke nach oben zu den Tragbalken der Decke schweifen. Die vergangene Nacht war sehr unruhig gewesen. In fiebrigen Visionen hatte sie Dinge gesehen, die sie verängstigten und zugleich trösteten. Sie hatte heftig mit sich und mit Gott gerungen. Die leise innere Stimme hatte letzte Nacht lange mit ihr geredet. Irgendwann war innerer Frieden auf sie gekommen. Sie wusste, was zu tun war, und hatte gebetet, dass ihr die Kraft dazu gegeben wurde. Ihr Herz und ihre Gedanken waren ganz bei Konrad.

39. Kapitel: Assassinen

Zufrieden hörte Sandschar den Bericht seines Generals. Die Beschießung der Burg hatte dem Feind zahlreiche Treffer zugefügt. Und eigene Tote hatte er bisher nur zwei zu beklagen. Er würde dieses Nest ausräuchern, bis sich dort oben keine Seele mehr regen würde.

Es war fast unmöglich, dort hinaufzukommen und die Festung zu stürmen. Aber genauso schwierig würde es sein, von dort oben seine Armee anzugreifen. Den anfänglich lästigen Wald hatte der Sultan plötzlich zu schätzen gelernt. Hier waren sie – abgesehen von den mächtigen Wurfmaschinen – fast unsichtbar und nur sehr schwer zu treffen. Erst wenn der Feind so geschwächt war, dass er kaum mehr Gegenwehr leisten könnte, würde er selbst mit der Wucht seines Heeres angreifen. Und dann würde er eine der mächtigsten Burgen des Abendlandes sein Eigen nennen. Und was noch viel berauschender war: Zwei Kaiser und ein Papst befanden sich in seiner Hand!

Um die Mittagszeit ließ er seine Obersten in das große Zelt rufen, um sich mit ihnen zu beraten. Zwar wusste er schon lange, was er tun würde. Aber da die Stimmung im Lager angespannt war, wollte er zumindest seinen Heerführrern gegenüber den Anschein erwecken, dass er ihren Rat und Beistand schätzte und brauchte.

Malik, einer der beiden Leibwächter, bat sie, ihre Waffen abzugeben, als sie zum Zelt Sandschars kamen. Sie taten es widerstandslos, wenn auch mit einem leichten Ärger, weil sie wussten, dass sich ein Sultan nie wirklich in Sicherheit wiegen konnte. Früher hatten die beiden Leibwächter sie sogar noch durchsucht. Aber nachdem sie einige hitzige Diskussionen geführt hatten über Vertrauen und Ehre, hatte man einen Weg gefunden, der keine der beiden Seiten das Gesicht verlieren ließ. Alle gaben ihre Waffen ab, bevor sie das große Zelt betraten – auch der Sultan.

Hassan Ibn-Ali, Anwar bin-Hadid und Ahmed bin-Yussuf

waren ausgezeichnete Generäle und stammten aus dem Vasallenstaat der Ghuriden. Sie waren schon als Kinder an den Hof des Sultans gekommen, um die noch brüchigen Bande mit dem konkurrierenden Nachbarn zu festigen.

Gemeinsam hatten sie viele Schlachten geschlagen. Das machte sie zu Sandschars engsten Vertrauten. Vorausgesetzt, er behandelte sie mit dem Respekt und der Ehre, die ihnen auch in ihrer alten Heimat Ruhm einbrachten.

Es gab nur noch zwei engere Vertraute. Und das waren Malik und Ibrahim, die beiden Leibwächter. Tod und Leben hingen von ihrer Aufmerksamkeit ab. Dessen waren sie sich auch bewusst. Nie wich einer der Leibwächter von Sandschars Seite. Er prüfte für ihn das Essen, um vor möglichen Giftanschlägen zu bewahren. Er stand neben ihm, wenn sich der Sultan wusch und am verwundbarsten war. Er wachte im Hintergrund, wenn sein Gebieter schlief. Und er überprüfte jeden Ort, bevor sich der Sultan irgendwo hinsetzte. Damit diese Sicherheit lückenlos gewährleistet blieb, wechselten sich Malik und Ibrahim mehrmals täglich ab. Der eine ruhte, der andere wachte.

Nach der Ablösung begab sich Malik in sein Zelt, das sich gleich neben dem großen Prachtzelt des Sultans befand, um zu ruhen. Wie gewohnt betrat er seine bescheidene Behausung, wusch sich Hände und Füße, kniete nieder und sprach ein Gebet. Während er laut vor sich hin betete, blickt er verstohlen zurück zum Zelteingang. Er war allein!

Während er laut weiterbetete, erhob er sich vorsichtig und schlich sich zu einem Kasten mit seiner persönlichen Habe. Doch statt den Deckel zu öffnen, griff er nach unten an die Zierleiste, die rund um die Kiste verlief. Nachdem er sich noch einmal umgeblickt hatte, drückte er auf einen der eisernen Beschläge an der Ecke der Kiste. In der Mitte der Zierleiste sprang mit einem leisen Klicken ein kleines längliches Geheimfach auf. Malik griff hinein und zog einen seltsamen spitzen Dolch heraus und eine Stoffbinde.

Nachdem er das Geheimfach wieder an den alten Ort zurückgedrückt hatte, ließ er den Dolch blitzschnell im Schaft des linken Stiefels verschwinden. Dann zerteilte er die Binde in ein langes und ein kurzes Stück. Er entblößte seinen Oberkörper und schlang die lange Binde um den Oberkörper unterhalb der Achselhöhlen. Auf dem Stoffstreifen standen arabische Schriftzeichen mit Verheißungen für das Paradies. Dann band er das kürzere Bindenstück um den linken Unterarm und holte den Dolch wieder aus dem Stiefel hervor. Nach einem weiteren Kontrollblick schob er den Dolch unter den Stoffstreifen am Arm.

Der Leibwächter schlüpfte wieder in sein Obergewand mit den langen Ärmeln, seufzte und legte sich schließlich auf sein Feldbett. Irgendetwas irritierte ihn, und er erhob sich erneut. Er ergriff sein Schwert, trat rasch aus dem Zelt, duckte sich und umrundete es leise. Endlich richtete er sich auf und schüttelte leise den Kopf. Er musste sich getäuscht haben. Wahrscheinlich hatte ihn die letzte Schicht etwas überanstrengt. Er kehrte ins Zelt zurück, legte sich wieder auf sein Lager, mit der Waffe greifbar neben seinem Kopf, und schlief ein.

Nikos pfiff leise durch die Zähne, als er etwas entfernt hinter einem großen Felsblock in Deckung gegangen war. Was er durch den schmalen Schlitz im Innern des Zeltes gesehen hatte, reichte völlig.

Eigentlich hätte der Prinz schon längst auf der anderen Seite des Passes im Riedenwald sein sollen. Aber nachdem er wie besprochen als Bote zu den Menschen der Stauffermark aufgebrochen war, hatte die innere leise Stimme zu reden begonnen: *Bleib und wache!*

Er hatte einen Moment mit sich gerungen, doch dann sah er vor seinem inneren Auge plötzlich eine Stelle aus der Heiligen Schrift: *Der Mensch denkt, aber Gott, der Herr, lenkt!* Im hinteren Teil des Waldes hatte er sein Pferd festgebunden und sich zum Lager zurückgeschlichen.

Dort hatte er große Geschäftigkeit angetroffen: Bäume wurden gefällt, die Zimmerleute bauten Katapulte zusammen. Noch mitten in der Nacht wurde das ganze Lager zurück in den Wald verlegt. Ein unglaublicher Vorgang, der aber mit höchster Disziplin ohne lauten Protest durchgeführt wurde. Sandschar hatte seine Leute im Griff!

Als die drei Herrscher festgesetzt wurden, hatte er ihnen zuerst beistehen wollen, doch die leise innere Stimme hatte ihm Einhalt geboten. Widerwillig hatte er gehorcht. Die drei hochrangigen Gefangenen samt ihrer Gefolgschaft wurden in eine kleine morsche Hütte verlegt und mit Wachen umstellt. Einer der Leibwächter Sandschars überwachte diese Vorgänge peinlichst genau.

Die innere Stimme mahnte Nikos, diesen Mann zu beobachten. Während vorne der Beschuss der Burg vorbereitet wurde, heftete sich der Prinz hinten im Wald an die Fersen von Malik. Bis zu jenem Moment am späten Nachmittag des folgenden Tages in diesem Zelt.

Nikos hatte sich nicht getäuscht! Die Assassinen standen kurz davor, den Sultan aus dem Weg zu räumen. Nichts würde sie davon abhalten – außer der Tod. Und der Tod war der Lohn eines Märtyrers, der bereit war, für die Sache Allahs sein Leben zu opfern.

Der Prinz wusste, was zu tun war.

Das leise Flüstern vor dem Zelt weckte den Leibwächter sofort. Er fuhr hoch, griff nach dem Schwert und huschte zum Ausgang. Da war es wieder, das Flüstern! Langsam streckte Malik die Klinge des Schwerts nach draußen und tastete beide Seiten des Eingangs damit ab. Schließlich schlüpfte er hinaus, geduckt und mit allen Sinnen hellwach. Er huschte zum nächsten Baum und presste sich an dessen Stamm. Hier irgendwo war es gewesen. Er blickte sich nach nach allen Seiten um. Zu spät hörte er das Geräusch über sich. Als er nach oben schaute, trafen ihn die Stiefel des herabspringenden Konstantinoplers genau ins Gesicht und ließen ihn zu Boden gehen.

Lauter Lärm vor dem Zelt ließ Sandschar hochschrecken. Einen Augenblick später stand Nikos mit dem bewusstlosen Malik im Arm vor ihm. Das Schwert an der Kehle seines Gefangenen. Ibrahim wollte sich auf Nikos stürzen, doch Sandschar hielt ihn zurück.

«Hört mich an, großer Sultan! Dieser Mann hier ist ein Assassine!»

Mit diesen Worten ließ er Malik vor die Füße Sandschars fallen.

Gleichzeitig warf Nikos sein eigenes Schwert zu Boden und erhob beide Hände.

Ibrahim, der zweite Leibwächter, stürzte sich auf den Konstantinopler und rang ihn zu Boden.

Der Sultan rief die Wachen herbei. «Untersucht diesen Mann!», befahl er.

Die Wächter starrten ihn mit großen Augen an, als er auf Malik deutete.

«Beginnt beim linken Arm!», rief Nikos laut.

Einer der Wächter kniete sich nieder und betastete den Stoff des linken Arms. Mit einem lauten Ruf des Schreckens zog er den langen dünnen Dolch daraus hervor.

Ein anderer Wächter öffnete das Gewand. Die weiße Binde um Maliks Brust löste weiteres Entsetzen aus.

Sandschar nickte.

Der Wächter schnitt die Binde durch und brachte sie seinem Herrn. Dieser las die Worte und wurde bleich.

«Assassinen pflegen sich ein Zeichen einzutätowieren! Meistens an einem schwer zugänglichen Ort», kommentierte Nikos.

«Vielleicht sieht sich der Sultan einmal die Hände, Füße oder die Ohren genauer an!»

Tatsächlich fand sich hinter dem rechten Ohr das berüchtigte eintätowierte Zeichen der Assassinen. Es war schon alt.

«Gib den Mann frei!», befahl Sandschar Ibrahim, seinem zweiten Leibwächter.

Der Mann ließ Nikos los. Der stand auf, machte einen Schritt von ihm weg und nahm seine Waffe auf.

«Ibrahim, zieh dich aus!», zischte der Sultan seinen Vertrauten an.

Der Leibwächter starrte betroffen in die Runde. Plötzlich schrie er laut: «Für Bargûr!», und stürzte sich mit dem Schwert auf den Sultan.

Nikos' Klinge war schneller.

Mit einem lauten Fluch stürzte Ibrahim zu Boden, zuckte heftig mit unheimlichen Schreien und zerfiel zu Staub.

Die Wachen gingen erschrocken in die Knie, während

Sandschar wie vom Blitz getroffen mit offenem Mund dastand. Schließlich fasste er sich wieder: «Fesselt diesen Mann und bringt ihn zu den Wurfmaschinen!»

Die Wächter banden Malik, den ersten Leibwächter, und schleppten ihn weg. «Nun verdanke ich zum zweiten Mal einem Kuffar, einem Ungläubigen, mein Leben!», sagte der Sultan mit zitternder Stimme zu Nikos. «Was wollt Ihr?»

Der Prinz richtete sich auf. «Der mächtige Sandschar möge seine Augen öffnen und sehen, wo die Verbündeten und wo die Feinde sind! Ihr seid von Albertus' Spionen in die Irre geführt worden! Ihr wisst, was zu tun ist!»

Wenig später standen sich Johannes, Calixt, Heinrich und Sandschar gegenüber.

«Es war ein Fehler, auf den Rat eines Spions zu hören und Euch einzusperren! Es soll nicht wieder vorkommen!»

Calixt schaute Sandschar wütend an. «Man sperrt nicht einfach zwei Kaiser und den obersten Hirten der Christenheit in eine alte löchrige Hütte! Und redet dann von einem Beratungsfehler! Das ist ein unglaublicher Affront und löst im üblichen Fall einen Krieg aus!»

Nikos stellte sich an die Seite von Calixt und murmelte ihm zu: «Eure Heiligkeit, das war die Entschuldigung eines stolzen Herrschers aus dem Orient! Seid dankbar und nehmt sie an! Demütigt ihn nicht unnötig! Ich brauche Euch ja nicht an die Worte von Christus zu erinnern...»

Calixt verzog sein Gesicht zu einem Lächeln und sagte laut: «Wir bedanken uns für die Weisheit des großen Sultans!»

Heinrich und Johannes nickten zustimmend.

Zufrieden grunzte Sandschar und hieß sie, sich zu setzen.

«Ihr schuldet mir Euer Leben!», begann Nikos das Gespräch mit starken Worten. «Dort oben in dieser Burg sitzen Eure Verbündeten und kämpfen um ihr Leben! Sie haben sich an die Abmachung gehalten und das Tor für Eure Männer geöffnet. Jetzt zeigt ihnen, was die Antwort eines großen Herrschers auf diese mutige Tat ist!»

Jetzt konnte Sandschar nur noch das eine tun, um sein Gesicht nicht ganz zu verlieren. Er erhob sich und blickte finster in die Runde. «Wir greifen an! Folgt mir!»

Als sie bei den Wurfmaschinen ankamen, traten ihnen die Wachen mit dem gefesselten Malik entgegen.

Mit finsterem Blick starrte der Sultan dem Verräter ins Gesicht: «Ich hatte dir vertraut! Du willst in den Himmel, ins Paradies?! Dann flieg!» Er nickte den Wächtern zu.

Diese schleppten den Leibwächter zur nächsten Wurfmaschine.

Ruhig und gefasst ließ sich der Assassine auf die Abschussvorrichtung legen. «Allah-hu Akbar!», schrie er.

Dann löste die Mannschaft den Abschusshebel aus.

«Eine Botschaft für Albertus!», knurrte der Sultan und rief die Generäle zu sich.

Der Seldschukensturm brach los.

40. Kapitel: Die Schlacht

Der Beschuss hatte aufgehört. Ein lauter dumpfer Hornstoß lenkte alle Blicke in der Burg zum Bergfried. Zuoberst auf der Plattform des Turms stand Albertus. Neben ihm kniete, von zwei Wolfsreitern gehalten, Konrad. Der König sah übel zugerichtet aus. Die Gefährten von Falkenstein ließen erschrocken die Waffen sinken. Der Kampflärm ebbte ab, und alle starrten erschöpft nach oben.

«Vater!», flüsterte Justus.

«Sie haben es nicht geschafft.» In Wolfharts Stimme schwangen Furcht und Bitterkeit.

«Wo ist Elias? Lebt er noch?» Salome kämpfte mit den Tränen.

Das Tor hatte gehalten. Aber jetzt brach etwas in ihrem Herzen entzwei.

Lautes Geheul und Gekrächze tönte aus den Reihen der Wolfsreiter und Krähenkrieger.

«Hier steht Albertus! Herr des Drachen, Herr über die Stauffermark und Bezwinger von Falkenstein! Heute sehen alle Augen das Ende dieser Bruderschaft und den Beginn eines neuen Reiches! Eines reinen Reiches!» Albertus wandte sich höhnisch zu Konrad und riss ihn an den Haaren auf die Beine. «Seht her, euer König! Was für ein Mensch!»

Wieder lautes Johlen und Brüllen. Im Burghof hatten sich inzwischen auch die weißen Kuttenträger versammelt.

«Du wirst jetzt deinen armseligen Leuten befehlen, die Waffen zu strecken. Und du wirst dich vor mir beugen und mich zum neuen König ausrufen! Oder wir werden alle niedermetzeln!»

Konrad blickte müde und schmerzgeplagt nach unten in den Burghof, zu den Ringmauern und Türmen. Seine Stimme zitterte, war aber immer noch laut genug zu hören.

«Sklaverei und Tod sind die Zeichen dieses ‹neuen› Reiches, Angst und Brutalität!»

Albertus schlug Konrad mitten ins Gesicht, so dass dieser zu Boden stürzte. «Schweig, du alter Narr!»

«Ja, ich bin ein Narr!», rief Konrad. «Ich bin ein Narr, der glaubt, dass Liebe, Treue, Glauben und Hoffnung alles sind, was diese Welt braucht!»

Albertus trat ihn mit dem Stiefel in den Bauch.

Der König krümmte sich vor Schmerz. «Aber wenn diese Dinge nichts mehr zählen, dann will ich auch nicht mehr ein Teil dieser Welt sein!» Mit einem wütenden Schrei und letzter Kraft sprang Konrad hoch und versuchte Albertus zu packen.

Doch die Wolfsreiter ergriffen ihn und rissen ihm die Arme hinter den Rücken.

Konrad schrie vor Schmerz laut auf.

«Tötet ihn!», schrie Albertus.

In diesem Augenblick flog etwas mit leisem Rauschen durch die Luft und landete mit einem dumpfen Klatschen im Innenhof der Burg. Ein Seldschuke!

Konrad nutzte das Durcheinander und schob die Wolfsreiter zur Turmbrüstung zu seiner Rechten. Er warf einen letzten Blick hinüber zu den Gefährten und riss mit einem gewaltigen Stoß seine Bewacher mit in die Tiefe.

Ein Schrei ging durch die Menge.

Ein anderer Schrei übertönte alles: «Die Seldschuken greifen an!!»

Im selben Augenblick regnete es Steine und Feuer vom Himmel. Mensch und Tier, Holz und Stein wurden getroffen. Ein wahrer Hexensabbat. Wer nicht getroffen wurde, flüchtete in eines der Gebäude. Im Burghof loderten erste Feuer, und es stieg Rauch auf. Ein paar «Reine» schleppten Wasser herbei und versuchten die Flammen zu löschen. Doch je mehr Wasser sie darüber gossen, umso höher stiegen die Flammen. *Griechisches Feuer!*

Die Katapulte schossen jetzt mit allem, was sie hatten, um dem der Reiterei und den Fußtruppen einen Weg zu bahnen. Vom Fuße des Felsens waren die Kriegshörner zu hören.

Die Wolfsreiter auf dem Burgfeld ließen vom Innentor hinter ihnen ab und formierten sich nach vorne zum Ausfall.

Die Gefährten von Falkenstein begannen sich allmählich aus ihrer Schockstarre zu lösen und deckten die Wolfsreiter vom Wehrgang der inneren Mauer von hinten mit einem Pfeilhagel ein.

Die Reihen der Krieger begannen sich zu lichten. Wütend kommandierte der Wolfs-General eine Abteilung zur erneuten Stürmung des inneren Tors. Ihre schreckliche Wut steigerte sich zur Raserei, als sie trotz des Pfeilhagels mit ihren Riesenkräften den Holzbalken wieder aufhoben und das Tor mit wuchtigen Schlägen bearbeiteten.

«Passt auf, sie kommen durch!», schrie Salome durch das Getümmel. Wir brauchen einen Lanzenring hinter dem Tor!» Sie warf einen entschlossenen Blick auf ihre jungen Kämpfer und rief: «Bleibt zusammen! Steckt die Lanzen und Spieße in den Boden! Weicht nicht!»

Mit lautem Krachen zerbarst das Innentor, und die riesigen Krieger stürmten durch den Torbogen.

Mit lautem Heulen stürzten sie sich auf Lanzenwehr. Doch der tödliche Igel brachte den Angriff sofort zum Stehen. Lanzen brachen unter dem Gewicht der Getöteten ab. Doch sofort wurden von hinten neue Speere nach vorne gestreckt. Von oben regnete es Pfeile in die Reihen der Wolfsreiter.

«Vorrücken!», kommandierte Salome. «Wir drängen sie durch das Tor zurück!»

«Für den König! Für Falkenstein!!», schrien die jungen Männer. Langsam schob sich der Lanzenwall vorwärts zum Tor. Die Krieger wehrten sich verzweifelt und flüchteten. Unten beim Haupttor drängten sich die Kolonnen der Wolfsreiter über die Zugbrücke nach draußen.

Vergessen war der Tor-Turm neben dem äußeren Tor, in dem sich Wolfhart und Justus verbarrikadiert hatten. Dort fraß sich der Brand durch die Tür und ergriff gierig die große Tischplatte der Barrikade. Rauch stieg aus der Aufstiegsluke hoch.

«Schätze, es wird langsam heiß dort unten!», meinte Wolfhart. «Wenn die Kettenspindel im Torwerk Feuer fängt, rasselt das Fallgitter herunter. Und was das bedeutet, wissen wir beide!» Sie eilten nach unten und versuchten mit den Decken das Feuer zu ersticken.

Inzwischen begannen sich die Wolfsreiter vor der Außenmauer zu formieren. Ein herauffliegender Pfeilhagel der Seldschuken stiftete erneut Durcheinander.

Jetzt begann die Erde zu erzittern. Tausende von Pferdehufen nahten heran. Vorne, am Ende der Bergstraße, tauchten die Reihen der seldschukischen Bogenschützen auf und schossen, was die kurzen Bögen hergaben. Hinter ihnen hielten sich die leichten und schnellen Fußtruppen.

Das Wolfshorn erschallte! Die schwere Reiterei setzte sich in Bewegung und stürmte auf die ersten seldschukischen Fußsoldaten los. Der Aufprall war wie ein Hammerschlag, der die nur leicht bewaffneten Seldschuken zerschmetterte oder zur Seite schleuderte. Doch immer neue Truppen rückten nach, so dass der Platz draußen vor der Burg immer enger wurde. Die Wolfsreiter blieben stecken, ihre Pferde konnten sich kaum mehr bewegen. Von allen Seiten rissen Hände und Lanzen die Berittenen von den Pferderücken.

Ein Hornstoß der Seldschuken ertönte. Sofort zogen sich die leichten Truppen zurück und öffneten eine Gasse. Die Spitze von Sandschars Kavallerie brach hervor und prallte auf die Wolfsreiter. Diese überragten die Seldschuken um drei bis vier Köpfe. Aber so riesig sie auch waren, so schwerfällig sahen sie aus im Vergleich mit den kleinen schnellen Araberpferden und den mit Lanzen, Pfeil und Kurzbogen bewaffneten Reitern.

Der frontale Zusammenstoß war heftig und deutlich zugunsten der Wolfsreiter. Pferde und Reiter der Seldschuken wurden von den großen schweren Gegnern buchstäblich niedergetrampelt.

Doch dann zeigte sich die Wendigkeit der flinken Sarazenen immer deutlicher. Sie umkreisten die Wolfskrieger und schossen in vollem Ritt tödliche Pfeilsalven ab.

Das Wolfshorn blies zum Rückzug und zu erneuter Sammlung.

Auf diesen Augenblick hatten die seldschukischen Fußtruppen nur gewartet und starteten in drei Haufen eine Attacke.

Der Wolfsgeneral hieß die Truppen sofort absteigen und zur Pferde Burg zurückzureiten. Auf so engem Raum hatte die schwere Reiterei keine Möglichkeit, ihre Wirksamkeit zu entfalten. Aber der Kampf Mann gegen Mann würde die erlittenen Verluste wieder ausgleichen. Im Moment galt es jedoch, wieder Ruhe zu gewinnen und den Überblick zu wahren. Die Wolfsreiter zogen sich durchs Tor zurück ins abgebrannte Lager.

Die Ritter von Falkenstein beschossen die rückkehrenden Krieger heftig vom inneren Mauerring aus.

Die Wolfsreiter waren eingekesselt. Es gab nur noch die Flucht nach vorne durch das zweite Tor in den Innenhof, wo sie die Wehrgänge über die Treppen belagern und erstürmen konnten. Allerdings stand dort hinter dem Tor ein tödlicher Stachelwall von Kämpfern, die sie nur unter hohen Verlusten durchkommen ließen. Doch nun geriet auch der innere Burghof in Bewegung.

Albertus hatte die Situation der Wolfsreiter erkannt. Er sammelte seine Bruderschaft zum Angriff, um Salome und ihren Männern in den Rücken zu fallen. So würde diese dünne Verteidigungslinie von zwei Seiten angegriffen und letztlich aufgerieben werden, und die Wolfsreiter konnten ins Innere der Burg gelangen.

Oben auf der Mauer begriff Andreas sofort, wie kritisch die Lage wurde. Der Beschuss seiner Schützen würde nicht ausreichen. Einige Gegner würden trotz allem durchbrechen. Und dann Gnade ihnen Gott, was mit den Männern von Salome geschehen würde! Ihm war sofort klar: Sie mussten ihre bisher sichere Deckung verlassen und unten im Hof den Nahkampf antreten!

«Männer!», rief der Knappe, «wir müssen eingreifen. Zwanzig Schützen bleiben hier oben und geben uns Deckung. Zehn nach links, zehn nach rechts. Zielt vor allem auf die Anführer! Alle anderen folgen mir nach unten! Schwertkampf!»

Ulrich, der Schmied, schaute grimmig auf das Burgfeld hinunter: «Wir lassen sie den Eisenhammer spüren!»

Elias blickte die kampfbereiten Männer an: «Eine Hälfte sichert das Tor nach Süden, die andere deckt Salomes Rücken nach Norden gegen den Bergfried. Wir ziehen uns erst auf mein Kommando hin zurück!»

Die Männer sahen sich einen Augenblick an. Jetzt ging es bis aufs Blut. Nicht jeder, der hinuntersteigen würde, würde auch den Platz hier oben wieder einnehmen.

Andreas sah ihre Furcht. «Ich habe auch Angst!», rief er. «Aber heute geht es um alles: Leben oder Tod, Untergang oder Zukunft! Ich habe mich für Leben und Zukunft entschieden! Wir binden die Kräfte des Feindes an diesem Ort hier. So werden die Seldschuken freie Bahn haben und uns zu Hilfe kommen! Bis dahin brauchen wir nur eines: Standhaftigkeit! Für Falkenstein! Für die Stauffermark! Für die Freiheit!»

Der Knappe zog sein Schwert und stürmte los. Die anderen Männer folgten ihm mit lautem Kampfgeschrei. Die Schützen schossen die Treppe frei, als erste Wolfskrieger hochstürmen wollten. Unten angekommen, prallten die Falkensteiner von der Seite mit voller Wucht auf die nun hereinströmenden Feinde, die den Lanzenwall durchbrechen wollten.

Andreas' Schwert fuhr mit tödlichem Schlag durch die schrecklichen Kreaturen hindurch. Hinter ihm folgte Ulrich, der Schmied, Wilhelm, der Schildmacher, Linhart, Roderich und all die übrigen kampferprobten Getreuen des Königs. «Für den König! Für Falkenstein!» Es war, wie wenn Feuer und Öl aufeinandertreffen. Jeder Kontakt, jede Berührung, führte zu einem heftigen Zusammenstoß.

Die überraschten Wolfsreiter wichen zurück und versuchten sich durch das Tor zurückzuziehen. Aber der Wolfshauptmann ritt hoch zu Pferde durch sie hindurch und befahl mit unheimlichem Gebrüll den Gegenangriff. Ein Pfeil von oben traf ihn in die Schulter. Er riss ihn heraus, als hätte ihn eine lästige Mücke gestochen.

Er blies ins Wolfshorn, und von der äußeren Ringmauer strömten weitere Truppen hinzu. Wie eine Wand pressten sie sich durch den Torbogen hindurch auf die Falkensteiner zu. Diese versuchten gegenzuhalten, aber die Kraft der großen Kreaturen und ihre schiere Menge begannen sie zurückzudrängen.

Die Getreuen stolperten rückwärts über ihre verletzten und gefallenen Freunde. Andreas befand sich immer noch an vorderster Front und fegte mit seinem Schwert durch die Reihen der Wölfe. Aber auch er spürte den Druck, der sich vor ihm unaufhaltsam aufbaute. Auf der anderen Seite hielten die Getreuen gegen die «Reinen» ihre Reihen geschlossen. Der Knappe spähte verzweifelt durch das offene Tor in den unteren Teil der Burg. Wann endlich würden Sandschars Truppen durch das große Tor hereinbrechen?!

Dutzende der Falkensteiner lagen schon am Boden. Sollte diese Linie nicht halten, würden sie von zwei Seiten zerrieben. Andreas' Kraft begann nachzulassen.

Plötzlich ertönte von der anderen Seite des Tores eine laute und zu allem entschlossene Stimme: «Für Falkenstein! Für die Freiheit!»

Justus und Wolfhart!, schoss es Andreas durch den Kopf. Das war Selbstmord, was die beiden taten! Unruhe machte sich unter den Wolfsreitern breit.

«Für Falkenstein! Für die Freiheit!», schrien nun auch Andreas' Männer und rafften sich mit letzter Kraft auf. Lange würde dieses Aufbäumen nicht hinhalten – das wusste der Knappe. Aber sie taten es mit Mut und in Würde!

«Für Falkenstein!», ertönte es nun auch vom Wehrgang her, als die übriggebliebenen Schützen mit dem blanken Schwert die Treppen heruntersprangen und sich auf die Feinde werfen.

Die letzte Reserve!, dachte Andreas. *Sie lassen ihre Freunde nicht im Stich!* Hauend und stechend stürzten sich diese übriggeblieben Kämpfer in die Schlacht. Einer fiel. Ein zweiter, ein dritter …

Plötzlich ertönte das heiß ersehnte Horn der Sarazenen vor dem Haupttor. Sandschar griff an. Und in der vordersten Reihe erkannte der Knappe schon aus weiter Ferne ein bekanntes Gesicht: Nikos!

«Für den König!», rief nun plötzlich eine Frauenstimme vom Tor-Turm her. Katharina, die Königin! Mit einem großen Schwert in der Hand fiel sie wie eine Furie über die Feinde her. Ihr Schwert fuhr mit unglaublicher Eleganz und Präzision über die Wolfskrieger hinweg und schlug sich eine Schneise in ihre Mitte.

Was für eine Königin!, schoss es Andreas durch den Kopf. Die Ritter und Knappen ließen sich nicht mehr halten und fuhren wie Berserker in die Reihen der Wolfskrieger hinein. Fiel einer der Gefährten, stand schon der Nächste bereit und drang weiter vor.

Jetzt brach Panik unter den Wolfsreitern aus. Ihre Reihen lösten sich auf, und jeder suchte sein Heil in der Flucht. Draußen, auf dem Burgfeld zwischen den beiden Mauern, entbrannte die Schlacht, Mann gegen Mann, Pferd gegen Pferd. Die Kämpfer verkrallten sich ineinander, schlugen, stachen, schnitten, bissen und rissen mit allem, was sie hatten. Es war ein schreckliches Wüten auf allen Seiten.

Immer mehr Sarazenen drängten herein, und es war nur noch eine Frage der Zeit, bis der Sieg auf ihrer Seite sein würde.

Plötzlich verdunkelte sich der Himmel. Ein riesiger Schwarm von Krähen sammelte sich von allen Seiten und stieß auf ein geheimes Zeichen plötzlich auf das Schlachtfeld herab. Sie zerplatzten auf dem Boden, auf Helmen, Schilden und Leibern und verwandelten sich in die gefürchteten Krähenkrieger.

Mit dieser neuen Streitmacht begann sich das Blatt in der Schlacht wieder zu wenden. Die Seldschuken erfasste Schrecken, als sie dieses Schauspiel vor ihren Augen sahen. Flüchten konnten sie allerdings nicht, denn noch immer strömten weitere Truppen vom Fuße des großen Felsens nach oben auf die Anhöhe, auf der die Burg stand.

Die Falkensteiner hatten sich inzwischen zusammenschließen können und fochten nun Seite an Seite an allen Fronten. Nikos, Wolfhart und Justus war im wilden Getümmel der Durchbruch zu Andreas, Salome und Katharina gelungen.

«Wir müssen das Torhaus halten!», schrie Justus mit lauter Stimme. «Wir ziehen uns dorthin zurück! Das ist unsere einzige Chance!»

Der Knappe starrte Justus erschöpft und mit zunehmender Hoffnungslosigkeit an. Glaubte er wirklich noch an eine Rettung?! Oder versuchte er einfach nur Mut zu machen? Aber ein Blick in Justus' Gesicht zeigte dessen wilde Entschlossenheit. Dieser junge Ritter war ein Fels in der Brandung, ein Mann voller Kraft, Glauben und Zuversicht.

«Folgt dem Herrn von Falkenstein!», rief Andreas aus Leibeskräften, während er einen Krähenkrieger zu Boden schlug und dem Hieb eines Wolfsreiters auswich. Die «Reinen» hinter ihnen waren fast alle gefallen.

Die übriggebliebenen Falkensteiner drängten sich Rücken an Rücken zusammen und begannen sich zum Eingang des Torhauses vorwärtszubewegen. Doch jeder Schritt hatte seinen Preis an Toten und Verletzten.

Eine Ewigkeit schien zu vergehen, bis die ersten Kämpfer endlich die rettende Pforte erreicht hatten. Andreas, Nikos und Justus hatten sich zu Katharina hindurchgewühlt und nahmen die Königin in ihre Mitte. Ihr Gesicht war schneeweiß und schweißüberströmt. Aber die Augen brannten wie Feuer, während sie ihr Schwert unermüdlich gegen die anstürmenden Feinde führte.

«Mutter, das bringt dich um!», schrie Justus. «Lass ab! Unsere Leute sind in Sicherheit!» Weiter kam er nicht.

Ein markerschütterndes Brüllen erfüllte die Luft. Erschrocken starrten alle nach oben. Der Leviathan fegte über die Burg hinweg. Sein dunkler Schatten raste über die Kämpfer – Freund und Feind – hinweg. Für einen Augenblick legte sich lähmende Stille auf das Schlachtfeld.

Die Falkensteiner starrten sich erschrocken an.

Laut stimmten Wolfsreiter und Krähenkrieger in einen höllischen Jubel ein.

Der Leviathan zog einen weiteren Kreis und stürzte sich mit einem unheimlichen Knurren hinunter. Ein unheimliches Pfeifen ertönte, als er Luft holte.

«Hinein in den Turm!», schrie Justus. «Weg von der Tür und hinter die Mauern!»

Sekunden später schoss ein gewaltiger Feuerstrom aus dem Rachen des Leviathans hervor und fegte über alles hinweg, was lebte und sich regte. Feuer schoss in das Torhaus und setzte das Holz in Brand.

Glücklicherweise hatten die Falkensteiner den Befehl von Justus befolgt. Es wurde zwar sehr heiß, aber die Flammen versengten keiner der Menschen, die sich ins Innere gerettet hatten.

Der Jubel draußen war verstummt und verwandelte sich in

Panik. Ein wildes Durcheinander von Flüchtenden ergoss sich über die ganze Burg.

Katharina war geschwächt zusammengebrochen. Andreas, Justus und die übriggeblieben Getreuen sammelten sich um sie herum.

«Wir ... müssen ... beten!», flüsterte Katharina schwach. «Diese Gewalt kann nur durch die Macht des Gebets gebrochen werden. ‹Nicht durch Kraft und Heer, sondern durch meinen Geist soll es geschehen›, spricht Gott, der Herr!»

Justus blickte in die Runde: «Sie hat recht. Wir brauchen ein Wunder des Himmels. Kniet nieder!»

Wolfhart hatte die Runde um Katharina verlassen und war nach oben gestiegen zur Plattform des Turms. Von hier aus hatte man einen guten Überblick. Aber seine Augen sahen nach innen, nicht nach außen. Wolfharts Herz war schwer. Konrad war gefallen, und er hatte hilflos zusehen müssen. Sein König und Freund war tot! Eine Träne lief über das wettergegerbte Gesicht des Generals. So viele Schlachten hatten sie gemeinsam geschlagen. Immer hatten sie Seite an Seite gekämpft. Konrad war ihm wie ein Sohn gewesen. Jetzt, wo er ihn, Wolfhart, gebraucht hätte, war er nicht da gewesen. Der alte General schloss die inneren Augen und sah nach außen.

Der Leviathan schraubte sich nach einem weiteren Angriff erneut in die Höhe und stürzte sich wieder nach unten. Wer konnte, suchte das Weite und versteckte sich so gut wie möglich. Die nächste Feuerwalze rollte über alles hinweg. In der Burg stiegen Rauch und Flammen zum Himmel. Schon bald würden viele aus den Häusern, Stallungen und Gebäuden ins Freie flüchten müssen.

Was dann geschehen würde, wollte Wolfhart sich gar nicht erst ausdenken. Die Zugbrücke stand in Brand. Innerhalb kürzester Zeit würde sie zusammenbrechen – dann war die rettende Flucht aus der Burg unmöglich.

Die Seldschukenkrieger erkannten die Gefahr sofort und versuchten, die Brücke zu überqueren. Doch die Flammen schlugen immer höher, und allzu schnell würde sie unpassierbar sein.

Und die Truppen von Albertus? Zum ersten Mal empfand der

General Mitleid mit den höllischen Kreaturen von Albertus. Sie waren eingeschlossen und hatten von allen Seiten heftige Verluste zugefügt bekommen. Doch nun stürzten sie wie ihre Gegner ins Verderben. Der Leviathan machte keinen Unterschied zwischen Freund und Feind.

Hatten sie Albertus nicht treu gedient und waren sie nicht für seine Sache gestorben – oder wie immer man ihr Hinübertreten auch nennen wollte? Und jetzt ließ ihr Herr sie einfach in diesem Feuersturm untergehen? Jemand musste diesem Schrecken ein Ende setzen.

Er, Wolfhart, musste diesem Schrecken ein Ende setzen! Er ergriff eine Lanze und verbarg hinter einer Zinne der Turmbrüstung.

Hinter ihm im Burghof brach die große hölzerne Scheune zusammen. Die Rufe und Schreie der übriggebliebenen «Reinen» hallten rundum. Ein giftiges Sausen in der Luft näherte sich rasch. Das musste der Leviathan sein!

Der alte General spähte hinter der Zinne hervor. Er hatte den Drachen sorgfältig beobachtet. Das Ungetüm spuckte nicht einfach Feuer, sondern spie eine übelriechende Flüssigkeit aus dem Rachen, die sich außerhalb des Schlunds in Feuer verwandelte. Hatte das Ungetüm ausgespien, schraubte es sich in die Höhe und sog mit einem pfeifenden Geräusch Luft ein. Das dauerte einige Augenblicke. Erst dann konnte es die nächste Feuerwolke entfachen.

Der Moment nach dem Ausspeien war folglich der verwundbarste – sah man von den schrecklichen Klauen und Zähnen einmal ab. Der Schuppenpanzer war undurchdringbar. Die Pfeile der Seldschuken waren wie Kinderstecken daran abgeprallt. Aber zwischen dem linkem Vorderbein und der Brustpanzerung gab es eine bewegliche, nur von Haut überspannte Stelle, wie der General erkannt hatte. Und dort vermutete er das Herz des Monsters. Dort musste er treffen. Das konnte aber nur geschehen, wenn der Drache möglichst in seiner Höhe flog.

«Hier bin ich, alter Fresser!», schrie Wolfhart mit lauter Stimme, als sich der Drache wieder kreisend in die Höhe schraubte. Noch im Steigflug wandte das Untier seine riesigen, schlangenähnlichen Augen Wolfhart zu. Der General schluckte leer. Das würde eine tödliche Begegnung werden!

Ich werde dich zerstören, alter Mann!, schoss es dem General durch den Kopf. Er zuckte zusammen. Das waren nicht seine Gedanken! Es war der Drache!

«Dann komm und hole mich! Altes Monstrum!», schrie Wolfhart zurück.

Das brauchte er nicht zweimal zu sagen! Der Leviathan wechselte vom Steigflug in den Gleitflug über, zeichnete einen weiten Kreis in den Himmel und faltete die Flügel zum Sturzflug.

Mach dich bereit für dein Grab!, schoss es in Wolfharts Gedanken.

«Das würde dir so passen! Versuch es doch, du armselige Blindschleiche!», reizte der General das Ungetüm.

Diese Provokation genügte, um den Leviathan alle Vorsicht vergessen zu lassen. Wie ein Stein fiel er vom Himmel und schoss nur wenige Fuß über dem Boden auf das Torhaus zu. Die ausgebreiteten Flügel stießen links und rechts in Mauern und Gebäuden ganze Löcher hinein.

Verflixt! Er wird das ganze Torhaus sprengen und alle, die darin sind!

Wolfhart holte kurz Luft und ließ sich mit drei Lanzen in der Hand an der schrägen Mauer des Turms in den Burghof hinunterfallen. Das war höchst gewagt. Wolfhart landete zwar glücklich auf beiden Beinen. Aber die Wucht des Sprunges ließ den linken Knöchel mit einem lauten Knacks zerbrechen. Wolfhart knickte ein. Vielleicht noch hundertfünfzig Fuß bis zum Aufeinandertreffen! Der alte General stützte sich mit einer Lanze und hinkte, so rasch er konnte, weg vom Torhaus.

Der Drache änderte die Flugrichtung und schoss direkt auf ihn zu. Er hatte noch nicht Luft geholt! Also wollte er dem General mit Zähnen und Klauen den Garaus machen. Er streckte die Krallen nach vorne und fräste zwei breite Furchen in den Boden.

Der General kniete nieder, machte ein Kreuz auf der Stirn und bohrte eine der drei Lanzen neben dem rechten Knie zwischen zwei Pflastersteinen in den Boden. Die beiden anderen hatte er danebengelegt.

Mit diesem Hölzchen willst du mir wehtun?!, höhnte der Drache.

Doch bevor die Krallen den General erreicht hatten, war dieser behände wie eine Katze zur Seite gerollt. Dabei hatte er die zwei übrigen Lanzen ergriffen. Die scharfen Klauen griffen ins Leere.

Die Täuschung des Generals hatte funktioniert. Der Leviathan hatte damit gerechnet, mit den Klauen den General zu ergreifen und wieder aufzusteigen. Jetzt bekundete er große Mühe, die Wucht der Landung abzufedern und einen sicheren Stand zu gewinnen. In einem unvorsichtigen Augenblick, als der Drache sich aufzurichten suchte, zeigte er die ungeschützte Stelle zwischen Brustpanzer und Beinansatz.

Darauf hatte Wolfhart nur gewartet. Die helle dünne Haut leuchtete ihm entgegen. Mit geübtem Griff holte der General aus. Doch bevor er werfen konnte, traf ihn ein Schlag mitten auf die Brust. Als er nach unten blickte, ragte der Schaft eines Pfeils aus seinem Wams. Wolfhart sank in die Knie und ließ die Lanze fallen.

Von der Seite tauchte ein riesiger schwarzer Schatten auf: der Hauptmann der Wolfsreiter.

Der alte General versuchte sein Schwert zu ziehen, allein die Kraft fehlte.

Ohne sein Vorhaben zu vollenden, erhob sich der Leviathan in die Luft und flog davon.

Wolfhart starrte dem Hauptmann in die Augen. Sie waren klar und leuchteten in einem hellen Blau.

«Albertus hat Euch verraten!», murmelte der alte General. «Warum kämpft Ihr immer noch für ihn? Habt Ihr keine Seele, die leidet?»

Der Hauptmann zögerte einen Moment. Sein Schwert hing reglos in der Luft.

Wolfhart schloss die Augen und erwartete den Todesstoß. Von irgendwoher hörte er einen lauten, wütenden Schrei einer wohlbekannten Stimme. Dann verlor er das Bewusstsein.

«Wolfhart! Hört Ihr mich? Wolfhart?»

Der General öffnete langsam die Augen: «Konrad?! Ihr lebt?!»

Der König nickte stumm.

«Das war ein übler Sturz vom Turm!»

«In der Tat. Wären die beiden Wolfskrieger nicht unter mir gewesen, hätte ich wohl jeden Knochen einzeln gebrochen.»

Wolfhart grinste. «*Ihr* seid ein harter Knochen, Konrad!»

«Habt Ihr Schmerzen, alter Freund?»

«Nein ... Sollte ich? Kalt ist mir ...»

«Es hat Euch übel erwischt.»

«Zum Leben oder zum Tode?»

Konrad biss sich auf die Unterlippe. «Wer kann das schon wissen ...?» Der König holte Luft. Sein Gesicht verzog sich gequält. «Es geht zu Ende mit Euch, guter Freund. Ich fürchte, ich kann nichts mehr tun.»

Wolfhart blickte nach oben. Über ihnen wölbte sich der blaue Frühlingshimmel. «Ist er nicht schön, der Frühling?», flüsterte Wolfhart und hustete etwas Blut.

Konrad ergriff ihn an der Hand. «Dein himmlischer Frühling wartet auf dich, Wolfhart», ging er nun nach all den Jahren zum vertrauten «Du» über.

«Kannst du für mich beten, Konrad? Ich habe viel gesündigt in meinem Leben!»

«Wir alle haben viel gesündigt, treuer Freund», flüsterte Konrad. Dann erhob er seine Stimme im Gebet: ‹Aus der Tiefe rufe ich, Herr, zu dir. Herr, höre meine Stimme! Lass deine Ohren merken auf die Stimme meines Flehens! Wenn du, Herr, Sünden anrechnen willst – Herr, wer wird bestehen? Denn bei dir ist die Vergebung, dass man dich fürchte. Ich harre des Herrn, meine Seele harret, und ich hoffe auf sein Wort. Meine Seele wartet auf den Herrn mehr als die Wächter auf den Morgen; mehr als die Wächter auf den Morgen hoffe Israel auf den Herrn! Denn bei dem Herrn ist die Gnade und viel Erlösung bei ihm.›»

Noch während er die Worte des Psalms sprach, erschlaffte die Hand des Generals. Die grauen Augen verloren sich im Himmel und erloschen. Ein tiefer Seufzer entfuhr aus seiner Brust. Dann lag er still.

Konrad weinte. Es waren Tränen der Trauer und der Wut. Dieser Schrecken musste endlich ein Ende nehmen! Er faltete die Hände seines Freundes über der Brust und schloss dessen Augen.

Dann atmete er tief durch und erhob sich mit einem Ächzen. Die Schläge der vergangenen Nacht und der gewaltige Sturz hatten ihren Tribut gefordert.

Der mächtige Körper des Königs war mit blauen Flecken, Quetschungen, Blutergüssen und Schnittwunden übersät. Aber er lebte noch, was ein wirkliches Wunder war. Und das wusste Konrad auch.

Der König blickte sich um. Falkenstein war ein Ort von Tod und Zerstörung geworden. Überall brannten Feuer. Schwarzer Rauch stieg in den blauen Himmel. Der Bergfried, die Kapelle, Stallungen und Häuser im Burghof brannten. Einzelne Mauern brachen unter der Hitze des Feuers in sich zusammen und ließen ein Staub- und Funkenmeer hochspritzen. Finstere Schwaden stiegen aus den Fenstern und Türen und verdunkelten die Sonne, die sich mit einzelnen Strahlenbündeln den Weg durch die Dunkelheit bahnte.

Menschen – Freund und Feind – rannten aus den Gebäuden und suchten schreiend nach Schutz. Konrad schluckte trocken. Das Werk der Bruderschaft lag in Trümmern. Nun also auch hier, mitten im Herzen. Wo war der Leviathan geblieben?

Aus dem Tal stieg ebenfalls Rauch auf. Konrad ahnte, was das bedeutete. Der Leviathan hatte wohl die Burg verlassen und unten in der Ebene das Lager Sandschars angegriffen. Ob es Papst und Kaiser überlebt hatten?

Plötzlich griff eine Hand an seinen Arm. «Hierher, mein König! Ihr seid hier draußen nicht mehr sicher!»

Tatsächlich begannen sich die übriggebliebenen Truppen von Albertus rundum neu zu sammeln.

Linhart zog Konrad ins Innere des Torhauses. Ein kurzes Leuchten überflog Konrads Gesicht, als er die wohlbekannten Gesichter erblickte. Das Leuchten erlosch, als er Katharina am Boden liegen sah. Wortlos drängte er sich durch die Getreuen hindurch und kniete sich zu ihr.

Die Königin war bleich. Auf der linken Seite ihres Gewandes war ein großer Blutfleck zu sehen. Sie atmete flach und kurz.

«Liebster! Du lebst!», hauchte Katharina und lächelte. «Ich habe für dich gebetet ...»

«Ich weiß. Dein Engel hat mich vor dem Zerschmettern gerettet! Danke!»

«Liebster, du bist da!» Über Katharinas Gesicht ging ein strahlendes Lächeln, und die weißen Zähne schimmerten hell. Ihre Hände betasteten sein Gesicht. «Was haben sie dir angetan?»

«Lass gut sein, meine Königin! Nur ein paar Kratzer!»

«Wo ist unser Elias? Lebt er noch?»

«Ich weiß es nicht. Wir wurden im Bergfried überrascht und haben uns im Kampf aus den Augen verloren.» Sie ergriffen sich an den Händen und blickten einander wortlos in die Augen.

«Fürchtest du dich, Konrad?», flüsterte Katharina.

Der König versuchte die Tränen zurückzuhalten und nickte leise: «Ich habe schreckliche Angst, Liebste. Angst, dich zu verlieren, unseren Traum zu verlieren, mich selbst zu verlieren ... Ich fürchte mich!»

Katharina richtete sich mit letzter Kraft auf und suchte mit ihren Blicken nach Justus, Salome und Gabriel. Sie kamen rasch an ihre Seite. «Habt keine Angst! Wo die Dunkelheit groß ist, da ist auch das Licht besonders hell. Ich habe gebetet, dass euer Glaube nicht aufhört. Falkenstein ist nicht aus Holz, Eisen und Stein gebaut.»

Die Königin atmete schnell, während ihre Stimme immer leiser wurde: «*Ihr* seid Falkenstein! Der König des Himmels in euch ist die Hoffnung für diese hoffnungslose Welt. Wo ihr auch hingeht, da ist Er. Und wo Er ist, da lebt auch etwas von diesem Ort.»

Katharinas Augen blickten in die Ferne. «Er wartet auf mich ...»

Konrad schluchzte laut auf und nahm seine Frau in die Arme: «Liebste!»

«Mein ... König.» Ein feines Lächeln huschte über ihr Gesicht, dann sank sie in sich zusammen.

Die Menschen standen wie versteinert da. Der letzte Rest von Mut war ihnen geraubt worden.

«Wir werden angegriffen!», rief Ulrich, der Schmied, von der Tür her. Konrad reagierte nicht.

Justus riss sich aus der Trauer: «Freunde! Zu den Waffen! Solange einer von uns lebt, lebt auch Falkenstein! Wir schulden es unserer Königin. Sichert die Tür! Besetzt die Mauer!»

Jetzt kam Leben in den Raum. Nicht zu früh. Heftige Schläge ließen die Tür erschüttern. Justus eilte die Treppe hinauf. Ein Blick nach unten ließ alle Hoffnung zerstieben. Die Seldschuken waren entweder tot oder zerstreut in alle Winde. Das Torhaus war von beiden Seiten der Mauer von Hunderten von Feinden umzingelt. Unten vor der Pforte hatten sich mächtige Wolfsreiter mit einem schweren Rammbock aufgestellt.

«Schießt auf die Krieger am Rammbock!», kommandierte Justus. Ein lautes Krächzen ließ ihn erschaudern und nach oben sehen. Krähenkrieger! Langsam sickerte es auch in Justus' Herz ein: Es war vorbei! Sie waren rettungslos umzingelt, gefangen, verloren. *Gütiger Gott im Himmel, hast du uns denn ganz verlassen?*

«Justus, kommt schnell nach unten!», rief Linhart ihm von der Treppe her zu. «Der Boden bewegt sich!»

Der junge Ritter eilte bleich nach unten. Ulrich, der Schmied, hatte sich breitbeinig auf ein paar Holzplanken gestellt. Rundum standen seine Mitstreiter mit gezücktem Schwert und bereitgehaltener Lanze. Die Eingangstür erzitterte unter den Schlägen des Rammbocks. Lange würde sie nicht mehr halten. Wieder wurde der Holzboden erschüttert.

Justus warf sich nieder und horchte.

Urgûl, der zweite Wolfshauptmann, holte tief Luft und zog sein großes, breites Schwert. Das war seine Stunde! Er würde zu Ende bringen, was sein Kamerad nicht geschafft hatte. Und dann würde eine neue Zeit anbrechen. Die Zeit der Wolfsreiter.

Seine Krieger starrten auf ihn. Urgûl genoss den Augenblick. Langsam ging sein Arm in die Höhe. Der nun folgende Stoß würde der arg beschädigten Tür den Rest geben. Urgûl ließ seinen Arm nach unten sinken.

Ein gewaltiger Stoß traf die Tür und ließ sie in der Mitte zerbrechen. Zwei Krieger lehnten sich links und rechts an der Mauer an, während ein dritter mit einem kräftigen Tritt die Tür auftrat. Dann stürmten alle drei hinein.

Urgûl folgte ihnen dicht auf den Fuß.

Lautes Wutgeheul empfing ihn, als er den Raum betrat. Er durcheilte alle Räume und stürmte die Treppe zur Plattform und zum Wehrgang hoch. Keine Menschenseele war zu finden.

Unten im Katakombengang starrten die Geflüchteten wortlos nach oben zur verschlossenen Falltür. Man hörte schnelle Schritte über den Holzboden gehen sowie unheimliche knurrende Laute. Irgendwann wurde es still.

Elias blickte in die Runde und flüsterte: «Folgt mir!» Die Karawane mit Rittern, Knappen, Verletzten und Gefallenen setzte sich langsam in Bewegung.

Das war eine Rettung im letzten Augenblick gewesen. Aber niemand hatte Elias gegenüber Freude oder Erleichterung gezeigt.

Es dauerte nur einen Moment, und der Prior wusste auch, weshalb.

Stumm trugen Justus, Salome, Konrad und er die Bahre mit der Königin. Still und friedlich lag sie da, als ob sie schlafen würde. Einzig der blutige Fleck und die gläsern werdende Haut verrieten, dass sie keinen irdischen Schlaf schlief.

Elias ging wie betäubt neben seinem Bruder. Die letzten Stunden waren fürchterlich gewesen. Aber irgendwie hatte er die Flucht aus dem Bergfried in die Katakomben geschafft. Er hatte den Tod und die Verwüstung auf der Burg gesehen. Doch der Gedanke an Anna, seine Söhne und seine Familie hatten ihn aufrecht gehalten. *Zu spät!* Er war zu spät gekommen!

Was hätte er gegeben, seine Mutter in den Arm zu nehmen und die Hand segnend auf sie zu legen. Sie hatte seine Arme immer betend gestützt und getragen. Zu spät!

«Da vorne links!», kommandierte Elias tonlos. Zwei Sarazenenkrieger traten ihnen mit vorgestreckten Lanzen entgegen. Als sie erkannten, um wen es sich handelte, begleiteten sie die Gruppe in die große Kaverne. Diese gewaltige ausgebaute Höhle hatte in früheren Jahren vor Fertigstellung der Burg als Zuflucht gedient. Der Saal war mit Menschen gefüllt. Seldschuken, Frauen, Kinder,

Pferde, Kühe. Und mitten unter ihnen Sandschar, Calixt, Johannes und Heinrich.

Heinrich und Johannes hoben grüßend den Arm und eilten auf die Ankömmlinge zu. Auf halbem Weg zögerten sie und blieben schließlich bestürzt stehen. Das Summen und Reden in der Höhle verstummte. Eine große Stille legte sich auf alles.

Mit steinernem Blick gab Konrad das Zeichen zur Niederlegung der Bahre. Die Menschen rundum machten Platz.

Heinrich, Johannes und Konrad begrüßten sich. Nikos umarmte seinen Vater. Dann traten auch Sandschar und Calixt dazu, neigten den Kopf ehrerbietig. Elias, Justus und Salome gesellten sich hinzu. Sie gingen etwas abseits und standen zusammen, redeten mit leisen Stimmen.

Die Lage unten im Lager war verzweifelt gewesen. Sandschar, der Papst und die Majestäten hatten nach dem Beschuss zusehends schlechter werdende Nachrichten vom Ausgang der Schlacht um die Burg erhalten. Die Reihe der Verletzten und Gefallenen, die von oben heruntergebracht wurden, war immer länger geworden.

Als die ersten Berichte vom Drachen das Hauptquartier am Waldrand erreichten, wusste der Sultan, dass sich seine Armee in höchster Gefahr befand. Noch bevor die Beratungen abgeschlossen waren, bliesen die Hörner Alarm.

Da war schon der Leviathan auf das Lager zugeschossen. Die erste Feuerwalze setzte die Wurfmaschinen in Brand. Die zweite ließ die Zelte und Bäume in Rauch und Feuer aufgehen. Eine dritte Attacke vernichtete die Nachhut, die sich tiefer im Wald zu verstecken suchte – die Bäume boten keinerlei Schutz.

Doch die Räumarbeiten beim eingestürzten Tunnel hatten sich weniger schwierig als erwartet erwiesen. Die erfahrenen Mineure der Seldschuken, die üblicherweise Türme und Mauern von Festungen untergruben, hatten gute Arbeit geleistet und den Eingang wieder freilegen können.

So konnten die Übriggebliebenen Schutz in den Katakomben finden. Dort waren auch andere Überlebende der Burg, die den Weg in die Kaverne entdeckt hatten. Allerdings war unsicher, ob die Truppen von Albertus nicht auch hier bald auftauchen würden. Es war eigentlich nur eine Frage der Zeit.

Elias erhob seine Stimme und rief: «Männer und Frauen! Falkenstein ist verloren! Unzählige haben ihr Leben gelassen. Wolfhart, unser General, ist gefallen. Unsere Königin ist tot. Viele sind verwundet und werden den morgigen Tag nicht mehr erleben. Was uns lieb und kostbar war, haben wir verloren. Und es wird nicht lange dauern, da werden wir in Tod oder Gefangenschaft enden. Alles unter unseren Füßen wankt. Doch in der Schrift steht: ‹Siehe, ich bin bei euch, alle Tage, bis ans Ende der Welt.› Wenn alles fällt, dann wankt er nicht. Darum bitte ich euch: Kniet nieder und betet. Ein jeder zu seinem Gott. Flehen wir um Erbarmen und Rettung!»

Ein Seldschuke erhob sich und übersetzte den Kriegern die Worte des Priors. Es dauerte nicht lange, und die Menschen sanken auf die Knie. Die Falkensteiner stimmten ein Lied zum Lob Gottes an.

«Was für ein wunderbares Bild!», hallte plötzlich Albertus' Stimme durch die Kaverne. «Die Sklaven und Heiden beugen sich vor ihrem neuen Herrn!»

Justus und Sandschar fuhren als Erste hoch.

«Wagt es nicht, auch nur daran zu denken, Euer Schwert zu erheben. Sonst werden diese hier alle sterben!» Die Wolfsreiter und Krähenkrieger, die während des Liedes unbemerkt in die Öffnung der Kaverne getreten waren, öffneten eine Gasse.

Weiße Kapuzenträger führten eine lange Reihe von Knaben herein, die an Füßen und Händen mit schweren Ketten gefesselt waren.

Zähneknirschend ließ Justus sein Schwert in die Scheide zurückgleiten.

Albertus erhob seine Stimme und sprach feierlich: «‹Wenn drei Könige kommen, wird Leviathan erstehen, muss die Welt vergehen. Vom Berg der Dunkelheit entscheidet sich, was bleibt.›» Seine Stimme triumphierte: «Heute hat sich dieses Wort vor unseren Augen bewahrheitet!»

Elias starrte finster zu Boden. Ihnen blieb wohl in diesem Leben nichts erspart.

Doch plötzlich durchzuckte ihn ein Gedanke.

41. Kapitel: Die Stunde des Königs

Zwischen den Trümmern des niedergebrannten Seldschukenlagers hatte sich die Armee von Albertus in Reih und Glied versammelt. In der Mitte stand, auf erhöhtem Platz, eine Holztribüne. Drei Galgenbäume waren darauf gepflanzt. In einem großen Geviert auf der Seite befanden sich die Gefangenen: Seldschuken, Ritter und Knappen und die gefangenen Würdenträger aus Rom, Speyer, Konstantinopel und Chorasan. Die drei Verurteilten wurden auf die Tribüne geführt: Konrad, Elias und Justus von Falkenstein, ungefesselt, aber in ihr Schicksal ergeben.

Es war totenstill. Konrad blickte hinunter in die Menge.

Calixt, Johannes und Heinrich starrten beschämt zu Boden. Dies war ein Opfer. Das Opfer von Falkenstein für die Zukunft der Welt.

Nach der Gefangennahme hatte Albertus seine Geiseln zu einem Gespräch beordert. Ein bitteres Gespräch, wie Konrad sich erinnerte. Albertus hielt es kurz und knapp: Calixt, Johannes, Heinrich und Sandschar würden freikommen. Die Ereignisse in der Stauffermark würden geheim bleiben. Vorausgesetzt, die vier Herrscher befolgten Albertus' Anweisungen. Und diese waren:

Unauffällige Positionen innerhalb der vier Herrschaftsbereiche mussten durch Albertus' Leute besetzt werden. Widersetzten sie sich diesen Leuten oder versuchten sie, diese zu stürzen, würde ihr geheimes Treffen in der Stauffermark als versuchter Verrat der Herrscher an ihren Völkern und an ihren Kirchen bekannt gemacht werden. Was wiederum Ende und Sturz ihrer Regentschaft bedeuten würde.

Anfänglich hatten sie sich geweigert, auf diese Erpressung einzugehen. Aber schließlich konnte Konrad sie überzeugen, zuzustimmen.

«Was bedeutet eine Burg in einem kleinen Königreich gegenüber ganzen Kaiserreichen in Ost und West?», hatte er gesagt. «Die

Stauffermark wird untergehen – was schert das den Rest der Welt? Der Papst, Byzanz, Chorasan und das Heilige Römische Reich werden weiter bestehen und gedeihen. Und noch wichtiger: Dieses gemeinsam gehütete Geheimnis wird für eine Zeit des Friedens sorgen.»

Konrad wusste: Das Ganze war ein Pakt mit dem Teufel. Aber gab es einen anderen Weg? Der König der Stauffermark hatte geahnt, worauf es hinauslaufen würde. Fieberhaft hatte er alle Möglichkeiten durchgespielt. Doch wie man es auch drehen und wenden wollte: Sie saßen in der Falle. Es blieb ihnen gar nichts anderes übrig, als das böse Spiel von Albertus mitzuspielen.

Den kleinen Gabriel wollte Albertus verschonen, Salome würde als Pfand an Sandschar ausgeliefert. Die Letzten seines Geschlechts waren die Zwillinge von Elias: Bernardus und Konrad. Solange Anna bei den Bauersleuten Richard und Hanna in Sicherheit war, würde sein Geschlecht überleben. Aber was für ein Überleben war das schon!

Ein Trommelwirbel ertönte. Albertus ging gemessenen Schrittes, gekleidet in ein schneeweißes Gewand die Stufen zur Tribüne hoch. Das war seine Stunde. Und er genoss sie sichtlich. Er hob seine Rechte. Die Trommeln verstummten. Schwere Wolken drängten sich vor die Sonne. Eine unheimliche Kälte hatte sich auf das Tal gelegt. Die Hänge der Berge ringsum waren dunkel, fast schwarz geworden.

Plötzlich kam Bewegung in die hinteren Reihen der Zuschauer. Elias, Justus und Konrad suchten nach dem Grund und erbleichten. Eine ältere Frau mit blondem Haar führte, begleitet von Wachen, eine junge Frau mit zwei Säuglingen nach vorne.

Elias verlor beinahe den Boden unter den Füßen. «Anna!», schrie er laut. Unter den Gefangenen kam Unruhe auf.

«Ja, Anna! Deine Anna mit deinen Söhnen!», rief Albertus mit bedauernder Stimme.

«Du Teufel!», rief Justus dazwischen.

Der Faustschlag eines Wächters warf ihn zurück.

Konrad sank auf die Knie. Das war zu viel!

Elias versuchte sich loszureißen, wurde aber sofort zu Boden gedrückt.

Albertus hob die Arme und sorgte für Ruhe. «Hier steht Albertus, der Vater von Witwen und Waisen. Der Knecht Gottes, gesandt, die Rute des Gerichts über ein ungläubiges Geschlecht zu bringen. Freiheit für die Unterdrückten, Gefangenschaft für die hochmütigen Herren. Die Zeichen am Himmel und auf der Erde waren da! Unter Tränen habe ich versucht, dieses störrische Volk zurück zum Herrn zu rufen. Oder wie es in der Schrift heißt:

‹Jerusalem, Jerusalem, die du tötest die Propheten und steinigst, die zu dir gesandt werden. Wie oft habe ich deine Kinder versammeln wollen wie eine Henne ihre Küken unter ihre Flügel, und ihr habt nicht gewollt! Seht, euer Haus soll euch wüst gelassen werden. Aber ich sage euch: Ihr werdet mich nicht mehr sehen, bis die Zeit kommt, da ihr sagen werdet: Gelobt ist, der da kommt in dem Namen des Herrn! Heute ist dieser Tag da! Die Ketzer werden ihren gerechten Lohn empfangen.›

Diese vier mächtigen Häupter», Albertus zeigte auf Johannes, Heinrich, Sandschar und Calixt, «werden nun bestätigen, dass das Urteil richtig und gerecht ist!»

Albertus schaute mit stechendem Blick hinunter.

Langsam erhoben sich die vier und sagten laut: «Es ist richtig und gerecht!» Dann setzten sie sich wieder.

«Und warum ist es gerecht?», fuhr Albertus fort. «Weil diese Verräter hier die Herrscher und Kronen glorreicher Völker in einen mörderischen Hinterhalt gelockt hatten. Aber dank Gottes Gnade ist es misslungen. Und nun sollen sie dafür hängen!»

Lautes Heulen und Gebrüll brandete zur Tribüne herauf. Die Trommeln wurden wieder geschlagen. Konrad, Elias und Justus wurden auf die Beine gestellt.

Der König blickte seine Söhne mit Tränen in den Augen an: «Vergebt mir, meine Kinder!»

«Gemeinsam! Bis in den Tod!», rief Justus.

«Nein, bis ins ewige Leben!», antwortete Elias. «Ich bin stolz, dich als Vater zu haben. Du hast uns das Beste gegeben: dein Herz und dein Schwert!»

Unten schrien Salome, Anna und Gabriel laut auf. Der Henker legte dem Vater und seinen Söhnen die Schlinge um den Hals. Die Trommeln verstummten.

Albertus schaute zur Sonne hinauf.

Für einen Augenblick war sie von einem Schatten verdunkelt worden. Ein gewaltiger weißer Adler setzte auf dem mittleren Galgenbaum auf und stieß einen lauten Schrei aus.

Evla!, fuhr es Konrad durch den Kopf.

Wie ein Echo hallten plötzlich von allen Seiten tiefe Hörnerstöße. Der Wald schien lebendig zu werden. Ein gewaltiges Rauschen erfüllte die Luft, und mit markerschütterndem Jauchzen brachen Hunderte, ja Tausende von Kriegern hervor. Das Volk der Vegelmundt! An ihrer Spitze der riesige Viturin.

«*Per libertad pajais. Per libertad del reginavel! Per raig del raig!* Für die Freiheit des Landes! Für die Freiheit des Königreichs! Für den König der Könige!»

Wie ein Hammer fuhr das Heer in die Wolfsreiter und Rabenkrieger hinein. Chaos und Panik brachen aus.

Albertus erbleichte. Er erhob beide Arme hoch in die Luft und rief mit lauter Stimme: «*Exite Draco!*»

Von den Bergen her ertönte ein heiseres Grollen. Dann wandte sich Albertus seinen Gefangenen zu. Seine Augen schienen aus den Höhlen springen zu wollen und glühten blutrot auf. «Ihr werdet diesen Platz nicht lebend verlassen!» Mit diesen Worten zog er einen Dolch und stürzte sich auf Elias.

Noch bevor er zustechen konnte, fuhr Konrad dazwischen.

Albertus' Klinge traf ihn mitten in die Brust.

Der König umschlang den Dämon und riss ihn mit beiden Armen an sich. Dabei starrte er ihn mit eiskalten Augen an: «Bargûr, du alter Dämon, du wirst hier nicht mehr geduldet! Deine Zeit ist abgelaufen. Der Herr aller Herren ist fertig mit dir!»

Albertus zischte. Sein Gesicht wurde spitz und schuppig wie das eines Drachen. Mit seinen knochigen Händen drehte er Konrad das Messer in der Brust.

Der König ächzte vor Schmerz. «Du kannst mich töten. Aber du kannst den, der in mir wohnt, niemals töten!»

«Hinweg mit dir!», zischte der Magier und stieß den bleich gewordenen König zu Boden.

In diesem Augenblick segelte der gewaltige Leviathan mit lautem Brüllen über die kämpfenden Krieger hinweg. Er schraubte sich in die Höhe, drehte ab und machte dann einen neuen Anflug. Die Menschen stoben nach allen Seiten davon.

Nur der kleine Gabriel blieb stehen und blickte dem heranfliegenden Monster furchtlos entgegen. Ein siegessicheres Lächeln lag auf seinem Gesicht.

«Das ist dein Ende!», rief die helle Stimme von Justus auf der Tribüne und stieß den obersten der «Reinen» beiseite. Er riss das Messer aus der Brust von Konrad und stieß es Albertus mitten ins Herz. «Deine Zeit ist abgelaufen, Dämon! Im Namen des Herrn aller Herren: Zur Hölle mit dir!»

Ein schrilles, lautes Kreischen fuhr durch die Luft. Der Drache bäumte sich mitten im Flug auf. Ein gewaltiger Donnerschlag hallte durch das Tal. Der Leviathan, die Rabenkrieger und Wolfsreiter zerfielen augenblicklich zu Staub und Asche. Die «Reinen» wurden zuckend zu Boden geworfen.

Albertus starrte in Justus' glühende Augen. Sein Gesicht wurde spitz und spitzer. Lange spitze Zähne wurden sichtbar. Überall wurden Risse sichtbar wie bei einem gespaltenen Stein. Dann zerfiel sein Antlitz wie Staub. Etwas Dunkles, Unheimliches fuhr aus dem Körper und verschwand im Boden. Der Dolch fiel klirrend zu Boden.

Ein unbändiges lautes Jauchzen erhob sich von allen Seiten.

Gabriel kniete zu einem der «Reinen» hinunter. Unter der viel zu großen Kapuze tauchte das verschmutzte Gesicht eines Kindes auf.

«Alles gut und Schluss!», sagte Gabriel und half dem Jungen auf die Beine. Überall begannen sich Knaben aus den weißen Gewändern herauszuschälen und blickten sich benommen um. Der Bann war gebrochen. Die Kinder der Stauffermark kehrten zurück!

Die Schritte von Anastasia wurden genauso kürzer wie ihr Atem. Die Zwillinge, eingeklemmt unter den Armen, weinten laut. Anna hatte sie abschütteln können. Aber Salome war ihr auf den

Fersen wie ein Bluthund. Anastasia hatte bereits den Wald verlassen und begann einen gefährlichen Aufstieg zum Gebirge. Der Weg wurde immer steiler und endete überraschend vor einer Felswand.

Anastasia suchte in allen Richtungen nach einer Fluchtmöglichkeit. Dann seufzte sie laut und blickte Salome entgegen, die langsam und mit festen Schritten emporgestiegen kam. *Fast wie eine Königin!*, dachte Anastasia.

Die beiden Knaben weinten noch lauter und zappelten hilflos in der Luft.

Schließlich standen sich die beiden Frauen Auge in Auge gegenüber.

«Bist du jetzt zufrieden mit diesem Triumph?», zischte Anastasia.

«Mutter, mein Herz weint.»

Anastasia verengte ihre Augen zu zwei schmalen Schlitzen. Sie drückte die Zwillinge noch enger an sich.

«Töte sie!», sagte Salome ruhig. «Aber», ihre Stimme wurde leise, «vergiss nie, was es heißt, hilflos in die Welt geworfen zu sein, Mächten ausgeliefert, die nur an sich selbst denken. Die dich verlassen und wegwerfen, wenn du nicht mehr gebraucht wirst. Kommt dir das nicht bekannt vor … Mama?»

Für einen Moment verschwand die Kälte aus Anastasias Blick. «Du bist ein raffiniertes Biest!», giftelte sie.

Mit einem Male fing Salome zu singen an, leise und sanft.

«Hör auf damit!», zischte Anastasia.

Salome sang unbeirrt weiter. Es war ein altes Wiegenlied. Dann wandte sie sich wieder an ihre Mutter: «Du hast es für mich gesungen. Weißt du noch?»

«Ja, das weiß ich noch. Aber du hast nicht mehr dieselbe Frau vor dir wie damals.» Anastasias Gesicht wurde spitz.

Salome erschauerte. Doch dann fasste sie sich noch einmal ein Herz: «Mein ganzes Leben lang habe ich mich immer wieder danach gesehnt, dich zu umarmen. Gesehnt danach, einmal von dir zu hören, dass du mich liebst und mich nur unter größten Schmerzen weggegeben hast, Mama.»

«Ich habe dich freiwillig weggegeben. Du warst für mich die schlimme Erinnerung eines Verrats. Ein ständiger Pfahl im Fleisch, den ich so rasch wie möglich loswerden musste! Verstehst du, was ich sage?»

Salomes Gesicht füllte sich mit Trauer und Schmerz. «Tu, was du tun musst!», flüsterte die junge Frau und wandte sich ab.

Die beiden Jungen schrien laut auf. Dann war es plötzlich still.

Eine eisige Kälte kroch Salome den Nacken hoch. Langsam wandte sie sich um. Die beiden Knaben lagen am Boden und nuckelten an ihren Daumen.

Anastasia war verschwunden.

Eine kleine Tasche aus kostbarer roter Seide lag im Gras. Rasch nahm Salome die Zwillinge und bettete sie bequem auf ein weiches Moospolster.

Dann ergriff sie vorsichtig die Tasche. Sie öffnete die goldene Schnalle. Ein Wappen wurde an der Innenseite des Deckels sichtbar. Es zeigte einen goldenen Drachen mit zwei kunstvoll gestickten Buchstaben, einem M und einem G. Magos: Matthias von Gosen. Sachte ließ sie ihre Finger in die Tasche hineingleiten. Sie fühlte etwas Kleines, Hartes.

Sie zog ein schlichtes tränenförmiges Fläschchen hervor. Als sie den kleinen Korken herauszog, strömte ihr ein Duft entgegen: Rosenöl.

Da war noch etwas im Beutel. Sie griff hinein: eine winzige Haarlocke von einem Kind. Als sie das Haar gegen den Himmel hielt, glänzte es hell und golden auf. Bedächtig legte sie die beiden Sachen zurück in die Tasche und hängte sie an ihren Gürtel. Dann nahm sie die Zwillinge auf und ging Anna entgegen.

Sie hatten ihn hinaufgetragen zur Burg. Nun war es also so weit. Seine Stunde war gekommen. Das Atmen fiel Konrad schwer. Wohl hatte man ihm einen Verband umgelegt und die Wunde gesäubert. Aber alle wussten, dass hier keine Hilfe mehr möglich war. Elias, Justus und die anderen Getreuen standen um ihn herum.

«Ist unser Land, unser Volk in Sicherheit?»

«Ja, Vater, es ist vorbei! Die Stauffermark ist gerettet.»

Der König atmete erleichtert auf. «Und deine Söhne, Elias?»

«Sie sind hier!», lächelte der Prior. Anna trat mit den beiden Kleinen heran und kniete vor ihm nieder. Konrad hob seine mächtige Rechte und legte sie zitternd auf die beiden Köpfchen. «Der Herr segne und behüte euch, ihr kleinen Menschlein! Möget ihr groß und stark werden! Uns zur Freude und Gott zur Ehre!»

Konrad blickte sich um: «Wo ist meine Königin?»

«Da drüben, Papa!», flüsterte Justus mit tränenerstickter Stimme. Sie öffneten die Gasse, so dass Konrad Katharina sehen konnte.

Wie friedlich sie aussah! Sie hatte es geschafft. Er noch nicht! Unruhe kam in ihm hoch. Seine Augen suchten in der zertrümmerten Burg nach etwas. «Das Erste, was wir hier gebaut haben, war die Kapelle ... Bitte bringt uns dorthin!»

Sie wollten Konrad auf der Bahre hochtragen. Aber er wehrte ab und versuchte auf die Beine zu kommen.

Justus und Elias stützen ihn, während er wankend die Stufen hinaufging. Hinter ihnen folgten die Träger mit Katharina.

Schließlich gelangten sie an den Ort, wo der schlichte Altar mit dem Holzkreuz gestanden hatte.

Konrad sank nieder auf die Knie. «Elias, Justus – bitte haltet mich fest!»

Seine beiden Söhne knieten zu seiner Linken und Rechten nieder.

Konrad bekreuzigte sich und begann zu beten: «Vater unser, der du bist im Himmel.»

Als sie das sahen, knieten die Menschen nieder: Ritter und Knappen, Könige und Kaiser.

Sie beteten: «Geheiligt werde dein Name. Dein Reich komme. Dein Wille geschehe wie im Himmel, so auf Erden.»

Konrad spürte zwei kleine Hände, die sich von hinten auf seine Schultern legten. Der Kopf von Gabriel lehnte sich an sein linkes Ohr und schmiegte sich eng an seine Wange.

«Uns täglich Brot gib heut», flüsterte der Kleine.

«Und vergib uns unsere Schuld ...» Die Stimme Konrads versagte. Er drückte die Hände seiner Söhne.

«Wie auch wir vergeben unseren Schuldigern», betete Elias. «Und führe uns nicht in Versuchung ...»

Plötzlich war er da: Frieden! Ein tiefer Frieden. Und Dankbarkeit.

So ist es also!, ging es Konrad durch den Kopf.

«... sondern erlöse uns von dem Bösen. Denn dein ist das Reich und die Kraft ...»

Ein riesiger Raum öffnete sich vor Konrad.

Danke! Wärme und Licht legten sich auf ihn, und eine leuchtende Gestalt wurde sichtbar. «Ich liebe euch! Ich liebe Dich!», hauchte er. «... und die Herrlichkeit in Ewigkeit. Amen.» Konrad streckte die Arme aus. Ein Zittern ging durch den mächtigen Körper. Mit einem zufriedenen Seufzer sank er in sich zusammen.

Konrad von Falkenstein, König der Stauffermark, hatte sein Ziel gefunden.

Epilog

Lange noch blickten Elias, Anna, Justus und Gabriel dem Tross nach. Nikos und Salome winkten ihnen ein letztes Mal zu. Schon bald waren sie in der Ferne verschwunden. Einträchtig zogen Johannes, Sandschar, Calixt und Heinrich gen Westen, wo sie gemeinsam den Pass überqueren würden. Danach würden sich ihre Wege nach Norden, Süden und Osten trennen. Was hier geschehen war, würde der Welt verborgen bleiben, aber nicht aus ihren Herzen verschwinden.

Hoch über den Berggipfeln zog der weiße Adler seine Kreise. Dort oben, irgendwo zwischen Felsen, Klüften und Wäldern wohnte ein mächtiges Volk, das nur einen König kannte und vor niemandem sonst die Knie beugte.

Elias blickte Justus in die Augen. Dann übergab er ihm sein Schwert. «Ich brauche es nicht mehr! Bei dir ist es besser aufgehoben, Ritter von Falkenstein!»

Justus grinste: «Solltest du es dir noch einmal anders überlegen, werde ich es dir ganz bestimmt nicht mehr zurückgeben, lieber Prior!»

«Ich weiß», lächelte Elias. Das Kreuz, das er sich umgehängt hatte, blitzte in der strahlenden Sonne kurz auf. Viturin hatte es ihm gegeben. Es hatte dem großen Drachenbezwinger, Bernardus, gehört. Nachdenklich las er die Inschrift, die in kyrillischen Zeichen eingraviert war: *Nicht durch Kraft und Heer, sondern durch meinen Geist.* Würde es je anders werden? Dafür konnte man beten. Das war seine Aufgabe!

Sie bekreuzigten sie sich vor dem Grabmal von Konrad und Katharina, dort, wo die Kapelle gestanden hatte.

Anna schmiegte sich an Elias an: «Was denkst du? Bauen wir sie wieder auf?»

Der mächtige Adler über ihnen stieß einen lauten Schrei aus. Ein letztes Mal blickte er mit seinen scharfen Augen hinunter auf die Burg. Dann drehte er ab und entschwand über den leuchtend weißen Berggipfeln.

Widmung und Dank

Dieses Buch ist meiner Familie, Bea, Nicolas, Noel und Fabrice gewidmet. Ihr habt mich inspiriert und motiviert zum Schreiben! Ich widme es den Menschen, die das Down-Syndrom haben und allen, die durch schwere Zeiten gehen. Ihr seid wichtig und wertvoll! Auch durch Kleines geschieht immer wieder Großes. Oder wie es einmal in der Bibel heißt: «Meine Kraft ist in den Schwachen mächtig».

Ein herzliches Dankeschön allen, die diesen dritten und letzten Teil der Trilogie ermöglicht haben. Es war ein zähes Warten und Ringen. Zuvorderst danke ich Vera Hahn für das routinierte und kompetente Lektorat. Als eingefleischte Falkensteinerin durch alle drei Bände hindurch weiß sie wohl besser Bescheid über die Inhalte und Details als der Autor selbst!

Herzlichen Dank an René Schurtenberger und Susanne Wittpennig vom Sure-Publishing Verlag, die an dieses Projekt geglaubt haben, mit dem Mut zu Hörbüchern und einer Neu- und Erstauflage!

Herzlichen Dank an alle Spenderinnen und Sponsoren, die in einem grossartigen Crowd-Funding diesen letzten Band überhaupt ermöglicht haben: Natascha Beckerat, Jean-Luc Bögli, Walter Brunner, Romy und Niklaus Bussmann, Gaetano Florio, Liebe Gellens, Sabine Grob, Antonella und Andi Hauser, Jo Hug, Matthias und Kathrin Hunn, Ralph Kuhl, Nicole und Rolf Stuber, Priska und Michael Martinez, Silas Tschudi, Matthias Thalmann, Nicolas Waldvogel, Martina Winzeler und viele anonyme Unterstützer.

Und last but not least ein Dank an Gott, ohne den ich nicht sein könnte. Soli Deo Gloria.

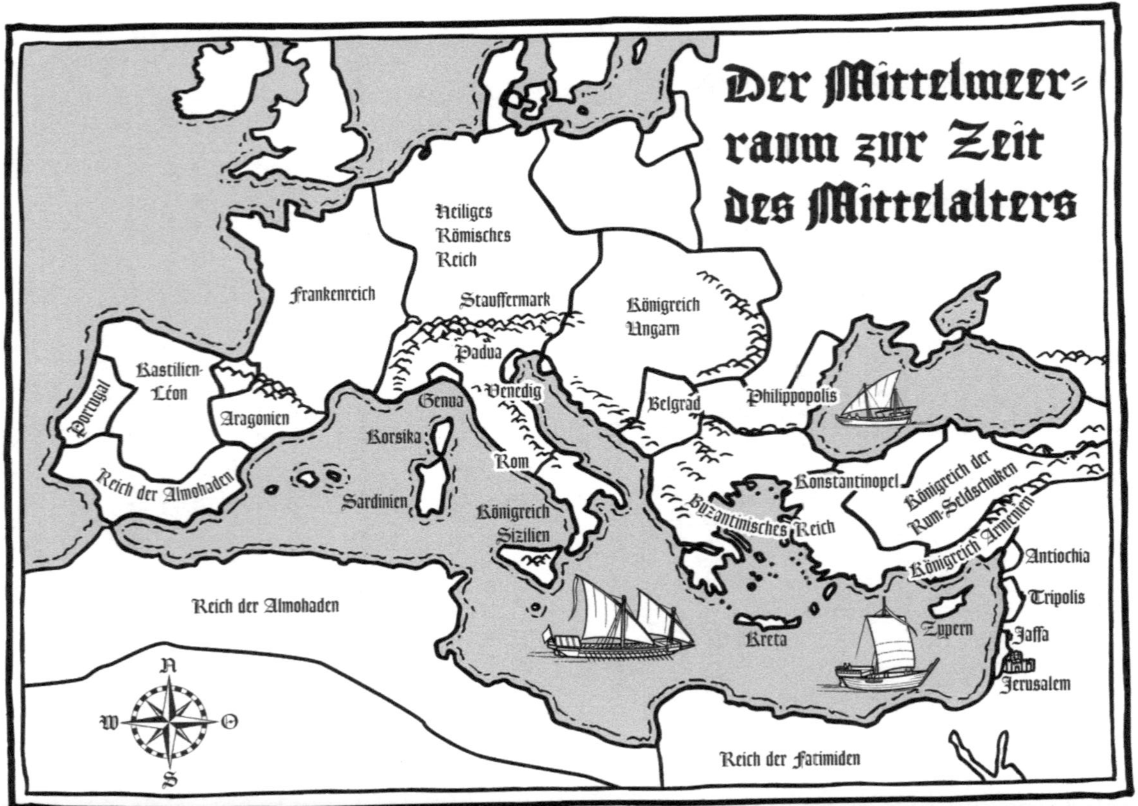
Der Mittelmeerraum zur Zeit des Mittelalters
Heiliges Römisches Reich
Frankenreich
Stauffermark
Königreich Ungarn
Padua
Venedig
Genua
Kastilien-Léon
Portugal
Aragonien
Reich der Almohaden
Korsika
Sardinien
Rom
Königreich Sizilien
Belgrad
Philippopolis
Konstantinopel
Byzantinisches Reich
Königreich der Rum-Seldschuken
Königreich Armenien
Antiochia
Tripolis
Jaffa
Jerusalem
Zypern
Kreta
Reich der Almohaden
Reich der Fatimiden
N
W
O
S

Stammbaum und Beziehungen in „Falkenstein"

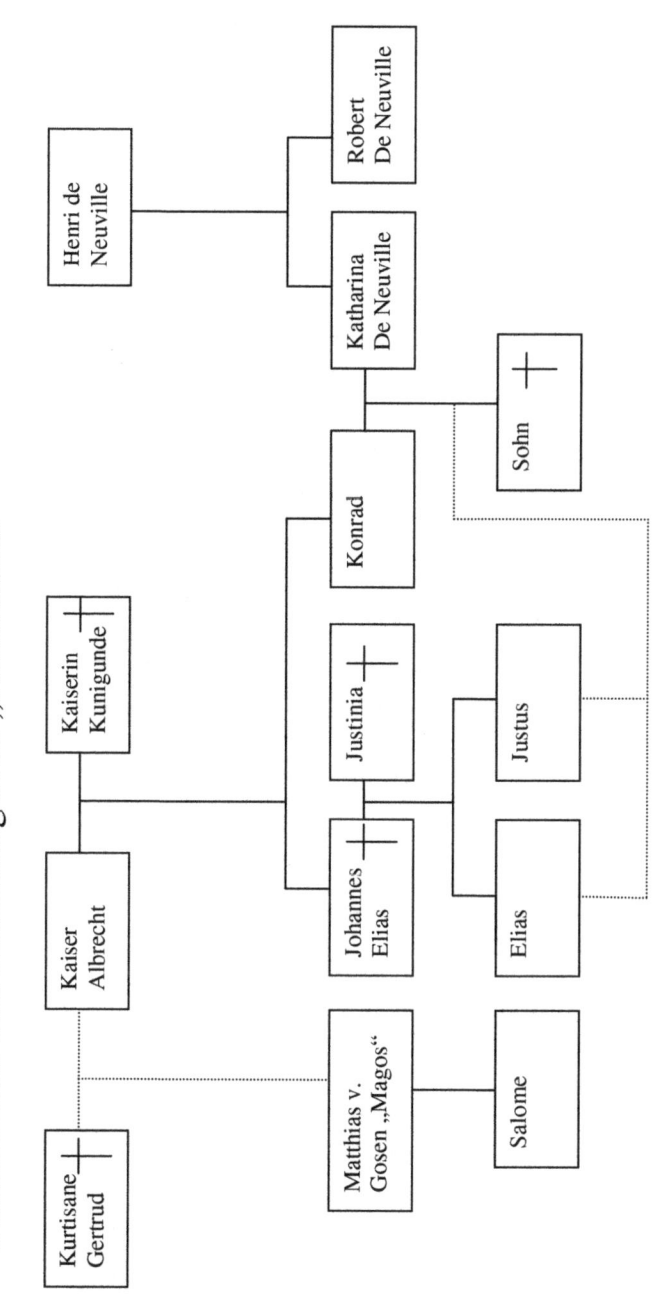

Der Autor

Bruno Waldvogel-Frei (Jahrgang 1961) ist ein mehrfach ausgezeichneter Autor und Produzent.

Seine Arbeiten umfassen Film, Fernsehen, Musical, Romane, Gedichte, Hörspiele, Theaterstücke, Werbetexte und vieles mehr.

Er ist verheiratet mit Bea, kommt ursprünglich aus Büttenhardt (Kanton Schaffhausen) und hat 25 Jahre als Pfarrer in der reformierten Kirche gewirkt.

Der jüngste seiner drei Söhne hat das Down-Syndrom, weshalb sich der Autor auch engagiert für benachteiligte Menschen.